GUINNESS® WORLD RECORDS 2001

www.guinness-verlag.de

Neue Rekorde!

Willkommen bei Guinness World Records 2001. Sie finden im ersten GUINNESS BUCH DER REKORDE des neuen Jahrtausends wieder erstaunliche und großartige Rekordleistungen, die wir für Sie gesammelt haben: So lief Khalid Khannouchi als erster Mensch einen Marathonlauf in 2 Stunden 6 Minuten (Seite 175). Die PlayStation 2 verkaufte sich schneller als jede andere Spiel-Konsole der Welt (Seite 112). Der Sherpa Babu Chhiri erreichte den Gipfel des Mount Everest in weniger als 17 Stunden (Seite 32), und Harry Potter hat sich mit seinem märchenhaften Erfolg dieses Jahr zum ersten Mal seinen Platz im GUINNESS BUCH DER REKORDE erkämpft (Seite 102).

Die Themen Musik, Film und Sport präsentieren wir in diesem Jahr auf noch mehr Seiten, und als Premiere finden Sie urzeitliche Rekorde von Dinosauriern (Seite 150).

ADAC

Jetzt mit
ADAC Rekorden
auf den Seiten
212/213

Die fantastischen Rekorde aus der TV-Show GUINNESS – Die Show der Rekorde stellen wir Ihnen auf acht Seiten vor.

Und natürlich sind alle neuen Rekorde aus Deutschland, der Schweiz und Österreich komplett im Buch aufgeführt – so viele wie nie zuvor!

Auch im Internet können Sie Guinness World Records erleben: www.guinness-verlag.de heißt die Adresse, unter der Sie viele Überraschungen und Informationen finden. Wenn Sie selbst einen Rekord aufstellen möchten, können Sie sich dort die Anmeldeunterlagen herunterladen. Oder Sie nutzen das Anmeldeformular auf Seite 246.

Wir wünschen viel Vergnügen bei den GUINNESS WORLD RECORDS 2001.

Ihre Guinness-Redaktion

Inhalt

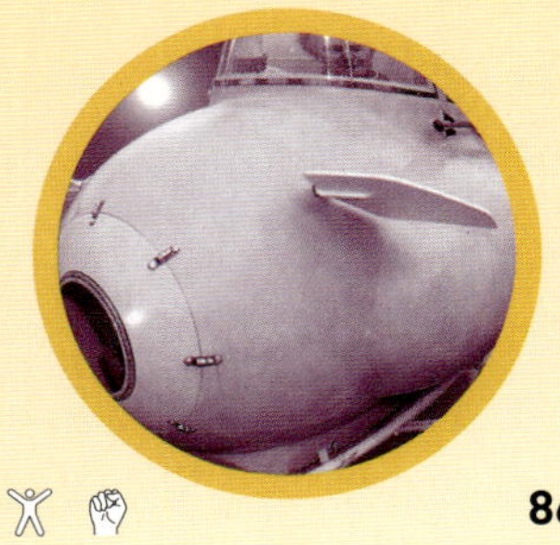

Legende

Leistung, Medien, Weltraum, Gefahr, Geld, Schnelligkeit, Entdeckung, Natur, Sport, Spaß, Menschen, Stars, Hi-Tec, Kraft, Stadt, Internet, Wissenschaft

Herzlich Willkommen

LIEBE LESERIN, LIEBER LESER,

als die ARD mich vor gut zwei Jahren fragte, ob ich „Guinness – die Show der Rekorde" moderieren möchte, habe ich nicht eine Sekunde gezögert. Ich empfand das Angebot als Ritterschlag.

Schon von klein auf wollten wir uns messen, suchten den Vergleich, wollten schneller sein als der Vater, höher hüpfen als die Mutter. Stolz waren wir über die geschenkten Siege. Später, als Jugendliche, dachten wir uns Wettbewerbe und neue Disziplinen aus, um uns im Siegen und Verlieren zu üben. Genau diese Leidenschaft ist es, die unsere Kandidaten antreibt. Mehr noch, sie wollen die Besten in Ihrer ausgedachten Disziplin auf der ganzen Welt sein: Weltrekordler!

In der Guinness-Show können die Sieger keine Geldprämien, keine Autos und keine Urlaubsreisen gewinnen. Ihr Preis ist die Trophae und der Eintrag im berühmten GUINNESS BUCH DER REKORDE.

Nicht die prominenten Juroren und die musikalischen Topstars stehen im Mittelpunkt meiner Sendung. Nein, es sind meine Kandidaten, die Rekordhalter und die Herausforderer. Sie verkörpern die Idee, die hinter allem steht. Die Idee des Rekordes. Sie zeigen, dass Menschen, die normalerweise nicht im Rampenlicht stehen, Außergewöhnliches leisten können. Ganz gleich, ob es sich um die Demonstration von Geistes- oder Körperkraft handelt.

Und noch eines vielleicht: Bei allem Einsatz, bei aller Anstrengung, mit dem die Rekordleistungen erbracht werden, für uns gilt immer noch die olympische Devise: „Dabei sein ist alles." Die Show soll Spaß machen – Ihnen, den Kandidaten und mir.

Herzlichst, Ihr

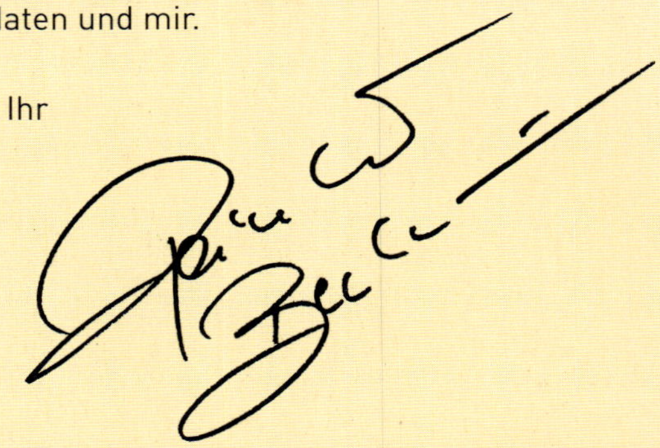

GUINNESS DIE SHOW DER REKORDE

AKTUELLES ZUR SHOW

Neueste Informationen zu Rekordhaltern, Stargästen und Musikacts gibt's online unter www.guinness-show.de. Außerdem finden Sie dort das Guinness-Quiz, die Rekordbörse und unser Rekordarchiv.

⊙ DIE PROMINENTEN JUROREN

Beckmann bekommt sie alle: Wie es sich für eine Show der Rekorde gehört, liest sich die Gästeliste von Guinness wie das „Who is Who" nationaler und internationaler Prominenz. Baywatch-Nixe Carmen Electra, Supermodel Adriana Karembeu und Moderatorin Michelle Hunziker saßen ebenso schon auf Beckmanns Sofa wie Tatort-Kommissarin Ulrike Folkerts, Moderatorin Carmen Nebel und Sportstar Magdalena Brzeska. Natürlich sind auch männliche Topleute aus Politik, Entertainment und Sport in „Guinness – Die Show der Rekorde" angemessen vertreten: Jürgen Möllemann, Til Schweiger, Heinz Hoenig, Mario Basler, Harald Juhnke, Patrick Lindner – um nur einige zu nennen. Dafür, dass neben spannender Action der Humor nicht zu kurz kommt, sorgen bundesweit erfolgreiche Komiker wie Otto, Dirk Bach, Karl Dall, Marco Rima und Mirco Nontschew.

DIE MUSIKALISCHEN TOPACTS

Keine große Samstagabend-Sendung kann und will auf musikalische Topacts verzichten. Und für „Guinness – Die Show der Rekorde“ ist das Beste gerade gut genug. Zu den nationalen und internationalen Rock- und Popgrößen, die Reinhold Beckmann bislang begrüßen durfte, zählen beispielsweise Carlos Santana, A*Teens, Julio Iglesias, Die Prinzen und Echt.
Aber auch klassischen Talenten gibt Reinhold Beckmann die Möglichkeit, sich einer breiten Öffentlichkeit zu präsentieren. So begeisterte die Violinenhoffnung Maria-Elisabeth Lott ebenso wie das walisische Stimmwunder Charlotte Church.

MARIA-ELISABETH LOTT

Als 8-Jährige bestand Maria-Elisabeth Lott die Aufnahmeprüfung an der Musikhochschule Karlsruhe und war somit seinerzeit Deutschlands jüngste Musikstudentin. Auch gewann das Violinenwunder den Wettbewerb der Internationalen Stiftung Mozarteum und durfte auf Mozarts Kindergeige eine CD einspielen.

↓ CARLOS SANTANA

Mit mehr als 40 Mio. verkauften Schallplatten zählt Carlos Santana seit langem zu den ganz Großen im Musikgeschäft. Doch mit seiner Single „Smooth“ gelang ihm jetzt sogar ein echter Rekord: Kein anderes Stück stand 1999 länger ohne Unterbrechung an der Spitze der Billboard-Charts und sein Album „Supernatural“ erhielt neun Grammys!

JULIO IGLESIAS

Wenn von Julio Iglesias die Rede ist, dann am liebsten im Superlativ: Seine 80 Soloalben wurden rund 200 Mio.-mal verkauft, die Sammlung goldener Schallplatten nähert sich der 1000-Stück-Grenze und alle 30 Sekunden wird irgendwo auf der Welt eines seiner Stücke im Radio gespielt.

Frühentwickler

JÜNGSTE OLYMPIASIEGER
Der jüngste Gewinner von olympischem Gold aller Zeiten war ein Franzose – sein Name war angeblich Marcel Depaillé –, der 1900 auf dem niederländischen Zweier bei der Olympiade in Paris (F) Steuermann war. Er war nicht älter als 10, eventuell sogar nur 7 Jahre alt, als er für den eigentlichen Steuermann einsprang.

Die jüngste Goldmedaillengewinnerin war die Eisschnellläuferin Kim Yoon-mi aus Südkorea, die 1994 bei ihrer Teilnahme am Short Track-Staffelwettbewerb über 3.000 m nur 13 Jahre und 85 Tage alt war.

Die jüngste Olympiasiegerin in einem Einzelwettkampf war Marjorie Gestring (USA), die bei den Olympischen Spielen in Berlin (D) am 12. August 1936 den Titel im Kunstspringen holte; sie war damals genau 13 Jahre und 268 Tage alt.

⊙ JÜNGSTER SUPERMARKTBERATER
Am 15. April 2000 gab die Supermarktkette Tesco bekannt, dass die siebenjährige Laurie Sleator aus Herts (GB) als Beraterin der Geschäftsführung angestellt wurde, um über die Pokémon-Modewelle, die derzeit rund um die Welt zieht, Auskunft zu geben. Im Gegenzug für ihre Dienstleistungen erhält Laurie Pokémon-Produkte.

JÜNGSTER ARZT
Balamurali Ambati aus Hollis Hills, New York (USA), wurde am 19. Mai 1995 der jüngste Arzt der Welt, als er mit 17 Jahren an der Mount Sinai School of Medicine in New York City (USA) die Doktorprüfung ablegte.

JÜNGSTE AKADEMIKER
Michael Kearney begann sein Gaststudium am Santa Rosa Junior College im September 1990 im Alter von nur 6 Jahren und 7 Monaten. Im Juni 1994 legte er an der University of South Alabama ein Bachelor-Examen in Anthropologie ab und wurde mit 10 Jahren und 4 Monaten der jüngste Absolvent einer Universität.

Tathagat Avatar Tulsi aus Neu-Delhi (IND) legte am 28. November 1999 im Alter von 12 Jahren und 2 Monaten an der Universität von Patna (IND) eine Diplomprüfung in Physik ab.

JÜNGSTER RICHTER
John Payton war 18 Jahre und 11 Monate alt, als er im Januar 1991 in Plano, Texas (USA), sein Amt als Friedensrichter antrat.

JÜNGSTER VERFASSER EINER WISSENSCHAFTLICHEN VERÖFFENTLICHUNG
Der jüngste Verfasser einer Veröffentlichung von ernst zu nehmenden Forschungsergebnissen in einer wissenschaftlichen oder medizinischen Zeitschrift ist Emily Rosa aus Colorado (USA). Mit 11 Jahren war sie Ko-Autorin eines Artikels, der am 1. April 1998 in der Zeitschrift der *American Medical Association* erschien. Es ging darin um einen Versuch, den sie im Alter von 8 Jahren entwickelt und mit 9 Jahren in einem Schulprojekt durchgeführt hatte.

⊙ JÜNGSTER DJ
Llewellyn Owen aus King's Cross, London (GB), der auch unter dem Namen DJ Welly bekannt ist, legte am 1. Mai 2000 mit 8 Jahren und 70 Tagen in dem Londoner Club *The Warp* auf. Er bekam einen Stundenlohn von 380 DM, den Standardlohn für Star-DJs. Im Juni 2000 waren bereits mehrere Auftritte bei Veranstaltungen in Großbritannien und in Paris (F) geplant.

JÜNGSTER SOFTWARE-ENTWICKLER
Roy Narunsky (IL) war 13 Jahre alt, als die Software *Curtains'95*, die er entwickelt hatte, von Makh-Shevet ML auf den Markt gebracht wurde. Das Programm soll Kindern bei der Bedienung von *Windows'95* helfen.

JÜNGSTER MODEDESIGNER
Der französische Haute-Couture-Designer Yves Saint Laurent (geb. 1936) wurde mit 17 Jahren Assistent von Christian Dior und stieg 1957 zum Leiter des Hauses Dior auf. 1962 eröffnete er sein eigenes Modehaus, das in den 70er Jahren in die Bereiche Konfektion, Tisch- und Bettwäsche und Parfums expandierte.

⊙ JÜNGSTER GOLFSPIELER, DEM EIN HOLE-IN-ONE GELANG
Der jüngste Golfspieler, der mit nur einem Schlag einlochte, ist Matthew Draper (GB). Er war 5 Jahre und 212 Tage alt, als er den Rekord am 17. Juni 1997 im Golfclub von Cherwell Edge, Oxon (GB), aufstellte.

JÜNGSTE OPERNSÄNGERIN
Die US-Sängerin Ginetta La Bianca sang am 24. März 1950 in Velletre (I) im Alter von 15 Jahren und 316 Tagen die Rolle der Gilda in Verdis *Rigoletto*. 45 Tage später sang sie im Teatro dell'Opera in Rom die Rolle der Rosina im *Barbier von Sevilla*.

JÜNGSTER AUTOFAHRER
Andrzej Makowski (CDN) bekam am 10. April 1974 in Namysłów (PL) einen Führerschein ausgestellt. Er hatte die Prüfung am 27. März 1974 im Alter von 14 Jahren und 235 Tagen abgelegt.

JÜNSTER SCHRIFTSTELLER
Dennis Vollmer aus Grove, Oklahoma (USA), war sechs Jahre alt, als er das Buch *Joshua Disobeys* (Joshua ist unartig) schrieb und illustrierte. Es wurde von den Landmark Editions, Inc. aus Kansas City, Missouri (USA), veröffentlicht, nachdem Dennis 1987 einen US-Schülerwettbewerb gewonnen hatte.

JÜNGSTER FILMREGISSEUR, DREHBUCHAUTOR UND PRODUZENT
Der Thriller *Lex the Wonderdog* entstand 1973 nach dem Drehbuch, unter der Regie und der Produktionsleitung von Sydney Ling, der damals erst 13 Jahre alt war. Damit wurde er der jüngste Produktionsleiter eines professionell gedrehten Spielfilms.

JÜNGSTER NOBELPREISTRÄGER
Professor Sir Lawrence Bragg (GB) war erst 25 Jahre alt, als er 1915 mit dem Nobelpreis für Physik ausgezeichnet wurde.

← JÜNGSTER KUNSTSPRINGWELTMEISTER
Fu Mingxia (CHN) gewann bei den Weltmeisterschaften in Perth (AUS) am 4. Januar 1991 im Alter von 12 Jahren und 141 Tagen den Titel im Turmspringen.

JÜNGSTE SOLDATEN
Der brasilianische Militär-Held und Staatsmann Luís Alves de Lima e Silva, Marschall Herzog von Caxias, trat 1808 im Alter von 5 Jahren seinem Infanterieregiment bei. Er wurde 1824 zum Hauptmann befördert und 1869 zum Herzog ernannt.

Fernando Inchauste Montalvo, der Sohn eines Majors bei den bolivianischen Luftstreitkräften, ging 1935 im Krieg zwischen Bolivien und Paraguay (1932–35) an seinem 5. Geburtstag mit seinem Vater an die Front. Er nahm an militärischen Übungen teil und unterlag der militärischen Disziplin.

JÜNGSTER PROFESSOR
Colin Maclaurin wurde am 30. September 1717 mit 19 Jahren zum Professor für Mathematik am Marischal College in Aberdeen (GB) ernannt.

Golden Oldies

⊙ ÄLTESTE ERFOLGREICHE MARATHONLÄUFERIN

Jenny Wood-Allen aus Dundee (GB) war 87 Jahre alt, als sie 1999 den London Marathon absolvierte, und zwar in einer Zeit von 7 Stunden 14 Minuten 46 Sekunden. Vorher hat sie an mehr als 30 Marathons teilgenommen und dabei über 90.000 DM an Preisgeldern angesammelt, die sie für karitative Zwecke verwendete. Bei den Herren war der älteste Marathonläufer der Grieche Dimitrion Yordanidis, der diesen Rekord im Alter von 98 Jahren bei einem Lauf am 10. Oktober 1976 in Athen (GR) aufstellte.

ÄLTESTE AUTOFAHRER

Dem Führerschein, den Layne Hall aus Silver Creek, New York (USA), am 15. Juni 1989 ausgestellt bekam, ist zu entnehmen, dass er bei der Prüfung 109 Jahre alt war. Hall starb am 20. November 1990, laut seiner Sterbeurkunde im Alter von nur 105 Jahren.

Nach dem Tod ihres Mannes fing Maude Tull aus Inglewood, Kalifornien (USA), mit 91 Jahren an, Auto zu fahren. Am 5. Februar 1976, als sie 104 Jahre alt war, wurde ihr ein Ersatzführerschein ausgestellt.

ÄLTESTER FLUGSCHEIN-PRÜFLING

Der älteste Pilot der Welt ist Burnet Patten aus Victoria (AUS). Er machte seinen Flugschein am 2. Mai 1997 mit 80 Jahren.

⊙ ÄLTESTER SKIWANDERER ZUM NORDPOL

Im April 1999 nahm Jack MacKenzie (CDN) im Alter von 77 Jahren an einer Nordpolexpedition auf Skiern teil. Gemeinsam mit weiteren acht Teilnehmern legte er in fünfeinhalb Tagen 100 km auf Skiern zurück und erreichte den Nordpol am 28. April 1999.

ÄLTESTER FLUGZEUGPASSAGIER

Der älteste Flugzeugpassagier war Charlotte Hughes aus Redcar, Cleveland (GB), die zu ihrem 110. Geburtstag im August 1987 einen Flug mit einer Concorde von London (GB) nach New York City (USA) geschenkt bekam. Mit 115 Jahren flog sie im Februar 1992 noch einmal.

ÄLTESTE FALLSCHIRMSPRINGER

Mit ihrem Tandemsprung über Mokuleia, Hawaii (USA), am 17. Februar 1996 wurde Hildegarde Ferrera im Alter von 99 Jahren die älteste Fallschirmspringerin aller Zeiten.

Der älteste männliche Fallschirmspringer ist George Salyer, der am 27. Juni 1998 mit 97 Jahren auf dem Harvey Airfield in Snohomish, Washington (USA), einen Tandemsprung aus 3.658 m Höhe machte.

Die älteste Solospringerin war Sylvia Brett (GB) mit ihrem Sprung in Cranfield, Beds (GB), den sie am 23. August 1986 im Alter von 80 Jahren machte.

ÄLTESTER HEISSLUFTBALLON-FAHRER

Florence Laine aus Neuseeland war 102 Jahre alt, als sie am 26. September 1996 in Cust (NZ) mit einem Heißluftballon fuhr.

ÄLTESTER OLYMPIASIEGER

Oscar Swahn (S) war 1912 im Alter von 64 Jahren Mitglied der siegreichen Schießmannschaft in der Disziplin Laufender Hirsch. Mit 72 Jahren gewann er 1920 bei demselben Wettkampf die Silbermedaille.

ÄLTESTER LEICHTATHLET

Baba Joginder Singh soll 105 Jahre alt gewesen sein, als er 1998 bei den Indischen Senioren-Nationalmeisterschaften in Thane (IND) am Diskuswurf teilnahm. Er war der einzige Wettkämpfer über 100 Jahre.

ÄLTESTER BRÄUTIGAM
Harry Stevens war 103 Jahre alt, als er im Altenheim von Caravilla in Wisconsin (USA) am 3. Dezember 1984 die 84-jährige Thelma Lucas heiratete.

ÄLTESTE BRAUT
Die älteste Braut der Welt war Minnie Munro: Am 31. Mai 1991 heiratete sie im Alter von 102 Jahren in Point Clare (AUS) den 83-jährigen Dudley Reid.

LÄNGSTE EHE
Der kanadische Jäger und Trapper Joseph Henry Jarvis (geb. 15.6.1899) und seine Ehefrau Annie (geb. 10.10.1904) sind seit 79 Jahren verheiratet – damit halten sie den Rekord unter allen lebenden Paaren. Die beiden gaben sich am 15. Juli 1921 in Mooshide, Yukon (CDN), das Jawort. Sie haben zwölf Kinder.

ÄLTESTES GESCHIEDENES PAAR
Das höchste Alter zum Zeitpunkt ihrer Scheidung hatten Simon und Ida Stern aus Milwaukee, Wisconsin (USA). Als sie ihre Ehe im Februar 1984 auflösten, war sie 91 und er 97 Jahre alt.

ÄLTESTER SEILTÄNZER
William Ivy Baldwin war der älteste Seiltänzer aller Zeiten: An seinem 82. Geburtstag am 31. Juli 1948 balancierte er in 38,1 m Höhe 97,5 m lang über den South Boulder Canyon in Colorado (USA).

ÄLTESTER THEATERAUTOR
George Bernard Shaw begann seine Karriere als Theaterautor mit 36 Jahren und schrieb insgesamt 57 Stücke. Sein letztes Stück, *Buoyant Billions*, verfasste er 1949 im Alter von 93 Jahren.

ÄLTESTER TUBASPIELER
Seit seinem Eintritt im Jahr 1998 im Alter von 94 Jahren ist Jack Hogg aus Wirral (GB) reguläres Mitglied der Heswall Concert Band.

ÄLTESTER OPERNSÄNGER
Mark Reizen (UA) sang im Juli 1990 im Moskauer Bolschoitheater (RUS) mit 90 Jahren in Tschaikowskys *Eugen Onegin*.

← ÄLTESTER RENNFAHRER
Der US-Schauspieler Paul Newman war 75 Jahre alt, als er am 6. und 7. Februar 2000 am Rolex 24-Rennen auf dem Dayota International Speedway teilnahm. Sein Team, zu dem außerdem sein 17-jährige Kopilot Gunnar Jeannette gehörte, startete in einem Champion Racing Porsche 996-GT3.

Big Stuff

GRÖSSTE STEINSKULPTUR
Die in den Berg gehauenen Skulpturen von Jefferson Davis, Robert E. Lee und General Thomas Jonathan (Stonewall) Jackson sind 27,4 m hoch und bedecken eine Fläche von 0,5 ha. Sie liegen an einem Abhang des Stone Mountain in der Nähe von Atlanta, Georgia (USA).

GRÖSSTE BAUMWOLLSKULPTUR
Von Mai 1998 bis April 1999 arbeitete Anant Narayan Khairnar aus Jalogon (IND) an einem 2,28 m hohen Standbild von Mahatma Gandhi aus Baumwolle. Die Figur wog 20 kg.

GRÖSSTER DREHBARER GLOBUS
Von der Verlagsanstalt De Lorme aus Yarmouth, Maine (USA), wurde 1998 *Eartha* gebaut, eine Weltkugel mit einem Durchmesser von 12,52 m und einem Gewicht von 2.540 kg.

GRÖSSTES GUMMIBANDKNÄUEL
Im April 1998 machte John Bain aus Delaware (USA) ein 907,18 kg schweres Knäuel aus Gummibändern, die er bei seiner Arbeit in der Postabteilung seiner Firma gesammelt hatte. Das Knäuel hatte einen Umfang von 3,86 m.

GRÖSSTE FLAGGE
Die größte Flagge der Welt ist die amerikanische „Superflag", die „Ski" Demski aus Long Beach, Kalifornien (USA), gehört. Sie ist 154 x 78 m groß und wiegt 1,36 t. Sie wurde von der Firma Humphrey's Flag Co in Pottstown, Pennsylvania (USA), hergestellt und am 14. Juni 1992 beim Hoover-Damm am Colorado River, dem Grenzfluss zwischen Arizona und Nevada (USA), entrollt.

Die größte Flagge, die an einer Fahnenstange aufgezogen wird, ist die brasilianische Nationalflagge in Brasilia (BR). Sie hat die Rekordmaße von 70 x 100 m.

⊙ GRÖSSTE DISCOKUGEL
Eine Discokugel im Mayan Club in Los Angeles, Kalifornien (USA), hat einen Durchmesser von 2,41 m und wiegt 137,89 kg. Sie kommt von der Firma Big Millennium Balls aus Santa Clarita, Kalifornien (USA), und besteht aus 6.900 Spiegelquadraten von jeweils 5 x 5 cm.

GRÖSSTES KNALLBONBON
Das größte funktionierende Knallbonbon, das je hergestellt wurde, war 55,54 m lang und hatte einen Durchmesser von 3,6 m. Gebaut wurde es von Ray Price, einem ehemaligen Rugbyspieler aus der internationalen Football-Liga, für Markson Sparks! aus New South Wales (AUS). Am 16. Dezember 1998 wurde es auf dem Parkplatz der Westfield Shopping Town in Chatswood, Sydney (AUS), gezündet.

⊙ GRÖSSTE TROMMEL
Die Irische Millenniumstrommel mit einem Durchmesser von 4,72 m und einer Tiefe von 1,91 m wurde von Brian Fleming und Paraic Breathnac entworfen und von Bill Wright und Seamus Purcell aus Birkensperrholz und Segeltuch gebaut. Sie wurde zum ersten Mal am 13. März 1999 auf dem St. Patrick's Festival in Dublin (IRL) gespielt und leitete die irischen Feierlichkeiten zum Jahrtausendwechsel ein.

GRÖSSTES VORHÄNGESCHLOSS
Muhammad Rafique aus Pakistan stellte 1955 ein stählernes Vorhängeschloss her, das 30,7 cm breit, 54,7 cm hoch und 10,5 cm dick ist. Es wiegt 50,6 kg.

GRÖSSTE KERZE
Eine 24,38 m hohe Kerze mit einem Durchmesser von 2,59 m wurde 1897 von der Firma Lindahls auf der Stockholmer Messe (SWE) ausgestellt.

GRÖSSTE BLOCKFLÖTE
Eine voll funktionsfähige Blockflöte von 5 m Länge baute Stefán Geir Karlsson aus Island 1994. Jedes Loch des Instruments aus spezialbehandelter Zirbelkiefer hat einen Durchmesser von 8,5 cm.

⊙ LÄNGSTE SCHLEPPE AN EINEM BRAUTKLEID

Die größte Schleppe an einem Brautkleid hatte die Rekordlänge von 204,1 m. Sie wurde von Hege Solli (N) für die Hochzeit von Hege Lorence und Rolf Rotset am 1. Juni 1996 genäht und von 186 Brautjungfern und -knaben getragen.

GRÖSSTE SPIELBARE GITARRE

Die größte spielbare Gitarre der Welt ist 11,63 m lang und 4,87 m breit, bei einem Gewicht von 446 kg. Sie wurde nach der Gibson Flying V gestaltet und von Schülern der Shakamak High School in Jasonville, Indiana (USA), gebaut. Ihre Einweihung fand am 17. Mai 1991 statt: Das Instrument war an sechs Verstärker angeschlossen und wurde gleichzeitig von sechs Schulmitgliedern gespielt.

GRÖSSTES MOSKITONETZ

Das größte Moskitonetz der Welt ist 20 x 20 x 3 m groß – 225-mal so groß wie ein normales Bett. Es wurde am 18. April 2000 in Eagle Square, Abuja (WAN), zum Afrika-Gipfel der Welt-Gesundheitsorganisation (WHO) ausgestellt.

GRÖSSTE MÜLLTONNE

Am 22. Oktober 1998 stellte die Firma BRESCO aus Baltimore, Maryland (USA), aus verzinktem Stahl eine Mülltonne von 5,38 m Höhe und 3,65 m Durchmesser her. Die Tonne fasst 57.644,4 l.

GRÖSSTER KOFFER

Zwischen dem 7. und dem 15. Februar 1999 bauten acht Mitarbeiter von Sane Sports Wear in Vadodara (IND) einen Koffer mit den Maßen 4,06 x 2,66 x 1,26 m.

→ GRÖSSTER BECHER

Ein Becher, den Parnassus Events aus Indien herstellte, hatte einen Durchmesser von 4,26 m und ein Gewicht von 3,6 t. Er wurde am 14. August 1998 im Bangalore Palace (IND) vorgeführt.

Stärke

GRÖSSTES GEZOGENES FLUGZEUG
Am 6. Juli 1999 zogen 60 Männer aus Hants (GB) auf dem Gatwick Airport (GB) eine 233 t schwere Boeing 747 in 59,13 Sekunden über eine Entfernung von 100 m. Das Kunststück wurde vorgeführt, um Geld für den Romsey Hospital Appeal zu sammeln.

Am 17. Mai 1998 zog eine 10-köpfige Mannschaft der Ohakea Air Force auf dem Palmerston North Airport (NZ) eine 37 t schwere Boeing 737-300 in 47 Sekunden über eine Entfernung von 100 m.

Der Australier David Huxley zog am 15. Oktober 1997 in Sydney (AUS) eine 187 t schwere Boeing 747-400 in 1 Minute 27,7 Sekunden über eine Distanz von 91 m.

Am 9. Dezember 1998 zog ein 8-köpfiges Team des Suffolk Braves Wheelchair Basketball (GB) ein 4 t schweres Privatflugzeug vom Typ Cessna 421 Eagle auf dem Cambridge Airport (GB) in 16 Minuten 20 Sekunden über eine Distanz von 500 m.

LÄNGSTE ZEIT EIN FLUGZEUG AM START GEHINDERT
Am 20. Juni 1997 hinderte der Australier Otto Acron zwei Flugzeuge des Typs Cessna mit einer Motorleistung von 223,7 kW über 15 Sekunden lang daran, in der entgegengesetzten Richtung zu starten. Der Rekord wurde in Hervey Bay (AUS) aufgestellt.

ZUG AM LÄNGSTEN GEZOGEN
Juraj Barbaric (SK) zog am 25. Mai 1996 eigenhändig einen 360 t schweren Zug auf einem Gleis in Kosice (SK) über die Entfernung von 7,7 m.

Grant Edwards zog am 4. April 1996 eigenhändig einen 201 t schweren Zug auf einem Gleis in Thirlmere (AUS) über eine Strecke von 36,8 m.

ÄLTESTER MENSCH, DER EIN PASSAGIERSCHIFF ZIEHT
Der Amerikaner Maurice Catarcio war 69 Jahre 6 Monate alt, als er am 12. September 1998 das 44 t schwere Boot *Silver Bullet* mit 125 Passagieren an Bord auf dem Sunset Lake in New Jersey (USA) über die Entfernung von 91,44 m zog.

⊙ MEISTE LIEGESTÜTZE AUF DEM HANDRÜCKEN IN EINER STUNDE
Am 5. März 2000 führte Paddy Doyle (GB) in einer Stunde die Rekordzahl von 660 Liegestütze auf dem Handrücken aus.

FELDGESCHÜTZ AM LÄNGSTEN GEZOGEN
Innerhalb von 24 Stunden, vom 2. bis zum 3. April 1993, zogen drei 8-köpfige Mannschaften der 72 Ordnance Company (V) der British Army ein 1.800 kg schweres 25-pfündiges Geschütz in Donnington (GB) über die Entfernung von 177,98 km.

LASTWAGEN AM LÄNGSTEN GEZOGEN
Am 10. November 1999 zog der Amerikaner Harold „Chief Iron Bear" Collins einen 22,87 t

⊙ GRÖSSTES MIT DEN ZÄHNEN GEZOGENES GEWICHT
Am 9. Juni 1996 zog Walter Arfeuille (B) mit den Zähnen acht Eisenbahnwaggons mit einem Gesamtgewicht von 223.880 kg über die Entfernung von 3,2 m auf einem Gleis. Der Rekord wurde in Diksmuide (B) aufgestellt.

schweren Lastwagen in weniger als 40 Sekunden über eine Entfernung von 30,5 m. Der Rekord wurde in New York City (USA) aufgestellt.

GRÖSSTES GEWICHT GEHALTEN
Am 13. August 1999 hielt Kahled Dahdouh aus Lowell in Massachusetts (USA) während der Fernsehshow *Guinness World Records* fünf Sekunden lang das Rekordgewicht von 1.381,19 kg auf der Brust. Das Gewicht setzte sich aus drei Bodybuildern zusammen, die auf den Abschlussblöcken von Hochöfen standen.

SCHWERSTES BALANCIERTES AUTO
John Evans aus Großbritannien balancierte am 24. Mai 1999 in den London Studios (GB) einen 159,6 kg schweren leeren Mini 33 Sekunden lang auf dem Kopf.

MEISTE BIERFÄSSER AUF DEM KOPF BALANCIERT
John Evans (GB) balancierte am 17. Juni 1998 in der Sendung *Guinness World Records* in den vorgeschriebenen 10 Sekunden elf leere Bierfässer auf dem Kopf.

MEISTE ZIEGEL AUF DEM KOPF BALANCIERT
John Evans (GB) balancierte am 24. Dezember 1997 im BBC TV Centre in London (GB) 101 Ziegel mit einem Gewicht von 188,7 kg für 10 Sekunden auf dem Kopf.

GRÖSSTES MIT ZÄHNEN GEHOBENES GEWICHT
Am 31. März 1990 hob Walter Arfeuille aus Belgien mit den Zähnen Gewichte von insgesamt 281,5 kg 17 cm vom Boden hoch. Der Rekord wurde in Paris (F) aufgestellt.

SCHWERSTES GEWICHT JONGLIERT
Juri Scherbina aus der Ukraine warf am 27. Juli 1995 auf dem 4.200 m hohen Ostgipfel des Mount Elbrus in Russland eine 16 kg schwere Kugel 100-mal von der einen Hand in die andere.

MEISTE MILCHKÄSTEN AUF DEM KOPF BALANCIERT
John Evans (GB) balancierte am 18. Juli 1997 in Kerr Street Green in Nordirland (GB) 95 Milchkästen mit einem Gewicht von je 1,36 kg 10 Sekunden lang auf dem Kopf.

STÄRKSTE LUNGEN
Am 26. September 1994 blies Nicholas Mason (GB) einen 1 kg schweren Ballon in 45 Minuten 2,5 Sekunden bis zu einem Durchmesser von 2,44 m auf.

STÄRKSTER TROGTRÄGER
Am 20. November 1993 trug Russell Bradley aus Worcester (GB) Ziegel mit einem Gesamtgewicht von 264 kg in einem 48 kg schweren Trog über die Strecke von 5 m auf ebenem Boden, bevor er eine 2,49 m hohe Rampe hochstieg. Dies entsprach einem Gewicht von insgesamt 312 kg.

SCHNELLSTES BIERFASSHEBEN
Am 26. Oktober 1996 hob Tom Gaskin (GB) in Liska House im nordirischen Newry (GB) ein 62,5 kg schweres Bierfass innerhalb von 6 Stunden 902-mal über seinen Kopf.

MEISTE BÄLLE AUF DEM KOPF BALANCIERT
Die größte Zahl an fußballgroßen Bällen aus PVC, die auf dem Kopf balanciert wurden, beträgt 548. John Evans (GB) balancierte die Bälle, die sich in einem Tor befanden, am 28. Juni 1998 in Leeds (GB).

← GRÖSSTES MIT EINEM OHR GEHOBENES GEWICHT
Am 17. Dezember 1998 hob der Chinese Li Jian Hua in der Fernsehsendung *Guinness World Records: Primetime* einen 50 kg schweren Stapel Ziegelsteine, die mit einer Klemme an seinem Ohr befestigt waren.

Geschwindigkeitsrekorde

SCHNELLSTER HALBMARATHON MIT EINEM KINDERWAGEN
Peter Taylor (GB) hält mit 1 Stunde 49 Minuten 18 Sekunden den Halbmarathonrekord im Kinderwagenschieben. Mit dieser Zeit war er beim East Yorkshire Marathon am 11. Mai 1997 in Driffield (GB) 72. unter 95 Teilnehmern, die das Ziel erreichten.

SCHNELLSTER BADEWANNENKAPITÄN
Greg Mutton legte mit seiner Badewanne beim Grafton Jacaranda Festival am 8. November 1987 in New South Wales (AUS) eine Rennstrecke von 57,9 km (36 Meilen) in der Rekordzeit von 1 Stunde 22 Minuten 27 Sekunden zurück. Die Rennwannen dürfen höchstens 1,90 Meter lang sein.

SCHNELLSTE MÜLLTONNEN-LÄUFER
Shaun und Aaron Viney halten den Rekord im Mülltonnen-Sprint: Die Rennstrecke von 110 m legten sie am 21. Februar 1999 im Westfield Devils Jugendfußball-Klub in Launceston (Tasmanien/AUS) in 31,1 Sekunden zurück. Die Läufer mussten nach einem 10-Meter-Auftaktsprint zu den Mülltonnen die mit Rädern versehenen Geräte abwechselnd jeweils 50 Meter weit ziehen.

⊙ SCHNELLSTER PFAHLKLETTERER
Jeremy Barrell (GB) erkletterte am 28. Juli 1999 bei der 25-m-Pfahlkletter-WM einen 24,4 m hohen Pfahl in der Rekordzeit von 10,75 Sekunden. Damit brach er seinen eigenen Rekord von 11,36 Sekunden, den er ein Jahr zuvor bei derselben Veranstaltung, der Hampshire County Show (GB), aufgestellt hatte.

Den Rekord bei den Frauen, 48,84 Sekunden, stellten Olivia und Karla Jones bei derselben Veranstaltung auf.

SCHNELLSTE STELZENLÄUFER
Den schnellsten Langstreckenlauf auf Stelzen absolvierte M. Garisoain (F): Die 8 km lange Strecke von Bayonne nach Biarritz schaffte er im Jahr 1892 in 42 Minuten, was einer Durchschnittsgeschwindigkeit von 11,42 km/h entspricht.

Schnellster Stelzen-Sprinter ist Roy Luiking (NL). Auf 30,5-cm-Stelzen benötigte er am 28. Mai 1992 in Didam (NL) nur 13,01 Sekunden für die 100-m-Strecke.

SCHNELLSTES POGO-STICK-HÜPFEN AUF DEN CN TOWER
Ashrita Furman (USA) schaffte mit einem Pogo-Stick (ein mit einer Feder und einem kreuzförmigen Griff versehener Hüpfstab) die 1.899 Stufen des 553 m hohen CN Towers in Toronto (CDN) am 23. Juli 1999 in 57 Minuten 57 Sekunden.

SCHNELLSTES SACKHÜPFEN
Ashrita Furman schaffte in einem Sackhüpf-Rennen am 6. August 1998 die 10-km-Strecke im Mount-Rushmore-Nationalpark in Süd-Dakota (USA) in 1 Stunde 25 Minuten 10 Sekunden.

SCHNELLSTER BAUMKLETTERER
In der Rekordzeit von 53,35 Sekunden erkletterte Guy German am 3. Juli 1989 in Albany (USA) einen 30,5 m hohen Pfahl mit 100 cm Umfang und sägte die Spitze ab.

SCHNELLSTES NAGELEINSCHLAGEN
Dale C. Jones aus Utah (USA) schlug am 11. August 1984 sechs 17,8-cm-Schienennägel in 26,4 Sekunden ins Holz. Er stellte diesen Rekord bei der Profi-WM im Nageleinschlagen in der Golden Spike National Historic-Anlage in Utah auf.

SCHNELLSTER STEPPTÄNZER
38 Schläge pro Sekunde sind die höchste Zahl, die je für einen

⊙ SCHNELLSTER FENSTERPUTZER
Terry Burrows aus South Ockendon (GB) putzte am 22. Juli 1999 in Edinburgh (GB) drei in einem Rahmen angebrachte Bürofenster mit den Standardmaßen von 114,3 x 114,3 cm in der Rekordzeit von 11,34 Sekunden. Für diese Arbeit benutzte er einen 30 cm langen Gummischrubber und 9 Liter Wasser.

Stepptänzer gemessen wurde. Diese Rekordmarke setzte James Devine am 25. Mai 1998 in den MCM-Aufnahmestudios in Sydney (AUS).

SCHNELLSTER KNOTENKNÜPFER

Der Rekord für das Knüpfen der sechs Knoten aus dem Pfadfinder-Handbuch (Kreuzknoten, einfacher Schotstek, Trompetenstek, Rundtörn sowie Webeleinstek und einfacher Palstek) mit sechs Seilen steht bei 8,1 Sekunden. Clinton Bailey Sen. aus Pacific City (USA) hält ihn seit dem 13. April 1977.

⊙ SCHNELLSTER LAUF AUF DAS EMPIRE STATE BUILDING

Die schnellste Zeit beim jährlichen Rennen auf das Empire State Building in New York City (USA) legte am 23. Februar 2000 Paul Crake (oben im Bild) aus Canberra (AUS) vor: Für die 1.576 Stufen benötigte er 9 Minuten 53 Sekunden. Den Rekord bei den Frauen hält mit 12 Minuten 19 Sekunden seit 1996 Belinda Soszyn (AUS, ganz oben).

SCHNELLSTER FLAMENCOTÄNZER

Solero de Jeréz schaffte im September 1967 bei einem Auftritt in Brisbane (AUS) 16 Schläge mit dem Absatz pro Sekunde.

SCHNELLSTER JODLER

Thomas Scholl aus München (D) jodelte am 9. Februar 1992 22 Töne in einer Sekunde, 15 davon im Falsett.

SCHNELLSTER SPRECHER

Steve Woodmore aus Orpington (GB) brachte am 22. September 1990 in der ITV-Fernsehshow *Motor Mouth* in 56,01 Sekunden 595 Wörter hervor, was 637,4 Wörtern pro Minute entspricht. Nur wenige Menschen sind in der Lage, artikuliert zu sprechen, wenn sie über längere Zeit mehr als 300 Wörter in der Minute produzieren müssen.

SCHNELLSTE BETTENMACHERIN

Die Rekordmarke im Bettenmachen setzte mit 28,2 Sekunden Wendy Wall am 30. November 1978 in Sydney (AUS).

SCHNELLSTES KOKOSNUSSPALMEN-KLETTERN

Rekordhalter im Barfußklettern auf eine 9 m hohe Kokosnuss-Palme ist Fuatai Solo (FJI). Beim jährlichen Kokosnusspalmen-Wettklettern in Sukuna Park (FJI) benötigte er am 22. August 1980 nur 4,88 Sekunden bis zur Spitze.

Geschicklichkeit 1

MEISTE MÜNZEN
Alexander Bendikow aus Mogilew (BY) errichtete am 15. November 1995 auf einer hochkant stehenden Münze eine Pyramide aus 880 Münzen.

253 Münzen türmte der Inder Dipak Syal aus Yamuna Nagar am 3. Mai 1991 auf eine hochkant stehende Münze. Die Säule aus indischen Ein-Rupien-Stücken balancierte auf einem Fünf-Rupien-Stück. Ferner gelang es ihm, zehn Ein-Rupien-Stücke und zehn Zehn-Paise-Stücke abwechselnd waagerecht und hochkant übereinander zu stapeln.

MEISTE DOMINOSTEINE
Ralf Laue aus Leipzig (D) stapelte am 2. Juli 1999 555 Dominosteine erfolgreich auf einen einzigen stützenden Dominostein. Der Stapel blieb eine Stunde lang frei stehen.

MEISTE STREICHHÖLZER
Den Rekord im Stapeln von Streichhölzern auf einem Flaschenhals stellte Peter Both aus Rostock (D) am 2. März 1995 auf. Der Stapel bestand aus 8.146 Streichhölzern in 351 Schichten und war 80,5 cm hoch, womit Both seinen alten Rekord von 20,1 cm überbot.

MEISTE BOWLINGKUGELN
Ohne Adhäsionsmittel stapelte Dave Kremer aus Waukesha, Wisconsin (USA), am 19. November 1998 in der US-Fernsehshow *Guinness World Records: Primetime* die Rekordzahl von zehn Bowlingkugeln senkrecht aufeinander.

MEISTE GOLFBÄLLE
Don Athey aus Bridgeport, Ohio (USA), stapelte am 4. Oktober 1998 neun Golfbälle ohne Adhäsionsmittel senkrecht übereinander.

MEISTE BIERDECKEL
Dean Gould (GB) schnipste am 13. Januar 1993 in Edinburgh (GB) einen Stapel von 111 Bierdeckeln (bestehend aus 1,2 mm dickem Zellstoff) in einem 180°-Winkel herum und fing sie auf. Des Weiteren stapelte er am 15. März 1998 auf der Fähre zwischen Felixstowe, Suffolk, und Harwich, Essex (beides GB), 2.224 Bierdeckel auf seinem Unterarm und Ellbogen und fing sie nach blitzschnellem Wegziehen des Arms mit nur einer Hand auf.

WEITESTER BIERGLASSTOSS
Die größte Weite beim Stoßen von Halbliterbierkrügen auf einem 50 cm breiten Tresen erzielte Gerrit Hesselink (NL) mit 33,71 m bei einem Sommerfest in Saasveld (NL) am 27. Juni 1998.

⊙ MEISTE WÄSCHEKLAMMERN IM GESICHT
Kevin Thackwell aus Stoke-on-Trent, Staffs (GB), klemmte sich am 27. Sept. 1999 im Horseshoe Inn in Church Lawton, Cheshire (GB), innerhalb von fünf Minuten 116 Wäscheklammern ins Gesicht und an den Hals.

SCHNELLSTER SCHAFSCHERER
Godfrey Bowen (NZ) scherte bei der Royal Highland Show in Dundee (GB) im Juni 1957 ein Cheviot-Mutterschaf in 46 Sekunden.

SCHNELLSTE SICHERHEITSRASUR
Denny Rowe (GB) rasierte am 19. Juni 1988 in Herne Bay, Kent (GB), mit einem Sicherheitsrasierer in einer Stunde 1.994 Männer. Er benötigte im Durchschnitt 1,8 Sekunden pro Person, wobei nur viermal Blut floss.

Am 10. November 1993 rasierte Tom Rodden aus Chatham, Kent (GB), in einer Stunde 278 Freiwillige mit einem offenen Rasiermesser. Dabei benötigte er im Durchschnitt 12,9 Sekunden pro Person, wobei siebenmal Blut floss.

⊙ GRÖSSTER SCHERENEINSATZ BEIM HAARESCHNEIDEN
Der Friseur Dani Abergel (alias Dani Figaro) aus Dimona (IL) benutzt bei seiner Arbeit in einer Hand bis zu sieben Scheren unabhängig voneinander. Abergel, der die Viel-Scheren-Methode zum ersten Mal 1997 praktizierte, schneidet heute in seinem Salon in Dimona regelmäßig mit sieben Scheren gleichzeitig.

GRÖSSTER HAARSPALTER
Bei acht verschiedenen Anlässen gelang es Alfred West (GB), ein menschliches Haar 17-mal – also in 18 Einzelteile – zu spalten.

ERFOLGREICHSTER WÜRMERBESCHWÖRER
Bei der ersten, am 5. Juli 1980 in Willaston, Cheshire (GB), durchgeführten Weltmeisterschaft im Würmerbeschwören lockte Tom Shufflebotham 511 Würmer aus der Erde. Jeder Wettkampfteilnehmer verfügte über eine Fläche von 3 m^2 und hatte 30 Minuten Zeit.

← MEISTE HULA-HOOP-REIFEN
82 Hula-Hoop-Reifen gleichzeitig ließ Lori Lynn Lomeli (USA) im Atlantis Casino Resort von Reno, Nevada (USA), am 5. August 1999 zwischen ihren Schultern und Hüften kreisen. Jeder Reifen vollführte drei volle Umdrehungen.

Geschicklichkeit 2

WEITESTER SPRUNG ÜBER FÄSSER
Der weiteste Fasssprung, der je registriert wurde, ging über 18 Fässer bzw. 8,97 m. Aufgestellt hat ihn Yvon Jolin in Terrebonne, Québec (CDN), am 25. Januar 1981. Um die Geschwindigkeit zu erreichen, die für Sprünge dieser Größenordnung nötig ist, trainieren Fasssprung-Kandidaten mit Schlittschuhen auf der Eisbahn.

Der Rekord bei den Damen liegt bei 6,84 m oder 13 Fässern, die Marie-Josée Houle am 1. März 1987 in Lasalle, Québec (CDN), übersprang.

MEISTE HANDGEMOLKENE MILCH PRO TAG
Am 25. August 1992 melkte Joseph Love von den Kilifi Plantations Ltd. (EAK) per Hand 531 l Milch von 30 Kühen.

MEISTE GEMOLKENE SCHLANGEN
In den 14 Jahren zwischen 1951 und 1965 melkte Bernard Keyter, ein Forscher am südafrikanischen Institute for Medical Research in Johannesburg (ZA), eine Rekordzahl von 780.000 Giftschlangen und erhielt so insgesamt 3.960 l Schlangengift. Keyter wurde kein einziges Mal gebissen.

LÄNGSTE AUSWENDIG GELERNTE ZAHLENFOLGE
Am 6. November 1999 sagte Gert Mittring (D) in Köln (D) aus dem Gedächtnis eine Folge von 27 zufällig gewählten Ziffern in der richtigen Reihenfolge auf, nachdem sie drei Sekunden lang auf einer Leinwand erschienen waren.

SCHNELLSTER BRIEFMARKENLECKER
Im Normandie Hotel in Bournemouth, Dorset (GB), leckte am 3. August 1997 Diane Sheer aus London (GB) innerhalb von 5 Minuten 225 Briefmarken an und klebte sie auf Briefumschläge.

SCHNELLSTE ZAUBERWÜRFEL-LÖSUNG
Der vietnamesische Flüchtling Minh Thai gewann mit einer Zeit von 22,95 Sekunden die Zauberwürfel-Weltmeisterschaft 1982 in Budapest (H).

LÄNGSTE KREISELDREHUNG
Hall Graham (USA) trieb im Dezember 1998 in der Woodstock Highschool in Georgia (USA) einen Kreisel zu einer Drehung an, die 2 Stunden 52 Minuten 11 Sekunden lang andauerte, ohne dass sein Rand den Boden berührte.

GRÖSSTER KARTENFÄCHER
Am 18. März 1994 hielt Ralf Laue (D) in Leipzig (D) einen Fächer von 326 gewöhnlichen Spielkarten so ein einer Hand, dass Zahl und Farbe jeder einzelnen Karte sichtbar waren.

WEITESTER WURF EINER SPIELKARTE
Jim Karol aus North Catasauqua, Pennsylvania (USA), gelang es am 18. Oktober 1992 im Mount Ida College in Massachusetts (USA), eine gewöhnliche Spielkarte 61,26 m weit zu werfen.

LÄNGSTE STRICKLIESEL-SCHLANGE
Ted Hannaford aus Sittingbourne, Kent (GB), hat mit der Strickliesel eine Schlange hergestellt, die bei der Messung im April 1999 bereits 13,64 km lang war. Er hatte vor über zehn Jahren zu stricken begonnen.

⊙ MEISTE STOCKWERKE EINES KARTENHAUSES
Zwischen dem 15. und dem 27. Mai 1999 baute Bryan Berg aus Spirit Lake, Iowa (USA), ein 7,4 m hohes, freistehendes Kartenhaus mit 127 Stockwerken. Er verwendete dazu 1.200 Sätze gewöhnlicher Spielkarten und benutzte keinen Klebstoff. Der Rekord wurde im College of Design an der Iowa State University in Ames (USA) aufgestellt.

⊙ WEITESTER GUMMIBANDSCHUSS
Leo Clouser (USA) schoss am 18. Juni 1999 in der Turnhalle der Wyomissing Area High School in Wyomissing, Pennsylvania (USA), ein Gummiband über eine Entfernung von 30,16 m.

WEITESTER ERDNUSSWURF
Am 21. Februar 1999 warf Adrian Finch aus Tasmanien (AUS) im Jugendfußballklub Westfield Devils in Launceston (AUS) eine 4 g schwere Erdnuss über eine Distanz von 34,1 m.

AM WEITESTEN GESPRITZTES AUGENSEKRET
Am 20. November 1998 ließ Jim Cichon aus Milford, Pennsylvania (USA), das Sekret aus seinem Augenwinkel über eine Rekord-

weite von 2,01 m spritzen. Er vollführte diese Leistung bei den Aufnahmen für die Sendung *Guinness World Records: Primetime* in Los Angeles (USA).

AM WEITESTEN GESPUCKTE GRILLE
Die weiteste Entfernung, über die eine tote Grille aus dem Mund gespuckt wurde, beträgt 9,14 m. Danny Capps aus Madison, Wisconsin (USA), schaffte sie bei den Aufzeichnungen für die Sendung *Guinness World Records: Primetime* am 26. Juni 1998.

WEITESTER KÜRBISSCHUSS
Auf dem Kürbisfestival in Morton, Illinois (USA), schoss am 19. September 1998 der Aludium Q-36 Kürbismodulator, eine Pressluftkanone, die Matt Parker, Chuck Heerde, Rod Litwiller, Steve Young und James Knepp gebaut hatten, und bedienten, einen Kürbis über eine Rekordweite von 1.368 m.

MEISTE GESCHLUCKTE WÜRMER
Mark Hogg aus Louisville, Kentucky (USA), hält den Rekord über die meisten lebenden Würmer, die in 30 Sekunden verschluckt wurden. Am 19. November 1998 aß er bei den Aufzeichnungen zu der Sendung *Guinness World Records: Primetime* in Los Angeles, Kalifornien (USA), 62 Regenwürmer.

MEISTE KATAPULTIERTE UND AUFGEFANGENE M&MS
Der Rekord über die meisten M&Ms, die vom Ohr aus jemand anderem in den Mund katapultiert wurden, beträgt 16 in einer Minute. Bei den Aufzeichnungen zu der Sendung *Guinness World Records: Primetime* in Los Angeles, Kalifornien (USA), am 18. August 1998 katapultierte Mark Needem (USA) die Schokoerdnüsse zu seinem Bruder Ben.

WEITESTER SPAGHETTIWURF AUS DER NASE
Am 16. Dezember 1998 blies Kevin Cole aus Carlsbad, New Mexico (USA), aus der Nase eine einzelne Spaghetti-Nudel über die Rekordweite von 19,05 cm. Er schaffte das bei den Aufnahmen zu *Guinness World Records: Primetime* in Los Angeles, Kalifornien (USA).

MEISTE JO-JO-FIGUREN
Am 22. Juli 1999 vollführte „Fast Eddie" McDonald im Paulson Street Parket in Toronto, Ontario (CDN), eine Rekordzahl von 35 Jo-Jo-Figuren in einer Minute.

→ LÄNGSTE STRECKE IM ULTRABALL
Mit 323 m legte Rich Eley (GB) am 10. Mai 1999 bei Glynde, Eastern Sussex (GB), die längste Distanz mit einem einzigen Schwung im Ultraball zurück. Der Ball erreichte eine Rekordgeschwindigkeit von 50 km/h.

Ausdauer 1

LÄNGSTE ZEIT AUF EINEM BAUM
Bungkas kletterte 1970 in dem indonesischen Dorf Bengkes auf eine Palme. Seitdem lebt er dort in einem Nest, das er sich aus Zweigen und Blättern gebaut hat. Wiederholte Bemühungen, ihn zu überreden, wieder herunterzukommen, scheiterten.

LÄNGSTES WANDSITZEN
Rajkumar Chakraborty (IND) saß am 22. April 1994 11 Stunden 5 Minuten lang mit dem Rücken an einer Mauer und den Beinen in einem 45 Grad-Winkel im Panposh Sports Hostel in Rourkela (IND).

LÄNGSTE ZEIT GESTANDEN
Die längste Zeitdauer, die ein Mensch ununterbrochen gestanden ist, beträgt über 17 Jahre. Von 1955 bis 1973 stand Swami Maujgiri Maharaj (IND), während er Buße tat *(tapasya)*. Zum Schlafen lehnte er sich an ein Brett.

LÄNGSTE ZEIT AUF EINEM HOCHSEIL
Der Weltrekord für den Aufenthalt auf einem Hochseil wurde von Jorge Ojeda-Guzmán aus Orlando in Florida (USA) vom 1. Januar bis zum 25. Juli 1993 aufgestellt. Das 11 m lange Stahlseil befand sich 10,7 m über dem Boden. Ojeda-Guzmán unterhielt die Zuschauermenge, indem er auf dem Seil herumspazierte, auf einem Stuhl balancierte und tanzte. An einem Ende des Seils stand ihm eine 91 x 91 cm große hölzerne Kabine zur Verfügung.

MEISTE HIMMEL-UND-HÖLLE-SPIELE IN 24 STUNDEN
Innerhalb von 24 Stunden, vom 12. bis zum 13. Januar 1998, spielte Ashrita Furman (USA) 434-mal erfolgreich Himmel-und-Hölle. Der Rekord wurde im Westin Regina Hotel in Cancun (MEX) aufgestellt.

MEISTE SCHLANGEN
Der Rekord, mit den meisten lebenden Schlangen in einer Badewanne zu sitzen, wird gemeinsam von Jackie Bibby aus Fort Worth in Texas und Rosie Reynolds aus Granbury in Texas (USA) gehalten. In der TV-Sendung *Guinness World Records: Primetime* saßen sie am 24. September 1998 in Los Angeles, Kalifornien (USA), mit je 75 Western Diamondback-Klapperschlangen in zwei separaten Badewannen.

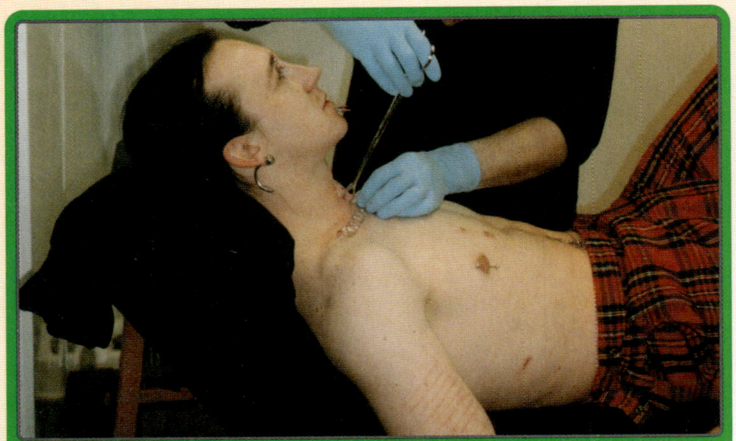

⊙ MEISTE KÖRPERPIERCINGS IN EINER SITZUNG
Am 19. September 1999 erhielt Quille DeSade aus Neuseeland 90 neue Körperpiercings in einer ununterbrochenen Sitzung ohne Narkose im Absolution Body Piercing Studio in Christchurch (NZ).

LÄNGSTER KINOBESUCH
Vom 23. bis 25. Juli 1999 sahen sich Hajnalka Bulla, Gabor Lantai, Tamas Puska, Krisztian Galla, Mark McMenemy und Zoltan Belebyi im Hollywood Multiplex in Budapest (H) 37 Stunden 25 Minuten lang ununterbrochen Spielfilme an. Unter den 20 gesehenen Filmen waren *Armageddon* (USA, 1998), *Taxi* (F, 1998), *Face/Off* (USA, 1997) und 107 Minuten aus *Titanic* (USA, 1997).

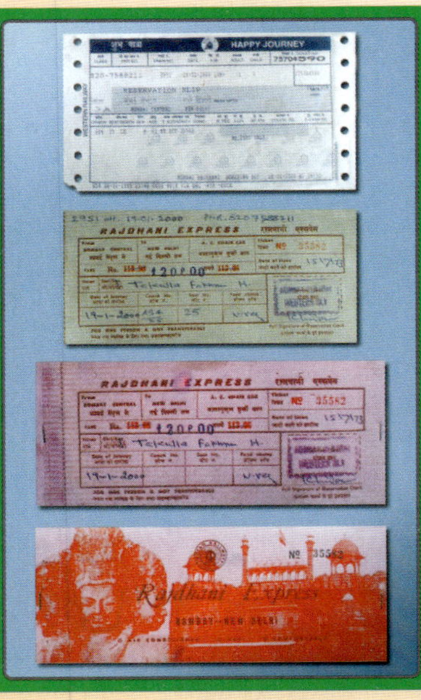

⊙ AM WEITESTEN IN DIE ZUKUNFT GEDACHT
Am 19. Januar 2000 fuhr Fakhruddin Takulla aus Indien mit dem Zug von Bombay nach Neu-Delhi (IND) und benutzte dafür eine Fahrkarte, die er am 15. Juli 1973 gekauft hatte – vor 26 Jahren und 6 Monaten. Takulla nutzte den von der indischen Eisenbahngesellschaft angebotenen unbegrenzten Buchungsservice, so dass er an den Feierlichkeiten zum 50. Unabhängigkeitstag Indiens teilnehmen konnte.

LÄNGSTER RADIO-DJ-MARATHON
Der für den Sender LOE-Radio arbeitende holländische Rundfunkmoderator Albert Vierhuis legte in Elburg (NL) von Mitternacht am 24. April 2000 bis um 24 Uhr am 26. April insgesamt 60 Stunden lang Platten auf.

LÄNGSTER TANZMARATHON MIT ARCADE-MASCHINEN
Mark e. t. aus London (GB) tanzte am 10. März 1999 im Londoner Trocadero (GB) auf der Tanzbühne einer Arcade-Maschine von Konami die Rekorddauer von 8 Stunden.

LÄNGSTER TANZMARATHON
Der härteste, öffentlich durchgeführte Tanzmarathon aller Zeiten wurde von Mike Ritof und Edith Boudreaux bestritten, die vom 29. August 1930 bis zum 1. April 1931 im Merry Garden Ballroom in Chicago, Illinois (USA), 5.148 Stunden und 28 Minuten tanzten, um 4.000 DM zu gewinnen. Ihre Pausen wurden immer mehr verkürzt: von 20 Minuten je Stunde auf 10 und 5 Minuten. Schließlich tanzten sie ununterbrochen. Die Tanzschritte mussten mindestens 25,4 cm lang sein, und die Augen durften sie nur hin und wieder für 15 Sekunden schließen.

LÄNGSTE HERZ-LUNGEN-WIEDERBELEBUNG
Der weltweit längste Herz-Lungen-Wiederbelebungsmarathon fand vom 20. bis zum 26. September 1998 im Merry Hill Shopping Centre (GB) statt. Zwei je 2-köpfige Mannschaften – Ben Albutt und Phil Watson sowie Robert Cole und Daren Fradgley – führten an einem Dummy 144 Stunden lang Wiederbelebungsversuche (je 15 Pressungen im Wechsel mit zwei Atemzügen) durch. Die Männer waren allesamt Angehörige des West Midlands Ambulance Service.

LÄNGSTES KLATSCHEN
Der Rekord für ununterbrochenes Klatschen (es muss durchschnittlich 160-mal pro Minute geklatscht werden, hörbar in 110 m Entfernung) beträgt 58 Stunden und 9 Minuten. Er wurde vom 12. bis zum 15. Februar 1988 von V. Jeyaraman aus Tamil Nadu (IND) aufgestellt.

← LÄNGSTER KUSS
Am 5. April 1999 küssten sich Karmit Tsubera (links) und Dror Orpaz die Rekordzeit von 30 Stunden 45 Minuten, um einen auf dem Rabin Square in Tel Aviv (IL) abgehaltenen Küsswettbewerb zu gewinnen.

Ausdauer 2

WEITESTE EINRAD-TOUR
Hanspeter Beck (AUS) fuhr vom 30. Juni bis zum 20. August 1985 6.238 km quer durch Australien von Port Hedland nach Melbourne.

LÄNGSTER RITT IN RÜSTUNG
Die weiteste mit Rüstung gerittene Strecke beträgt 334,7 km. Dick Brown (GB) verließ Edinburgh (GB) am 10. Juni 1989 und traf vier Tage später in seiner Heimatstadt Dumfries ein. Der Ritt dauerte insgesamt 35 Stunden 25 Minuten.

WEITESTE STRECKE AUF HÄNDEN
Die weiteste Entfernung, die ein Mensch auf seinen Händen zurückgelegt hat, bewältigte Johann Hurlinger (A) im Jahr 1900. Er ging von Wien (A) nach Paris (F) und legte dabei in 55 Tagesetappen von je 10 Stunden 1.400 km zurück. Seine Durchschnittsgeschwindigkeit betrug 2,54 km/h.

WEITESTER RÜCKWÄRTSMARSCH
Vom 15. April 1931 bis zum 24. Oktober 1932 marschierte Plennie Wingo (USA) rückwärts von Santa Monica in Kalifornien (USA) nach Istanbul in der Türkei – eine Entfernung von 12.875 km.

WEITESTER RÜCKWÄRTSLAUF
Vom 18. August bis zum 3. Dezember 1984 rannte Arvind Pandya aus Indien in 107 Tagen rückwärts quer durch die USA, von Los Angeles in Kalifornien nach New York City. Vom 6. April bis zum 2. Mai 1990 rannte er in 26 Tagen 7 Stunden ebenfalls rückwärts von John O'Groats nach Land's End (GB) und legte dabei eine Strecke von insgesamt 1.512 km zurück.

LÄNGSTE KRIECHSTRECKE
Die längste ununterbrochene Kriechstrecke (Vorwärtsbewegung mit beiden Knien bei ständigem Bodenkontakt) beträgt 50,6 km. Dies schafften Peter McKinlay und John Murrie, indem sie vom 28. bis zum 29. März 1992 in Falkirk (GB) 115 Runden auf einer Leichtathletikbahn zurücklegten.

Vom Dezember 1983 bis zum März 1985 kroch Jagdish Chander aus Indien 1.400 km weit, von Aligarh nach Jammu (IND), um die Hindugöttin Mata zu besänftigen.

WEITESTE AUF ROLLTREPPEN ZURÜCKGELEGTE ENTFERNUNG
Arulanantham Suresh Joachim aus Sri Lanka legte vom 25. bis zum 31. Mai 1998 auf den Rolltreppen des Westfield Shopping Centres in Barwood (AUS) die Gesamtstrecke von 225,4 km zurück. Die Fahrt dauerte 145 Stunden 57 Minuten.

WEITESTE MIT BOCKSPRÜNGEN ZURÜCKGELEGTE STRECKE
Die weiteste mit Bocksprüngen zurückgelegte Strecke beträgt 1.603,2 km. 14 Studenten der Stanford University in Kalifornien (USA) begannen am 16. Mai 1991 mit den Bocksprüngen und beendeten ihren Rekordversuch am 26. Mai 1991, nach 244 Stunden 43 Minuten.

WEITESTE MIT EINEM ZIEGELSTEIN ZURÜCKGELEGTE STRECKE
Die größte Entfernung, über die ein Ziegelstein von 4 kg Gewicht getragen wurde, beträgt 132,3 km. Manjit Singh (GB) trug den Stein vom 6. bis zum 7. November 1998 ohne Handschuh und ohne die Hand zu wechseln mit einem nach unten gerichteten Zangengriff.

Der Rekord für Frauen beträgt 36,2 km und wurde am 28. April 1986 von Wendy Morris (GB) aufgestellt.

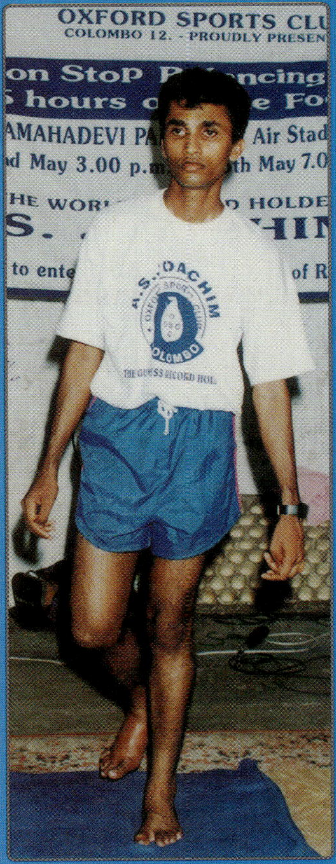

⊙ LÄNGSTE ZEIT AUF EINEM FUSS BALANCIERT
Arulanantham Suresh Joachim aus Sri Lanka balancierte vom 22. bis zum 25. Mai 1997 im Uihara Maha Devi Park-Freiluftstadion in Sri Lanka die Rekordzeit von 76 Stunden 40 Minuten auf einem Fuß.

⊙ LÄNGSTE ZEIT AUF EINEM DACHBODEN
Stephan Kowaltschuk verbrachte 57 Jahre auf seinem Dachboden in Montschinzi (UA), bevor er im September 1999 im Alter von 75 Jahren wieder auftauchte, nachdem seine Schwester, die sich um ihn gekümmert hatte, gestorben war. Ursprünglich hatte er sich vor den Nazis versteckt, die die Ukraine 1942 besetzten. Er war auf dem Dachboden geblieben, um danach eine Einberufung durch die Rote Armee zu vermeiden.

WEITESTE STRECKE IN EINER BADEWANNE
Die weiteste in 24 Stunden zurückgelegte Entfernung, die mit einer Badewanne durch Paddeln mit den Händen bewältigt wurde, beträgt 145,6 km. Dies schafften 13 Mitglieder des Aldington Prison Officers Social Club aus Kent (GB) vom 28. bis 29. Mai 1983.

⊙ LÄNGSTES NON-STOP-MEER-SCHWIMMEN EINER FRAU

Susie Maroney (AUS) schwamm 1998 als erster Mensch von Mexiko nach Kuba. Sie stellte auch den Rekord auf für die am weitesten im offenen Meer geschwommene Strecke ohne Schwimmflossen. Sie schwamm 197 km von Isla Mujeres (MEX) nach Cabo San Antonio auf Kuba, wo sie am 1. Juni 1998, nach 38 Stunden 33 Minuten eintraf.

WEITESTES BADEWANNENSCHIEBEN

Die weiteste Strecke, die eine Badewanne auf Rädern mit Passagier geschoben wurde, beträgt 513,32 km. Ein 25-köpfiges Team der Tea Tree Gully Baptist Church (AUS) stellte vom 11. bis zum 12. März 1995 diesen Rekord auf.

LÄNGSTES FASSROLLEN

In 24 Stunden, vom 28. bis zum 29. November 1998, rollte eine 10-köpfige Mannschaft aus Groningen (NL) ein 63,5 kg schweres Fass in Stadspark, Rotterdam (NL), über eine Entfernung von 263,9 km.

LÄNGSTER DRACHENFLUG

Vom 21. bis zum 29. August 1982 flog ein Team des Edmonds Community College (USA) unter der Leitung von Harry Osborne bei Long Beach im Staat Washington (USA) mit einem Drachen 180 Stunden 17 Minuten lang.

LÄNGSTES AUTOSCHIEBEN

Die weiteste Strecke, die ein Auto in 24 Stunden geschoben wurde, beträgt 52,47 km. Sangion Daniele und Valente Giorgio aus Italien schoben vom 17. bis zum 18. Oktober 1998 einen Fiat Uno 60 in Venedig (I).

↓ LÄNGSTER MASCHINENSCHREIB-MARATHON

Der Australier Les Stewart verbrachte 16 Jahre damit, die Zahlen 1 bis 1.000.000 auf 19.990 Blatt Papier zu tippen. Er begann im Jahr 1982 und betätigte die letzte Taste am 7. Dezember 1998.

Teamwork 1

GRÖSSTE PARTIE PASS-THE-ORANGE
Die größte Partie des Spiels Pass-the-Orange wurde am 25. März 1999 in der Sendung *This Morning* auf Granada TV (GB) gespielt. Eine Rekordzahl von 92 Teilnehmern reichte sich dabei, ohne die Hände zu benutzen, eine unter das Kinn geklemmte Orange weiter.

GRÖSSTE „REISE NACH JERUSALEM"
Die größte Runde „Reise nach Jerusalem" wurde am 5. August 1989 in der Anglo-Chinese School in Singapur gespielt. Sie begann mit 8.238 Mitspielern; auf dem letzten Stuhl saß der Schüler Xu Chong Wei.

⊙ GRÖSSTE MENSCHENFORMATION
Am 24. Juli 1999 versammelten sich im Nationalstadion von Jamor in Lissabon (P) insgesamt 34.309 Menschen und formierten sich zum Logo der Europameisterschaften 2004 in Portugal. Damit unterstützten sie Portugal bei seiner erfolgreichen Bewerbung als Gastland für das Fußballturnier. Die Aktion wurde von Realizar Eventos Especias organisiert.

⊙ MEISTE SEIFENBLASEN
Am 16. Mai 1999 pusteten vor einem Fußballspiel auf dem Boleyn Ground von West Ham United, London (GB), insgesamt 23.680 Fans eine Minute lang Seifenblasen. Der Text der Hymne von West Ham lautet „I'm Forever Blowing Bubbles" (Immer mach' ich Seifenblasen).

GRÖSSTES RINGELREIHEN
Am 4. August 1999 reichten sich in Sutton-in-Ashfield, Notts (GB), 1.296 Menschen die Hände und drehten sich zu dem englischen Kinderlied *Ring-A-Ring-O'Roses* im Kreis.

LÄNGSTE KETTE AUS BÜROKLAMMERN
Die längste Büroklammer-Kette der Welt war 31,57 km lang. 60 Personen bastelten sie innerhalb von 24 Stunden auf einer Gemeinschaftsveranstaltung von Wall's Ice Cream und der Care Community Services Society. Die Kette wurde am 3. April 1999 im Atrium der Plaza Singapura in Singapur ausgestellt.

LÄNGSTE PAPIERSCHLANGE
Eine 83,36 km lange Papierschlange aus 584.000 Einzelteilen bastelten innerhalb von 24 Stunden 60 Schüler des Alvin Community College in Alvin, Texas (USA).

LÄNGSTE EIMERKETTE
Am 5. August 1997 bildeten insgesamt 6.569 US-Pfadfinder anlässlich des Nationalen Pfadfindertreffens in Fort AP Hille, Virginia (USA), eine Eimerkette zum Feuerlöschen, die sich über 4,18 km erstreckte. 530 l Wasser wurden am Anfang der Kette auf den Weg gebracht; am Ende waren es noch 477 l.

LÄNGSTE GÄNSEBLÜMCHENKETTE
Eine Gruppe von 60 Dorfbewohnern aus Good Easter bei Chelmsford, Essex (GB), brauchte am 27. Mai 1985 sieben Stunden, um eine 2,12 km lange Gänseblümchenkette zu flechten.

GRÖSSTES RAMADAMA
Die meisten Freiwilligen, die an einem Tag an einem Ort gemeinsam Müll aufsammelten, trafen sich am 2. Oktober 1993

an der kalifornischen Pazifikküste. 50.405 Menschen waren an dem Ramadama beteiligt.

MEISTE AN EINEM TAG GEPFLANZTE BÄUME

Am 18. Mai 1999 wurden in der Blackfoot Provincial Recreation Area in Alberta (CDN) insgesamt 34.083 Setzlinge der dort heimischen Schimmelfichte gepflanzt. Diesen Rekord stellten 293 Angestellte, Schüler und Eltern der Fultonvale Elementary and Junior High School in Alberta auf.

MEISTE SICH KÜSSENDE PAARE

Die meisten Menschen, sie sich gleichzeitig am gleichen Ort küssten, waren 1.588 Paare: Sie trafen sich am 13. Februar 1999 im Sarnia Sports an Entertainment Centre in Ontario (CDN).

GRÖSSTER MENSCHLICHER TAUSENDFÜSSLER

Der größte „menschliche Tausendfüßler", dessen Mitglieder sich mit fest miteinander verbundenen Füßen 30 m weit bewegten, ohne umzufallen, bestand aus 1.719 Studenten und Freiwilligen am Sixth Form College in Colchester, Essex (GB). Der Rekord wurde am 20. November 1997 aufgestellt.

GRÖSSTES MENSCHLICHES FÖRDERBAND

Am 7. September 1998 bildeten 1.000 Studenten der University of Guelph in Ontario (CDN) das größte menschliche Förderband, auf dem sie über die gesamte Länge ein Surfbrett beförderten.

GRÖSSTER MENSCHLICHER REGENBOGEN

Am 9. November 1997 formierten sich 6.444 Menschen, die jeweils einen Hut und ein T-Shirt in einer der Regenbogenfarben trugen, im Transco Tower Park in Houston, Texas (USA), zu einem „menschlichen Regenbogen".

GRÖSSTER FREUNDSCHAFTSKREIS

Am 7. November 1998 reichten sich insgesamt 6.244 Pfadfinderinnen mit verschränkten Armen die Hände (rechter Arm über dem linken gekreuzt), wünschten sich etwas und sangen ein Lied. Das Ereignis fand im Six Flags Astro World in Houston, Texas (USA), statt und dauerte 9 Minuten 3,9 Sekunden.

GRÖSSTER KAFFEEKLATSCH

Am Morgen des 4. Oktober 1998 nahm die Rekordzahl von 513.659 Menschen an 14.652 Kaffeerunden teil, die in ganz Großbritannien zeitgleich abgehalten wurden.

⊙ MEISTE FARBIG VERSCHMIERTE MENSCHEN

Am 12. März 1999 wurden im National Exhibition Centre in Birmingham (GB) zwei Fässer mit je 840 l farbiger Brühe über 731 Personen ausgekippt. Mit der Aktion wurde die Hilfsorganisation Comic Relief unterstützt.

GRÖSSTE OSTEREIERSUCHE

Die größte Ostereiersuche aller Zeiten fand am 20. März 1999 anlässlich des jährlichen Ostermarkts der Vision Australia Foudation in Victoria (AUS) statt. 3.000 Teilnehmer suchten insgesamt 150.000 Schokoladeneier.

↓ GRÖSSTE MOTORRADPYRAMIDE

Die größte Motorradpyramide der Welt bauten am 15. Oktober 1999 die Shwet Ashwas, das Motorradshow-Team vom Corps of Military Police in Indien. 151 Männer legten dabei auf elf Motorrädern eine Strecke von 215 m zurück.

Teamwork 2

GRÖSSTER STEPTANZ
Ray Lynch aus Steinenbronn (D) versammelte am 24. Mai 1998 in Stuttgart 6.951 Step-Tänzer für einen zweiminütigen Step-Tanz zur Musik von „Klicke-Di-Klack".

LÄNGSTER STEPTANZ
Am 11. Juli 1994 führte Rosie Radiator eine choreographierte Formation von zwölf Steptänzern durch die Straßen von San Francisco, Kalifornien (USA). Die Gruppe legte insgesamt eine Strecke von 15,47 km zurück.

GRÖSSTER „YMCA"-TANZ
Am 1. November 1997 tanzten 6.907 Studenten der Southwest Missouri State University in Springfield, Missouri (USA), fünf Minuten lang zu dem Lied „YMCA", das von der Gruppe Village People im Plaster Stadium der Universität live gespielt wurde.

GRÖSSTER ENTENTANZ
Etwa 72.000 Menschen machten am 1. September 1996 bei einem Ententanz mit, der während eines Jahrmarkts in Canfield, Ohio (USA), aufgeführt wurde.

⊙ GRÖSSTE UMARMUNG
Am 18. Dezember 1998 machten 462 Menschen, darunter Schüler, Lehrer, Eltern und Gäste der Brock Corydon School in Winnipeg, Manitoba (CDN), bei der größten Umarmung der Welt mit. Die Aktion war Teil eines Projekts über Umgangsformen, das an der Schule abgehalten wurde, und sollte den Kindern Respekt und Toleranz gegenüber den Mitmenschen beibringen.

LÄNGSTER CONGA
Der längste Conga der Welt war der Miami Super Conga, zu dem sich am 13. März 1988 insgesamt 119.986 Tänzer formierten. Der Rekord wurde anlässlich des *Calle Ocho*, einer ausgelassenen kubanisch-amerikanischen Feier in Miami, Florida (USA), aufgeführt.

GRÖSSTER COUNTRY LINE DANCE
Am 29. Januar 2000 nahmen insgesamt 6.275 Menschen in Tamworth (AUS) an einem Country Line Dance teil. Sie tanzten den traditionellen Gruppentanz zu der Langspiel-Version des „Bootscooting Boogie" von den Brooks and Dunns, die 6 Minuten 28 Sekunden dauert.

GRÖSSTER SCHOTTISCHER VOLKSTANZ
Der größte original schottische Volkstanz der Welt war der Reel, den 512 Tänzer am 17. August 1991 in Toronto (CDN) aufführten.

⊙ GRÖSSTE AEROBIC-VORFÜHRUNG
Die größte Aerobic-Vorführung der Welt war das Capital Aeróbica, das von der Universität von Guadalajara (MEX) veranstaltet wurde und am 6. Juni 1998 im Metropolitan Park (Mexico City) stattfand. 38.633 Teilnehmer waren daran beteiligt.

Organisiert wurde der Reel von dem dortigen Ableger der Royal Scottish Country Dance Society.

MEISTE KAHLGESCHORENE KÖPFE
Vom 16. zum 17. April 1999 ließen sich die Rekordzahl von 1.786 Menschen überall in Australien die Haare abrasieren und unterstützten mit dieser Aktion den australischen Leukämie-Fonds. Insgesamt 1.160.628 DM gingen an Spenden ein.

GRÖSSTE TORTENSCHLACHT
Am 11. April 2000 bewarfen sich 20 Menschen innerhalb von drei Minuten im Millennium Dome in London (GB) mit 3.312 Cremetorten.

MEISTE ZEITGLEICH GEPUTZTE ZÄHNE
Am 19. April 1999 nahmen insgesamt 1.365 Menschen an einem „Brush-off" in Phoenix, Arizona (USA), teil, indem sie gleichzeitig 3 Minuten 3 Sekunden lang ihre Zähne putzten. Die Aktion war von der Healthy Smiles Partnership organisiert worden, die sich für eine bessere Zahnhygiene einsetzt.

MEISTE GLEICHZEITIG GESTILLTE BABYS
Insgesamt 388 Mütter stillten am 5. August 1999 im Greater Union-Multiplex-Kino Marion in Adelaide (AUS) gleichzeitig ihre Säuglinge. Der Rekord gehörte zu der Aktion Breastfest '99, die der Südaustralische Bund der Berater stillender Mütter organisierte.

MEISTE GEPUTZTE SCHUHE
Die meisten Schuhe, die vier Personen innerhalb von acht Stunden putzten, ohne dass ihre Besitzer sie ausziehen mussten, waren die 14.975 Stück, die Gemeindemitglieder der Londoner Church of Christ am 15. Juni 1996 auf dem Leicester Square in London (GB) polierten.

LAUTESTER SCHREI EINER MENGE
Einen Schrei von 126,3 Dezibel registrierte Trevor Lewis von CEL Instruments auf dem Party im Park-Popkonzert im Londoner Hyde Park (GB) am 5. Juli 1998. Bei diesem Konzert traten Stars wie Robbie Williams, Boyzone und All Saints auf.

LAUTESTER BEIFALL
Ein Publikum bei der Aktion *Big Bash* der BBC, die vom 24. bis 27. Oktober 1997 im National Exhibition Centre in Birmingham (GB) stattfand, klatschte mit einer Lautstärke von 100 Dezibel Beifall. Es war nicht erlaubt, den Lärmpegel durch Fußstampfen und Schreie zu erhöhen.

GRÖSSTES TREFFEN VON ZWILLINGEN
Am 12. November 1999 versammelte sich in der Taipei City Hall (RC) die Rekordzahl von 3.961 Zwillingspaaren.

MEISTE GLEICHZEITIGE HANDSIGNIERUNGEN
Am 8. Mai 1999 trugen 1.336 Grundschüler und ihre Lehrer in Stevens Point (USA) ihre Namen in das Buch „America the Beautiful" ein.

AM SCHNELLSTEN VON HAND ABGERISSENES HAUS
Am 11. Mai 1996 rissen 15 Mitglieder des Karate-Dojo Aurora in Saskatchewan (CDN) in 3 Stunden 6 Minuten 50 Sekunden ein Haus mit zehn Zimmern ein und benutzten dabei nur ihre Hände.

↓ LÄNGSTER TANZENDER DRACHE
Am 19. Februar 2000 wurde ein 3.048 m langer Chinesischer Tanzender Drache zum Leben erweckt: 3.200 Teilnehmer waren an der Chinesischen Mauer bei Peking (CHN) dabei, um anlässlich der Feiern zum Chinesischen Drachenjahr diesen Rekord aufzustellen.

Abenteuer & Reisen 1

SCHNELLSTER FLUG UM DIE WELT
Der schnellste Flug nach den Regeln der FAI (Fédération Aéronautique Internationale), die es erlauben, den Wendekreis des Krebses bzw. des Steinbocks (36.787,6 km) zu überfliegen, war die Reise einer Air-France-Concorde mit den Piloten Michel Dupont und Claude Hetru (beide F). Der Flug dauerte 31 Stunden 27 Minuten 49 Sekunden und führte am 15. und 16. August 1995 von New York City nach Osten über Toulouse, Dubai, Bangkok, Guam, Honolulu und Acapulco. An Bord waren 80 Passagiere und 18 Besatzungsmitglieder.

SCHNELLSTE ERDUMRUNDUNG MIT LINIENFLÜGEN
Die schnellste Erdumrundung nach FAI-Regeln und mit normalen Linienflügen gelang David J. Springbett aus Taplow (GB) und dauerte 44 Stunden 6 Minuten. Vom 8. bis 10. Januar 1980 legte er insgesamt 37.124 km zurück und flog von Los Angeles (USA) ostwärts über London, Bahrain, Singapur, Bangkok, Manila, Tokio und Honolulu.

David J. Springbett schaffte gemeinsam mit Michael Bartlett (GB) in 62 Stunden 15 Minuten auch die schnellste Erdumrundung, die zwei geographische Antipoden einschloss. Vom 18. bis 21. März 2000 legten sie dabei insgesamt 41.010 km zurück. Sie starteten in London und flogen über Seoul, Auckland, Palmerston North, Ti Tree Point (den Ort, der Madrid genau gegenüberliegt), Palmerston North, Auckland, Los Angeles, Chicago und Madrid zurück nach London.

SCHNELLSTE ERDUMRUNDUNG MIT EINEM HUBSCHRAUBER
Ron Bower und John Williams (beide USA) flogen mit einem Bell 430-Hubschrauber in 17 Tagen 6 Stunden 14 Minuten 25 Sekunden um die Welt, was einer Durchschnittsgeschwindigkeit von 91,76 km/h entspricht. Sie starteten am 17. August 1996 in Fair Oaks, (GB) und flogen westwärts. Am 3. September 1996 kehrten sie nach Fair Oaks zurück.

⊙ LÄNGSTE FAHRT AUF EINEM RASENMÄHER
Brad Hauter aus Lake in the Hills (USA) durchquerte mit einem Rasenmäher 16 US-Bundesstaaten in 51 Tagen und legte dabei 6.500 km zurück. Hauter begann seine Reise am 7. April 1999 in Atlanta (Georgia) und kam am 29. Mai 1999 trotz eines Armbruchs in Santa Monica (Kalifornien) an.

⊙ MEISTE POLAR-ABENTEUER INNERHALB EINES TAGES
Ivan André Trifonow (A) war an ein und demselben Tag unter, auf und über dem Nordpol. Am 27. April 1999 tauchte er 13 m tief unter das Poleis, stand auf dem Pol und überflog ihn in 1.500 m Höhe bei einem 35-km-Trip mit einem OE-KZT-Heißluftballon. Der Rekord war Teil einer 16-Nationen-Expedition zum Nordpol, an der sechs Ballons teilnahmen.

Jennifer Murray war die erste Frau, die – gemeinsam mit ihrem Kopiloten Quentin Smith (beide GB) – mit einem Hubschrauber um die Welt flog. Mit ihrem Robinson R 44 Astro-Helikopter erreichten die beiden eine Durchschnittsgeschwindigkeit von 22,44 km/h. Sie flogen von Denham (GB) am 10. Mai 1997 in östlicher Richtung und kehrten am 8. August 1997 nach Denham zurück.

ERSTE ERDUMRUNDUNG IN EINEM HEISSLUFTBALLON
Brian Jones (GB) und Bertrand Piccard (CH) überquerten mit ihrem *Breitling Orbiter 3*-Ballon am 20. März 1999 die „Ziellinie" bei 9,27° westlicher Länge über Mauretanien (Nordafrika). Damit waren sie die ersten Ballonfahrer, die einen Nonstopflug um die Erde geschafft hatten. Sie

waren am 1. März 1999 in Chateau d'Oex (CH) gestartet und benötigten für ihre Erdumrundung im Ballon, eine der letzten großen Herausforderungen der Luftfahrt, genau 19 Tage 1 Stunde 49 Minuten.

SCHNELLSTE ERDUMRUNDUNG MIT EINEM ULTRALEICHTFLUGZEUG
Brian Milton (GB) landete nach einer 121-tägigen Reise um die Welt mit seinem Ultraleichtflugzeug am 21. Juli 1998 in Brooklands (GB). Er war dort am 22. März 1998 gestartet. Seine Route führte über Westeuropa, die Türkei und den Nahen Osten nach Indien, Südostasien, Hongkong, Japan, Russland, Nordamerika, Grönland und Island.

SCHNELLSTE ERDUMRUNDUNG MIT EINEM MOTORSCHIFF
Die *Cable & Wireless Adventurer* schloss am 3. Juli 1998 ihre Reise um die Welt mit der neuen Rekordzeit von 74 Tagen 20 Stunden 58 Minuten 30 Sekunden ab. Das 35,05 m lange Schiff legte dabei mehr als 41.841 km zurück und löschte den 38 Jahre alten Rekord des amerikanischen U-Bootes *Triton* aus, das für seine Reise um die Erde 83 Tage 9 Stunden 54 Minuten gebraucht hatte.

SCHNELLSTER TRANSATLANTIKFLUG
Den Geschwindigkeitsrekord für einen Transatlantikflug verbesserten die beiden US-Majore James Sullivan und Noel Widdifield am 1. September 1974 auf 1 Stunde 54 Minuten 56,4 Sekunden. Sie flogen mit ihrer Lockheed SR-71A-Blackbird-Maschine von New York City (USA) nach London (GB) und erreichten auf der 5.570,8 km langen Strecke eine – durch das Nachtanken in der Luft mit Hilfe einer Boeing KC-135 reduzierte – Durchschnittsgeschwindigkeit von 2.908,02 km/h.

⊙ SCHNELLSTER LAUF VOM KAP NACH KAIRO
Nicholas Bourne (GB) startete am 21. Januar 1998 in Kapstadt (ZA) und kam am 5. Dezember 1998 bei den Pyramiden von Gizeh (Kairo/ET) an. Bei diesem Lauf legte er insgesamt 12.069 km zurück.

SCHNELLSTE PAZIFIK-ÜBERQUERUNG
Das 51.123-t-Containerschiff *Sea-Land Commerce* hält mit 6 Tagen 1 Stunde 27 Minuten den Rekord für die schnellste Pazifik-Überquerung. Das Schiff legte bei seiner Reise von Yokohama (J) nach Long Beach (USA) vom 30. Juni bis zum 6. Juli 1973 4.840 Seemeilen (8.964 km) zurück und erreichte eine Durchschnittsgeschwindigkeit von 33,27 Knoten (61,55 km/h).

LÄNGSTE REISE MIT EINEM LUFTKISSENFAHRZEUG
Die längste Reise mit einem Luftkissenfahrzeug war 8.000 km lang und wurde von der britischen Transafrika-Hovercraft-Expedition unter der Leitung von David Smithers unternommen. Das Team durchquerte mit einem SRN6-Fahrzeug der Winchester-Klasse vom 15. Oktober 1969 bis zum 3. Januar 1970 acht westafrikanische Länder.

ERFOLGREICHSTER BERGSTEIGER
Der Südtiroler Reinhold Messner war der erste Mensch, der (stets ohne Sauerstoffgerät) alle 14 Achttausendergipfel der Erde erreichte. Er war auch der erste Alpinist, der die drei höchsten Berge bezwang, als er, nach seinen Erfolgen am Mount Everest und am K 2, 1982 den Kangchenjunga bestieg.

ERSTER ALLEINGANG ZUM SÜDPOL
Der erste Mensch, der allein und ohne Unterstützung durch andere den Südpol erreichte, war Erling Kagge (N). Er erreichte den Pol am 7. Januar 1993 nach einem 1.400 km langen Marsch, die auf Berkner Island in der Antarktis begann und 50 Tage dauerte.

ERSTE ALLEINGÄNGE ZUM NORDPOL
Naomi Uemura (J) war der erste Mensch, der im Alleingang durch das Eis des Nordpolarmeers zum Nordpol gelangte. Als er dort am 1. Mai 1978 um 4.45 Uhr (Mittlere Greenwich-Zeit) ankam, hatte er seit Beginn der Tour am 7. März in Cape Edward (Ellesmere Island/CDN) 725 km zurückgelegt.

Dr. Jean-Louis Etienne (F) war der erste Mensch, der den Nordpol im Alleingang und ohne die Hilfe von Hunden erreichte, und zwar am 11. Mai 1986 nach einer Tour von 63 Tagen.

SCHNELLSTE ANTARKTIS-DURCHQUERUNG
67 Tage benötigten Ranulph Fiennes, Oliver Shepard und Charles Burton (alle GB) für ihre 4.185 km lange Antarktis-Durchquerung mit Schneemobilen, die von Sanae nach Scott Base führte. Das Team war vom 28. Oktober 1980 bis 11. Januar 1981 unterwegs. Die Tour war Teil einer von 1980 bis 1982 dauernden Expediton rund um den Globus.

Abenteuer & Reisen 2

MEISTGEREISTER MENSCH
John Clouse aus Evansville in Indiana (USA) hat alle souveränen Nationen und alle außer zwei der nicht-souveränen oder anderen Gebiete besucht, die Anfang 1999 existierten. Er begann seine Reisen vor 40 Jahren.

MEISTGEREISTES EHEPAAR
Das weltweit meistgereiste Ehepaar sind Robert und Carmen Becker aus Pompano Beach in Florida (USA). Sie besuchten alle souveränen Staaten und alle außer sieben der nicht-souveränen oder anderen Gebiete.

WEITESTE WANDERUNG
Die längste je zurückgelegte Wanderstrecke beträgt 53.351 km. Dies schaffte Arthur Blessitt aus North Fort Myers in Florida (USA). Er begann seine Reise am 25. Dezember 1969 und hat seitdem 277 Länder auf allen sieben Kontinenten besucht. Während seiner ganzen Wanderung trug er ein 3,7 m großes Holzkreuz mit sich und predigte unterwegs.

Der erste Mensch, der angeblich um die Welt wanderte, war George Schilling aus den USA, der diese Leistung zwischen August 1897 und 1904 vollbrachte. Die erste nachgewiesene Wanderung um die Welt war jene von David Kunst aus den USA. Zwischen dem 20. Juni 1970 und dem 5. Oktober 1974 marschierter er 23.250 km weit über vier Kontinente.

Die größte Strecke, die von einer Frau zurückgelegt wurde, beträgt 30.321 km. Fyona Campbell (GB) legte diese Strecke in fünf Abschnitten zurück und durchquerte vier Kontinente und 20 Staaten. Sie brach am 16. August 1983 in John O'Groats (GB) auf und kehrte am 14. Oktober 1994 dorthin zurück.

WEITESTE ROLLSTUHLFAHRT
Der seit einem Autounfall im Jahr 1973 von der Hüfte abwärts gelähmte Kanadier Rick Hansen reiste vom 21. März 1985 bis zum 22. Mai 1987 im Rollstuhl durch vier Kontinente und 34 Staaten und legte dabei 40.075,16 km zurück.

⊙ SCHNELLSTER AUFSTIEG AM MOUNT EVEREST
Babu Chhiri aus Nepal (vorn im Bild) erreichte den 8.848 m hohen Gipfel des Mount Everest am 21. Mai 2000 in 16 Stunden 56 Minuten. Er übertraf damit den früheren Rekord von Kaji Sherpa (hinter Chhiri) im Jahr 1998 um mehr als 3 Stunden. Es war das 10. Mal, dass Chhiri den höchsten Berggipfel der Welt erklettert hatte.

⊙ WEITESTE REISE AUF EINEM WINDSURFBRETT
1997 überquerte der Amerikaner Steve Fisher von Kalifornien aus nach Hawaii (beide USA) den Pazifik auf dem *Da Slipper II*, einem hochmodifizierten 5,4 m langen Windsurfbrett. Er benötigte für die 4.203 km weite Reise 47 Tage und traf am 3. September 1997 am Maui Beach, Hawaii, ein.

WEITESTE AUTOFAHRT
Seit Oktober 1984 legten Emil und Liliana Schmid aus der Schweiz in einem Toyota Landcruiser die Rekordstrecke von 509.674 km zurück. Die Reise führte sie durch 127 Länder.

WEITESTE MOTORRADFAHRT
Der aus Buenos Aires stammende Argentinier Emilio Scotto fuhr mit dem Motorrad vom 17. Januar 1985 bis zum 2. April 1995 eine Strecke von über 735.000 km. Er besuchte dabei 214 Länder.

SCHNELLSTE WELTUMRUNDUNG MIT DEM MOTORRAD
Nick Sanders (GB) fuhr vom 18. April bis zum 9. Juni 1997 in 31 Tagen 20 Stunden um die Welt und legte dabei eine Entfernung von 32.074 km zurück. Er begann und beendete seine Reise im französischen Calais.

SCHNELLSTE WELTUMRUNDUNG MIT DEM AUTO
In einem Vauxhall Frontera umrundeten Garry Sowerby, Colin Bryant und Graham McGaw die Welt zwischen dem 1. Oktober und dem 11. Dezember 1997 in 21 Tagen 2 Stunden 14 Minuten. Sie begannen und beendeten ihre Reise im Londoner Stadtteil Greenwich (GB) und legten 29.522 km zurück.

Der Rekord für die erste und schnellste Weltumrundung mit dem Auto, die nach den in den Jahren 1989 und 1991 festgelegten Regeln durchgeführt wurde, umfasst mehr als eine Äquatorlänge (40.750 km) und wird von dem aus Kalkutta (IND) stammenden Mohammed Salahuddin Choudhury und seiner Frau Neena gehalten. Ihre Reise dauerte 69 Tage 19 Stunden 5 Minuten, vom 9. September bis zum 17. November 1989. Die Choudhurys fuhren mit einem 89er Modell der Marke Hindustan

„Contessa Classic". Sie begannen und beendeten ihre Reise in Neu-Delhi (IND).

WEITESTE REISE MIT DEM FAHRRAD
Walter Stolle (D) radelte zwischen dem 24. Januar 1959 und dem 12. Dezember 1976 eine Strecke von 646.960 km und besuchte 159 Länder.

Tal Burt aus Israel umrundete die Welt vom 1. Juni bis zum 17. August 1992 in 77 Tagen 14 Stunden. Er reiste insgesamt 21.329 km weit und begann und beendete seine Fahrradtour in Paris (F).

Die weiteste mit einem Tandem zurückgelegte Entfernung beträgt 38.143 km. Phil und Louise Shambrook (NZ) begannen ihre Reise am 17. Dezember 1994 in Brigg (GB) und kehrten am 1. Oktober 1997 dorthin zurück.

⊙ ERSTES FRAUENTEAM AN BEIDEN POLEN
Die Britinnen Caroline Hamilton, Ann Daniels, Pom Oliver, Rosie Stancer und Zoe Hudson beendeten am 24. Januar 2000 einen Fußmarsch zum Südpol. 1997 hatten sie bereits den Nordpol erreicht. Sie sammelten damit Gelder für die Wohltätigkeitsveranstaltung der Special Olympics (GB).

WEITESTE STRECKE AUF KITE-SURFBRETTERN
Am 17. September 1999 überquerten Chris Calthrop, Jason Furness und Andy Preston (die den britischen Drachenhersteller Flexifoil International repräsentierten) den Ärmelkanal auf Kite-Surfbrettern. Die speziell angefertigten Bretter waren an Kites befestigt, die eine Fläche von 4,9 m^2 besitzen. Sie legten die 42,9 km lange Strecke von Hythe (GB) nach Wissant (F) in Zeitspannen zurück, die zwischen 2.30 und 3 Stunden lagen.

SCHNELLSTE AMERIKADURCHQUERUNG AUF EINEM SKATEBOARD
Jack Smith (USA) fuhr 1976 und 1984 auf einem Skateboard durch die USA. Die erste Fahrt, die er mit zwei Begleitern unternahm, dauerte 32 Tage, die zweite mit drei anderen Begleitern 26 Tage.

MEISTE MIT DEM ZUG IN 24 STUNDEN DURCHQUERTE LÄNDER
Vom 1. bis zum 2. Mai 1993 reisten Alison und Ian Bailey, John English und David Kellie mit dem Zug durch die Rekordzahl von elf Ländern. Sie begannen die Reise in Ungarn und fuhren durch die Slowakei, Tschechien, Österreich, Deutschland, die Schweiz, Liechtenstein, Frankreich, Luxemburg und Belgien. 22 Stunden 10 Minuten nach der Abfahrt erreichten sie die Niederlande.

→ SCHNELLSTE PAZIFIKÜBERQUERUNG MIT SONNENKRAFT
1996 gelang Kenichi Horie (J) mit einem durch Sonnenkraft angetriebenen Boot die schnellste Pazifiküberquerung aller Zeiten. Er fuhr in 148 Tagen 16.000 km weit, von Salinas in Ecuador nach Tokio (J).

Katastrophen

SCHLIMMSTES ZUG-UNGLÜCK
Über 800 Menschen starben, als ihr Zug am 6. Juni 1981 in Samastipur, Bihar (IND), von einer Brücke in den Bagmati River stürzte. Einige Berichte sprachen sogar von 900 Todesopfern.

SCHLIMMSTES U-BAHN-UNGLÜCK
Beim Brand eines U-Bahn-Zuges in Baku (AZ) starben am 28. Oktober 1995 300 Menschen, mindestens 250 Passagiere wurden verletzt. Das Feuer brach in einem Tunnel zwischen zwei Haltestellen aus.

SCHLIMMSTES FÄHR-UNGLÜCK
Die Fähre *Doña Paz* stieß in den frühen Morgenstunden des 21. Dezember 1987 mit dem Tanker *Vector* zusammen. Beide Schiffe sanken innerhalb weniger Minuten. Nach offiziellen Angaben hatte die *Doña Paz*, unterwegs zwischen Tacloban und Manila (RP), 1.550 Passagiere an Bord. Überbelegung ist in dieser Region allerdings die Regel, so dass von bis zu 4.000 Passagieren ausgegangen werden muss.

SCHLIMMSTE EXPLOSION AN BORD EINES SCHIFFES
Der französische Frachter *Mont Blanc*, beladen mit 5.000 t Sprengstoff und anderen leicht brennbaren Materialien, stieß am 17. Dezember 1917 im Hafen von Halifax, Nova Scotia (CDN), mit dem belgischen Schiff *Imo* zusammen. Die darauf folgende Explosion tötete 1.635 Menschen und war noch in über 95 km Entfernung wahrnehmbar.

SCHLIMMSTES REGATTA-UNGLÜCK
Während des 28. Fastnet Race vom 13. bis 15. August 1979 starben 19 Menschen. 23 Jachten sanken oder mussten während eines Sturms, der Windstärke 11 erreichte, aufgegeben werden.

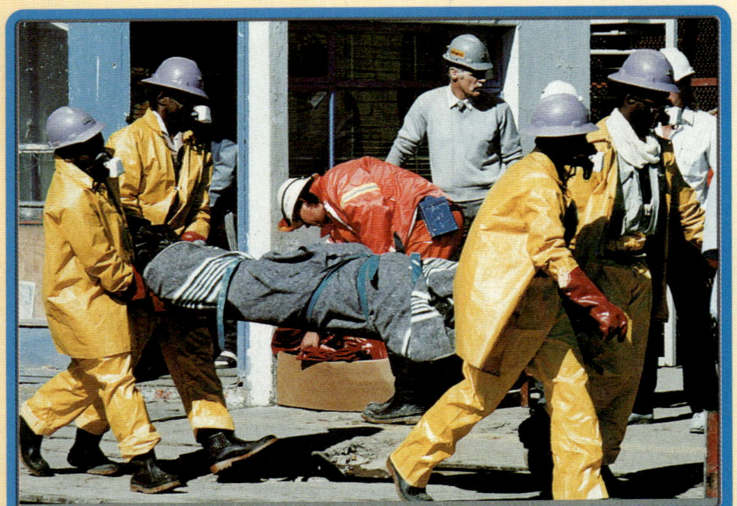

⊙ SCHLIMMSTES AUFZUG-UNGLÜCK
105 Bergleute starben am 11. Mai 1995, als ein Förderkorb in der Vaal-Reefs-Goldmine (Südafrika) 490 m in die Tiefe stürzte.

SCHLIMMSTES FLUGZEUG-UNGLÜCK
Das schlimmste Flugzeug-Unglück aller Zeiten ereignete sich am 27. März 1977: Zwei Boeing 747-Maschinen der PanAm und der KLM stießen auf der Rollbahn des Los-Rodeos-Flughafens in Teneriffa (E) zusammen; dabei starben 583 Menschen.

SCHLIMMSTER ZUSAMMENSTOSS IN DER LUFT
351 Menschen starben, als am 12. November 1996 eine saudi-arabische Boeing 747-Linienmaschine 80 km südwestlich von Neu-Delhi (IND) mit einem Kasach-Iljuschin-76-Charterflugzeug zusammenstieß.

SCHLIMMSTES HUBSCHRAUBER-UNGLÜCK
Ein russischer Militärhubschrauber mit 61 Flüchtlingen an Bord wurde am 14. Dezember 1992 bei Lata (GE) abgeschossen. Alle Insassen starben.

SCHLIMMSTES BALLON-UNGLÜCK
Das Heißluftballon-Unglück, bei dem bisher die meisten Todesopfer zu beklagen waren, ereignete sich am 13. August 1989 über Alice Springs (AUS). Zwei Passagier-Ballons, die wenige Minuten zuvor zu einem Rundflug gestartet waren, stießen in 610 m Höhe zusammen. Der Korb des einen Ballons riss ein Loch in die Hülle des anderen, der daraufhin abstürzte und den Piloten und alle zwölf Passagiere in den Tod riss.

SCHLIMMSTES SKILIFT-UNGLÜCK
Das schlimmste Skilift-Unglück geschah am 9. März 1976 im Skigebiet von Cavalese (I). 42 Menschen starben, als ein Kabel riss und der Lift ins Tal stürzte.

SCHLIMMSTES BERGSTEIGER-UNGLÜCK
Eine gewaltige Schnee- und Eislawine tötete am 13. Juli 1990 am Pik Lenin an der Grenze zwischen Tadschikistan und Kirgisien 43 Bergsteiger. Nur zwei Mitglieder der Gruppe überlebten.

⊙ SCHLIMMSTES WELTRAUM-UNGLÜCK
Alle sieben Besatzungsmitglieder kamen bei der Explosion der Raumfähre *Challenger 51 L* am 28. Januar 1986 ums Leben. Die Katastrophe ereignete sich 73 Sekunden nach dem Start.

SCHLIMMSTE BRANDKATASTROPHE
Nach zeitgenössischen Berichten kamen bei der Plünderung Moskaus im Mai 1571 in den von den angreifenden Tataren gelegten Bränden bis zu 200.000 Menschen um.

SCHLIMMSTER THEATERBRAND
1.670 Menschen starben im Mai 1845 bei einem Feuer im Theater von Kanton (CHN).

⊙ SCHLIMMSTES UNGLÜCK EINES FLUGZEUGS

Beim Absturz einer Boeing 747 der Japan Airlines auf dem Flug von Tokio (J) nach Osaka (J) kamen am 12. August 1985 520 Menschen ums Leben.

SCHLIMMSTER BRAND IN EINEM ZIRKUS
Bei einem Feuer, das am 6. Juli 1944 während einer Zirkusvorstellung in Hartford (USA) ausbrach, kamen 168 Menschen ums Leben.

SCHLIMMSTES FEUERWERKS-UNGLÜCK
Rund 800 Menschen starben im Mai 1770 in Paris bei einem Explosionsunglück, das sich bei einem großen Feuerwerk an den Ufern der Seine ereignete.

SCHLIMMSTE UNGLÜCKE BEI SPORTVERANSTALTUNGEN
Über 600 Menschen kamen ums Leben, als am 26. Februar 1918 die Tribüne der Hongkong Jockey Club-Rennbahn zusammenbrach und in Flammen aufging.

In der Regierungszeit von Kaiser Antoninus Pius (138–161 n. Chr.) stürzten im Circus Maximus in Rom (I) während eines Gladiatorenkampfes die oberen Zuschauerränge in sich zusammen. Dieses Unglück forderte 1.112 Menschenleben.

GRÖSSTER MASSENSELBSTMORD
Rund 960 jüdische Widerstandskämpfer töteten sich im Jahr 73 n. Chr. in der am Toten Meer gelegenen Bergfestung Masada. Von einem römischen Heer belagert und in aussichtsloser Situation, schnitten sie sich gegenseitig die Kehle durch.

SCHLIMMSTER DAMMBRUCH
Der Banqiao- und der Shimantan-Damm in der chinesischen Provinz Honan brachen im August 1975 nahezu gleichzeitig. Dabei wurden weite Gebiete überschwemmt, nach Schätzungen kamen 230.000 Menschen ums Leben.

↓ SCHLIMMSTES RÄUCHERSTAB-UNGLÜCK

Fünf buddhistische Gläubige starben am 2. November 1998 vor dem 58 km nordwestlich von Bangkok (THA) gelegenen Phra-Pathom-Jedi-Tempel, als drei riesige Zeremonien-Räucherstäbe einstürzten. Die 24 bis 27 m hohen Stäbe waren im April 1998 errichtet worden, um an den 84. Jahrestag der Aufstellung einer Buddha-Statue in diesem Tempel zu erinnern. Obwohl die Ursache des Unglücks nicht geklärt ist, wird vermutet, dass die Stäbe unter ihrem eigenen Gewicht zusammenbrachen, da sie zuvor von starkem Regen aufgeweicht worden waren.

Retter & Gerettete

⊙ TIEFSTER ÜBERLEBTER BERGSTURZ

Im Januar 2000 stürzte Leutnant Jeanine Godfrey, Offizier der britischen Royal Air Force, auf einem schottischen Berg 396 m weit in die Tiefe und landete auf einem schneebedeckten Schotterfeld. Sie erlitt schwere Kopf- und Wirbelsäulenverletzungen, wird aber den Ärzten zufolge voll genesen können.

TIEFSTER ÜBERLEBTER STURZ EINES KLEINKINDS
Im November 1997 überlebte der 18 Monate alte Alejandro aus Murcia (E) einen Sturz aus 20 m Höhe. Der Junge war aus dem Küchenfenster der elterlichen Wohnung im 7. Stock gefallen und holte sich nur einen gebrochenen Zahn, eine aufgesprungene Lippe und ein paar blaue Flecken.

TIEFSTER STURZ IN EINEM LIFTSCHACHT
Im Mai 1998 überlebte Stuart Jones einen 70-m-Sturz in einem Liftschacht. Er stürzte bei Bauarbeiten auf dem Dach eines provisorischen Liftautos am Midland Park Building in Wellington (NZ).

LÄNGSTER STURZ IN EINEM LIFT
Am 25. Januar 2000 stürzten die Büroangestellten Shameka Peterson und Joe Mascora in der Liftkabine innerhalb von vier Sekunden über 40 Stockwerke im Empire State Building in New York City (USA). Dank seines Sicherheitssystems hielt der Lift nur vier Etagen über dem Grund an, und Peterson und Mascora kamen mit kleineren Blutergüssen davon.

LÄNGSTE ZEIT IM LIFT EINGESPERRT
Kiveli Papaioannou (CY), damals 76-jährig, war vom 28. Dezember 1997 bis zum 2. Januar 1998 sechs Tage lang im Lift ihres Wohnblocks eingesperrt. Sie überlebte, indem sie das Obst, Gemüse und Brot rationierte, das sie in ihrer Einkaufstasche hatte.

TIEFSTER ÜBERLEBTER STURZ OHNE FALLSCHIRM
Vesna Vulovic, eine Stewardess aus Jugoslawien, überlebte am 26. Januar 1972 einen Sturz aus 10.160 m Höhe, als die DC-9, in der sie unterwegs war, über Srbskà Kamenice (CZ) explodierte. Die übrigen 27 Menschen an Bord des Flugzeugs kamen ums Leben.

HÖCHSTER RETTUNGSSPRUNG MIT FALLSCHIRM
Leutnant J. de Salis und Oberleutnant P. Lowe (beide GB) sprangen am 9. April 1958 in 17.000 m Höhe über Derby (GB) aus ihrem Flugzeug.

TIEFSTER RETTUNGSSPRUNG MIT FALLSCHIRM
Luftwaffenmajor Terence Spencer (GB) machte am 19. April 1945 über der Bucht vor Wismar (D) den niedrigsten Rettungssprung mit Fallschirm aus einer Höhe von 9–12 m.

ÜBERLEBTER MOTORRAD-UNFALL BEI HÖCHSTER GESCHWINDIGKEIT
Beim Versuch, im El Mirage Dry Lake, Kalifornien (USA), einen Geschwindigkeitsrekord aufzustellen, überlebte Ron Cook (USA) am 12. Juli 1998 einen Motorradcrash, den er bei einer geschätzten Geschwindigkeit von 322 km/h hatte.

ÜBERLEBENDER DER MEISTEN BLITZSCHLÄGE
Der einzige Mensch, der sieben Blitzschläge überlebt hat, ist der Parkwächter Roy Sullivan aus Virginia (USA). Er beging im September 1993 Selbstmord, angeblich wegen einer verschmähten Liebe.

LÄNGSTE ÜBERLEBTE SEENOT IN EINEM FISCHERBOOT
Am 4. Januar 1999 wurde das abgetriebene nicaraguanische Fischerboot *Yadira I* mit seinen sieben Crewmitgliedern von dem norwegischen Öltankschiff *Joelm* 800 km südwestlich von San Juan des Sur (NIC) aufgefunden. Das Boot hatte nach einem Motorausfall 35 Tage lang auf dem Meer getrieben.

MEISTE FLUCHTEN AUS EINEM ARBEITSLAGER
Tatjana Russanowa, ehemalige Sowjetbürgerin, die heute in Israel lebt, flüchtete zwischen 1943 und 1954 15-mal aus einem stalinistischen Arbeitslager. Sie wurde 14-mal wieder eingefangen und verurteilt.

MEISTE VOM SELBEN HUND GERETTETE MENSCHEN
Der Bernhardiner Barry rettete im Verlauf seiner 12-jährigen Karriere in den Schweizer Alpen mehr als 40 Menschen das Leben.

GRÖSSTES EXISTIERENDES KRIEGSLAZARETT
Das Lazarett des Internationalen Komitees des Roten Kreuzes (ICRC) in Lopiding (EAK) ist mit 560 Betten das größte Kriegslazarett der Welt. Es wurde 1987

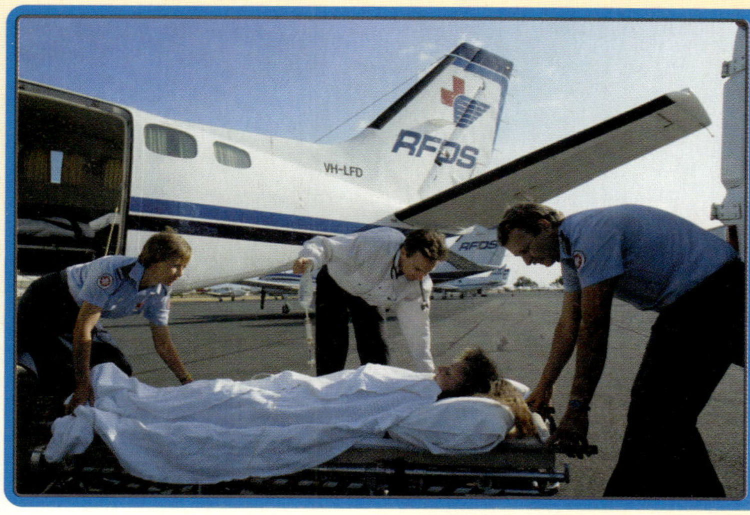

⊙ ERFOLGREICHSTER ÄRZTLICHER FLUGDIENST

Der australische Royal Flying Doctor Service wurde 1928 gegründet. 1998 behandelten die 53 Ärzte, 103 Pfleger und 95 Piloten des Flugdienstes 181.621 Patienten, transportierten 21.604 Kranke und legten insgesamt eine Flugstrecke von 13,35 Mio. km zurück.

mit nur 40 Betten eröffnet und hat bis heute etwa 17.000 Opfer des endlosen Bürgerkriegs im Sudan behandelt; dabei wurden 1.500 Patienten mit künstlichen Gliedmaßen ausgestattet.

ÄLTESTER RETTUNGSSCHWIMMER

Der älteste Rettungsschwimmer der Welt ist Stephen Dicheck aus North Carolina (USA), der in der Sportanlage Triangle in Hillsborough, North Carolina, arbeitet. Er wurde am 13. Januar 1923 geboren und ist seit November 1995 Rettungsschwimmer.

JÜNGSTER ÜBERLEBENDER EINES AUTOUNFALLS

Am 25. Februar 1999 begannen bei Virginia Rivero aus Misiones (ARG) die Wehen, als sie noch zu Hause war. Sie ging zu Fuß an die nächste Straße, um ins Krankenhaus zu trampen. Im Auto der beiden Männer, die sie mitnahmen, brachte sie auf dem Rücksitz eine Tochter zur Welt. Als sie dem Fahrer sagte, dass sie noch ein weiteres Kind erwarte, überholte der das Auto vor ihnen, kollidierte jedoch mit einem dritten Wagen. Virginia und ihr neugeborenes Kind wurden durch die Heckklappe aus dem Auto geschleudert, aber nur so geringfügig verletzt, dass Virginia aufstehen und ein weiteres Auto anhalten konnte, das sie ins Krankenhaus chauffierte. Dort gebar sie schließlich noch einen Jungen.

GRÖSSTE BERGUNGEN

Am 8. Mai 1942 wurde die Rekordzahl von 2.735 Personen von dem Flugzeugträger *USS Lexington* geborgen, nachdem er während der Schlacht im Korallenmeer versenkt worden war.

Alle 2.689 Personen an Bord der *Susan B. Anthony* wurden geborgen, als das Schiff am 7. Juni 1944 vor der Küste der Normandie (F) sank.

MEISTE GERETTETE KÜNSTLER

Varian Fry, der „Schindler der Künstler", trug seit 1940 zur Rettung von etwa 4.000 Menschen vor der Gestapo bei, darunter Max Ernst, Marc Chagall und André Breton.

↓ LÄNGSTES ÜBERLEBEN EINER KATZE NACH EINEM ERDBEBEN

Am 9. Dezember 1999, 80 Tage nach einem Erdbeben in Taiwan, wurde in einem eingestürzten Gebäude in Taichung (RC) eine lebendige Katze gefunden. Sie genas vollständig.

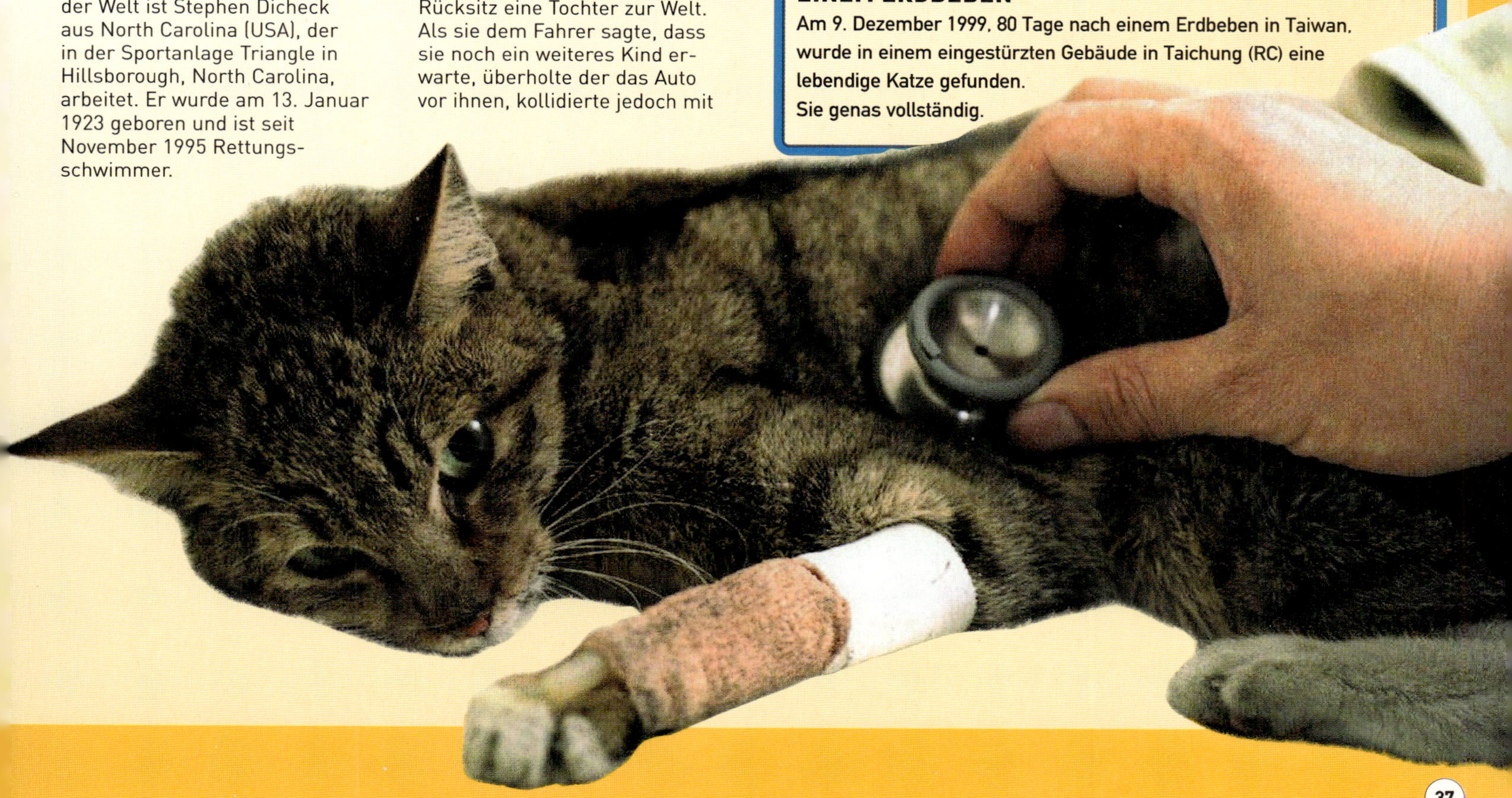

Helden des Alls

ERSTE FRAU IM WELTALL
Valentina Wladimirowna Tereschkowa (UdSSR) startete am 16. Juni 1963 an Bord der *Wostok 6* vom Kosmodrom Baikonur in Kasachstan in den Weltraum. Die *Wostok 6* kehrte am 19. Juni 1963 auf die Erde zurück, nachdem sie innerhalb von 2 Tagen 22 Stunden 50 Minuten 48-mal die Erde umrundet und insgesamt eine Strecke von 1,971 Mio. km zurückgelegt hatte.

ERSTE MENSCHEN AUF DEM MOND
Neil Armstrong (USA), der Kommandeur der Mission *Apollo 11*, war am 21. Juli 1969 (MEZ) der erste Mensch, der einen Fuß auf den Mond setzte. Nach ihm stieg Buzz Aldrin (USA) aus der Mondlandefähre *Eagle*, während Michael Collins (USA) in der Kommandokapsel *Columbia* über ihnen den Mond umkreiste. Die *Eagle* landete am 20. Juli auf dem Mond und hob am 21. Juli nach einem Aufenthalt von 21 Stunden 36 Minuten wieder ab.

GRÖSSTE ERREICHTE HÖHE
Die Besatzung der *Apollo 13* (Jim Lovell, Fred Haise und Jack Swigert, alle USA) erreichte am 15. April 1970 eine Rekordentfernung von 400.171 km von der Erdoberfläche.

Mit 611 km erreichte Kathryn Thornton (USA) während der Mission *Endeavour STS 61* die größte Höhe, in der sich je eine Frau befand. Diesen Rekord stellte sie am 10. Dezember 1993 nach einem orbitalen Maschinenbrand auf.

HÖCHSTE GESCHWINDIGKEITEN
Den Rekord über die höchste Geschwindigkeit, mit der Menschen sich je fortbewegt haben, hält mit 39.879 km/h oder 11,08 km/s die Besatzung der Kommandokapsel des Unternehmens *Apollo 10* (Thomas Stafford, Eugene Cernan und John Young, alle USA) beim Wiedereintritt ihres Raumschiffs in die Erdumlaufbahn am 26. Mai 1969.

Bei den Frauen stellte Kathryn Sullivan (USA) den Geschwindigkeitsrekord über 28.582 km/h auf, als am 29. April 1990 am Ende der Raumfahrtmission *Discovery STS 31* der Wiedereintritt in die Erdatmosphäre vorbereitet wurde. Möglicherweise hat Kathryn Thornton am 10. Dezember 1993 nach einem Brand der Maschinen bei der Mission *Endeavour STS 61* diesen Rekord noch übertroffen.

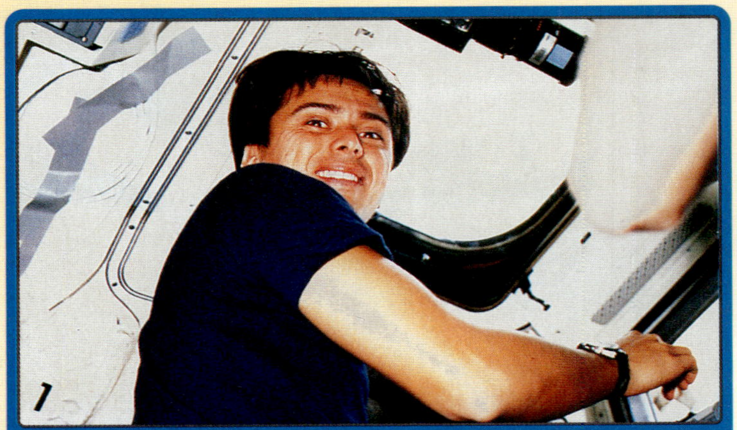

⊙ MEISTE WELTRAUMMISSIONEN
Franklin Chang-Díaz (CR, oben) war zwischen 1986 und 1998 bei sechs Raumfahrtmissionen dabei; außerdem schafften diesen Rekord Story Musgrave (1983–1996), Shannon Lucid (1985–1996) und John Young (1965–1983), alle USA.

LÄNGSTER FLUG IN DER UMLAUFBAHN EINES HIMMELSKÖRPERS
Ronald Evans (USA) kreiste während der Mission *Apollo 17* insgesamt 147 Stunden 41 Minuten 13 Sekunden im Orbit des Mondes.

⊙ ERSTE WELTRAUMBESTATTUNG
Am 21. April 1997 wurde die Asche von 24 Weltraumpionieren und All-Enthusiasten – darunter der Schöpfer von *Star Trek* Gene Roddenberry und der Guru der Gegenkultur Timothy Leary – für jeweils 9.990 DM an Bord der spanischen Pegasus-Rakete in eine Erdumlaufbahn gebracht. Das Bild zeigt Roddenberry mit den *Star Trek*-Darstellern William Shatner, DeForest Kelly und Leonard Nimoy (von links nach rechts).

LÄNGSTER AUFENTHALT AUF DEM MOND
Während der Weltraummission *Apollo 17*, die zwischen dem 7. und 19. Dezember 1972 exakt 12 Tage 13 Stunden 51 Minuten 59 Sekunden dauerte, verbrachten Eugene Cernan und Harrison Schmitt (beide USA) insgesamt 74 Stunden 59 Minuten 40 Sekunden auf der Mondoberfläche.

ERSTER WELTRAUMSPAZIERGANG
Als erster Mensch stieg Alexej Leonow (UdSSR) von der Mission *Wosschod 2* am 18. März 1965 im All aus dem Raumschiff.

Die erste Frau auf einem Weltraumspaziergang war Swetlana Sawizkaja (UdSSR) von der Mission *Sojus T12* zur Raumstation *Sajut 7*. Sie stellte diesen Rekord am 25. Juli 1984 auf.

LÄNGSTE WELTRAUMSPAZIERGÄNGE
Am 13. Mai 1992 hielten sich Rich Hieb, Pierre Thuot und Tom Akers (alle USA) von der *Endeavour STS 49* 8 Stunden 29 Minuten außerhalb ihres Raumschiffs auf.

Kathryn Thornton von der *Endeavour STS 49* machte am 14. Mai 1992 einen 7 Stunden 49 Minuten langen Weltraumspaziergang.

Der längste Weltraumspaziergang eines russischen Kosmonauten dauerte 7 Stunden 16 Minuten. Er wurde am 1. Juli 1990 von Anatoli Solowjow und Alexander Balandin von der *Sojus TM9* aus vor der Raumstation *Mir* unternommen.

LÄNGSTER WELTRAUMFLUG EINER FRAU
Der Langzeitrekord der Frauen im Weltall beträgt 188 Tage 4 Stunden 14 Sekunden. Shannon Lucid (USA) startete am 22. März 1996 an Bord des Spaceshuttles *Atlantis STS 76* zur Raumstation *Mir* und landete am 26. September mit der *Atlantis STS 79* wieder auf der Erde. Für ihre Leistung zeichnete US-Präsident Bill Clinton sie mit der Congressional Space Medal of Honour aus.

← MEISTE RAUMSCHIFFLANDUNGEN EINER FRAU
Eileen Collins (USA) führte als einzige Frau bisher zwei Landungen eines Spaceshuttles durch. Im Februar 1995 war sie bei der Mission *STS 63* als erste Frau Pilotin bei der Landung eines Spaceshuttles; im Juli 1999 wurde sie bei der Mission *STS 93* der erste weibliche Shuttle-Kommandant.

Weltbevölkerung 1

⊙ **BEVÖLKERUNGSREICHSTE STADT**
Die Stadt mit den meisten Einwohnern der Welt ist Tokio (J). Laut Schätzungen der UNO lebten dort im März 2000 insgesamt 26.4 Mio. Menschen.

BEVÖLKERUNGSREICHSTES LAND
Mit geschätzten 1,24 Mrd. Einwohnern im Jahr 1998 ist China das bevölkerungsreichste Land der Welt. Sein jährlicher Bevölkerungszuwachs (Geburten minus Todesfälle) beträgt etwa 1,3 %, das sind 44.100 Menschen pro Tag. Heute leben mehr Menschen in China als vor 150 Jahren auf der ganzen Welt.

BEVÖLKERUNGSÄRMSTES LAND
Der souveräne Staat mit den wenigsten Einwohnern ist die Vatikanstadt, die im Juli 1999 auf etwa 870 Bürger kam.

LÄNDER MIT DER HÖCHSTEN BEVÖLKERUNGSDICHTE
Im Jahr 1997 hatte die chinesische Sonderverwaltungszone Macao auf ihrer Fläche von 19,3 km^2 geschätzte 421.000 Einwohner, das sind 21.813 Einwohner pro km^2.

Das am dichtesten besiedelte Land mit einer Fläche von mehr als 2.500 km^2 ist Bangladesh. Im Jahr 1997 lebte die Bevölkerung von 125,3 Mio. Menschen auf einer Fläche von 147.570 km^2; die Bevölkerungsdichte betrug damit 849,4 Einw./km^2.

Die am dichtesten besiedelte Insel der Welt ist Java (RI), auf deren 132.186 km^2 Fläche 1997 insgesamt 118,7 Mio. Einwohner lebten – eine Bevölkerungsdichte von 898 Einw./km^2.

AM DÜNNSTEN BESIEDELTES LAND
Der souveräne Staat mit der niedrigsten Bevölkerungsdichte ist die Mongolei. 1997 lebten auf einer Fläche von 1.566.500 km^2 gerade mal 2,37 Mio. Menschen; die Bevölkerungsdichte betrug damit 1,5 Einw./km^2.

HÖCHSTE LEBENSERWARTUNG
Nach einer Studie der Weltbank von 1998 ist das Land mit der höchsten Lebenserwartung Japan, wo ein neugeborenes Mädchen eine Lebenserwartung von 83,9 und ein Junge von 77,3 Jahren hat.

NIEDRIGSTE LEBENSERWARTUNG
In Sierra Leone beträgt die Lebenserwartung für Frauen 39,8 und für Männer 35,9 Jahre.

GRÖSSTER UNTERSCHIED BEI DER LEBENSERWARTUNG
Im Jahr 1995 lag die Lebenserwartung in der Russischen Föderation für Männer bei 58,27 Jahren und für Frauen bei 71,7 Jahren – ein Unterschied von 13,43 Jahren.

GRÖSSTER MANGEL AN FRAUEN
Das Land mit dem größten Frauenmangel ist Katar, wo 67,2 % der Bevölkerung männlich sind. Weltweit kommen etwa 1.015 Männer auf 1.000 Frauen.

GRÖSSTER MANGEL AN MÄNNERN
Das Land mit dem größten Mangel an Männern ist die Ukraine, wo 53,7 % der Bevölkerung weiblich sind.

HÖCHSTE GEBURTENRATE
Nach Schätzungen der UNO kamen 1996 in Nigeria auf 1.000 Einwohner 54,5 Geburten.

NIEDRIGSTE GEBURTENRATE
Abgesehen vom Vatikan, wo die Geburtenrate vernachlässigbar ist, war die niedrigste Geburtenrate mit 6,5 Geburten auf 1.000 Einwohner die von Bosnien-Herzegowina in den Jahren 1995/96.

HÖCHSTE TODESRATE
Die derzeit am höchsten geschätzte Todesrate ist die von Sierra Leone, wo 1995/96 pro 1.000 Einwohner 25,1 Menschen starben.

Ost-Timor hatte zwischen 1975 und 1980 eine Todesrate von 45 pro 1.000 Einwohner; inzwischen sank diese Ziffer aber auf 17,4 Todesfälle je 1.000 Einwohner in den Jahren 1990 bis 1995.

⊙ MEISTE TELEFONE PRO EINWOHNER
In Monaco gibt es mit 1.994 Telefonen pro 1.000 Einwohner die meisten Telefone pro Kopf.

NIEDRIGSTE TODESRATE
Das Land mit der niedrigsten Todesrate war Kuwait mit 2,2 Todesfällen pro 1.000 Einwohnern im Jahr 1995/96.

GRÖSSTES BEVÖLKERUNGSWACHSTUM
Zwischen 1992 und 1997 betrug das natürliche Bevölkerungswachstum von Afghanistan 7,4 % pro Jahr.

HÖCHSTE EHESCHLIESSUNGSRATE
Auf den US-amerikanischen Virgin Islands werden jährlich pro 1.000 Einwohner 35,1 Ehen geschlossen.

Der unabhängige Staat mit der höchsten Eheschließungsrate sind die Malediven mit 19,7 Hochzeiten pro 1.000 Einwohner.

HÖCHSTE SCHEIDUNGSRATE
Im Jahr 1997 gab es in den USA knapp über 1,15 Mio. Scheidungen, das bedeutet eine Scheidungsrate von 4,3 pro 1.000 Einwohner. 1998 waren 9,8 % aller Erwachsenen in den USA, das heißt 19,4 Mio. Menschen, schon einmal geschieden.

HÖCHSTE SELBSTMORDRATE
Mit 47 Selbstmorden pro 100.000 Einwohner hatte Sri Lanka im Jahr 1991 die höchste Selbstmordrate.

NIEDRIGSTE SELBSTMORDRATE
Die niedrigste Selbstmordrate, nämlich 0,04 pro 100.000 Einwohner, wies Jordanien im Jahr 1970 auf, als dort nur ein einziger Selbstmord registriert wurde.

MEISTE ÄRZTE
Das Land mit den meisten Ärzten ist China, wo es 1995 insgesamt 1,918 Mio. praktizierende Mediziner gab. Zu dieser Zahl gehören auch Zahnärzte und die Heilpraktiker in traditioneller chinesischer Medizin.

WENIGSTE ÄRZTE
Mit einem Arzt pro 49.118 Einwohner hat Malawi die wenigsten Ärzte pro Bewohner.

MEISTE KRANKENPFLEGER
In den USA arbeiteten 1995 insgesamt 2,044 Mio. Menschen als Krankenpfleger.

HÖCHSTE ARBEITSLOSIGKEIT
Im Jahr 1996 waren insgesamt 75 % der erwerbsfähigen Bevölkerung von Bosnien-Herzegowina ohne Arbeitsplatz.

NIEDRIGSTE ARBEITSLOSIGKEIT
Nur 2,7 % der erwerbsfähigen Liechtensteiner waren 1997 arbeitslos.

↓ MEISTE APOTHEKER
Das Land mit den meisten Apothekern ist China mit 418.000 (1995). Die Chinesen vertrauen seit 2.000 Jahren auf traditionelle Kräuterkuren, die von Apothekern zubereitet werden.

Weltbevölkerung 2

HÖCHSTE STEUERLAST
Dänemark hat die höchsten Steuern der Welt. Der Einkommensteuer-Spitzensatz liegt bei 68 %, der Mindestsatz bei 42 %. Als Konsequenz aus dieser Steuerpolitik gehören das dänische Gesundheitswesen und das System der sozialen Sicherung zu den besten der Welt.

HÖCHSTE INFLATION
Die höchste Inflation aller Zeiten erlebte Ungarn im Juni 1946, als der Gold-Pengö von 1931 130 Millionen Trillionen Papier-Pengös wert war. Banknoten für *Egymillárd Billió-* (1.000 Trillionen) Pengös wurden am 3. Juni 1946 ausgegeben und am 11. Juli wieder zurückgezogen. Gutscheine über 1 Billion Trillionen Pengös wurden nur für das Entrichten von Steuern ausgegeben.

Zaire (heute: Demokratische Republik Kongo) hatte 1996 mit 650 % die höchste Inflationsrate seiner Geschichte.

⊙ NIEDRIGSTE STEUERN
Unter allen unabhängigen Staaten haben Bahrain und Katar die niedrigsten Einkommensteuersätze. Sie liegen, unabhängig vom Verdienst, bei 0 Prozent. Beide Länder leben hauptsächlich von den Einkünften aus Ölexporten, die gleichzeitig für mehr als die Hälfte der Staatseinnahmen sorgen.

NIEDRIGSTE INFLATION
Elf Staaten befanden sich 1998, im letzten Jahr, für das Vergleichsdaten vorliegen, in einer Phase der Deflation: Barbados, Belize, die Zentralafrikanische Republik, China, die Malediven, Oman, Saudi-Arabien, Singapur, Schweden, Syrien und Uganda. In dieser Gruppe hatte die Zentralafrikanische Republik mit einer Deflation von lediglich –1,89 % die günstigsten Zahlen.

HÖCHSTES GESUNDHEITSBUDGET
Die USA haben das weltweit höchste Gesundheitsbudget, bezogen auf das Bruttoinlandsprodukt (BIP). 1996, im letzten Jahr, für das Vergleichszahlen vorliegen, betrugen die US-Gesundheitsausgaben 12,7 % des BIP.

GRÖSSTE GOLDRESERVEN
Das US-Schatzamt verfügte 1996 über ca. 262 Mio. Feinunzen Gold nach dem Troygewicht (31,1 g), was bei einem Preis von 775,5 DM pro Feinunze (Stand: Juni 1996) rund 203 Mrd. DM entsprach. Das US-Goldlager in Fort Knox, 48 km südwestlich von Louisville (Kentucky), in dem zurzeit 147 Mio. Feinunzen liegen, ist seit 1936 das wichtigste Golddepot der US-Bundesregierung. Der Spitzenpreis für die Feinunze Gold lag am 21. Januar 1980 bei 1.725,50 DM.

⊙ NIEDRIGSTE LEBENSHALTUNGSKOSTEN
Die indischen Städte Neu-Delhi und Bombay haben nach den Untersuchungen des Economist Intelligence Unit die niedrigsten Lebenshaltungskosten unter 126 Weltstädten. In der Studie, die alle zwei Jahre veröffentlicht wird, dient New York City (USA) mit der Richtzahl 100 als Mittelwert. Bombay und Neu-Delhi kamen dabei auf die Vergleichszahlen 42 bzw. 41.

HÖCHSTES PRO-KOPF-BRUTTOSOZIALPRODUKT
Luxemburg lag 1998 mit einem Pro-Kopf-Bruttosozialprodukt von 91.553 DM nach der Weltbank-Statistik im internationalen Vergleich auf Platz eins.

NIEDRIGSTES PRO-KOPF-BRUTTOSOZIALPRODUKT
Äthiopien war mit einem Pro-Kopf-Bruttosozialprodukt von rund 203 DM das Schlusslicht unter den 260 Ländern, zu denen der Weltbank 1998 Daten vorlagen.

SCHLECHTESTER WECHSELKURS
Für einen US-Dollar bekam man im Mai 2000 615.290 türkische Lira, für einen Euro 571.810 Lira.

HÖCHSTE LEBENSHALTUNGSKOSTEN
Schon seit neun Jahren gilt Tokio (J) als teuerste Stadt der Welt. Bezogen auf den Mittelwert New York City (USA) stuft eine Untersuchung Tokio als 64 % teurer ein. Der Economist Intelligence Unit veröffentlicht alle zwei Jahre eine Preisvergleichsstudie, um den Firmen bei der Gehaltsberechnung für ihre Auslandsmitarbeiter Entscheidungshilfen zu geben.

AM WEITESTEN FORTGESCHRITTENE INDUSTRIALISIERUNG
Äquatorialguinea ist das Land mit dem höchsten industriellen Anteil am Bruttoinlandsprodukt: 66,4 % des BIP kamen 1998 aus diesem Wirtschaftszweig, der größte Teil davon resultierte aus der Gewinnung von Bodenschätzen.

Weißrussland erwirtschaftete nach den Angaben im Welt-Entwicklungsbericht 2000 im Jahr 1998 den weltweit höchsten Anteil von 39,2 % am BIP im verarbeitenden Gewerbe.

MEISTE MIETWOHNUNGEN
Estland ist das Land mit dem weltweit höchsten Mietanteil: 1995 waren 81,5 % des gesamten Wohnraums vermietet.

Einen noch höheren Mietanteil gab es in der britischen Kronkolonie Gibraltar: Nach der Volkszählung von 1991 waren 84,8 % des Wohnraums vermietet.

MEISTER PRIVATER WOHNRAUM
Die Mongolei hat den höchsten Anteil an privatem Wohnraum: 1997 gehörten dort 100 % des Hausbesitzes den aktuellen Bewohnern.

MEISTE WOHNEINHEITEN
Nach der letzten Volkszählung ist China das Land mit den meisten Wohnungen auf der Welt: 276.947.962 Wohneinheiten wurden 1990 gezählt.

MEISTE KRANKENHÄUSER
In keinem Land gibt es mehr Krankenhäuser als in China: 67.807 waren es im Jahre 1995.

NIEDRIGSTE ARBEITSLOSIGKEIT
Liechtenstein hat weltweit die niedrigste Arbeitslosenquote: 1997 waren 97,3 % der arbeitsfähigen Bevölkerung in Lohn und Brot.

← AM STÄRKSTEN VON DER LANDWIRTSCHAFT GEPRÄGTER STAAT
Der Anteil der Landwirtschaft am Bruttoinlandsprodukt lag in Guinea-Bissau nach einer Weltbank-Studie von 1998 bei 62,8 %.

Weltpolitiker

JÜNGSTE KÖNIGIN
Königin Margrethe II. von Dänemark war bei ihrer Krönung am 14. Januar 1972 erst 31 Jahre alt.

JÜNGSTER STAATSPRÄSIDENT
Das jüngste Staatsoberhaupt einer Republik war Lt. Yaya Jammeh, der am 26. Juli 1994 nach einem Militärputsch im Alter von 29 Jahren Präsident der Übergangsregierung und Staatsoberhaupt von Gambia wurde. Nach der Wiedereinrichtung einer Zivilregierung wurde er am 27. September 1996 zum Staatspräsidenten gewählt.

ÄLTESTER STAATSPRÄSIDENT
Das älteste Staatsoberhaupt einer Demokratie ist der 83-jährige Kiro Gligorov, Präsident der Früheren jugoslawischen Republik (FYR) Mazedonien.

⊙ FIRST LADY DER MEISTEN LÄNDER
Graca Maches war elf Jahre lang mit Samora Machel, dem Präsidenten von Mosambik, verheiratet, der am 19. Oktober 1986 bei einem Flugzeugabsturz ums Leben kam. Am 18. Juli 1998 heiratete sie Südafrikas Präsidenten Nelson Mandela und wurde damit die erste Frau, die in zwei verschiedenen Ländern First Lady war.

JÜNGSTER REGIERUNGSCHEF
Ljupco Georgievski war bei seinem Amtsantritt als Ministerpräsident der Früheren jugoslawischen Republik Mazedonien am 30. November 1998 gerade 32 Jahre alt. Er ist der Chef der „Inneren Mazedonischen Revolutionären Organisation – Demokratische Partei der Mazedonischen Nationalen Einheit" (VMRO-DPMNE).

ÄLTESTER REGIERUNGSCHEF
Sirimavo Bandaranaike, deren Tochter Chandrika Bandaranaike Kumaratunga Präsidentin Sri Lankas ist, war bei ihrer Wahl zur Ministerpräsidentin im November 1994 bereits 78 Jahre alt. Sie übte das Amt damit zum dritten Mal aus. Im Juli 1960 war sie die erste Frau der Welt gewesen, die an der Spitze einer Regierung stand.

KLEINSTES STAATSOBERHAUPT
Das kleinste Staatsoberhaupt der Welt ist Frederick Chiluba, der 1991 Präsident von Sambia wurde. Er ist 1,52 m groß.

DIENSTÄLTESTE STAATSOBERHÄUPTER
Omar Bongo, seit dem 2. Dezember 1967 Präsident der zentralafrikanischen Republik Gabun, wurde im Einparteiensystem ohne Gegenkandidat alle sieben Jahre und selbst nach der Einführung eines Mehrparteiensystems 1993 mit einer knappen Mehrheit wiedergewählt.

Der am längsten amtierende Staatschef in einer Republik ist Fidel Castro, der am 26. Juli 1959, nach dem Sturz des Diktators Fulgencio Batista y Zaldívar am 1. Januar 1959, Ministerpräsident von Kuba wurde. Castro ist Staatsoberhaupt und Regierungschef des Landes, seit am 3. Dezember 1976 der Posten des Ministerpräsidenten abgeschafft wurde.

LÄNGSTE REGIERUNGSZEITEN
Bhumibol Adulyadej (Rama IX.), König von Thailand, ist der am längsten regierende Monarch der Welt. Nach dem Tod seines älteren Bruders wurde er am 9. Juni 1946 dessen Nachfolger auf dem Thron.

Der ausdauerndste Monarch ist Norodom Sihanouk, König von Kambodscha. Er wurde zunächst am 16. April 1941 König, dankte am 2. März 1955 ab und kehrte am 24. September 1993 im Alter von 70 Jahren auf den Thron zurück.

⊙ JÜNGSTER KÖNIG
Der jüngste Monarch der Welt war König Mswati III. von Swasiland (rechts). Bei seiner Krönung am 25. April 1986 war er 18 Jahre 6 Tage alt.

⊙ GRÖSSTE MEHRHEIT BEI DIREKTWAHL

Bei den direkten Parlamentswahlen am 26. März 1989 erreichte Boris Jelzin eine persönliche Mehrheit von 4.726.112 Stimmen vor dem nächstbesten Kandidaten. Jelzin, nach dieser Wahl Präsident der Russischen Föderation, erhielt 5.118.745 der 5.722.937 abgegebenen Stimmen in seinem Wahlkreis.

DIENSTÄLTESTE PREMIERMINISTERIN

Die am längsten amtierende Premierministerin der Welt war Indira Gandhi. In zwei Perioden war sie insgesamt 15 Jahre und 11 Monate lang Premierministerin von Indien: von Januar 1966 bis März 1977 und von Januar 1980 bis zu ihrer Ermordung im Oktober 1984.

MEISTE MINISTERINNEN

Das Land mit dem größten Frauenanteil in der Regierung ist Schweden, wo nach den allgemeinen Wahlen im März 1996 ein Kabinett mit elf weiblichen und elf männlichen Ministern gebildet wurde.

BESTBEZAHLTER REGIERUNGSCHEF

Yoshiro Mori, Ministerpräsident von Japan, hat ein Jahresgehalt von 1.372.000 DM; in dieser Summe sind Spesen und monatliche Zulagen inbegriffen.

LÄNGSTE UNO-REDE

Eine Rede des kubanischen Ministerpräsidenten Fidel Castro am 26. September 1960 vor der UNO dauerte 4 Stunden 29 Minuten.

GRÖSSTE VERSAMMLUNG VON STAATSOBERHÄUPTERN

Zu den Feiern anlässlich des 50. Jahrestages der Gründung der Vereinten Nationen wurde im UNO-Hauptquartier in New York City (USA) vom 22. bis 24. Oktober 1995 eine Außerordentliche Sitzung der Generalversammlung abgehalten. Daran nahmen 128 Staats- und Regierungschefs teil.

← SCHWERSTER MONARCH

König Taufa'ahau Tupou IV. von Tonga wog im September 1976 bei einer Größe von 1,90 m 209,5 kg. Im Jahr 1985 soll er auf 139,7 kg abgemagert sein; Anfang 1993 wog er nur noch 127 kg. 1998 hatte er dank eines speziellen Fitnessprogramms weiter an Gewicht verloren.

Kampagnen

GRÖSSTE DEMONSTRATION
Infolge von Grenzstreitigkeiten sollen am 3. und 4. März 1969 in Shanghai (CHN) 2,7 Mio. Menschen an einer Demonstration gegen die UdSSR teilgenommen haben.

LÄNGSTER MARSCH ZIVILEN UNGEHORSAMS
Am 12. März 1930 führte Mohandas Karamchand Gandhi 78 Anhänger bei einem 387,8 km langen Marsch von Sabarmati Ashram nach Dandi, Gujarat (IND), an, um gegen die Erhebung einer Salzsteuer durch die britische Kolonialregierung zu protestieren. Die Demonstranten kamen am 5. April 1930 in Dandi an. Gandhi sammelte in einem Salzgarten am Strand ein Stück Salzkruste auf – und wurde umgehend wegen illegaler Salzproduktion verhaftet.

GRÖSSTE ANTI-KRIEGS-KUNDGEBUNG
Am 15. November 1969 versammelten sich etwa 600.000 Menschen in Washington, D.C. (USA), um gegen den fortgesetzten Einsatz der USA im Vietnamkrieg zu protestieren.

GRÖSSTE KUNDGEBUNG GEGEN RASSENDISKRIMINIERUNG
Am 28. August 1963 führte der Bürgerrechtler Martin Luther King in Washington, D.C. (USA), über 250.000 Demonstranten in einem „Marsch auf Washington“ an, der die gleichen Rechte für alle Amerikaner forderte, unabhängig von Rasse oder Hautfarbe.

LÄNGSTE MENSCHENKETTE
Am 23. August 1989 fassten sich etwa 2 Mio. Menschen bei den Händen und bildeten so eine 595 km lange Menschenkette quer durch Estland, Lettland und Litauen. Anlass dieser Aktion war der 50. Jahrestag der Unterzeichnung des Nicht-Angriffs-Paktes zwischen der UdSSR und Nazideutschland.

LÄNGSTER ZIVILPROZESS
Das längste zivile Gerichtsverfahren, das dieselbe Person führte, zog sich von 1965 bis 1997 über 32 Jahre hin. Prof. Saburo Ienaga, der an der inzwischen geschlossenen Pädagogischen Hochschule in Tokio (J) Geschichte unterrichtete, wendete sich gegen Anordnungen des japanischen Erziehungsministeriums, sein Lehrbuch „Neue Geschichte Japans“ abzuändern. Das Ministerium beanstandete Passagen des Buchs, in denen von Gräueltaten und Kriegsverherrlichung durch die japanische Regierung während des 2. Weltkriegs die Rede war. Ienaga bekam vom Obersten Gerichtshof in Japan schließlich Schadensersatz in Höhe von 8.000 DM zugesprochen.

⊙ GRÖSSTE UNTERSCHRIFTENSAMMLUNG ZUM NATURSCHUTZ
Eine Unterschriftensammlung, die Greenpeace 1995 startete und die den französischen Staatspräsidenten Jacques Chirac dazu aufforderte, die Atomtests auf dem südpazifischen Mururoa-Atoll zu stoppen, erbrachte die Rekordzahl von 8,5 Mio. Unterschriften.

GRÖSSTE SCHLICHTUNG BEI DISKRIMINIERUNG VON FRAUEN
Am 22. März 2000 stimmte die US-Regierung der Zahlung von 1,03 Mrd. DM zu, um ein

⊙ GRÖSSTER MARSCH FÜR DIE GLEICHSTELLUNG HOMOSEXUELLER
Etwa 300.000 Menschen nahmen am 25. April 1993 in Washington, D.C. (USA), am „Marsch für Gleichstellung und Befreiung von Lesben, Schwulen und Bisexuellen“ teil. Die Aktion war zur Unterstützung von Gesetzesänderungen organisiert worden, die Homosexuellen in den USA gleiche gesellschaftliche Rechte einräumen sollten.

Gerichtsverfahren von 1.100 Frauen gegen die US Information Agency zu verhindern.

JÜNGSTER POLITISCHER HÄFTLING
Die dreijährige Thaint Wunna Khin gehörte gemeinsam mit ihrer Mutter zu den 19 Menschen, die vom 19. bis 24. Juli 1999 in Birma (Myanmar) verhaftet wurden. Sie wurde am 29. Juli 1999 wieder freigelassen.

→ INTERNATIONALSTE UNTERSCHRIFTENLISTE
Eine Unterschriftensammlung, die im April 1997 im Rahmen der Schuldeninitiative Jubilee 2000 gestartet wurde, hatte bis zum 4. April 2000 bereits 17 Mio. Unterschriften aus 160 Ländern eingebracht. Die Abbildung zeigt zwei der prominentesten Unterstützer der Kampagne, Bono von U2 (links) und die Boxsportlegende Muhammad Ali.

AM LÄNGSTEN INHAFTIERTER POLITISCHER GEFANGENER
Woo Yong Gak (PRK) wurde nach seiner Verhaftung wegen Spionage im Jahr 1958 insgesamt 40 Jahre lang im Gefängnis von Taejon (ROK) festgehalten. Er verbrachte einen Großteil seines Gefängnisaufenthalts in Einzelhaft.

GRÖSSTES UNTERSCHRIFTENBUCH
Während der jahrelangen Kampagne „Get Up Sign Up" zur Unterstützung der Allgemeinen Menschenrechtserklärung sammelte Amnesty International über 10 Mio. Unterschriften. Sie wurden in einem Buch zusammengefasst, das am 10. Dezember 1998 in Paris (F) dem UNO-Generalsekretär Kofi Annan überreicht wurde.

GRÖSSTE UNTERSCHRIFTENLISTE
Vom 1. Juni 1993 bis 31. Oktober 1994 unterzeichneten 21.202.192 Menschen, die meisten davon aus Südkorea, eine Unterschriftenliste zum Protest gegen die Teilung Koreas und die daraus resultierenden Trennungen von Familien.

GRÖSSTE NATURSCHUTZORGANISATION
Der World Wide Fund for Nature (WWF) ist die größte unabhängige Naturschutzorganisation der Welt. Die Vereinigung, die am 11. September 1961 als gemeinnützig eingestuft wurde, hat weltweit etwa 5 Mio. Förderer in über 100 Ländern. Der WWF kämpft für den Naturschutz und die Bewahrung der biologischen Vielfalt.

GRÖSSTE FAHRTSTRECKE VON KAMPAGNESCHIFFEN
Die Kampagne-Flaggschiffe von Greenpeace, die *Rainbow Warrior 1* und ihre Nachfolgerin, die *Rainbow Warrior 2*, haben Schätzungen zufolge bisher eine Gesamtstrecke von 926.600 km zurückgelegt. Die *Rainbow Warrior 1* wurde 1985 vom französischen Geheimdienst versenkt.

Steinreiche

REICHSTER MENSCH ALLER ZEITEN
Das Vermögen von John D. Rockefeller (USA) wurde im Jahr 1913 auf 1,82 Mrd. DM geschätzt; das entspräche heute einer Summe von 384,9 Mrd. DM. Rockefeller, der sein Glück im Ölgeschäft gemacht hatte, zog sich 1897 aus dem Geschäft zurück; bis 1922 hatte er 2,03 Mrd. DM an seine Familie und an Wohltätigkeitsorganisationen vermacht und behielt nur 40 Mio. DM für sich selbst zurück.

REICHSTER ZEITGENOSSE
Nach Informationen des US-Magazins *Forbes* ist Bill Gates (USA), der Gründer und Präsident von Microsoft Corp., mit einem geschätzten Vermögen von 121,8 Mrd. DM der reichste Mensch der Welt. Im Jahr 2000 wurde Gates vorübergehend von Lawrence Ellison (USA), dem Gründer von Oracle, und von Masayoshi Son (J), dem Präsident der Softbank, von Platz 1 verdrängt.

REICHSTE FRAU
Die L'Oréal-Erbin Liliane Bettencourt (F) verfügt über ein geschätztes Nettovermögen von 30,8 Mrd. DM. Ihr Besitz nahm im Lauf des Jahres 1999 von 28,2 Mrd. DM auf diese Summe zu – dank eines zweistelligen Wachstums von L'Oréal.

REICHSTER MEDIEN-TYCOON
Kenneth Thomson (CDN), Leiter des Verlags- und Informationskonzerns Thomson Corp., verfügt über ein Vermögen von 32,7 Mrd. DM. Zu dem Konzern gehören derzeit 55 nordamerikanische Zeitungen, darunter Kanadas *Globe & Mail*, doch die Geschäfte gehen inzwischen mehr in Richtung der elektronischen Medien. Im Juni 2000 wurde die Übernahme des konkurrierenden Datenbank- und Informationsservice Primark Corp. für 2,03 Mrd. DM vereinbart.

REICHSTE KOSMETIK-KONZERNCHEFS
Leonard und Ronald Lauder (USA) und ihre Familie besitzen gemeinsam ein Vermögen von 17,9 Mrd. DM. Leonard leitet den Kosmetikkonzern Estée Lauder, den seine Mutter gegründet hatte.

REICHSTER MONARCH
Dem Magazin *Forbes* zufolge hat König Fahd ibn Abd al-Aziz ibn Saud von Saudi-Arabien schätzungsweise einen Besitz im Wert von 60,9 Mrd. DM. Er hat damit den Sultan von Brunei, Hassanal Bolkiah, überholt, der derzeit noch über 32,5 Mrd. DM verfügt.

REICHSTER LUXUSWARENHÄNDLER
Bernard Arnault (F), der Vorsitzende des Luxusgüter-Konzerns LVMH, verfügt Schätzungen zufolge über ein Vermögen von 25,5 Mrd. DM. Die Stabilität des Luxusgüter-Marktes führte zu einer Verdopplung seines Vermögens von 1999 bis 2000. Zu LVMH gehören u. a. Marken wie Christian Dior, Givenchy,

⊙ HÖCHSTES JAHRESEINKOMMEN EINES FILMPRODUZENTEN
Der Hollywood-Produzent George Lucas (USA) stand an der Spitze der *Forbes*-Rangliste 2000 der 100 bestverdienenden Menschen: 1999 hatte er 810 Mio. DM eingenommen.

⊙ HÖCHSTES JAHRESEINKOMMEN EINES MODEDESIGNERS
Nach der *Forbes*-Rangliste 2000 verdiente Giorgio Armani (I) 1999 nach Schätzungen 274 Mio. DM.

⊙ HÖCHSTES JAHRESEINKOMMEN EINER BAND

Die Backstreet Boys (USA) hatten 1999 laut *Forbes*-Rangliste 2000 geschätzte Einnahmen von 122 Mio. DM.

Kenzo und Louis Vuitton; der Konzern hatte 1999 einen Gesamtumsatz von 16,2 Mrd. DM.

REICHSTE ROCKBAND

Die Rolling Stones (GB) sind die reichste Band der Welt: Alle Mitglieder gemeinsam verfügen über ein Vermögen von 1,284 Mrd. DM. Sänger Mick Jagger besaß im Jahr 2000 laut *The Sunday Times* schätzungsweise 454 Mio. DM, Gitarrist Keith Richards 393 Mio. DM, Schlagzeuger Charlie Watts 196 Mio. DM und der ehemalige Bassist Bill Wyman 76 Mio. DM.

REICHSTER MUSIK-PRODUZENT

Master P., der CEO von No Limit Records in New Orleans, Louisiana (USA), hat ein geschätztes Nettovermögen von 114,7 Mio. DM. Master P., der den bürgerlichen Namen Percy Miller trägt, hielt sich aus der teils blutig ausgekämpften Fehde zwischen Rap-Labeln der Ost- und Westküste heraus und gilt derzeit als der erfolgreichste Rap-Star der Welt.

JÜNGSTER MILLIARDÄR

Jerry Yang (USA), Mitgründer der Internet-Suchmaschine Yahoo!Inc., wurde 1998 mit 29 Jahren Dollar-Milliardär. Heute hat er sein Vermögen auf schätzungsweise 8,1 Mrd. DM vervierfacht.

REICHSTER UNTERNEHMER IN EUROPA

Theo und Karl Albrecht (D) und ihre Familie besitzen gemeinsam 40,6 Mrd. DM. Sie sind die Eigentümer der Discountmarkt-Kette Aldi, die 1999 auf einen Umsatz von 52,8 Mrd. DM kam, und besitzen außerdem die Kette Trader Joe und einen Aktienanteil von 7 % an der Supermarktkette Albertson's.

REICHSTE UNTERNEHMER IN ASIEN

Das Vermögen von Prinz Alwaleed ibn Talal ibn Saud (KSA) wurde im Mai 2000 auf 40,6 Mrd. DM geschätzt. Das größte Aktienpaket des Prinzen sind seine Anteile an der Citigroup.

REICHSTER UNTERNEHMER IN SÜDAMERIKA

Carlos Slim Helú, der Chef des mexikanischen Konzerns Grupo Carso, ist der reichste Mann Südamerikas: Sein Familienvermögen beläuft sich auf 16 Mrd. DM. Der Konzern arbeitet in den unterschiedlichsten Branchen, darunter Technologie, Telekommunikation, Finanzservice und Einzelhandel.

→ BESTBEZAHLTER BOXER

Oscar de la Hoya (USA) ist der am besten bezahlte Boxer der Welt. Der *Forbes*-Rangliste 2000 zufolge nahm er 1999 etwa 88,3 Mio. DM ein.

Big Business 1

GRÖSSTE KURSSCHWANKUNG EINER AKTIE AN EINEM TAG
Am 27. März 2000 stand der Kurs einer einzelnen Aktie von Yahoo! Japan bei 2,25 Mio. DM. Am Ende des Börsentages vom 28. März 2000 war dieser Kurs auf 1,05 Mio. DM gefallen – ein Wertverlust von 1,2 Mio. DM oder 54 %. Ein Anteil von 51,2 % an Yahoo! Japan ist im Besitz des japanischen Unternehmens Softbank; das US-amerikanische Unternehmen Yahoo! ist mit 34,2 % beteiligt.

GRÖSSTE AKTIENEMISSION
Der Börsengang von ENEL, dem italienischen staatseigenen Elektrizitätswerk, war weltweit die größte Neuemission, nachdem die italienische Regierung am 31. Oktober 1999 Aktien im Wert von 39,1 Mrd. DM verkauft hatte.

GRÖSSTE HAUPTVERSAMMLUNG
20.109 Aktionäre nahmen im April 1961 an der Hauptversammlung der American Telephone and Telegraph Company (heute AT&T Corp) teil.

BESTBEZAHLTER VORSTANDSCHEF
Charles B. Wang, Gründer und Vorstandsvorsitzender von Computer Associates International, verdiente im Steuerjahr 1999/2000 1,31 Mrd. DM – dazu zählen Gehalt, Prämien und Wertanstieg seiner Geschäftsanteile. Sein Gesamteinkommen von 1996 bis 2000 betrug 1.44 Mrd. DM.

HÖCHSTES HONORAR FÜR ANLAGEBERATUNG
Harry D. Schultz, ein Anlageberater in Monte Carlo (MC), berechnet für eine 60-minütige Standardberatung die Rekordsumme von 4.900 DM wochentags und 6.900 DM am Wochenende. Sein *International Harry Schultz Letter*, der seit 1964 erscheint und in 90 Ländern vertrieben wird, hat einen Stückpreis von 100 DM; ein lebenslanges Abonnement kostet 4.900 DM. Schultz hat insgesamt 22 Bücher geschrieben, die meisten davon sind Ratgeber zur Geldanlage.

GRÖSSTE ABFINDUNG
Die größte Abfindung, die je in der Wirtschaftsgeschichte gezahlt wurde, belief sich auf 109,2 Mio. DM. F. Ross Johnson erhielt sie im Februar 1989 bei seinem Ausscheiden aus dem Vorstand des Lebensmittelkonzerns RJR Nabisco.

REICHSTER ANLEGER
Warren Buffett, der Leiter von Berkshire Hathaway, ist der reichste Kapitalanleger der Welt; er verfügt über ein Anlagevermögen von 56,84 Mrd. DM.

MEISTE ANLEGER
Die meisten Anleger bei einer Emission von Einzelpapieren waren die 5,9 Mio. Käufer von Anteilen am Aktienfonds Mastergain '92, die die Unit Trust of India im April und Mai 1992 ausgab.

ÄLTESTER FAMILIENBETRIEB
Die Wurzeln von Hoshi Ryokan (J) reichen zurück bis ins Jahr 717 v. Chr.; seit 46 Generationen ist das Unternehmen in der Hand derselben Familie.

ÄLTESTE BÖRSE
Die Börse in Amsterdam (NL) wurde 1602 in der Oude Zijds Kapel gegründet; dort wurden ursprünglich Anteilspapiere an der Vereinigten Niederländischen Ostindien-Kompanie gehandelt.

GRÖSSTE PLATTENFIRMA
Die Warner EMI Music, das 40,6 Mrd. DM-Joint Venture, das Time Warner und EMI am 30. Januar 2000 schlossen, ist die größte Plattenfirma der Welt. Zu den Künstlern, die mit diesem Label unter Vertrag stehen, gehören Madonna (oben), Quincy Jones, Garth Brooks und die Rolling Stones.

GRÖSSTE MARKTKAPITALISIERUNG
Im Mai 2000 waren an der New Yorker Börse über 3.025 Unternehmen gelistet, deren weltweit ausgegebene Aktien einen gesamten Börsenwert von über 32,5 Billionen DM hatten. Die 2.089 Mrd. Aktien, die in New York gehandelt werden, waren insgesamt 25 Billionen Markt wert.

GRÖSSTES HANDELSVOLUMEN AN EINEM TAG
Am 7. Januar 2000 wurden an der New Yorker Börse 136.846.600 Aktien der Lucent Technology gehandelt – der Tagesrekord für ein Einzelpapier.

GRÖSSTE HANDELSVERLUSTE
Sumitomo Corp., Japans viertgrößtes Handelsunternehmen, gab 1996 Verluste von 5,3 Mrd. DM im Kupferhandel bekannt, die aus unautorisierten Geschäften von Yasuo Hamanaka, eines seiner Top-Händler, resultierten. Die Geschäfte waren zehn Jahre lang an der Londoner Metallbörse abgeschlossen worden.

HÖCHSTES HONORAR FÜR EINE VORLESUNG
Dr. Ronald Dante erhielt ein Honorar von 9,3 Mio. DM für seine Vorlesungen zur Schlaftherapie, die er am 1. und 2. Juni auf einem zweitägigen Seminar in Chicago, Illinois (USA), vor Studenten hielt.

→ SCHLECHTEST BEZAHLTER VORSTANDSCHEF
Steve Jobs, CEO und Mitbegründer von Apple Computer Inc. bezieht ein Jahresgehalt von 1 $ (2,03 DM). Im Januar 2000 bekam er allerdings einen Luxus-Jet vom Typ Gulfstream und 10 Mio. Aktien-Bezugsrechte, als er sich bereit erklärte, als ständiger CEO bei Apple zu bleiben.

Big Business 2

GRÖSSTE FIRMEN
Das größte Unternehmen der Welt ist die General Electric Co. (USA), die im Mai 2000 einen Börsenwert von 1.080 Mrd. DM hatte und für 1999 einen Gewinn von 21,7 Mrd. DM auswies.

General Motors (USA) hatte 1999 einen Gesamtumsatz von 383 Mrd. DM.

GRÖSSTE BANK
Die größte Bank der Welt ist die Citigroup (USA) mit einem Börsenwert von 420,4 Mrd. DM im Mai 2000.

GRÖSSTE TELEKOMMUNIKATIONS-GESELLSCHAFT
Die Nippon Telegraph and Telephone Corporation (NTT) aus Japan hatte im Mai 2000 einen Börsenwert von 420 Mrd. DM und einen Umsatz von 154 Mrd. DM in 1998.

GRÖSSTE ANWALTSKANZLEI
Die Clifford Chance LLP (USA) beschäftigt in 29 Kanzleien auf der ganzen Welt insgesamt 3.100 Rechtsberater (davon 630 Firmenteilhaber). Das Unternehmen ging im Januar 2000 aus einer Fusion von Clifford Chance, Rogers & Wells LLP und Pünder, Volhard, Weber & Axster hervor. Die drei Kanzleien hatten 1998 addierte Einnahmen von 2 Mrd. DM.

GRÖSSTE VERSICHERUNGS-GESELLSCHAFT
Die französische Versicherung AXA hatte 1998 einen Umsatz von 159,8 Mrd. DM und im Mai 2000 einen Börsenwert von 100 Mrd. DM.

GRÖSSTER ÖLKONZERN
Mit einem Börsenwert von 570 Mrd. DM im April 2000 ist die Exxon Mobil (USA) der größte Öl- und Energiekonzern der Welt.

GRÖSSTE WERBEAGENTUR
Die WPP Group plc mit Sitz in London (GB) wurde im Mai 2000 die größte Werbeagentur der Welt, nachdem sie für 9,5 Mrd. DM die amerikanische Young & Rubicam übernommen hatte. 1999 wiesen beide Unternehmen gemeinsam einen Umsatz von 10,6 Mrd. DM aus, und der Gewinn vor Zinsen und Steuern betrug 1,43 Mrd. DM.

GRÖSSTES PR-UNTERNEHMEN
Das weltweit größte Public Relations-Unternehmen ist Burson-Marsteller, das vor über 40 Jahren von Harold Burson und Bill Marsteller in New York City (USA) gegründet wurde. Das Unternehmen hatte 1995 weltweit einen Umsatz von über 558 Mio. DM.

GRÖSSTER PHARMAKONZERN
Die Merck and Co Inc., ein Pharmaunternehmen mit eigenem Forschungsbetrieb und mit Sitz in Whitehouse Station, New Jersey (USA), entwickelt, produziert und vermarktet eine große Palette von Produkten für die Human- und Tiermedizin. Am 30. März 2000 betrug sein Börsenwert 374,3 Mrd. DM, sein Umsatz im Jahr 1999 belief sich auf 66,4 Mrd. DM.

⊙ MEISTE ANGESTELLTE
Das Wirtschafts- oder Versorgungsunternehmen mit den meisten Angestellten der Welt ist die indische Eisenbahngesellschaft. 1997 hatte sie 1.583.614 Angestellte zu versorgen.

⊙ GRÖSSTES MOBILFUNKUNTERNEHMEN
Das weltweit größte Mobilfunkunternehmen ist Vodafone AirTouch. Das Unternehmen ging am 5. Februar 2000 aus einer 312,3 Mrd. DM-Fusion des britischen Mobilfunkriesen Vodafone AirTouch mit seinem Konkurrenten Mannesmann (D) hervor.

↓ MEISTE AUFTRITTE EINES FIRMENGRÜNDERS IN WERBESPOTS
Dave Thomas (USA), der Gründer der Fastfoodkette Wendy's, trat für sein Unternehmen seit April 1989 in 652 TV-Werbespots auf, von denen der kürzeste fünf und der längste 60 Sekunden dauerte. Die „Gründer"-Kampagne hat 36 bedeutende Auszeichnungen der Werbebranche erhalten.

GRÖSSTER TABAKKONZERN
Der größte Tabakkonzern der Welt ist Philip Morris (USA) mit einem Börsenwert von 103,3 Mrd. DM im April 2000.

GRÖSSTES KOSMETIKUNTERNEHMEN
Procter & Gamble mit Sitz in Cincinnati, Ohio (USA), ist das größte Kosmetikunternehmen der Welt. Im Mai 2000 belief sich sein Börsenwert auf 161 Mrd. DM. 1999 machte es einen Umsatz von 77,3 Mrd. DM.

GRÖSSTER MEDIENKONZERN
Der größte Verlags- und Druckkonzern der Welt ist die Bertelsmann AG (D). Von Juli 1998 bis Juni 1999 machte sie einen Umsatz von 29,6 Mrd. DM.

GRÖSSTER CHIPSHERSTELLER
Frito-Lay (USA), das zur PepsiCo-Gruppe gehört, ist weltweit der größte Produzent von Cocktailgebäck und vertreibt Chipsmarken wie Doritos, Cheetos und Ruffles. Ende 1999 hatte das Unternehmen einen Marktanteil von weltweit 30 % für Cocktailgebäck und trug mit bis zu zwei Dritteln zum Umsatz von PepsiCo bei.

GRÖSSTER SHOW-VERANSTALTER
SFX Entertainment ist der größte Produzent und Veranstalter von Konzerten und Musicals, aber auch Motorsportereignissen. Es bietet auch Sportmarketing und -management und vertritt junge Talente. Das Unternehmen besitzt, mietet und managt etwa 125 Veranstaltungsorte in den USA.

Spenden & Geschenke

REICHSTE WOHLTÄTIGE STIFTUNG
Die Bill And Melinda Gates Foundation ist die größte und reichste wohltätige Stiftung der Welt. Ihr Stiftungskapital beläuft sich auf über 44 Mrd. DM. Die Organisation besteht aus zwei verschiedenen Wohlfahrtseinrichtungen, der Gates Learning Foundation und der William H. Gates Foundation. Sie stiftet Gelder für umfassende Gesundheitsprogramme, Bildungsinitiativen, Bibliotheken und lokale Zwecke in der Region Seattle im Staat Washington (USA). Am 16. September 1999 stellte die Stiftung ihren bisher größten Betrag in Höhe von mehr als 2 Mrd. DM zur Verfügung, mit dem im Verlauf der nächsten 20 Jahre Stipendien für Studenten aus ethnischen Minderheiten finanziert werden sollen.

GRÖSSTE WOHLTÄTIGE PRIVATSPENDE
Bill Gates und seine Frau Melinda Gates spendeten im August 1999 der Bill And Melinda Gates Foundation die Rekordsumme von umgerechnet 12 Mrd. DM.

GRÖSSTES EINZELVERMÄCHTNIS
Am 12. März 1991 erklärte der amerikanische Verleger Walter Annenberg, dass er beabsichtige, seine Kunstsammlung dem Metropolitan Museum of Art in New York City (USA) zu hinterlassen. Der Wert der Sammlung wird auf über 2 Mrd. DM geschätzt – das bislang größte Einzelvermächtnis einer Privatperson.

GRÖSSTE BENEFIZEINNAHME BEI SPORTVERANSTALTUNG
Beim London Marathon (GB), der seit 1981 ausgetragen wird, kommt mehr Geld für wohltätige Zwecke zusammen als bei jeder anderen Sportveranstaltung in der Welt. Schätzungsweise 60 Mio. DM wurden beim jüngsten Marathonlauf eingenommen, der am 16. April 2000 stattfand.

Der größte Spendenbetrag, den je eine einzelne Person durch einen Benefizmarsch oder -lauf einnahm, belief sich auf 33,7 Mio. DM und wurde von Terry Fox aus Kanada erzielt. Fox, der krebskrank war und eine Beinprothese trug, lief vom 12. April bis zum 2. September 1980 in Ostkanada insgesamt 5.373 km.

GRÖSSTE BENEFIZEINNAHME DURCH MARATHONLÄUFER
Der Brite John Spurling, ein pensionierter Manager aus der

⊙ ERFOLGREICHSTER SPENDENSAMMLERVEREIN
Von 1991 bis 1998 nahm die amerikanische Abteilung der Heilsarmee mehr Spenden ein als jede andere mildtätige Organisation. Für 1998 belief sich die Summe auf 2,4 Mrd. DM. Die Heilsarmee war 1878 von William Booth in London (GB) gegründet worden.

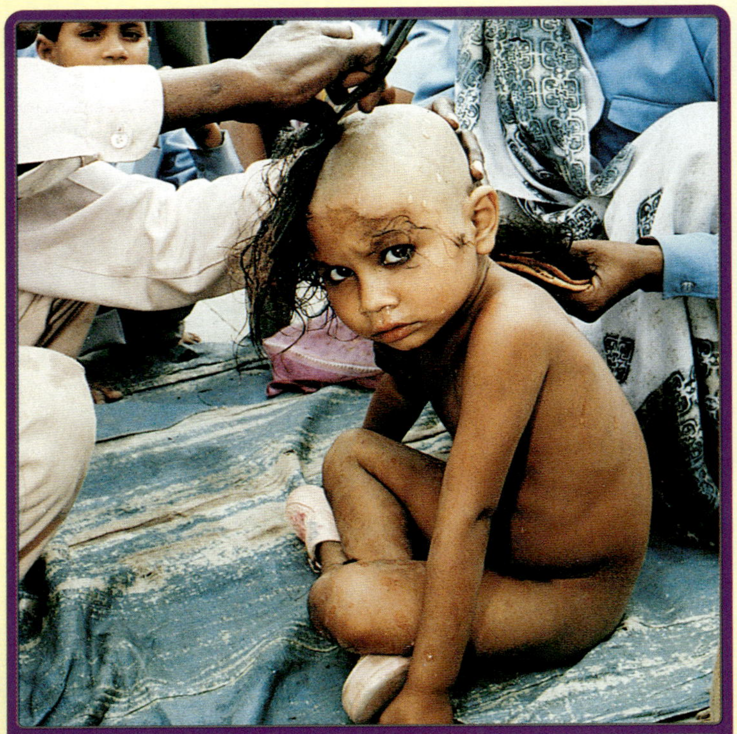

⊙ GRÖSSTE HAARSPENDE
Durchschnittlich 30.000 Personen täglich pilgern zum Tirupathi-Tempel in Andhra Pradesh in Indien, wo sie ihr Haar als Opfergabe darbringen. Der Tempel beschäftigt 600 Friseure, die rund um die Uhr die Köpfe der Pilger rasieren. Bei der Versteigerung der Haare werden jährlich mehr als 4,4 Mio. DM eingenommen.

⊙ GRÖSSTES HOCHZEITSBANKETT

Jayalalitha Jayaram (Mitte), Filmstar und ehemalige Ministerpräsidentin von Tamil Nadu in Indien, war Gastgeberin eines von ihr ausgerichteten Essens für über 150.000 Gäste. Das Bankett fand anlässlich der Hochzeit ihres Pflegesohns VN Sudhakaran (rechts) mit N Sathyalakshmi (links) am 7. September 1995 statt. Es wurde am Meeresufer in Chennai, der Hauptstadt der Region, durchgeführt.

Werbebranche, sammelte am 18. April 1999 beim London Marathon 3,4 Mio. DM an Spenden für mildtätige Zwecke.

ERFOLGREICHSTER GESPONSERTER SCHWIMMWETTKAMPF

Der größte Spendenbetrag, der jemals bei einem Benefiz-Schwimmwettkampf eingenommen wurde, beläuft sich auf 371.400 DM und wurde beim „Splash '92" erzielt, der vom Schwimmclub der Royal Bank of Scotland veranstaltet wird. Der Wettkampf fand im Royal Commonwealth Pool in Edinburgh (GB) statt; 3.218 Schwimmer nahmen daran teil.

Der Spendenrekord für einen Schwimmwettkampf, der in verschiedenen Schwimmbecken ausgetragen wurde, liegt bei 165.500 DM und wurde beim „Penguin Swimathon '88" erzielt. Die Veranstaltung wurde vom 26. bis 28. Februar 1988 in 43 Schwimmbecken in ganz London (GB) durchgeführt. 5.482 Schwimmer beteiligten sich.

GRÖSSTE GLEICHZEITIGE BLUTSPENDE

Eine Rekordbeteiligung von 3.539 Blutspendern erreichte die eintägige Blutspendeaktion, die vom Amerikanischen Roten Kreuz und der Universität Missouri gemeinsam organisiert wurde. Die Aktion fand am 7. April 1999 im Hernesh Center Field House in Columbia (USA) statt. Dabei wurden insgesamt 3.155 Blutspenden abgenommen – etwas mehr als 1.492 Liter.

GRÖSSTE SPENDENEINNAHME DURCH TELETHON

Das Jerry Lewis MDA (Muscular Dystrophy Association) Telethon wurde vom 5. bis 6. September 1998 über 200 amerikanische Fernsehsender ausgestrahlt und auch live im Internet gezeigt. Dabei kamen 107,8 Mio. DM an Spenden und Spendenzusagen zusammen. Die Gesamtsumme der Spenden, die seit der ersten Ausstrahlung des Telethons im Jahr 1966 eingenommen wurden, beläuft sich auf über 1,9 Mrd. DM.

GRÖSSTE ZAHL VERSTEIGERTER OSCAR-KLEIDER BEI EINER BENEFIZ-AUKTION

Am 18. März 1999 wurde die Rekordzahl von 56 Kleidern und Abendkleidern versteigert, die von Stars wie Elizabeth Taylor, Sharon Stone und Uma Thurman bei der Verleihung der Academy Awards („Oscar") getragen worden waren. Die Auktion trug den Titel „Unvergesslich: Die Mode der Oscars" und fand bei Christie's, New York City (USA), statt. Dabei kamen insgesamt fast 1,6 Mio. DM zugunsten der American Foundation For AIDS Research (AmFAR) zusammen.

← GRÖSSTES GESCHENK

Die Freiheitsstatue war ein Geschenk des französischen Volkes an die Vereinigten Staaten. Die Statue wurde von Auguste Bartholdi geschaffen, von Gustave Eiffel konstruiert und 1886 fertig gestellt. Sie hat eine Höhe von 46,5 m und wiegt 252 t.

Sammlerstücke 1

WERTVOLLSTES SCHMUCKSTÜCK
Am 14. November 1980 wurden bei Sotheby's in Genf (CH) für zwei birnenförmige Diamant-Ohrringe von 58,6 bzw. 61 Karat 14,6 Mio. DM bezahlt. Käufer und Verkäufer blieben anonym.

WERTVOLLSTER DIAMANT
Ein 100,1-karätiger lupenreiner Diamant in Birnenform wurde am 17. Mai 1995 bei Sotheby's in Genf (CH) für 33,6 Mio. DM von Scheich Ahmed Fitaihi für seine Juwelier-Ladenkette in Saudi-Arabien erworben.

TEUERSTE SCHMUCKKASSETTE
Am 19. Oktober 1993 wurde ein juwelenbesetzter Kosmetikkoffer von Cartier, der mit einem Fragment altägyptischen Stahls beschlagen ist, bei Christie's in New York City (USA) für 386.700 DM verkauft.

WERTVOLLSTE MÜNZE
Ein Silberdollar von 1804, von denen weltweit nur 15 Exemplare existieren, erzielte bei einer Auktion in New York City (USA) am 8. April 1997 einen Rekordpreis von 3,685 Mio. DM. Die Münze stammte aus der Sammlung des Bankiers Louis Eliasberg aus Baltimore, Maryland (USA), dem weltweit einzigen Besitzer einer kompletten Serie aller US-amerikanischen Münzen.

BEDEUTENDSTER VERSCHWUNDENER KUNSTSCHATZ
Das Bernsteinzimmer, ein Geschenk des preußischen Königs Friedrich Wilhelm I. an Katharina die Große von Russland, stand im Katharinenpalast bei St. Petersburg (RUS). Es bestand aus einer aufwändig gestalteten Bernsteintäfelung sowie reich verzierten Sesseln, Tischen und Bernsteindekorationen. 1941 bauten deutsche Besatzungstruppen das Zimmer ab und brachten es nach Deutschland, wo es im Königsberger Schloss in Ostpreußen (heute Kaliningrad, RUS) aufgestellt wurde. Das Bernsteinzimmer wurde später ausgelagert, ein Großteil ist verschollen. Einige Fragmente wurden den Russen am 29. April 2000 zurückerstattet.

WERTVOLLSTE UHR
Am 8. Juli 1999 wurden für eine Uhr im Louis Seize-Stil aus der Sammlung der Barone Nathaniel und Albert von Rothschild bei Christie's in London (GB) 5,81 Mio. DM bezahlt.

WERTVOLLSTER FÜLLER
Im Februar 1988 zahlte ein japanischer Sammler 442.554 DM für den Füllfederhalter „Anémone" der französischen Marke Réden. Er ist mit 600 Edelsteinen besetzt, darunter Smaragde, Amethysten, Rubine, Saphire und Onyxe. Kunsthandwerker arbeiteten über ein Jahr an seiner Fertigstellung.

⊙ WERTVOLLSTE SCHREIBMASCHINE
Ian Flemings vergoldete Schreibmaschine, die er 1952 bei der Royal Typewriter Company in New York City (USA) in Auftrag gab, wurde im Mai 1995 bei Christie's in London (GB) für 169.900 DM verkauft.

TEUERSTER ZAHN
Ein Zahn von Sir Isaac Newton wurde 1816 in London (GB) für 2.200 DM verkauft. Der Käufer ließ ihn in einen Ring fassen.

WERTVOLLSTES MÖBELSTÜCK
Am 5. Juli 1990 erzielte eine italienische Badminton-Vitrine aus dem 18. Jahrhundert aus dem Besitz des Duc de Beaufort bei Christie's in London (GB) einen Preis von 25,51 Mio. DM – Rekord für ein einzelnes Möbelstück.

WERTVOLLSTE STÜHLE
Zwei Stühle im Design von Robert Adam und aus der Werkstatt von Thomas Chippendale gingen bei Christie's in London (GB) am 3. Juli 1997 für 5,15 Mio. DM an einen unbekannten Käufer.

WERTVOLLSTER TEPPICH
Ein reich dekorierter Perserteppich aus dem 16. Jahrhundert, Teil der Rothschild-Sammlung, wurde am 8. Juli 1999 für 4,82 Mio. DM bei Christie's in London (GB) verkauft.

TEUERSTER SCHÄDEL
Für 16.600 DM kaufte am 6. März 1978 in London (GB) die Königliche Schwedische Akademie der Wissenschaften den Schädel des schwedischen Philosophen und Theologen Emanuel Swedenborg.

TEUERSTE HAARLOCKE
Am 18. Februar 1988 brachte eine Locke des britischen Seehelden Lord Nelson bei einer Auktion in Crewkerne, Somerset (GB), eine Rekord-

⊙ TEUERSTES DINKY-MODELLAUTO
Ein sehr seltener grüner Dinky-Bentalls Store-Lieferwagen mit gelben Seitenteilen und weißem Dach von 1937 wurde bei Christie's in London (GB) am 14. Oktober 1994 für 38.200 DM verkauft.

summe von 16.837 DM ein. Der neue Besitzer ist ein Buchhändler aus Cirencester, Glos (GB).

WERTVOLLSTE BRIEFMARKENSAMMLUNG
Auf einer Auktion in Genf (CH) kaufte am 3. November 1993 der japanische Ingenieur und Industrielle Hiroyuki Kanai eine 183-seitige Sammlung von klassischen Mauritius für 20,57 Mio. DM.

WERTVOLLSTE BRIEFMARKE
Eine schwedische „Treskilling" wurde im November 1996 in Genf (CH) für 4,2 Mio. DM verkauft.

TEUERSTE ARMBANDUHR
Eine 18-karätige goldene Herrenarmbanduhr der Marke Patek Philippe von 1922 wurde am 14. November 1999 im Antiquorum Auktionshaus in Genf (CH) für 3,89 Mio. DM an einen Sammler aus dem Nahen Osten verkauft.

WERTVOLLSTER BRIEFBESCHWERER
Am 26. Juni 1990 wurden bei Sotheby's in New York City (USA) 524.750 DM für einen Briefbeschwerer aus Clichy-Glas bezahlt: einen Korb ohne Henkel in Millefiori-Technik von ca. 1845.

WERTVOLLSTER FINGERHUT
Am 13. Dezember 1992 wurde bei Phillips in Sollihull, West Midlands (GB), ein goldener, juwelenbesetzter Fingerhut aus dem späten 16. Jahrhundert für 60.600 DM verkauft. Er soll Königin Elizabeth I. gehört haben.

WERTVOLLSTES CELLO
Am 22. Juni 1988 wurde bei Sotheby's in London (GB) ein Stradivari-Cello für 2,06 Mio. DM verkauft. Das Cello wurde um 1698 in Cremona (I) hergestellt.

WERTVOLLSTES KLAVIER
Der höchste Preis, der je für ein Klavier bezahlt wurde, betrug 2,16 Mio. DM, und zwar für einen Steinway-Flügel, der unter der Leitung von Sir Lawrence Alma-Tadema gebaut wurde. Verkauft wurde er am 7. November 1997 bei Christie's in London (GB).

TEUERSTE GITARRE
Eine „Brownie" Fender Stratocaster von Eric Clapton erzielte am 24. Juni 1999 bei Christie's in New York (USA) einen Preis von 1,01 Mio. DM.

→ WERTVOLLSTES KLEIDUNGSSTÜCK EINES POPSTARS
Ein Ensemble, das Spice Girl Geri Halliwell 1997 bei der Brit Awards-Show trug, wurde bei Sotheby's in London (GB) am 16. September 1998 für 124.790 DM verkauft. Neuer Besitzer ist Peter Morton, Inhaber des Hard Rock Hotels in Las Vegas, Nevada (USA).

Sammlerstücke 2

⊙ WERTVOLLSTES FILMPLAKAT
Ein Plakat für den Universal-Film *Die Mumie* (USA, 1932) mit Boris Karloff in der Hauptrolle wurde am 7. März 1997 bei Sotheby's in New York City (USA) für 920.605 DM versteigert.

WERTVOLLSTES GEMÄLDE
Das Porträt Dr. Gachet von Vincent van Gogh wurde am 15. Mai 1990 bei Christie's in New York City (USA) zum Preis von 167,5 Mio. DM verkauft.

WERTVOLLSTER DRUCK
Diehard des US-amerikanischen Künstlers Robert Rauschenberg wurde am 2. Mai 1989 bei Sotheby's in New York City (USA) für 3,2 Mio. DM verkauft.

WERTVOLLSTE SKULPTUR
Die drei Grazien von Antonio Canova wurde 1994 gemeinsam vom Victoria & Albert Museum in London und der schottischen Nationalgalerie in Edinburgh (beide GB) für 22,65 Mio. DM erworben.

Der höchste bei der Versteigerung einer Skulptur erzielte Preis beläuft sich auf 22,83 Mio. DM. Diese Summe wurde am 11. November 1999 für Edgar Degas' *Petite Danseuse De Quatorze Ans* bei Sotheby's in New York City (USA) bezahlt.

WERTVOLLSTE FEDER- UND TUSCHEZEICHNUNG
Oliviers Avec Les Alpilles Au Fond von Vincent van Gogh wurde am 7. Dezember 1999 bei Sotheby's in London (GB) für 15,95 Mio. DM verkauft.

WERTVOLLSTES PLAKAT
Ein von Charles Rennie Mackintosh entworfenes Plakat, auf dem 1895 für eine Kunstausstellung im Glasgow Institute of Fine Arts, Glasgow (GB), geworben wurde, wurde im Februar 1993 bei Christie's in London (GB) für 205.964 DM versteigert.

WERTVOLLSTE FILMREQUISITE
Der *Malteser Falke*, eine wichtige Filmrequisite in dem gleichnamigen Film von 1941 mit Humphrey Bogart, wurde 1994 bei Christie's in New York City (USA) für 808.955 DM verkauft. Im Januar 1995 wurde sie zu einem geheimgehaltenen Preis an einen anonymen Käufer weiterverkauft.

WERTVOLLSTER OSCAR
David O. Selznicks Oscar für *Vom Winde verweht* (USA, 1939) wurde am 12. Juni 1999 von Michael Jackson für 3,1 Mio. DM bei Sotheby's in New York City (USA) ersteigert.

WERTVOLLSTES TELEGRAMM
Das am 12. April 1961 vom damaligen KP-Generalsekretär Nikita Chruschtschow (UdSSR) an Juri Gagarin gesandte Telegramm, in dem er ihn als ersten Menschen im Weltall beglückwünschte, wurde am 11. Dezember 1993 bei Sotheby's in New York City (USA) für 139.055 DM von Alberto Bolaffi aus Turin (I) ersteigert.

WERTVOLLSTES BUCH
Eine vierbändige Original-Vorzugsausgabe von J. J. Audobons *The Birds of America* wurde am 10. März 2000 bei Christie's in New York City (USA) für 17,8 Mio. DM versteigert.

⊙ WERTVOLLSTES FILMKOSTÜM
Das von Judy Garland für ihre Rolle als Dorothy in dem Film *Das zauberhafte Land* (USA, 1939) getragene blau-weiße Ginghamkleid und die roten Pantoffeln erzielten auf Auktionen Rekordpreise. Das Kleid wurde am 9. Dezember 1999 bei Christie's in London (GB) für 602.490 DM verkauft; die Pantoffeln erbrachten am 24. Mai 2000 bei Christie's in New York City (USA) 1,3 Mio. DM.

⊙ WERTVOLLSTE FOTOGRAFIE

***Grande Vague – Sète*, um 1855 aufgenommen von dem französischen Fotografen Gustave Le Gray, wurde am 27. Oktober 1999 bei Sotheby's in London (GB) für 1,53 Mio. DM an einen anonymen Bieter versteigert.**

WERTVOLLSTE BRIEFE

Ein von Abraham Lincoln am 8. Januar 1863 geschriebener und unterzeichneter Brief, in dem er zur Kritik an der Sklavenbefreiung Stellung nimmt, wurde am 5. Dezember 1991 bei Christie's in New York City (USA) für 1,51 Mio. DM versteigert.

Ein von Ronald Reagan verfasster Brief, in dem er von Frank Sinatra schwärmt, wurde am 22. Januar 1981 in den Hamilton Galleries in Kalifornien (USA) für 25.375 DM verkauft – Rekord für einen von einer noch lebenden Person unterzeichneten Brief.

WERTVOLLSTER ATLAS

Eine Ausgabe von Ptolemäus' *Cosmographia* aus dem Jahr 1492 wurde am 31. Januar 1990 bei Sotheby's in New York City (USA) für 3,9 Mio. DM verkauft.

WERTVOLLSTER COMIC

Eine Erstausgabe der *Action Comics* vom Juni 1938, in der erstmals Superman auftaucht, wurde 1997 für 203.000 DM verkauft.

WERTVOLLSTE AUSGEMALTE HANDSCHRIFT

Ein Gebetbuch aus dem 16. Jahrhundert, Teil der Sammlung von Nathaniel und Albert von Rothschild, wurde am 8. Juli 1999 bei Christie's in London (GB) für 25,91 Mio. DM verkauft.

WERTVOLLSTER SONGTEXT

Im Februar 1998 wurde der von Texter Bernie Taupin und Komponist Elton John signierte Text von *Candle in the Wind* (1997) in Los Angeles, Kalifornien (USA), für 898.275 DM verkauft. Das Lied wurde auf der Beerdigung von Prinzessin Diana im September 1997 gespielt.

↓ WERTVOLLSTER TEDDYBÄR

Ein Steiff-Bär namens „Teddy Girl" wurde am 5. Dezember 1994 bei Christie's in London (GB) für 332.200 DM – mehr als den 18-fachen Richtpreis – von dem japanischen Geschäftsmann Yoshihiro Sekiguchi ersteigert.

Sammlerstücke 3

⊙ TEUERSTE JEANS
Im März 1997 zahlte Levi Strauss & Co einem Händler für historische Jeans in New York City (USA) die Rekordsumme von 50.750 DM für ein Paar Levis 501, das zwischen 1890 und 1901 hergestellt worden sein soll.

⊙ WERTVOLLSTER PEZ-BONBONSPENDER
Drei PEZ-Spender mit der Prägung PEZ-HAAS – einer mit einem Gummi-Mickymaus-Kopf, ein einteiliger goldglänzender Elefant und ein kopfloser Spender – wurden im Mai 1998 vom Schriftsteller und PEZ-Händler David Welch für je 12.000 DM verkauft.

WERTVOLLSTES FUSSBALL-PROGRAMMHEFT
Ein Programm für das Wiederholungsspiel zwischen Manchester United und den Queens Park Rangers für den FA Charity Shield 1908 wurde am 10. April 2000 im Stadion Old Trafford in Manchester (GB) für 24.311 DM verkauft. Erworben hat es das Manchester United Museum.

WERTVOLLSTES KRICKET-ERINNERUNGSSTÜCK
Einen Preis von 22.575 DM erzielte im Juni 1999 bei Phillips in London (GB) ein Exemplar der ersten Ausgabe des Kricket-Almanach aus dem Jahr 1864.

TEUERSTER BASEBALL
Mit 6,2 Mio. DM zahlte Todd McFarlane am 12. Januar 1999 bei Guernsey's in New York City (USA) den höchsten Preis für einen Baseball. Den Ball hatte im September 1998 Mark McGwire von den St. Louis Cardinals abgeschlagen und damit einen Major League-Rekord von 70 Homeruns in einer Saison aufgestellt.

WERTVOLLSTER BASEBALLHANDSCHUH
Bei Sotheby's in New York City (USA) wurde am 29. September 1999 für 790.658 DM der Baseballhandschuh verkauft, den Lou Gehrig bei seinem letzten Spiel am 30. April 1939 getragen hatte.

TEUERSTER TENNISSCHLÄGER
Der Rasenschläger von Slazenger, mit dem Fred Perry in Wimbledon gespielt hatte, wurde im Juni 1997 bei Christie's in London (GB) für 69.500 DM verkauft.

WERTVOLLSTES FAHRRAD
Ein besonders sicheres Fahrrad mit Rhombus-Rahmen aus dem Jahr 1891 wurde im August 1999 bei Phillips in London (GB) für 317.100 DM verkauft und übertraf damit den bestehenden Rekord um über 200 %.

WERTVOLLSTE KOPFBEDECKUNG
Im November 1981 wurde in New York City (USA) ein etwa 400 Jahre alter Froschhelm, der beim Indianerstamm Tlingit Kiksadi getragen wurde, für 134.000 DM an das Alaska State Museum, Juneau (USA), verkauft.

WERTVOLLSTES KLEID
Das fleischfarbene, perlenbesetzte Kleid von Jean Louis, das Marilyn Monroe im Mai 1962 bei ihrem Geburtstagsständchen für John F. Kennedy getragen hatte, wurde am 27. Oktober 1999 bei Christie's in New York City (USA) für 2,33 Mio. DM an Robert Schagrin und Peter Siegel von den Gotta Have It!-Collectibles, New York City (USA), verkauft.

WERTVOLLSTES POP-ERINNERUNGSSTÜCK
John Lennons Rolls-Royce, ein 1965er Phantom V, wurde bei Sotheby's in New York City (USA) am 29. Juni 1985 für 4,5 Mio. DM verkauft.

WERTVOLLSTES ZIPPO-FEUERZEUG
Ein original Zippo-Feuerzeug aus dem Jahr 1933 wurde am 12. Juli 1998 von Ira Pilossof für 20.300 DM verkauft. Es handelte sich um ein frühes 1933er-Modell ohne Schlitze an den beiden Ecken – alle späteren Exemplare weisen diese Schlitze auf. Es ist das erste Zippo-Feuerzeug,

⊙ WERTVOLLSTES FUSSBALLTRIKOT
Das Ersatztrikot von Bobby Moore (zweiter von links) mit der Nummer 6 beim WM-Finale 1966 zwischen England und Deutschland wurde am 21. September 1999 in der Wolverhampton Wanderers' Molineux-Sportanlage in den West Midlands (GB) für 133.000 DM verkauft. Das Trikot war Teil der Sammlung des englischen Ex-Trainers Harold Shepherdson.

⊙ WERTVOLLSTES BOXSPORT-ERINNERUNGSSTÜCK

Ein schwarzweißer Umhang, den Muhammad Ali 1974 vor dem *Rumble in the Jungle*-Kampf gegen George Foreman trug, brachte im Oktober 1997 bei einer Auktion in Beverly Hills in Kalifornien (USA) 320.632 DM ein.

das je hergestellt wurde (man hielt es früher für ein 1932er-Modell), und das gefragteste Stück bei Zippo-Sammlern.

TEUERSTES MICKYMAUS-SPIELZEUG
Ein seltenes, aufziehbares Mickymaus-Motorrad von ca. 1939 erzielte im Juni 1997 bei Christie's in London (GB) einen Preis von 154.000 DM.

WERTVOLLSTER GI JOE
Am 19. August 1994 wurde bei Christie's in New York City (USA) anlässlich des 30. Geburtstags der Action-Figur GI Joe eine Version von ihm als Kampfflieger für 11.670 DM verkauft.

WERTVOLLSTE WEIHNACHTSKARTE
Eine von John Lennon gemalte Karte (zwei gezeichnete Emus) an den damaligen Beatles-Manager Brian Epstein wurde am 27. April 2000 für 16.325 DM bei Christie's in London (GB) verkauft.

WERTVOLLSTE WACHSFIGUR
Eine seltene Lucy Peck-Wachspuppe, die die junge Königin Victoria darstellt, wurde im Mai 1999 bei Christie's in London (GB) für 26.050 DM verkauft.

WERTVOLLSTES KALEIDOSKOP
Ein englisches Kaleidoskop in einem Mahagonikasten, hergestellt um 1830, wurde im November 1999 bei Christie's in London (GB) für 137.500 DM verkauft.

WERTVOLLSTE ILLUSTRIERTE HANDSCHRIFT
Der *Codex Leicester*, in dem Leonardo da Vinci die Erfindung des U-Boots und der Dampfmaschine voraussagte, wurde am 11. November 1994 bei Christie's in New York City (USA) für einen Rekordpreis von 62,5 Mio. DM an Bill Gates verkauft. Es ist das einzige Manuskript von da Vinci in Privatbesitz.

→ WERTVOLLSTER BIKINI

Ein handgenähter, diamantbesetzter Bikini von Prestons of Windsor in Berks (GB) hat einen Wert von 372.697 DM. Er wurde am 22. März 2000 während der Windsor-Modewoche vorgestellt, wo der erste, der seinen Wert richtig schätzen konnte, einen gefassten Diamanten im Wert von 6.000 DM gewann. Der Bikini wird hier vom Model Susan Sangster vorgeführt.

Shopping 1

⊙ GRÖSSTES EINKAUFSZENTRUM

West Edmonton Mall in Alberta (CDN) ist das größte Einkaufszentrum der Welt. Es wurde am 15. September 1981 eröffnet und vier Jahre später fertiggestellt. Auf einer Gesamtfläche von 483.000 m² umfasst es 800 Geschäfte und Dienstleistungsbetriebe sowie elf große Kaufhäuser. Das Einkaufszentrum verfügt über den größten Parkplatz der Welt mit einer Kapazität von 20.000 Fahrzeugen; der Reserveparkplatz kann weitere 10.000 Fahrzeuge aufnehmen.

ÄLTESTE EINKAUFSPASSAGE

Die Galleria Vittorio Emanuele in Mailand (I) wurde 1861 geplant und 1867 eröffnet.

GRÖSSTES UNTERIRDISCHES EINKAUFSZENTRUM

Der PATH Walkway in Toronto (CDN) besteht aus 27 km Einkaufspassagen mit 371.600 m² Verkaufsfläche.

LÄNGSTE EINKAUFSPASSAGE

Eine Ladenpassage in einem Einkaufszentrum in Milton Keynes (GB) hat eine Länge von 720 m.

GRÖSSTER FREILUFTMARKT

Der San José-Flohmarkt findet auf einer 48,6 ha großen ehemaligen Viehweide mitten im Silicon Valley in Kalifornien (USA) statt. Bei der ersten Veranstaltung 1960 gab es 20 Verkaufsstände und ungefähr 100 Besucher. Heute hat der Markt pro Woche mehr als 6.000 Stände und 80.000 Besucher, und mit der Organisation des Marktes sind 150 Personen beschäftigt.

GRÖSSTER GROSSHANDELSMARKT

Das Dallas Market Center am Stemmons Freeway in Dallas (USA) hat eine Grundfläche von fast 641.000 m² in fünf Gebäuden. Der Markt umfasst 2.580 ständige Verkaufs- und Ausstellungsräume, in denen Waren von mehr als 50.000 Herstellern angeboten werden. Jährlich strömen 800.000 Käufer in die 50 Märkte und Ausstellungen.

GRÖSSTES KAUFHAUS

Macy's, ein elf Stockwerke hohes Kaufhaus, das fast einen ganzen Block am Herald Square in New York City (USA) einnimmt, verfügt über eine Verkaufsfläche von 198.000 m². Der Konzern besitzt eine ganze Kette von Kaufhäusern und gehörte zu den ersten großen Handelsunternehmen, die ihre Kaufhäuser in Einkaufszentren ansiedelten.

MEISTE KAUFLUSTIGE AN EINEM TAG

Die nach Schätzungen größte Zahl von Kauflustigen, die an einem einzigen Tag ein Kaufhaus besuchten, waren 1,07 Mio. Menschen am 20. Dezember 1995 im Nextage Shanghai in China.

GRÖSSTER UMSATZ PRO FLÄCHENEINHEIT

Der Rekord für den größten Umsatz im Verhältnis zur Verkaufsfläche wird von der britischen Hi-Fi-Kette Richer Sounds gehalten. Der Umsatz ihrer Filiale im London Bridge Walk (GB) erreichte für das am 31. Januar 1994 endende Geschäftsjahr den Spitzenwert von 590.488 DM pro m².

GRÖSSTE LADENKETTE FÜR FREIZEITKLEIDUNG

Gap Inc. betreibt fast 2.900 Läden in den USA, Großbritannien, Kanada, Frankreich, Deutschland und Japan. Das Unternehmen wurde 1969 in San Francisco (USA) gegründet; der Umsatz lag 1999 bei 23,5 Mrd. DM.

ERFOLGREICHSTE KLEIDERMARKE

Levi Strauss ist der weltweit größte Hersteller von Markenkleidung. Die Einzelmarken

⊙ GRÖSSTE EINZELHANDELSFIRMA

Wal-Mart Stores bilden das größte Einzelhandelsunternehmen der Welt. Es wurde 1962 von Sam Walton Bentonville aus Arkansas (USA) gegründet. Für das am 31. Januar 2000 endende Geschäftsjahr erzielte das Unternehmen einen Umsatz von rund 17 Mrd. DM. Im März 2000 betrieb es 4.003 Filialen in zehn Ländern mit insgesamt 1,14 Mio. Beschäftigten.

→ GRÖSSTE FIRMA FÜR SPORTKLEIDUNG
Der Sportbekleidungsriese Nike wurde 1972 in Oregon (USA) von Bill Bowerman und Phil Knight gegründet. Das Unternehmen erzielte 1999 Einnahmen von 17,82 Mrd. DM und liegt damit in der Liste der 500 größten Unternehmen („Fortune 500") auf dem 197. Platz. Zurzeit beträgt Nikes Marktanteil bei Sportkleidung in den USA mehr als 45 %.

des Konzerns – Levi's, Dockers und Slates – werden in mehr als 30.000 Läden in 60 Ländern der Welt angeboten; 1999 lag der Gesamtumsatz bei 12,18 Mrd. DM.

GRÖSSTE FRANCHISING-GRUPPE FÜR MODE
Die Benetton-Gruppe (I) ist durch ihre 7.000 Franchise-Läden und Benetton-Megastores in 120 Ländern vertreten. Das Modeangebot besteht hauptsächlich aus Strick- und Sportkleidung. Der Konzern hat den höchsten Wollverbrauch in der Kleidungsbranche und betreibt neun Fabriken in verschiedenen Regionen der Welt. Der Umsatz betrug 1999 3,85 Mrd. DM.

MEISTE ELEKTRONIK-FILIALEN
Radio Shack besitzt mehr als 6.900 Filialen und Franchiseläden für Elektronik und Computer in den Vereinigten Staaten.

GRÖSSTES FACHGESCHÄFT FÜR ELEKTRONIK
Mit einem Umsatz von 20,3 Mrd. DM (1999) ist Best Buy Co Inc. (USA) das weltweit größte Fachgeschäft für Unterhaltungselektronik, Audio-Video-Geräte, Unterhaltungssoftware und Haushaltsgeräte.

GRÖSSTER BUCHLADEN
Der größte Buchladen der Welt ist der Barnes & Noble Bookstore an der Fifth Avenue in New York City (USA). Die Verkaufsfläche beträgt 14.330 m^2; die Ladenregale sind zusammen über 20 km lang.

GRÖSSTER LADEN FÜR HERRENBEKLEIDUNG
Die Verkaufsfläche von Slater Menswear in Glasgow (GB) erstreckt sich auf 2.600 m^2. Im Lager sind etwa 14.000 Anzüge vorrätig.

GRÖSSTER WOHLTÄTIGKEITSBASAR
Der White Elephant Sale im Cleveland Convention Center in Ohio (USA) erzielte an zwei Tagen (am 18. und 19. Oktober 1983) umgerechnet 868.700 DM.

Der Rekord für die größte bei einem Wohltätigkeitsbasar erzielte Geldsumme liegt bei 434.500 DM. Dieser Betrag wurde am 12. Mai 1994 beim 62. Wohltätigkeitsbasar der Winnetka Congregational-Kirche in Illinois (USA) erreicht.

TEUERSTE EINKAUFSSTRASSE
Fifth Avenue in New York City (USA) ist die teuerste Einkaufsstraße der Welt. Für Ladenflächen muss dort eine Miete von 11.376 DM pro m^2 gezahlt werden.

⊙ GRÖSSTER SPIELWARENLADEN
Der größte Spielwarenladen der Welt ist Toys 'R' Us Inc. Gegenwärtig besitzt das Unternehmen 1.552 Filialen in 27 Ländern.

Shopping 2

TEUERSTER FOTOBILDBAND
Die gebundene Erstausgabe von *Sumo*, einem 480-seitigen Bildband mit Fotografien von Helmut Newton (AUS), kostet im Einzelhandel 3.000 DM. Das vom Taschen Verlag (D) verlegte Buch enthält 400 Fotografien, u.a. von Elizabeth Taylor (links außen) und Faye Dunaway. Mit einer Größe von 50,8 x 71 cm und einem Gewicht von 30 kg benötigte es einen eigenen Ständer (der im Preis inbegriffen war). Auf dem Schwarz-Weiß-Foto rechts ist Newton neben dem Verleger Benedikt Taschen zu sehen.

TEUERSTE UHR
1999 kreierte Gianni Vive Sulman aus London (GB) eine Uhr, die über 1 Mio. DM kostete. Die Produktion soll auf fünf Stück pro Jahr beschränkt bleiben.

TEUERSTE SWATCH-UHR
Für 96.503 DM wurde 1989 auf einer Auktion bei Sotheby's, Mailand (I), eine im Jahr 1985 von dem französischen Künstler Christian Chapiron (genannt Kiki Picasso) entworfene Swatch-Uhr versteigert, von der nur 120 Stück zur Gratisverteilung angefertigt wurden.

TEUERSTE ZEITSCHRIFT
Die von Stephan Gan (USA) gegründete Zeitschrift *Visionaire* ist die teuerste Zeitschrift der Welt. Der Mindestpreis pro Ausgabe beträgt über 200 DM. Eine im Louis-Vuitton-Suitcase erschienene Nummer erzielte auf dem Schwarzmarkt sogar einen Preis von über 10.000 DM. Die begehrteste Ausgabe ist allerdings die von der Modeschöpferin Rei Kawakubo von Comme des Garcons herausgegebene Nr. 20, die wegen des dem Magazin gratis beigelegten Toiles (aus Musselin) eines Kawakubo-Kleides schon bei Erscheinen zu einem Sammlerobjekt wurde. Für die zweite Ausgabe steuerte der Designer Martin Margeila 1.000 Konfetti-Tüten als Gratiszugabe bei.

TEUERSTES SCHWEIZER ARMEEMESSER
Ein von dem Schweizer Juwelier Luzius Elmer aus 18-karätigem Gold gefertigtes Schweizer Armeemesser kostet im Einzelhandel gegenwärtig rund 8.000 DM.

TEUERSTE WOLLE
Zum höchsten jemals für Wolle bezahlten Preis von rund 8.000 Dollar pro kg (nach heutigem Kurs 16.244 DM) kaufte die Aoki International Co. Ltd. aus Yokohama (J) am 11. Januar 1995 bei einer Auktion in Geelong, Victoria (AUS), einen Ballen extra feiner Wolle mit einer Faserdicke von 13,8 Mikrometer.

TEUERSTE BRIEFTASCHE
Die teuerste Brieftasche der Welt, eine mit Platinecken verzierte und mit Diamanten besetzte Kreation aus Krokodilleder von Louis Quatorze aus Paris (F) und Mikimoto aus Tokio (J), wurde im September 1984 für rund 152.000 DM verkauft.

TEUERSTES PARFUM
Ein Eau de Cologne namens Andron, das eine Spur des Pheromons Androstenol (Sexuallockstoff) enthält, wurde im März 1984 von der Firma Jovan aus Chicago, Illinois (USA), für umgerechnet 197 DM pro Gramm in den Handel gebracht – ein Beispiel dafür, dass sich die Parfumpreise weniger an den Kosten für Bestandteile und Verpackung als vielmehr an gezielter Werbestrategie (Exklusivität) orientieren.

TEUERSTER FLIPPER
Ein im Februar 1992 hergestellter und nach dem US-TV-Produzenten Aaron Spelling benannter Flipperautomat wurde Berichten zufolge in Los Angeles, Kalifornien (USA), für über 217.000 DM verkauft.

TEUERSTE LAUTSPRECHER
Ein Satz Lautsprecher der Firma Wilson Audio Modular Monitor (WAMM) kostet die Rekordsumme von rund 500.000 DM. Die Lautsprecher werden nach den individuellen Wünschen der Kunden gebaut, denen ein Firmen-Designer zuvor einen Besuch abstattet.

TEUERSTES HANDY
Ein von der Londoner Firma David Morris International (GB) entworfenes Handy aus

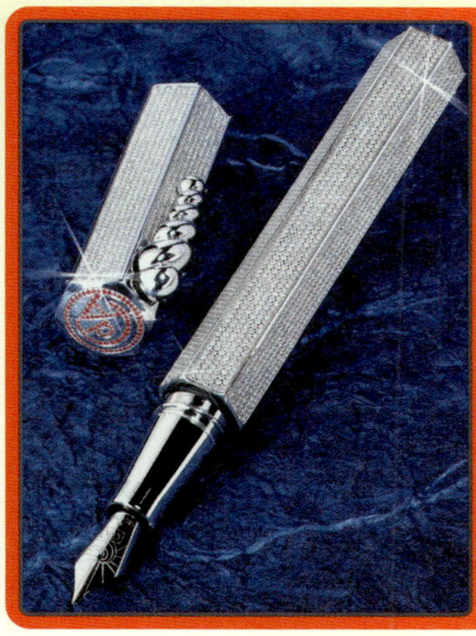

⊙ TEUERSTER FÜLLFEDERHALTER

Der Füller *La Modernista Diamonds* von der Schweizer Firma Caran d'Ache wurde 1999 für 537.000 DM bei Harrods, London (GB), verkauft. Das zum Andenken an den spanischen Architekt Antoni Gaudì hergestellte Schreibgerät ist mit Rhodium beschichtet, aus massivem Silber, hat eine Feder aus 18-karätigem Gold und ist mit 5.072 Diamanten und 96 Rubinen besetzt.

18-karätigem Gold, dessen Tastenfeld mit rosa und weißen Diamanten besetzt war, wurde 1996 für umgerechnet 224.526 DM verkauft.

TEUERSTES TIER
Rennpferde sind die mit Abstand teuersten Tiere. Mit 26,6 Mio. DM bezahlten Robert Sangster und seine Partner am 23. Juli 1985 in Kentucky (USA) für Seattle Dancer die bisherige Rekordsumme für einen Jährling.

TEUERSTES INSEKT
Am 19. August 1999 ging in Tokio (J) ein 8 cm großer Hirschkäfer *(Dorcus hopei)* für die Rekordsumme von umgerechnet 182.700 DM über den Ladentisch. Der Käufer soll ein 36-jähriger Firmenchef sein, der aus Angst vor Dieben anonym bleiben wollte.

↓ TEUERSTER MINI

Der Mini Limo, ein von der Rover-Gruppe in Auftrag gegebenes und von John Cooper Garages (GB) gebautes Einzelstück, kostete bei seiner Auslieferung im September 1997 141.500 DM. Der zweitürige Mini war mit einer 22.640 DM teuren Alpine-Mini-Disc-Musikanlage sowie mit Sitzen im Wert von 16.980 DM ausgestattet.

Essen & Trinken 1

TEUERSTE SPIRITUOSE
Ein unbekannter schottischer Geschäftsmann zahlte am 9. Dezember 1996 einen Rekordpreis von 45.300 DM für eine Flasche 60-jährigen Macallan-Whisky. Diese Brennerei produziert kaum so alten Whisky, und wenn, dann höchstens zehn Flaschen, von denen eine in ihrem eigenen Besitz bleibt. Eine Flasche wird für karitative Zwecke gespendet, und die übrigen werden bei Auktionen verkauft.

TEUERSTER WEIN
Der teuerste im Handel befindliche Wein ist ein 1787er Château d'Yquem Sauternes, der pro Flasche zwischen 113.000 und 130.000 DM kostet.

HÖCHSTER ALKOHOLGEHALT
Während Estlands Unabhängigkeit zwischen den beiden Weltkriegen vermarktete das Estische Alkoholmonopol 98-prozentigen Kartoffelschnaps.

STÄRKSTES BIER
Der Samuel Adams Triple Bock der Boston Beer Company in Massachusetts (USA) hat einen Alkoholgehalt von 17,5 %.

Baz's Super Brew, das von Barrie Parish gebraut und bei der Parish Brewery in Somerby (GB), in 0,33-l-Flaschen verkauft wird, hat einen Alkoholgehalt von 23 %; es wird aber heute kaum noch produziert.

TEUERSTES GEWÜRZ
Der Preis für wilden Ginseng vom chinesischen Chan Pak-Gebirge erreichte im November 1979 in Hongkong eine Rekordsumme von 1.150 DM pro Gramm. Die jährlichen Exporte dieses Gewürzes – das auch als Aphrodisiakum gilt – belaufen sich auf nicht einmal 4 kg.

SCHÄRFSTES GEWÜRZ
Das schärfste Gewürz der Welt heißt Red Savina Habanero und wurde von den GNS Spices in Walnut, Kalifornien (USA), entwickelt. Es hat einen Wert von 350.000 bis 570.000 auf der Scoville-Skala (mit der die Schärfe von Chilischoten gemessen wird). Zum Vergleich: Cayenne-Pfeffer liegt auf dieser Skala bei 30.000 bis 50.000, Jalapeño bei 2.500 bis 5.000.

⊙ GRÖSSTER BAGEL
Am 23. Juli 1998 wurde bei Lender's Bagels in Mattoon, Illinois (USA), ein Blaubeerbagel gebacken, der 34,9 cm hoch war, einen Durchmesser von 149,86 cm und das Rekordgewicht von 323,86 kg hatte.

⊙ GRÖSSTES SANDWICH
Im August 1999 erstellten Mitarbeiter von Marks & Spencer und McVities Prepared Foods ein abgepacktes Sandwich mit Thunfisch und Gurke mit der Rekordgröße von 2,13 m x 2,13 m x 3,02 m.

GRÖSSTER PFANNKUCHEN
Der größte Pfannkuchen der Welt hatte einen Durchmesser von 15,01 m und war 2,5 cm dick; er wog 3 t. Gebacken und in der Luft gewendet wurde er am 13. August 1994 in Rochdale, Greater Manchester (GB), im Rahmen des Festaktes zum 150. Geburtstag der Kooperativen-Bewegung.

LÄNGSTES SUSHI
Am 12. Oktober 1997 bereiteten 600 Mitglieder des Nikopoka-Festival-Komitees in Yoshii (J) eine Sushi-Rolle von 1.000 m Länge zu.

GRÖSSTER KÜRBIS
Den größten Kürbis der Welt züchtete Gerry Checkon aus Altoona, Pennsylvania (USA), aus Samen der Firma Atlantic Giant. Beim Pumpkin Fest International Weigh-off in Port Elgin, Ontario (CDN), wurde sein Gewicht am 2. Oktober 1999 mit 513 kg bestimmt.

LÄNGSTE WURST
Die Rekordlänge für eine durchgehende Wurst beträgt 46,3 km. Hergestellt wurde sie am 28. und 29. April 1995 in Kitchener, Ontario (CDN), von den MM Meat Shops in Zusammenarbeit mit der Schneider Inc.

GRÖSSTE PIZZA
Eine Pizza mit einem Durchmesser von 37,4 m wurde am 8. Dezember 1990 im Norwood Hypermarket in Norwood (ZA) gebacken.

GRÖSSTE PAELLA
Eine Paella mit einem Durchmesser von 20 m kochten Juan

Carlos Galbis und seine Helfer am 8. März 1992 in Valencia (E). Mit ihr konnten 100.000 Gäste versorgt werden.

GRÖSSTES OMELETT
Am 19. März 1994 backten in Yokohama (J) Vertreter von Swatch mit 160.000 Eiern ein Omelett mit einer Fläche von 128,5 m².

GRÖSSTER LUTSCHER
Einen Pfefferminz-Lutscher von 1,37 t produzierten am 22. April 1994 die Mitarbeiter der Firma BonBon in Holme Olstrup (DK).

GRÖSSTER EISBECHER
Der größte registrierte Eisbecher wog 24,9 t. Er wurde am 24. Juli 1988 von der Palm Dairies Ltd unter der Anleitung von Mike Rogiani in Edmonton, Alberta (Kanada), hergestellt.

GRÖSSTE CHINESISCHE TEIGTASCHE
Die Hong Kong Union of Chinese Food and Culture Ltd und das Southern District Committee füllten am 5. Juli 1997 anlässlich der Feier der Rückkehr Hongkongs zu China eine 480 kg schwere Teigtasche.

GRÖSSTES CURRY
Am 17. Mai 1998 kochte ein Team des Raj Restaurant unter der Leitung von Mafiz Ali in Maldon, Essex (GB), ein Curry von 2.653 kg. Es ergab insgesamt 13.500 Portionen.

LÄNGSTER KNOBLAUCHZOPF
Einen 52,1 m langen Knoblauchzopf flocht eine Gruppe Frauen aus dem spanischen Dorf Cornellá Del Terri auf dem Zweiten Knoblauchmarkt von Cornellá am 12. Oktober 1997.

MEISTE KERZEN AUF EINEM KUCHEN
Am 27. Oktober 1996 dekorierten Mitarbeiter der polnischen Tageszeitung *Express Ilustrowany* einen Kuchen mit 900 Kerzen, um das 900. Tor des polnischen Fußballvereins Widzew Lódz zu feiern.

GRÖSSTER TACO
Der größte Taco der Welt war 4,57 m lang, 73,6 cm breit und wog 339,14 kg. Am 5. Mai 1999 stellten ihn Angestellte von La Ranchera Food Products Inc und La Tapatia Taquería her und füllten ihn mit 253,6 kg Fleisch, 20,9 kg Tomaten, 16,8 kg Zwiebeln und 8,2 kg Koriander.

GRÖSSTER KEKS
Ein Schokoladenkeks mit einem Durchmesser von 24,9 m und einer Fläche von 486,95 m² wurde am 2. April 1996 von Cookie Time in Christchurch (NZ) gebacken.

→ BELIEBTESTE FRUCHT
Die Banane *(Musa sapientum)* ist zusammen mit der verwandten Plantainbanane *(Musa paradisiaca)* die am meisten konsumierte Frucht der Welt. Sie ist hinter Getreide, Zucker, Kaffee und Kakao der fünftwichtigste landwirtschaftliche Rohstoff im Welthandel.

Essen & Trinken 2

⊙ GRÖSSTES SANCOCHO

Das größte Sancocho der Welt (ein südamerikanischer Eintopf mit Fleisch und Gemüse) kochten am 1. Januar 2000 Mitarbeiter der Hotelkette Playa Dorada in Puerto Plada (DOM). Nach einer Kochzeit von 7 Stunden ergab das Sancocho 10.020 Portionen von je 230 g.

TEUERSTE MAHLZEIT PRO PERSON

Im September 1997 zahlten drei Gäste im Le Gavroche, London (GB), die Rekordrechnung von 39.535,42 DM. Nur 652,92 DM fielen dabei auf das Essen; Zigarren und Spirituosen schlugen mit 2.551,90 DM zu Buche, die restlichen 36.330,60 DM gingen für sechs Flaschen Wein drauf. Die teuerste davon, ein 1985er La Romanée-Conti zum Preis von 14.949 DM, befanden sie für „ein bisschen zu jung" und schenkten sie dem Personal des Restaurants.

HÄUFIGSTE RESTAURANTBESUCHE

Den Rekord für die häufigsten Restaurantbesuche hält der Test-Esser Fred E. Magel aus Chicago, Illinois (USA), der in 50 Jahren 46.000-mal in 60 verschiedenen Ländern im Restaurant aß. Seine bevorzugten Gerichte waren südafrikanischer Felsenhummer und frische englische Erdbeercreme.

GRÖSSTES FRÜHSTÜCK

Am 17. April 1998 nahmen im Dubai Creekside Park, Dubai (UAE), insgesamt 13.797 Gäste an einem Frühstück mit Getreideflocken und Milch teil. Das Ereignis wurde von der Firma Kellogg's organisiert, die an alle Teilnehmer Minipackungen von Getreideflocken verteilen ließ.

GRÖSSTER GEMEINSAMER TRINKSPRUCH

Am 26. Februar 1999 um 23 Uhr amerikanischer Ostküstenzeit trafen sich 197.648 Personen gleichzeitig in Kneipen, Restau-

⊙ GRÖSSTES RESTAURANT

Das Mang Gorn Luang („Königsdrachen") in Bangkok (THA) hat Sitzplätze für bis zu 5.000 Gäste, die von über 1.200 Mitarbeitern bewirtet werden. Seit seiner Eröffnung im Oktober 1991 bedienen in dem 1,6 ha großen Gastraum 541 Kellner auf Rollerskates, so dass sie bis zu 3.000 Mahlzeiten pro Stunde auftragen können.

rants und Bars in 74 Großstädten der USA zum Großen Guinness-Toast.

GRÖSSTER TEQUILA-SLAM
Am 26. November 1999 schafften 132 Personen ein „La Ola"-Tequila-Slam in der Bar Madrid in London (GB). Gestartet wurde die La-Ola-Welle von Chris Greener, dem größten Mann Großbritanniens. Sie dauerte insgesamt 5 Minuten und 14 Sekunden.

GRÖSSTES GRILLFEST
44.158 Gäste nahmen am 10. Oktober 1993 an einem Grillfest im Warwick Farm Racecourse in Sydney (AUS) teil.

GRÖSSTE KNEIPE
Die Mathäser-Bierhallen in München (D) bieten 5.500 Sitzplätze und schenken pro Tag 48.000 l Bier aus. Sie wurden 1829 eröffnet, im 2. Weltkrieg zerstört und 1955 wieder eröffnet.

LÄNGSTE THEKE
Die Theke im Beer Barrel Saloon in Ohio (USA) ist 123,7 m lang. Sie wurde 1989 aufgestellt, ist mit 56 Zapfhähnen ausgestattet und von 160 Barhockern umgeben.

ENTFERNTESTE PIZZALIEFERUNG
Im März 1998 ging bei Eddie Fishbaum, dem Inhaber des Broadway's Jerusalem 2 in New York City (USA) die Bestellung ein, eigenhändig einen unbelegten Pizzaboden an den Fernsehmoderator Eiji Bando in Tokio (J) zu liefern. Die Bestellung kam von der japanischen Fernsehshow *Unglaublich*, die auf dem Fuji-Netz ausgestrahlt wird. Die Gesamtkosten der Pizza einschließlich Fishbaums Spesen betrugen 14.210 DM.

SCHNELLSTER REISESSER
Mit Hilfe von Stäbchen aß Dean Gould aus Felixstowe in Suffolk (GB) Stück für Stück 51 Reiskörner in drei Minuten. Der Rekord wurde am 10. März 1998 im Bombay Nite, Walton in Essex (GB), aufgestellt.

SCHNELLSTER CREAM CRACKER-ESSER
Während der Fernsehshow Guinness World Records am 20. April 2000 aß Vic Kent (GB) drei Cream Cracker in 2 Minuten und 6 Sekunden.

SCHNELLSTER BAKED BEANS-ESSER
Am 18. November 1996 schaffte es Andy Szerbini (GB) im London Zoo, in fünf Minuten mit Hilfe eines Cocktailspießchens 226 Baked Beans zu essen.

LÄNGSTE BONBONSCHLANGE
Innerhalb von 24 Stunden legten vom 5. auf den 6. Dezember 1998 sechzig Pfadfinder eine ununterbrochene Schlange aus 306.250 Pfefferminzbonbons und schafften damit eine Länge von 15,143 km. Der Rekord wurde im Goldfields Leisure Nestle Centre in Maryborough, Victoria (AUS), aufgestellt.

LÄNGSTE NUDEL
Die längste chinesische Nudel der Welt maß 55,18 m und hatte einen Durchmesser von 7 mm. Sie wurde am 30. Mai 1999 auf dem Pasir Panjang-Familientag in Singapur hergestellt.

⊙ HÖCHSTE SEKTFONTÄNE
Vom 28. bis 30. Dezember 1999 baute Luuk Broos, Chef des Maison Luuk-Chalet Fontaine, eine 56-stöckige Sektfontäne im Steigenberger Kurhaus Hotel in Scheveningen (NL). Er verwendete dabei 30.856 langstielige Sektflöten.

→ GRÖSSTE PORTION FISH AND CHIPS
Die größte Portion Fish and Chips bereiteten am 25. Februar 2000 die Somerfield Stores Ltd in Bristol (GB) zu. Der Fisch, den David Morgan (rechts) frittierte, wog 3,6 kg, die Chips 3,2 kg.

Spiele & Gewinne

GRÖSSTES HIMMEL-UND-HÖLLE-FELD
Am 5. September 1998 zeichneten Rebecca Woodle und Blain Littlefield aus Hisdale, Illinois (USA), ein 13,7 m langes Spielfeld für Himmel und Hölle mit 30 Hüpfkästchen von jeweils 56 cm.

GRÖSSTES SPIEL
Am größten Pass-the-Parcel-Spiel der Welt waren 3.918 Studenten beteiligt, die zweieinhalb Stunden lang ein ursprünglich 1,5 x 1,5 x 0,5 m großes Paket weiterreichten und dabei 2.200 Verpackungsschichten entfernten. Der Rekord wurde am 28. Februar 1998 an der Nanyang Technological University in Singapur aufgestellt.

AM SCHNELLSTEN GEBAUTER JENGA-TURM
Die kürzeste Zeit, in der unter Beachtung der Spielregeln ein 30-stöckiger Jenga-Turm gebaut wurde, betrug 12 Minuten 27 Sekunden; die Erbauer waren Simon Spalding und Ali Malik in Highclere Castle, Hants (GB), am 17. August 1997.

WEITESTER FLOHHÜPFER-SPRUNG
Einen 9,52 m weiten Sprung schaffte am 14. Januar 1995 Ben Soares von der St Andrew's Tiddlywinks Society am Queen's College in Cambridge (GB).

HÖCHSTER FLOHHÜPFER-SPRUNG
Der Rekord im Hochsprung von Flohhüpfern beträgt 3,49 m und wurde am 21. Oktober 1989 gleich dreimal aufgestellt: von Adrian Jones, David Smith und Ed Wynn vom University Tiddlywinks Club in Cambridge.

SCHNELLSTES SOLITÄR-SPIEL
Am 2. August 1991 vollendete Stephen Twigge in Scissett Baths, West Yorks (GB), ein Solitär-Spiel in zehn Sekunden.

HÖCHSTE KEGEL-PUNKTZAHLEN
Die höchste Punktzahl, die Tischkegelspieler innerhalb von 24 Stunden erreichten, betrug 116.047; beteiligt waren am 15. und 16. April 1990 zwölf Kegler im Castle Mona in Newcastle, Staffs (GB).

⊙ GRÖSSTER LOTTERIEGEWINN EINER STADT
Am 22. Dezember 1999 war die spanische Landeslotterie *El Gordo* den Einwohnern der Stadt Elche im Südosten Spaniens besonders gewogen. Alle 1.450 Hauptgewinn-Tickets waren dort verkauft worden, so dass ihre Einwohner eine Rekordsumme von 532 Mio. DM an Preisgeldern gewannen.

Die höchste Punktzahl auf einer großen Kegelbahn belief sich 94.151 Punkte; diese rekordbrechende Leistung stellte eine Mannschaft der Carpenters Arms aus Leigh, Dorset (GB), am 10. und 11. März 1995 auf.

HÖCHSTE SCRABBLE-PUNKTZAHL
Die meisten Punkte in einem Scrabble-Wettkampf sammelte mit 1.049 Punkten Phil Appleby aus Lymington, Hants (GB), am 25. Juni 1989 in Wormley, Herts (GB). Sein Gegenspieler machte

⊙ LÄNGSTE DOMINO-KETTE
Um 23.22 Uhr chinesischer Zeit wurde am 31. Dezember 1999 in der Turnhalle der Peking University in Peking (CHN) eine rekordträchtige Dominokette aus 2.751.518 Steinen angestoßen – bis alle Steine umgekippt waren, dauerte es insgesamt 32 Minuten 22 Sekunden. Die Kette war in über 40-tägiger Arbeit von 53 chinesischen und japanischen Studenten aufgestellt worden. Der Versuch wurde von Tokyo Broadcasting System (J) und Peking TV (CHN) gemeinsam organisiert.

⊙ MEISTGESPIELTES BRETTSPIEL

Bis Juni 2000 hatten 500 Mio. Menschen auf der ganzen Welt schon einmal Monopoly gespielt. Charles B. Darrow (oben) aus Pennsylvania (USA) erfand das Spiel 1934. Inzwischen wurde es über 200 Mio. Mal verkauft.

nur 253 Punkte, so dass Appleby mit einem Rekordvorsprung von 796 Punkten gewann.

Die höchste Punktzahl in einem einzigen Zug in einem Wettkampf erreichte Dr. Saladin K. Khoshnaw im April 1982 in Manchester (GB) mit 392 Punkten. Er legte das Wort „CAZIQUES", die Bezeichnung für Stammeschefs mexikanischer Indios.

MEISTE DAME-GEGNER
Am 26. April 1998 spielte Ronald „Suki" King (BDS) auf dem Houston International Festival in Houston, Texas (USA), gleichzeitig 385 Damespiele. King trug Rollerskates, um sich schneller von einem der 385 Spielbretter zum nächsten bewegen zu können.

MEISTE DAME-WELTMEISTERTITEL
Walter Hellman (USA) gewann zwischen 1948 und 1975 die Rekordzahl von acht Dame-Weltmeistertiteln. Er war in zwei Perioden Weltmeister: von 1948 bis 1955 und von 1963 bis zu seinem Tod im Juli 1975.

HÖCHSTE SCHACH-PUNKTZAHL
Die höchste Punktzahl, die nach der offiziellen Elo-Berechnung je erreicht wurde – ein Punktesystem nach Arpad E. Elo (H, später USA) –, beträgt 2.815 Punkte, die der derzeitige Profi-Weltmeister Garri Kasparow (RUS) 1993 sammelte.

Die Schachspielerin mit den meisten Punkten ist Judit Polgar (H), die 1996 eine Spitzenzahl von 2.675 Punkten erreichte.

MEISTE BRIDGE-WELTMEISTERTITEL
Die italienische Squadra Azzura gewann zwischen 1957 und 1975 dreizehn Bermuda Bowl-Weltmeistertitel sowie zusätzlich drei Mannschaftsolympiaden. In allen gewonnenen Spielen der Mannschaft spielte Giorgio Belladonna mit.

MEISTE BRIDGE-RUNDEN
Während der WM von 1989 in Perth (AUS) spielten Marcel Branco und Gabriel Chagas (beide BR) eine Rekordzahl von 752 von 784 möglichen Spielen.

GRÖSSTER LOTTO-JACKPOT
In der Big Game Lottery, die von sieben US-Staaten gemeinsam organisiert wird (Georgia, Illinois, Maryland, Massachusetts, Michigan, New Jersey und Virginia), lockte am 9. Mai 2000 ein Jackpot von 710 Mio. DM. Zwei Lotterieteilnehmer teilten sich den Preis. Die Gewinnchancen für jeden Spieler betrugen 76 Mio. : 1 – mit derselben Wahrscheinlichkeit ist ein zufällig aus dem Telefonbuch der gesamten USA gewählter Name der eines lebenden Ex-Präsidenten der USA.

GRÖSSTES BINGO-SPIEL
Die größte „volle Karte" in der Bingo-Geschichte gab es auf der Canadian National Exhibition in Toronto (CDN) am 19. August 1983: sie hatte 15.756 Felder. Das Ereignis, das vom Variety Club von Ontario im Zelt Nr. 28 organisiert wurde, bot insgesamt Gewinne von 340.478 DM, von denen in einem Spiel 136.191 DM ausgezahlt wurden.

GRÖSSTER SPIELAUTOMAT-GEWINN
Cindy Jay (USA), eine 38-jährige Cocktail-Mixerin, gewann am 26. Januar 2000 an einem Megabucks-Spielautomaten im Casino des Desert Inn Hotel in Las Vegas, Nevada (USA), eine Rekordsumme von 70.967.699 DM.

↓ GRÖSSTER WETTEINSATZ AUF FLACHRENNEN

Von den 81 Mrd. DM, die weltweit jährlich auf Flachrennen gewettet werden, werden 34,9 Mrd. oder 43 % in Japan platziert. Das größte Flachrennen im japanischen Rennkalender ist der jährliche Japan Cup, der normalerweise Wettgelder von etwa 621,8 Mio. DM anzieht.

Spielzeug

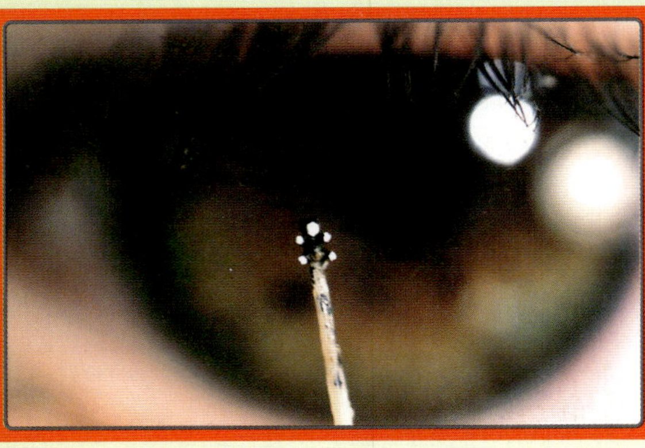

⊙ KLEINSTER TEDDYBÄR
Der japanische Künstler Hiromu Morine aus Sapporo (J) schuf 1999 aus Harz einen weniger als 1 mm großen Teddybären. Morine, Mitglied der japanischen Doll House Association, ließ seine Arbeit weltweit ausstellen.

TEUERSTES MONOPOLY-SPIEL
Ein Monopoly-Spiel im Wert von 4,1 Mio. DM kreierte 1988 der Juwelier Sidney Mobell (USA). Das Spielbrett besteht aus 23-karätigem Gold, die Schornsteine der goldenen Häuser und Hotels sind mit Rubinen und Saphiren besetzt und die Augen auf dem Würfel sind Diamanten.

TEUERSTES BRETTSPIEL
Das teuerste im Handel erhältliche Brettspiel ist die Luxusversion von Outrage! von Imperial Games (GB). Das Spiel, in dem es um einen Diebstahl der Kronjuwelen aus dem Londoner Tower geht, kostet zurzeit 12.065 DM.

GRÖSSTES BRETTSPIEL
Das größte im Handel erhältliche Brettspiel ist Galaxion von Cerebe Design International in Hongkong (CHN). Das Spielbrett misst 83,3 x 83,3 cm.

GRÖSSTE TWISTER-MATTE
Die größte Matte für das Spiel Twister hatte die Maße 18 x 6 m. Hergestellt wurde es im Februar 1998 von Vision International in Salt Lake City, Utah (USA).

GRÖSSTES KARTENSPIEL
1998 druckte Naipes Heracio Fournier aus Vitoria (E) 150 Sätze der größten Spielkarten der Welt mit den Maßen von 94 x 61,5 cm.

KLEINSTE PUZZLES
Das 99-teilige hölzerne Puzzle Nano von World of Escher in Texas (USA) ist 6,5 x 5,5 cm groß.

Das kleinste im Handel erhältliche Puzzle mit 1.000 Teilen misst 46 x 30 cm und wird von Educa Sallent in Barcelona (E) hergestellt.

GRÖSSTE PUZZLES
Das größte Puzzle aller Zeiten war 4.783 m² groß und bestand aus 43.924 Teilen. Es wurde am 8. Juli 1992 in Marseille (F) gelegt.

Das größte in Serie gefertigte Puzzle stammt vom Ravensburger Spieleverlag in Ravensburg (D). Es hat 12.000 Teile, ist fast 7 kg schwer, 4 m² groß und zeigt die Skyline der Stadt New York (USA).

GRÖSSTER TEDDYBÄR
Am 6. Mai 1999 schuf Omni Toys Oy aus Turku (FIN) einen handgenähten Teddybär von 7,68 m Länge und einem Gewicht von 800 kg.

⊙ LÄNGSTER ÜBERWASSERFLUG EINES MODELL-HUBSCHRAUBERS
Am 18. Dezember 1999 ließ Michael Farnan (AUS) seinen Modellhubschrauber JT Vigor 64 km weit quer über die Port Philip Bay, Victoria (AUS), fliegen. Der Hubschrauber wurde von einem parallel fliegenden, echten Hubschrauber ferngesteuert; für diese Strecke brauchte er 40 Minuten. Beim Abflug betrug sein Gesamtgewicht 8,5 kg.

⊙ GRÖSSTER GESTIE-GENER DRACHEN
Der größte Drachen, der jemals aufgestiegen ist, ist der Megabite mit 64 m Länge (einschließlich Schweif), 22 m Breite und einer Gesamtfläche von 933 m². Der Drachen aus dem Designerbüro von Peter Lynn (NZ) flog am 7. September 1997 beim Internationalen Drachenfestival von Bristol (GB) 22,57 Minuten lang.

GRÖSSTES STOFFTIER
Schüler der Veienschule in Hønefoss (NOR) stellten im Juni 1994 eine 419,7 m lange Stoffschlange her.

GRÖSSTES JO-JO
Ein 407 kg schweres Jo-Jo mit einem Durchmesser von 3,17 m wurde von JN Nichols (Vimto) Ltd entworfen und von Studenten am Stockport College in Greater Manchester (GB) gebaut. Am 1. August 1993 wurde es von einem Kran aus heruntergelassen und schwang etwa viermal auf und ab.

HÖCHSTES LEGOBAUWERK
Mehr als 2.000 Kinder bauten in Moskau (RUS) zwischen dem 14. und 19. Juli 1998 einen 24,66 m hohen Legoturm. Er bestand aus 387.903 Legosteinen.

LÄNGSTES LEGOBAUWERK
Am 31. Mai 1998 bauten 20.000 Menschen aus 1.500.834 Legosteinen einen 577,6 m langen Lego-Tausendfüßler auf dem Altstädter Ring in Prag (CZ).

KLEINSTER GESTIEGENER DRACHEN
Ein Drachen, den Nobuhiko Yoshizuni (J) baute und in Seattle, Washington (USA), steigen ließ, war gerade einmal 10 x 8 mm groß.

LÄNGSTER GESTIEGENER DRACHEN
Am 18. November 1990 ließ Michel Trouillet in Nîmes (F) einen 1.034,5 m langen Drachen steigen.

LÄNGSTER FLUG EINES PAPIERFLUGZEUGS
Ken Blackburn ließ am 8. Oktober 1998 im Georgia Dome, Atlanta (USA), ein Papierflugzeug 27,6 Sekunden lang fliegen.

GRÖSSTES LITEBRITE-STECKBILD
Lori Kanary (USA) schuf mit 62.856 LiteBrite-Steckern eine 1,21 x 1,82 m große Kopie von Monets *Impression bei Sonnenaufgang*. Das Steckbild wurde am 5. November 1999 in Denver, Colorado (USA), ausgestellt.

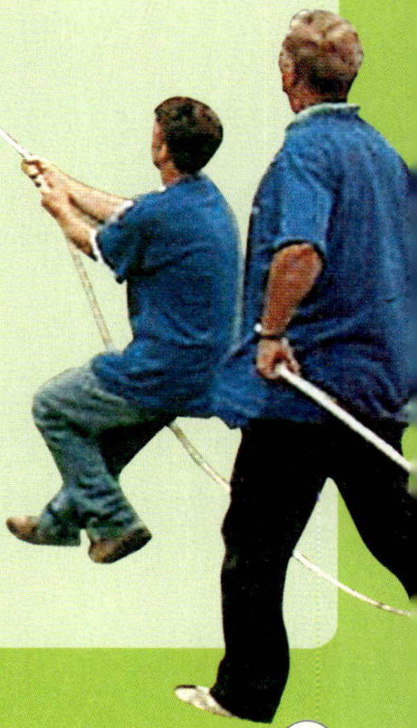

Sammlungen

GRÖSSTE SAMMLUNG VON KLEIDERSCHILDERN
Angela Bettelli aus Modena (I) sammelte bis 1990 insgesamt 2.180 verschiedene Kleiderschilder aus Pappkarton. In ihrer Sammlung befinden sich Schilder französischer, deutscher und italienischer Modehäuser. Das älteste Schild ist 40 Jahre alt.

GRÖSSTE PARKUHRENSAMMLUNG
292 verschiedene Parkuhren trug Lotta Sjölin aus Solna (SWE) bis Juli 1996 zusammen. Seit 1989 sammelt sie Parkuhren, die sie von Gemeindebehörden auf der ganzen Welt aufkauft.

GRÖSSTE GOLFBALLSAMMLUNG
Ted Hoz aus Baton Rouge (USA) hat seit 1986 46.778 verschiedene Golfbälle gesammelt.

GRÖSSTE SCHLÜSSELRINGSAMMLUNG
Jeremy Demchuck aus Kent (USA) sammelte seit 1993 insgesamt 21.513 verschiedene Schlüsselringe, die er in Fundbüros erhielt oder auf Flohmärkten kaufte.

GRÖSSTE SAMMLUNG VON CHIPSTÜTEN
Frank Ritter (USA), der in Nottingham (GB) lebt, sammelte seit 1993 insgesamt 683 Chipstüten aus 15 Ländern.

GRÖSSTE SAMMLUNG VON NACHTTÖPFEN
Manfred Klauda aus München (D) sammelte 9.400 Nachttöpfe; der älteste stammt aus dem 16. Jahrhundert. Sie können im Zentrum für außergewöhnliche Sammlungen in München (D) besichtigt werden.

GRÖSSTE SAMMLUNG VON ZWERGEN UND KOBOLDEN
Seit 1978 hat Anne Atkin aus West Putford, Devon (GB), insgesamt 2.010 Gartenzwerge und Kobolde gesammelt. Ihr „Zuhause" ist ein 1,6 ha großes Zwergenreservat, das bis heute schon mehr als 25.000 Besucher zählte.

GRÖSSTE OBSTAUFKLEBERSAMMLUNG
Antoine Secco aus Bourbon-Laancy (F) sammelte über 20.500 Obstaufkleber.

GRÖSSTE SAMMLUNG VON KÜHLSCHRANKMAGNETEN
Louise Greenfarb aus Spanaway, Washington (USA), hat eine Sammlung von 29.000 Kühlschrankmagneten.

GRÖSSTE FEUERZEUGSAMMLUNG
Francis van Herle aus Beringen (B) besitzt eine Sammlung von 58.259 unterschiedlichen Feuerzeugen.

GRÖSSTE BARBIEPUPPENSAMMLUNG
Tony Mattia aus Brighton (GB) besitzt 1.125 Barbiepuppen. Die Sammlung umfasst ungefähr die Hälfte aller Modelle, die von der Firma Mattel seit der Markteinführung der Barbiepuppe im Jahr 1959 hergestellt wurden. Darunter befinden sich auch viele Versionen von Barbies Freund Ken.

GRÖSSTE SAMMLUNG VON ROTKEHLCHEN-WEIHNACHTSKARTEN
Joan Gordon aus Kent (GB) sammelte 10.677 Weihnachtskarten mit Rotkehlchenmotiven. Zu jedem Weihnachtsfest schmückt sie mit den Karten ihr Haus – eine Arbeit, mit der sie schon im November beginnt.

GRÖSSTE FLASCHENÖFFNER-SAMMLUNG
Flaschenöffner sammelt Dale Deckert aus Orlando (USA) seit seiner Entlassung aus der Armee im Jahr 1945. Seine Sammlung umfasst 20.884 unterschiedliche Öffner aus 136 Ländern.

GRÖSSTE BUSFAHRSCHEIN-SAMMLUNG
Yacov Yosipovv aus Tel Aviv (IL) besitzt über 14.000 unterschiedliche benutzte Busfahrscheine.

GRÖSSTE BIERDECKELSAMMLUNG
Die Rekordzahl von 152.860 verschiedenen Bierdeckeln aus bislang 185 Ländern hat Leo Pisker aus Langenzersdorf (A) zusammengetragen. Der größte Bierdeckel misst 76 x 76 cm, der kleinste nur 2,5 x 2,5 cm.

GRÖSSTE SAMMLUNG VON FLUGZEUG-SPUCKTÜTEN
Von 470 Fluggesellschaften aus aller Welt stammen die 2.112 Spucktüten, die Nick Vermeulen aus Wormerveer (NL) gesammelt hat.

GRÖSSTE SAMMLUNG VON NAGELKNIPSERN
Seit 1971 hat André Ludwick aus Parys (ZA) 505 verschiedene Nagelknipser gesammelt. Das älteste Instrument gefällt ihm besonders gut: Es wurde um 1935 von einem Schmied angefertigt.

GRÖSSTE SAMMLUNG GEFÄLSCHTER GEMÄLDE
Der Franzose Christopher Petyt besitzt etwas mehr als 2.500

⊙ GRÖSSTE OHRRINGSAMMLUNG

30.748 verschiedene Paare umfasste die Ohrringsammlung von Carol McFadden aus Oil City (USA) am 20. Januar 2000.

gefälschte Gemälde, darunter einige der berühmtesten (gefälschten) Kunstwerke der Welt. Petyt gilt selbst als einer der besten Kunstfälscher der Welt und baute die Sammlung mit Hilfe von 82 weiteren Malern auf. 1992 gründete er die Stiftung L'Art du Faux in Paris (F).

GRÖSSTE BOTIJOSAMMLUNG
Jesús Gil-Gilbernau del Río aus Logroño (E) sammelte über 2.500 Botijos – traditionelle spanische Trinkgefäße mit zwei Schnäbeln und einem Henkel. In seiner Sammlung befinden sich Gefäße aus Porzellan, Kristall, Holz und Keramik.

GRÖSSTE THERMOMETER-SAMMLUNG
John Thynne aus Southwick (GB) sammelte seit 1989 insgesamt 240 Thermometer.

GRÖSSTE KAUGUMMISAMMLUNG
Die Rekordzahl von 5.100 Päckchen Kaugummi und Ballonkaugummi hat Steve Fletcher aus London (GB) seit 1980 gesammelt.

GRÖSSTE SAMMLUNG SIGNIERTER BÜCHER
Michael Silverbrooke und Pat Tonkin aus Vancouver (CDN) besitzen insgesamt 318 von den jeweiligen Autoren signierte Bücher.

GRÖSSTE TRINK-BECHER-SAMMLUNG
Seit 1996 sammelt Marlene Williamson aus Charleston (USA) Mugs (Trinkbecher). Ihre Sammlung umfasst heute 1.419 Stück.

→ GRÖSSTE SAMMLUNG VON ENGELFIGUREN

Joyce und Lowell Berg aus Beloit (USA) verfügen über eine Sammlung von 12.037 Engel- und Puttenfiguren. Darunter befindet sich sogar ein Engel als Rauchmelder.

Party-Szene

⊙ GRÖSSTER ÜBERDACHTER NACHTCLUB
Der Nachtclub Privilege auf Ibiza (E) kann 10.000 Clubbesucher aufnehmen und verfügt über Tanzflächen von 6.500 m², die sich über drei Stockwerke erstrecken. Eine Wand des Gebäudes ist aus Flachglas, so dass die Morgensonne hereinscheinen kann. Swimmingpool, Springbrunnen und Gärten tragen zum Ambiente des Clubs bei. Hier finden auch die legendären Manumission-Partys statt, die die ganze Nacht dauern.

GRÖSSTE MILLENNIUMSPARTYS

Die größten Milleniumspartys wurden in London (GB), New York City (USA) und Rio de Janeiro (BR) veranstaltet.

In London säumten um Mitternacht 3,5 Mio. Menschen die Ufer der Themse, um das 15-minütige Feuerwerk zu sehen, das von 16 am Ufer verankerten Booten abgebrannt wurde. Mit über 30,5 Tonnen Feuerwerkskörpern war es das größte Feuerwerk aller Zeiten und wurde von 54 Fernsehsendern in alle Welt übertragen. Die ganztägige Feier begann um 11 Uhr und dauerte bis 2 Uhr nachts. Schätzungsweise 5 Mio. Menschen nahmen daran teil. Zur Veranstaltung gehörten zwei Vergnügungsparks, ein Kunstfestival, vier Showbühnen, 50 Live-Musikveranstaltungen und drei riesige Videowände.

In New York versammelten sich 3 Mio. Menschen am Times Square. Man ließ eine Waterford-Kristallkugel mit einem Durchmesser von 1,8 m und 485 kg Gewicht von einem 23,5 m hohen Flaggenmast herunterfallen, wobei ein Feuerwerk und ein Sprühregen von 4,1 t Konfetti ausgelöst wurde. Die Feiern dauerten 24 Stunden, und jede Stunde fand eine andere Show statt – als Symbol für den Beginn des Millenniums in jeder der 24 Zeitzonen der Erde. Es war die längste ununterbrochene Veranstaltung der Stadtgeschichte mit Musikaufführungen, Riesenpuppen, Videoübertragungen aus aller Welt und über 500 Mitwirkenden. Die Kosten wurden auf 14,2 Mio. DM geschätzt, der angefallene Müll wog 30,5 Tonnen.

In Rio de Janeiro wurden Feuerwerke an mehreren Stränden von insgesamt 4 Mio. Menschen verfolgt. Das größte Feuerwerk wurde auf der Copacabana veranstaltet; auf dem 13 km langen Strand feierten 3 Mio. Menschen. Das Feuerwerk wurde auf einem Schiff vor der Küste, an fünf Stellen am Strand und an den beiden Strandenden gezündet. Drei riesige Klangbühnen und eine 100 m hohe hochauflösende Fernsehwand waren errichtet worden. Die Feier wurde in alle Welt übertragen.

GRÖSSTE KARNEVALS

Der Salvador Carnival in Bahia (BR) zieht jedes Jahr 2 Mio. Menschen an, darunter 800.000 Touristen, und erwirtschaftet einen Gesamtumsatz von 515 Mio. DM. Er dauert sechs Tage und erstreckt sich über 26 km auf den Straßen des Stadtzentrums, wobei die Zuschauer von 100 Karnevalgruppen, den so genannten blocos, unterhalten werden.

Auch bei den Mardi Gras-Feiern 1999 im Französischen Viertel von New Orleans (USA) wurde die Zuschauermenge auf 2 Mio. geschätzt.

GRÖSSTES ROCKFESTIVAL

Beim Rockfestival, das 1983 von Steve Wozniak in Devore in der Nähe von San Bernardino (USA) veranstaltet wurde, nahmen 670.000 Menschen teil. Das Festival dauerte vom 28. bis zum 30. Mai; ein vierter Festivaltag war der Country-Musik gewidmet und fand am 4. Juni statt. Stars des Festivals waren The Clash, Van Halen, David Bowie und Willie Nelson.

GRÖSSTE JÄHRLICHE LEBENSMITTELSCHLACHT

In Buñol (E) wird jedes Jahr am letzten Mittwoch im August das Tomatenfestival veranstaltet, das „Tomatina". Beim Festival von 1999 bewarfen sich 25.000 Menschen mit insgesamt 125 Tonnen Tomaten. Die Früchte werden einfach auf die Straße geschüttet;

⊙ LÄNGSTE TANZPARTY
Die längste bekannte Tanzparty wurde von MTV India im Fireball Club, Gurgaon (IND), veranstaltet. Sie dauerte vom 26. bis zum 29. November 1999. 56 Teilnehmer tanzten ohne Unterbrechung 50 Stunden lang.

↓ GRÖSSTE SCHWULENFESTIVALS

Die Lesbian Gay Bisexual Transgender Pride Parade in San Francisco (USA) und das Sydney Gay and Lesbian Mardi Gras (siehe Abbildung) in Sydney (AUS) hatten 1999 jeweils 600.000 Besucher.

die Teilnehmer sammeln sie auf und bewerfen sich gegenseitig.

GRÖSSTES KNOBLAUCHFESTIVAL
Das dreitägige Gilroy Garlic Festival wird jeden Sommer in Gilroy (USA) durchgeführt. Die 130.000 Besucher des Festivals können knoblauchgewürzte Nahrung kosten – von Fleisch bis Eiskrem.

GRÖSSTE GEBURTSTAGSPARTY
Die größte Geburtstagsparty für eine Person, die auch anwesend war, fand am 8. September 1979 in Louisville (USA) statt. Gefeiert wurde der 89. Geburtstag des Gründers von Kentucky Fried Chicken, Col Harland Sanders. 35.000 Personen nahmen daran teil.

GRÖSSTE KINDERPARTY
Am 30. und 31. Mai 1979 fand im Hyde Park in London (GB) eine Party anlässlich des Internationalen Jahrs des Kindes statt, an der 160.000 Kinder teilnahmen.

⊙ KLEINSTER NACHTCLUB

Der Nachtclub The Miniscule of Sound in London (GB) ist 2,40 m lang, 1,20 m breit und 2,40 m hoch und verfügt über eine Tanzfläche von 2 m^2. Maximal 14 Personen finden darin Platz, einschließlich des Diskjockeys.

Vergnügungsparks

MEISTBESUCHTER VERGNÜGUNGSPARK
1999 zog Tokio Disneyland in Japan 17,46 Millionen Besucher an – 4.6 % mehr als im Vorjahr. Mit insgesamt 162,6 Mio. Besuchern von 1990–99 hält der Park gleichzeitig den Besucherrekord unter den Vergnügungsparks.

GRÖSSTER ÜBERDACHTER VERGNÜGUNGSPARK
Mit einer Gesamtfläche von 37.160 m² ist Galaxyland in der West Edmonton Mall von Alberta (CDN) der größte überdachte Vergnügungspark der Welt. Er bietet dem Besucher 30 Spielbuden und 27 Fahr-Attraktionen, darunter *The Mindbender*, eine 14 Stock hohe Dreier-Looping-Achterbahn, die mit 6,5-facher Erdbeschleunigung auf die Fahrgäste wirkt, und *Drop Of Doom* mit freiem Fall über 13 Stockwerke.

GRÖSSTER ÜBERDACHTER BADEPARK
Der 300 m lange, 100 m breite und 38 m hohe Ocean Dome gehört zum Freizeitpark von Miyazaki, Kyushu (J). Neben einem 140 m langen Strand aus Marmorsand bietet der Park die bis zu 2,5 m hohe Wellen erzeugende größte Wellenmaschine der Welt.

MEISTE FAHR-ATTRAKTIONEN
Mit 67 verschiedenen Fahr-Attraktionen besitzt Cedar Point in Sandusky, Ohio (USA), derzeit weltweit die meisten Bahnen aller Vergnügungsparks. Dazu gehören traditionelle Holzachterbahnen wie die 1961 gebaute *Blue Streak* und die im Jahr 1999 eingeweihte Stahlschienen-Achterbahn *Woodcock Express*.

LAND MIT DEN MEISTEN ACHTERBAHNEN
Mit 427 Achterbahnen sind die USA einsamer Spitzenreiter gefolgt von Großbritannien mit 114 und Japan mit 66.

SCHNELLSTE ACHTERBAHN
Superman *The Escape* in Six Flags Magic Mountain im kalifornischen Valencia (USA) ist die schnellste Achterbahn der Welt. Die Mitfahrenden werden in 15-sitzigen Gondeln auf eine Höhe von 126 m gefahren und erleben anschließend bei einer Abfahrtsgeschwindigkeit von 160 km/h 6,5 Sekunden lang die Schwerelosigkeit – länger als bei jeder anderen Achterbahn.

LÄNGSTE ACHTERBAHN
Die Achterbahn *The Ultimate* im Vergnügungspark von Lightwater Valley, Ripon (GB), ist 2,298 km lang. Eine Fahrt dauert im Durchschnitt 5 Minuten 50 Sekunden.

⊙ ÄLTESTER VERGNÜGUNGSPARK
Der älteste noch betriebene Vergnügungspark der Welt ist Bakken in Klampenborg (DK). Der im Jahr 1583 eröffnete Park bietet den Besuchern eine 30 m lange Berg-und-Tal-Bahn, eine Wildwasserbahn und verschiedene andere Fahr-Attraktionen.

GRÖSSTE AUF SCHWERKRAFT BERUHENDE ACHTERBAHN
Die Stahlschienen-Achterbahn *Millennium Force* im Cedar-Point-Vergnügungspark in Sandusky, Ohio (USA), erreicht eine Rekordhöhe von 94,4 m. Die von der Schweizer Firma Intamin AG gebaute Achterbahn wurde am 12. Mai 2000 eingeweiht. Bei der Sturzfahrt aus der größten Fallhöhe – sie beträgt 91,4 m – wird eine Geschwindigkeit von 148 km/h erreicht.

HÖCHSTE ACHTERBAHN MIT FREIEM FALL
Die von einer Liechtensteiner Firma gebaute Achterbahn *Drop Zone* im Paramount's Kings Island Theme Park, Ohio (USA), ist die weltweit höchste Achterbahn mit freiem Fall. Die Mitfahrenden

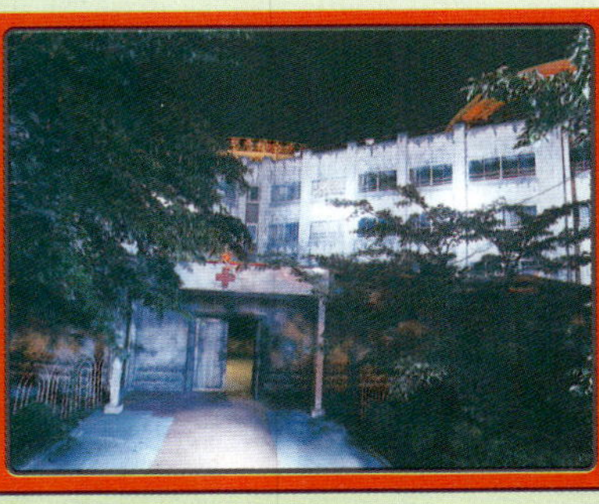

⊙ LÄNGSTES BEGEHBARES GEISTERHAUS
Auf einem 500 m langen Gruselkurs können Besucher durch das Jikei General Hospital im Fujikyu-Highland-Vergnügungspark, Yamanashi Prefecture (J), wandeln. Um möglichst wirklichkeitsgetreu zu wirken, wurde die am 25. Mai 1999 eingeweihte Horror-Attraktion von Krankenhausarchitekten im Stil eines typischen japanischen Krankenhauses entworfen. Jikei bedeutet „das Blut in den Adern erstarren lassen".

fallen von einem 91,4 m hohen Turm 80 m tief und erreichen dabei eine Geschwindigkeit von 105 km/h.

MEISTE ACHTERBAHN-FAHRTEN IN 24 STUNDEN
Ein Team von sechs Angestellten der Firma Sun Microsystems in Bracknell, Berks (GB), fuhr vom 12. bis 13. September 1999 mit 29 verschiedenen Achterbahnen in fünf Vergnügungsparks.

GRÖSSTES RIESENRAD
Das von den englischen Architekten David Marks and Julia Barfield entworfene British Airways London Eye ist 136,1 m hoch und hat einen Durchmesser von 135 m. Die Jungfernfahrt des in den Jubilee Gardens, London (GB), aufgestellten Riesenrads fand am 1. Februar 2000 statt.

← GRÖSSTER VERGNÜGUNGSPARK
Mit einer Fläche von 12.140 ha ist das 32 km südwestlich von Orlando, Florida (USA), gelegene Disney World der größte Vergnügungspark der Welt. Er wurde am 1. Okt. 1971 eröffnet, sein Bau verschlang rund 724 Mio. DM.

Fashion

⊙ LÄNGSTE MODELKARRIERE FÜR DIESELBE FIRMA
Die Japanerin Shima Iwashita ist seit 28 Jahren fest angestelltes Model für die japanische Kosmetikfirma Menard. Ihren ersten Vertrag unterzeichnete sie am 1. April 1972.

TEUERSTES HOCHZEITSKLEID
Ein Hochzeitskleid von Hélène Gainville mit Edelsteinbesatz von Alexander Reza wurde im März 1989 auf einen Wert von14,8 Mio. DM geschätzt. Es war mit platingefassten Diamanten bestickt.

TEUERSTER SCHAL
Shatoosh-Schals werden aus dem Bauchhaar der seltenen tibetanischen Antilope hergestellt – für einen müssen bis zu fünf Antilopen sterben. Ein Schal kostet bis zu 30.000 DM, jedoch ist der Handel mit ihnen illegal.

TEUERSTE SCHUHE
Für seine Selbstkrönung am 4. Dezember 1977 gab Bokassa, Kaiser des Zentralafrikanischen Kaiserreichs (heutige Zentralafrikanische Republik), beim Haus Berluti in Paris (F) perlenbesetzte Schuhe für umgerechnet 172.550 DM in Auftrag.

Die teuersten Schuhe, die jemals auf den Markt kamen, waren nerzgefütterte Golfschuhe mit Verzierungen aus 18-karätigem Gold und Spikes mit Rubinspitzen. Zu kaufen waren sie vom Hersteller Stylo Matchmakers International aus Northampton (GB) zum Preis von 41.100 DM. Sie wurden bis 1993 hergestellt.

TEUERSTER DESIGNERHUT
1977 kreierte der Designer David Shilling (GB) einen strohgelben Hut im Wert von 60.250 DM. Eine Diamantenkette von der Hutspitze konnte auch als Halskette getragen werden, eine Deko-Rose als Brosche und eine tropfenförmige Kreation als ein Paar Ohrringe. Der Hut wäre heute 200.000 DM wert.

TEUERSTE TIARA
Die teuerste Tiara der Welt wurde von Gianni Versace kreiert und hatte 1996 einen geschätzten Handelswert von 10,2 Mio. DM. Mit ihrem Goldbesatz und dem Schmuck von 100-karätigen Diamanten wog sie etwa 300 g.

TEUERSTE JEANS
Im Oktober 1998 lancierte Gucci eine Jeanskollektion zum Einzelpreis von 6.320 DM mit afrikanischem Perlschnurbesatz, aufgenähtem Federschmuck, bewusst platzierten Rissen und versilberten Knöpfen und Nieten.

REICHSTER DESIGNER
Ralph Laurens persönliches Vermögen wird auf 3,54 Mrd. DM geschätzt. Das Ralph Lauren-Imperium, das seine Anfänge in den 60er Jahren in einem Krawattengeschäft nahm, hat heute einen Wert von etwa 6,1 Mrd. DM.

GRÖSSTES WACHSTUM EINER DESIGNERMARKE
Im Steuerjahr 1999 wies das Unternehmen Tommy Hilfiger einen Umsatz von 3,323 Mrd. DM aus – eine Steigerung um etwas mehr als 93 % im Vergleich zum Vorjahr. Kleidung von Hilfiger wird weltweit in ca. 1.500 exklusiven Boutiquen verkauft.

ÄLTESTES MARKENZEICHEN AUF SPORTSCHUHEN
Basketball-Schuhe, Freizeitschuhe und Kinderschuhe von Converse werden unter dem Markenzeichen Chuck Taylor Converse All-Star verkauft, benannt nach Chuck Taylor (USA), der 1923 als erster Sportschuhe signierte. Der Name Taylor wurde auf die Schuhe gesetzt, um seine Leistungen im Basketball zu würdigen.

⊙ MEISTE DESIGNER AUF EINER MODENSCHAU
Insgesamt 89 Designer nahmen 1999 an den Pariser Modewochen teil, darunter Jean-Paul Gaultier (oben), Vivienne Westwood und Yves Saint Laurent.

⊙ MEISTVERKAUFTE ROLLERSKATE-SCHUHE

Vans ist der neuntgrößte Schuhwarenproduzent der USA und laut Sporting Goods Intelligence Marktführer bei alternativen Schuhwaren. Das Unternehmen hatte 1999 einen Umsatz von 416,4 Mio. DM. Schuhe von Vans werden in 90 Ländern vertrieben.

GRÖSSTER HERSTELLER VON SURFKLEIDUNG
Der Umsatz der Firma Quiksilver belief sich 1999 auf etwa 900 Mio. DM, womit sie der weltweit größte Hersteller von Surfkleidung ist.

MEISTVERKAUFTE UNTERWÄSCHE
Marks & Spencer (GB) verkaufen weltweit jährlich 50 Mio. Schlüpfer unter ihrer Marke (Mehrfachpackungen zählen als ein Stück) – beinahe 137.000 Stück pro Tag.

→ TEUERSTER BH

Der „Millennium-BH" zum Preis von 20,3 Mio. DM, hier von Heidi Klum präsentiert, wird von der Firma Victoria's Secret hergestellt. Über und über mit 3.024 Edelsteinen, darunter 1.988 Saphiren, besetzt, wird er auf Bestellung maßgefertigt und dem Kunden im gepanzerten Wagen unter Waffenschutz ausgeliefert.

Filme & Stars 1

GRÖSSTER KASSENSCHLAGER
Der Film *Titanic* (USA, 1997) von Paramount hat weltweit 3,725 Mrd. DM eingespielt inkl. der Rekordeinnahmen von 1,864 Mrd. DM innerhalb der ersten zehn Wochen.

Wegen der steigenden Eintrittspreise sind beinahe alle Kassenschlager relativ neue Produktionen. Rechnet man jedoch die Gesamteinnahmen von 798,6 Mio. für *Vom Winde verweht* (USA, 1939) auf den heutigen Gegenwert hoch, kommt man auf 7,69 Mrd. DM.

RENTABELSTE FILMSERIE
Die Serie von 20 James Bond-Filmen, die mit *007 jagt Dr. No* (GB, 1962) startete, hat weltweit rund 6,5 Mrd. DM eingespielt.

GRÖSSTE VERLUSTE
Der Film *Die Piratenbraut* (USA, 1995) von MGM mit Geena Davis in der Hauptrolle und ihrem damaligen Ehemann Renny Harlin als Regisseur kostete inkl. Werbung über 200 Mio. DM, spielte aber Berichten zufolge nur 22,3 Mio. DM ein.

TEUERSTER SPIELFILM
Die Produktion von *Titanic* (USA, 1997) kostete über 400 Mio. DM, wobei für die Gesamtsumme teilweise langwierige Verzögerungen nach der eigentlichen Produktion verantwortlich sind.

Wenn man die Inflation berücksichtigt und die realen Kosten rechnet, war der teuerste Film aller Zeiten *Cleopatra* (USA, 1963). Sein 89 Mio. DM-Budget entsprächen heute 623 Mio. DM.

BILLIGSTER SPIELFILM
Die Produktion von *The Shattered Illusion* (AUS, 1927) von den Victorian Film Productions, ein Stummfilm nach dem Drehbuch und unter der Regie von A. G. Harbrow, kostete nur ca. 10.000 DM.

GRÖSSTER WERBEETAT
Universal und seine Lizenznehmer investierten allein für die US-Werbekampagne für Steven Spielbergs *Jurassic Park* (USA, 1993) eine Rekordsumme von 138 Mio. DM – 16,2 Mio. DM mehr als die Gesamtkosten des Films.

⊙ BESTES KOSTEN-EINNAHMEN-VERHÄLTNIS
Der Film *Blair Witch Project* (USA, 1999, Regie Daniel Myrick und Eduardo Sánchez) kostete 44.600 DM und spielte 488,2 Mio. DM ein – ein Verhältnis von Kosten zu Einnahmen von 1:10.931.

SCHAUSPIELERIN MIT DEN GRÖSSTEN EINNAHMEN
Die Gesamteinnahmen der 22 Filme mit Carrie Fisher betragen 2,86 Mrd. DM. Ihre erfolgreichsten Filme waren *Krieg der Sterne* (USA, 1977), *Das Imperium schlägt zurück* (USA, 1980) und *Die Rückkehr der Jedi-Ritter* (USA, 1983), die jeweils mehr als 400 Mio. DM einspielten.

GRÖSSTES FILMSTUDIO
Die größten Filmstudios der Welt liegen in Universal City, Los Angeles, Kalifornien (USA). Der Komplex mit Namen The Back Lot hat eine Fläche von 170 ha und umfasst 561 Gebäude und 34 Tonstudios.

GRÖSSTER SZENENAUFBAU
Der größte Szenenaufbau aller Zeiten war der 400 x 230 m große Nachbau des Forum Romanum für Samuel Bronstons Produktion von *Der Untergang des Römischen Reichs* (USA, 1964). Es wurde nach Plänen von Veniero Colosanti und John Moore auf einer 22,25 ha großen Fläche in der Nähe von Madrid (E) errichtet. Insgesamt 1.100 Handwerker arbeiteten sieben Monate, um es mit 170.000 Zementblöcken zu pflastern, 6.700 Treppenstufen zu gießen und 601 Säulen, 350 Statuen und 27 römische Gebäude in Originalgröße nachzubilden.

⊙ SCHAUSPIELER MIT DEN GRÖSSTEN EINNAHMEN
Die 24 Filme, in denen Harrison Ford (links in *Air Force One*) auftrat, haben insgesamt 6,11 Mrd. DM eingespielt, zehn davon brachten jeweils über 400 Mio. DM ein. Zu Fords Filmen gehören die erste *Star Wars*-Trilogie (USA, 1977–83), die *Indiana Jones*-Filme (USA, 1981–89), *Auf der Flucht* (USA, 1993) und *Air Force One* (USA, 1997).

LÄNGSTER FILM
Der längste Film aller Zeiten war der 85-stündige *The Cure For Insomnia* (USA, 1987) von John Henry Timmis IV. In voller Länge wurde er zum ersten Mal vom 31. Januar bis 3. Februar 1987 am School of The Art Institute in Chicago, Illinois (USA), vorgeführt.

MEISTE HAUPTROLLEN
John Wayne trat in 153 Filmen auf, von *The Drop Kick* (USA, 1927) bis *Der Scharfschütze* (USA, 1976). Nur in elf Filmen spielte er nicht die Hauptrolle.

GRÖSSTER ALTERSUNTERSCHIED EINER FIGUR
Dustin Hoffman war selbst 33 Jahre alt, als er die Rolle des Jack Crabb in *Little Big Man* (USA, 1970) spielte. Im Lauf des Films wird die anfangs 17-jährige Figur 121 Jahre alt.

LÄNGSTE LEINWANDKARRIERE
Der deutsche Schauspieler Curt Bois (1901–1991) debütierte im Alter von sieben Jahren in *Der fidele Bauer* (D, 1908). Zum letzten Mal trat er 79 Jahre später in einem Film auf, nämlich in *Himmel über Berlin* (D, 1987) des deutschen Regisseurs Wim Wenders.

LÄNGSTE FILMPARTNERSCHAFT
Die indischen Filmstars Prem Nazir und Sheela spielten gemeinsam in 130 Filmen, bis Sheela 1975 in Ruhestand ging.

GRÖSSTES KINO
Das größte Kino der Welt ist die Radio City Music Hall in New York City (USA), das bei seiner Eröffnung am 27. Dezember 1932 5.945 Sitzplätze hatte. Heute fasst es 5.910 Zuschauer.

→ HÖCHSTE ERSTTAGS-GEWINNE
Star Wars Episode 1: The Phantom Menace spielte bei seinem Kinostart am 19. Mai 1999 in 2.970 Kinos in Nordamerika 57.940.968 DM ein.

Filme & Stars 2

GRÖSSTE FILMPRODUKTION
In Indien werden mehr Filme in Kinofilmlänge produziert als in jedem anderen Land der Welt. Die Produktion erreichte 1990 mit 948 Filmen einen Höhepunkt. 1994 (dem letzten Jahr, für das Daten verfügbar sind) wurden in den drei wichtigsten Produktionsstätten Bombay, Kalkutta und Madras 754 Filme in 16 Sprachen produziert.

GRÖSSTES KINOPUBLIKUM
Die Rekordzahl von 21,8 Mrd. Kinobesuchen wurde 1988 in China erreicht.

⊙ KLEINSTER SCHAUSPIELER
Verne Troyer, hier abgebildet als Mini-Me in *Austin Powers – Spion in geheimer Missionarsstellung* (USA, 1999) mit Mike Myers, ist 81 cm groß. Er spielte auch Filmrollen in *Men in Black* (USA, 1997) und *How The Grinch Stole Christmas* (USA, 2000).

HÖCHSTE BRUTTOEINNAHME FÜR FILMKOMÖDIEN
Kevin – allein zu Haus (USA, 1990), mit Macaulay Culkin in der Hauptrolle und unter der Regie von Chris Columbus, spielte weltweit die Rekordsumme von 1,08 Mrd. DM ein.

Austin Powers – Spion in geheimer Missionarsstellung (USA, 1999), mit Mike Myers in der Hauptrolle, erreichte am 12. und 13. Juni 1999, dem auf den Kinostart folgenden Wochenende, eine Bruttoeinnahme von 111,5 Mio. DM.

HÖCHSTE BRUTTOEINNAHME FÜR WESTERN
Der mit dem Wolf tanzt (USA, 1990), mit Kevin Costner als Regisseur und Hauptdarsteller, kam weltweit an den Kinokassen auf 861,1 Mio. DM.

TEUERSTER STUMMFILM
Die Produktion von *Ben Hur* (USA, 1925) kostete damals die Rekordsumme von 3,9 Mio. Dollar – nach heutigem Geldwert sind das ungefähr 67 Mio. DM.

⊙ LÄNGSTE DREHARBEITEN
Die Dreharbeiten zu Stanley Kubricks *Eyes Wide Shut* (USA, 1999), mit Tom Cruise und Nicole Kidman in den Hauptrollen, dauerten mehr als 15 Monate, darunter auch eine ununterbrochene Drehperiode von 46 Wochen. Kubrick, der vor dem Kinostart des Films starb, hält auch den Rekord für die meisten Retakes einer Szene – eine bestimmte Szene in *Shining* (USA, 1980) ließ er 127-mal nachdrehen.

HÖCHSTE BRUTTOEINNAHME FÜR EINEN STUMMFILM
The Big Parade (USA, 1925), mit John Gilbert in der Hauptrolle, erreichte weltweit eine Bruttoeinnahme von 22 Mio. Dollar.

HÖCHSTE BRUTTOEINNAHME FÜR EINEN DEUTSCHSPRACHIGEN FILM
Das Boot (D, 1981) handelt von der Besatzung eines U-Boots im Zweiten Weltkrieg. Er nahm weltweit 172,3 Mio. DM ein.

HÖCHSTE BRUTTOEINNAHME FÜR EINEN ITALIENISCHEN FILM
Das Leben ist schön (I, 1997), mit Roberto Benigni in der Hauptrolle, der auch das Drehbuch verfasst hatte, erreichte weltweit eine Bruttoeinnahme von 464,9 Mio. DM.

LÄNGSTE FILMSERIE
Insgesamt 103 Filme wurden über den Kampfsporthelden Huang Fei-Hong gedreht. Die Handlung spielt im 19. Jahrhundert. Der erste Film der Serie trug den Titel *The True Story of Huang Fei-Hong* (1949); der jüngste Film lautet *Once Upon a Time in China 5* (1995). Alle Filme wurden in Hongkong produziert.

⊙ HÖCHSTE BRUTTOEINNAHMEN EINES HORRORFILMS

Der Horror-Thriller *Der 6. Sinn* (USA, 1999), mit Bruce Willis und Haley Joel Osment, hat bis zum April 2000 weltweit 1,37 Mrd. DM eingespielt.

Kiyoshi Atsumi spielte in allen 48 *Tora-San*-Komödien die Rolle des Torajiro Kuruma. Die Filme wurden von August 1969 bis Dezember 1995 von den Shockiku Studios in Japan produziert – die längste Filmserie mit demselben Hauptdarsteller.

MEISTVERFILMTE FIKTIVE FIGUR

Sherlock Holmes, der von Sir Arthur Conan Doyle erfundene Detektiv, ist die meistverfilmte fiktive Figur. Sie wurde seit 1900 von 75 Schauspielern in mindestens 211 Filmen dargestellt.

MEISTVERFILMTE HISTORISCHE FIGUR

Der französische Kaiser Napoleon Bonaparte wurde seit 1897 in 177 Filmen dargestellt.

MEISTVERFILMTE STORY

Über das Märchen *Aschenputtel* wurde die Rekordzahl von 95 Filmen gedreht – einschließlich Trick-, Ballett-, Opernfilmen und Parodien.

↓ HÖCHSTE BRUTTOEINNAHME FÜR EINEN FRANZÖSISCHEN FILM

***Cyrano de Bergerac* (F, 1990) kam weltweit auf eine Bruttoeinnahme von 30,6 Mio. DM – ein Rekord für einen Film in französischer Sprache. Mit diesem Film wurde der Hauptdarsteller Gerard Dépardieu (rechts) endgültig zu einem internationalen Star.**

MEISTVERFILMTE HORRORFIGUR

Graf Dracula, eine von dem irischen Schriftsteller Bram Stoker geschaffene Figur, wurde in mehr Filmen dargestellt als jede andere Horrorfigur. Mit 161 Darstellungen des Grafen oder seiner unmittelbaren Nachkommen liegt die Figur deutlich vor ihrem schärfsten Rivalen Frankenstein mit 117 Darstellungen.

MEISTVERFILMTER AUTOR

Bis heute beruhen insgesamt 394 Kino- und Fernsehfilme auf Stücken von William Shakespeare. *Hamlet* war mit 75 Versionen bei den Filmemachern besonders beliebt, gefolgt von *Romeo und Julia* mit 51 und *Macbeth* mit 33 Versionen. Zu den neuesten Filmversionen gehören *Romeo und Julia* (USA, 1996) und *O* (USA, 2000), ein Film, der auf *Othello* beruht.

Comics & Animation

LÄNGSTE COMIC-SERIE IN EINER ZEITUNG
Der Comicstrip *Katzenjammer Kids* von Rudolph Dirks erschien zum ersten Mal am 12. Dezember 1897 im *New York Journal* und läuft noch immer. Heute wird die Serie von Hy Eisman gezeichnet.

LÄNGSTE COMIC-SERIE VON EINEM KÜNSTLER
Jim Russell (AUS) zeichnet den Comic *The Potts* seit Januar 1940. Die Serie erschien bis 1950 in der Zeitung *Smiths Weekly*, seither wird täglich eine Folge im *Melbourne Herald* veröffentlicht.

MEISTE FOLGEN EINES COMIC
Von dem mexikanischen Comic *Pepin* erschienen vom 4. März 1936 bis zum 23. Oktober 1956 insgesamt 7.561 Folgen. Auf dem Höhepunkt seiner Popularität schätzte man die täglich verkaufte Auflage auf 320.000 Exemplare; an Sonntagen wurden doppelt so viele Exemplare verkauft. Nachdem Yolanda Vargas Dulche in den vierziger Jahren zum Autorenteam gestoßen war und Charaktere wie die schurkische Raratonga, die Dschungelkönigin, eingeführt hatte, übertrafen die Verkaufszahlen des *Pepin*-Comics die seines schärfsten Rivalen *Chamaco Chico*.

PRODUKTIVSTER COMIC-ZEICHNER
Joe Martin (USA) schuf Comic-Figuren wie *Mr. Boffo*, *Willy 'N Ethel*, *Cats With Hands* und *Porterfield*. Er fertigt jährlich 1.300 Comicstrips und Cartoons. Seit 1978 hat Martin 20.865 Comic-Zeichnungen veröffentlicht.

MEISTVERBREITETE COMIC-STRIPS EINES LEBENDEN ZEICHNERS
Die Comicstrips *The Wizard of Id* und *BC* von Johnny Hart (USA) werden weltweit in jeweils 1.300 Zeitungen abgedruckt.

MEISTVERFILMTE COMIC-FIGUR
Zorro wurde bis heute in 69 Filmen dargestellt. Die von Johnston McCulley geschaffene Figur war auch die erste Comicfigur, die zur Hauptfigur eines bedeutenden Spielfilms wurde: *The Mark of Zorro* (USA, 1920) mit Douglas Fairbanks in der Hauptrolle. Im neuesten Zorro-Film, *Die Maske des Zorro* (USA, 1998), ging die Rolle des maskierten Rächers von Anthony Hopkins auf Antonio Banderas über.

TEUERSTER ZEICHENTRICKFILM
Die Produktion von *The Prince of Egypt* (USA, 1998) von Dream-Works kostete 121,8 Mio. DM. Die Regie führten Brenda Chapman und Steve Hickner. An dem Film arbeiteten 350 Künstler und Zeichner vier Jahre lang. Der Film enthält 1.192 Spezialeffekte. Für einen der Effekte – eine vierminütige Sequenz über das Rote Meer – brauchte man schätzungsweise 350.000 Stunden.

MEISTE OSCAR-NOMINIERUNGEN IN FOLGE
Aardman Animation aus Bristol (GB) wurde zwischen 1991 und 1997 sechsmal für einen Oscar in der Kategorie des Besten Kurztrickfilms nominiert. Drei der Nominierungen – für *Creature Comforts*, *The Wrong Trousers* und *A Close Shave*, alle in der Regie von Studiogründer Nick Park – wurden mit einem Oscar ausgezeichnet.

MEISTE FOLGEN ZUR HAUPTSENDEZEIT
Die Zeichentrickserie *The Simpsons*, die von dem Zeichner Matt Groening (USA) geschaffen wurde, ist die am längsten laufende Zeichentrickserie der Welt, die zur Hauptsendezeit ausgestrahlt wird. Bis zum 15. März 2000 sind im TV-Sender Fox insgesamt 242 Episoden gesendet worden. Die Serie wurde 1987 für den Sender ursprünglich als 30-Sekunden-Spot während der *Tracey Ullman Show* entwickelt.

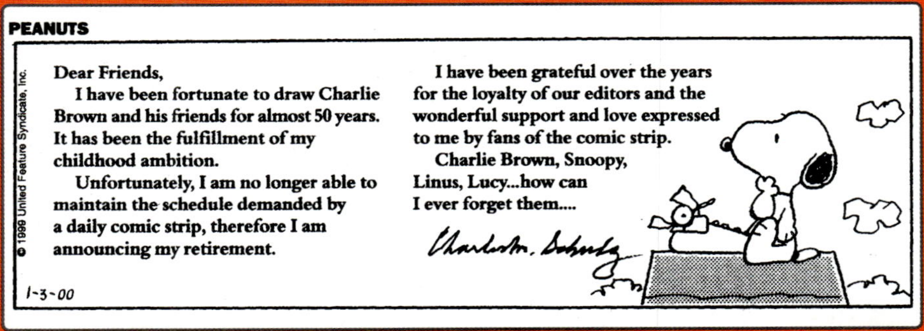

⊙ MEISTVERKAUFTER COMICSTRIP
Peanuts von Charles Schulz (USA) erscheint in 2.620 Zeitungen in 75 Ländern. Schulz veröffentlichte den letzten Strip am 3. Januar 2000 und starb am 12. Februar.

⊙ LÄNGSTER COMICSTRIP

Der längste Comicstrip ist 53,5 m lang und 1,5 m breit. Er wurde am 17. Oktober 1999 in der Universität von Alcalá (E) von 26 Künstlern auf 20 Tafeln gezeichnet.

In den *Simpsons*-Folgen waren die Stimmen von bislang 240 Berühmtheiten zu hören – ein Rekord für eine Zeichentrickserie.

ÄLTESTER ZEICHENTRICKFILM IN KINOFILMLÄNGE

El Apóstol (RA, 1917) war der erste Zeichentrickfilm in Spielfilmlänge. Der Film wurde von Don Frederico Valle gezeichnet.

ÄLTESTE ZEICHENTRICKSERIE IM FERNSEHEN

Die an verschiedene Fernsehsender verkaufte Serie *Crusader Rabbit* von Alex Anderson und Jay Ward wurde von 1949 bis 1951 in San Francisco (USA) produziert. Jede Episode dauerte fünf Minuten und wurde in Farbe gezeichnet, obwohl es damals noch kein Farbfernsehen gab.

MEISTE VON EINER FERNSEHSHOW HERVORGERUFENE ANFÄLLE

Am 16. Dezember 1997 mussten in Japan mehr als 700 Kinder ins Krankenhaus eingeliefert werden, weil eine Episode der Fernseh-Zeichentrickshow *Pokémon* bei ihnen Schüttelkrämpfe ausgelöst hatte. Insgesamt 208 Kinder im Alter von drei Jahren und darüber mussten stationär behandelt werden. Nach Ansicht von Fachleuten wurden die Schüttelkrämpfe von einer Szene ausgelöst, in der rote Lichtblitze aus den Augen der Figur Pikachu schossen.

WERTVOLLSTES COMIC-POSTER

Ein Poster für Walt Disneys Kurzfilm *Alice's Day at Sea* (USA, 1924) wurde im April 1994 bei Christie's in London (GB) für die Rekordsumme von fast 70.000 DM versteigert.

GRÖSSTES COMICMUSEUM

Das International Museum of Cartoon Art in Boca Raton (USA) verfügt über eine Sammlung von über 160.000 Original-Zeichnungen für Trickfilme aus 50 Ländern. Die Sammlung umfasst auch 10.000 Bücher über Animation und 1.000 Stunden Trickfilme, Interviews und Dokumentationen auf Film und Band.

← MEISTE FLÜCHE IN EINEM TRICKFILM

Der Trickfilm *South Park: Bigger, Longer & Uncut* (USA, 1999) dauert 81 Minuten und enthält 399 Flüche sowie 128 beleidigende Gesten.

Fernsehen & Stars 1

⊙ KÜRZESTE TV-SITCOM
***The Gaveltons*, eine Sitcom über eine Familie, die ständig jemanden verklagt, hat eine Sendezeit von nur 60 Sekunden. Seit Juli 1998 läuft sie auf dem US-Sender TV Land, wo seit kurzem auch die 60-Sekunden-‚Blipcoms' *All's Well* und *Spin & Cutter* ausgestrahlt werden.**

LÄNGSTE KINDERSENDUNG
Das Live-TV-Magazin *Blue Peter* der BBC in Großbritannien wurde erstmals am 16. Oktober 1958 ausgestrahlt. Die Sendung hatte bis April 2000 insgesamt 28 Moderatoren; am längsten dabei, nämlich von 1965 bis 1978, war John Noakes. *Blue Peter* wurde zunächst einmal, seit 1995 jedoch dreimal wöchentlich gesendet.

LÄNGSTE SOAP-OPERA
Die am längsten ausgestrahlte Serie ist Granadas Seifenoper *Coronation Street*. Vom 9. Dezember 1960 bis zum 20. Oktober 1989 wurde sie zweimal wöchentlich vom britischen Sender ITV ausgestrahlt; seitdem werden die Fans mit einer dritten wöchentlichen Folge beglückt.

LÄNGSTE FERNSEHSENDUNG
In den USA wurde NBCs *Meet The Press* erstmals am 6. November 1947 ausgestrahlt und seit dem 12. September 1948 wöchentlich gezeigt. Bis zum 2. April 2000 wurden 2.605 Sendungen ausgestrahlt.

MEISTGESEHENER FERNSEHSENDER
Der staatliche Sender China Central Television (CCTV) kann von 84 Prozent aller Fernsehzuschauer in China empfangen werden. Schätzungen zufolge haben mehr als 900 Mio. Menschen im Land Zugang zum Fernsehen.

GRÖSSTER WELTWEITER FERNSEHSENDER
CNN International kann mit Hilfe von 23 Satelliten von über 149 Mio. Haushalten in 212 Ländern und Gebieten empfangen werden.

MEISTE TV-EPISODEN
Seit 1949 liefen über 150.000 Episoden der Fernsehshow *Bozo The Clown*. Die Sendung wird täglich von 150 Sendern in den USA ausgestrahlt.

MEISTE ZUSCHAUER BEI EINER LIVE-ÜBERTRAGUNG
Geschätzte 2,5 Mrd. Zuschauer weltweit nahmen an der TV-Übertragung des Begräbnisses von Prinzessin Diana am 6. September 1997 teil.

TEUERSTE FERNSEHSENDUNG
Im Januar 1998 verpflichtete sich die NBC (USA), an Warner Brothers für jede einstündige Episode der Krankenhausserie *ER*, die in den USA wöchentlich 33 Mio. Zuschauer hat, zwischen 20,3 und 26,4 Mio. DM zu zahlen. Zuvor hatte NBC 3,25 Mio. DM gezahlt. Der Vertrag läuft auf drei Jahre und umfasst eine Summe zwischen 1,33 und 1,74 Mrd. DM für 66 Episoden.

TEUERSTE KURZSERIE
Die innerhalb von drei Jahren produzierten 14 Episoden der TV-Serie *War And Remembrance* kosteten 223,3 Mio. DM. Die Serie wurde im November 1988 und März 1989 vom US-Sender ABC in zwei Staffeln ausgestrahlt und gewann 1989 den Emmy für die beste Kurzserie.

TEUERSTE DOKUMENTARSERIE
Die Produktion der sechsteiligen BBC-Dokumentation *Walking With Dinosaurs* kostete insgesamt 18,42 Mio. DM (pro Minute 113.715 DM). Für jede der

⊙ KÜRZESTES MUSIKVIDEO
1994 produzierte die amerikanische Death Metal-Band Brutal Truth ein 2,18 Sekunden langes Video zu ihrem Song *Collateral Damage*. Das Video zeigt konservative amerikanische Kulturhelden des späten 20. Jahrhunderts und endet mit einer Explosion.

27-minütigen Folgen wurde an verschiedenen Schauplätzen weltweit gedreht. Mit Hilfe von Computergrafik und Animationsprogrammen wurde gezeigt, wie die Dinosaurier lebten, sich fortpflanzten und schließlich ausstarben.

TEUERSTE TV-RECHTE FÜR EINEN FILM
Noch bevor der Film weltweit anlief, zahlte der US-Sender Fox im Juni 1997 für die TV-Rechte an Steven Spielbergs *Vergessene Welt: Jurassic Park* (USA, 1997) 162,4 Mio. DM.

MEISTVERKAUFTES VIDEO
Das weltweit meistverkaufte Video ist der Walt-Disney-Trickfilm *Der König der Löwen* (USA, 1994), von dem weltweit über 55 Mio. Exemplare abgesetzt wurden – davon 20 Mio. in den ersten sechs Tagen nach der Veröffentlichung.

⊙ MEISTE FOLGE-SHOWS
Die japanische Serie *Ultraman*, ausgestrahlt zwischen Juli 1966 und April 1967, erlebte 14 Folge-Serien und mehrere Filme als Spin-Offs. Die Hauptfigur (links) bekämpft in *Ultraman: The Alien Invasion* (Japan, 1993) gerade ein See-Ungeheuer.

GRÖSSTER VIDEOHANDEL
Blockbuster ist mit 30 Prozent Marktanteil der weltweit größte Videoeinzelhändler. Im Oktober 1985 wurde er in Dallas, Texas (USA), gegründet. Heute gibt es 4.438 Filialen in den USA und 2.005 in 26 anderen Ländern.

TEUERSTES MUSIKVIDEO
Die Produktion des Videoclips für ihren Hit *Scream* (1995; Regie Mark Romanek, USA) war Michael und Janet Jackson 14,21 Mio. DM wert.

LÄNGSTES MUSIKVIDEO
Michael Jacksons *Ghosts* (1996), teils Spielfilm, teils Musikvideo, ist 35 Minuten lang. Es basiert auf einer Idee des Horrorspezialisten Stephen King.

MEISTE TEILNEHMER AN FERNSEHQUIZ
Die von NTV (J) am 31. Dezember 1983 übertragene All-Japan High-School-Quiz Championship hatte die Rekordteilnehmerzahl von 80.799 Personen.

EFFIZIENTESTER WERBESPOT
Die Produktion von *Macintosh* (Regie: Ridley Scott), ein auf George Orwells Roman *1984* basierender TV-Werbespot, kostete 1,22 Mio. DM. Für die Ausstrahlung wurden 2,03 Mio. DM bezahlt. Die Wirkung des Spots war derart groß, dass er als der kosteneffizienteste Werbespot aller Zeiten gilt. Er wurde nur einmal gesendet – 1984.

↓ MEISTVERBREITETE SPIEL-SHOW
Die Spiel-Show *Wheel of Fortune* wird in 54 verschiedenen Ländern nachgeahmt und jede Woche von 100 Mio. Zuschauern gesehen. Zuerst wurde sie im amerikanischen TV im Januar 1975 von Chuck Woolery und Susan Stafford moderiert, zurzeit sind Pat Sajak und Vanna White (links) die Gastgeber.

Fernsehen & Stars 2

REICHSTE FERNSEHSCHAUSPIELERIN
Helen Hunt, Star von *Mad About You*, ist mit einem Vermögen von 62,93 Mio. DM 1998 die reichste Fernsehschauspielerin der Welt.

HÖCHSTES JAHRESEINKOMMEN EINES FERNSEHSCHAUSPIELERS
Der frühere Star von *Seinfeld*, Jerry Seinfeld, verdiente laut der *Forbes*-Liste der 100 reichsten Persönlichkeiten 1999 im Jahr 1998 etwa 542 Mio. DM – ein Rekordjahreseinkommen für einen Schauspieler.

HÖCHSTES JAHRESEINKOMMEN EINES TALKMASTERS
Nach der *Forbes*-Liste der 100 reichsten Persönlichkeiten 2000 verdiente Oprah Winfrey 1999 mehr als 304,5 Mio. DM.

HÖCHSTBEZAHLTE NACHRICHTENSPRECHERIN
Die Amerikanerin Barbara Walters soll angeblich mehr als 26,4 Mio. DM pro Jahr als Nachrichtenkorrespondentin und -sprecherin von *ABC News Magazine*, *20/20*, *The Barbara Walters Special* und *The View* verdienen. Sie interviewte seit Richard Nixon jeden US-Präsidenten und ging in die Geschichte des Journalismus ein, als sie im November 1977 das erste gemeinsame Interview mit dem ägyptischen Staatspräsidenten Sadat und dem israelischen Ministerpräsidenten Begin arrangierte.

HÖCHSTES JAHRESEINKOMMEN EINES FERNSEHPRODUZENTEN
David E. Kelly (USA), der Schöpfer von *Ally McBeal* und *The Practice*, war nach der *Forbes*-Liste der 100 reichsten Persönlichkeiten 2000 der führende Fernsehproduzent 1999 mit einem Einkommen von 239,5 Mio. DM. Er ist gleichzeitig der bestverdienende aktive Fernsehautor.

HÖCHSTBEZAHLTER FERNSEHAUTOR
Der höchstbezahlte Fernsehautor aller Zeiten ist Larry David (USA), Ko-Autor von *Seinfeld*. 1998 verdiente er schätzungsweise 491,3 Mio. DM und nimmt damit auf der *Forbes*-Liste der 100 reichsten Persönlichkeiten 1999 den zweiten Platz hinter Jerry Seinfeld ein. 1996 verließ David die Sendung, für die letzte Episode griff er 1998 noch einmal zur Feder.

⊙ INTERAKTIVSTE FERNSEHSERIE
In der vom 16. September bis zum 30. Dezember 1999 in den Niederlanden ausgestrahlten Sendung *Big Brother* bildete das „wirkliche" Leben von neun Menschen eine tägliche, halbstündige „Live"-Seifenoper. Die Personen zogen in ein Haus ein, in dem 24 Kameras und 59 Mikrofone installiert waren. Mehr als 4,7 Mio. Zuschauer stimmten telefonisch oder per e-Mail darüber ab, welche Kandidaten die Sendung verlassen und welche bleiben sollten, um 253.750 DM zu gewinnen.

LÄNGSTE ZEIT IN DERSELBEN ROLLE
William Roache spielte die Figur des Ken Barlow ohne Unterbrechung seit der ersten Folge der britischen Soap Opera *Coronation Street* am 9. Dezember 1960. Barlow hatte drei Ehefrauen, 23 Freundinnen und überlebte einen Selbstmordversuch.

⊙ HÖCHSTER TV-GELDPREIS
Am 24. Dezember 1999 gewann Ian Woodley (links im Bild) die Rekordsumme von 3,02 Mio. DM, nachdem er in einem Quiz in *TFI Friday*, einer von Chris Evans (rechts) moderierten britischen Talkshow, vier Fragen richtig beantwortet hatte. Evans hatte am Tag zuvor die gleiche Summe an den Gewinner eines Quiz in seiner Virgin Radio-Show vergeben.

POPULÄRSTER FERNSEHSTAR JAPANS
Akashiya Sanma erhielt bei einer Umfrage 1999 von Video Research Ltd. (J) über die beliebtesten TV-Stars 56,8 Prozent der Stimmen.

MEISTE AUFTRITTE ALS STATIST
Der britische Schauspieler Vic Gallucci trat in der Polizeiserie *The Bill* auf ITV seit seinem Debüt 1989 mehr als 819 Mal auf. Gallucci spielt den Detective Constable Tom Baker, der oft im Hintergrund zu sehen ist, wie er sich gegen Aktenschränke lehnt oder in Unterlagen wühlt.

LÄNGSTE ZEIT BEI FERNSEHWETTBEWERB DURCHGEHALTEN
Im Januar 1998 forderte die japanische, von Nippon Television Network (NTV) ausgestrahlte Sendung *Denpa Shonen* einen Zuschauer namens „Nasubi" heraus. Er sollte eine Million Yen (15.756 DM) gewinnen, indem er an Magazin- und Radiowettbewerben teilnahm. Er wurde nackt in eine mit Kameras ausgestattete Wohnung gesperrt. Von dort aus wurde seine Mühsal einmal wöchentlich landesweit übertragen. Nasubi erreichte sein Ziel nach 335 Tagen und wurde nach einem Urlaub in Südkorea wieder in die Gesellschaft entlassen.

HÖCHSTDOTIERTER FERNSEHVERTRAG
Im September 1998 unterzeichnete Oprah Winfrey mit King World Productions einen Vertrag in Höhe von 304,5 Mio. DM, der sie verpflichtete, die Talkshow *Oprah* bis zur Fernsehsaison 2001/2002 zu moderieren. Sie erhielt im Oktober 1998 einen Scheck über 152,25 Mio. DM und im Juni 2000 einen weiteren über die gleiche Summe.

PRODUKTIVSTE TV-PRODUZENTEN
Aaron Spelling hat seit 1956 insgesamt 3.842 Stunden Fernsehsendungen produziert, davon 3.578 Stunden Serien und 264 Stunden Filme. Zu seinen Produktionen zählen *Charlie's Angels*, *Dynasty*, *Melrose Place* und *Beverly Hills 90210*, in der seine Tochter Tori zu sehen ist.

Mark Goodson, der 1946 mit Bill Todman die US-Firma Goodson-Todman gegründet hatte, produzierte bis heute insgesamt 39.312 Episoden von Game-Shows, insgesamt mehr als 21.831 Sendestunden.

↓ GRÖSSTES TV-PUBLIKUM
Baywatch ist mit wöchentlich ca. 1,1 Mrd. Zuschauern in 142 Ländern die meistgesehene TV-Serie. Seit Juni 1996 wird sie auf jedem Kontinent außer der Antarktis ausgestrahlt.

Musik & Stars 1

MEISTE ZUHÖRER EINES ROCKKONZERTS
Schätzungsweise 195.000 Menschen bezahlten je 36,50 DM, um im April 1990 beim Rock in Rio-Festival im Maracanã Municipal Stadium in Rio de Janeiro (BRA) einem Konzert der norwegischen Band A-Ha beizuwohnen.

Rod Stewarts Gratis-Konzert an Silvester 1994 an der Copacabana in Rio der Janeiro (BRA) zog angeblich 3,5 Mio. Besucher an.

Das größte zahlende Publikum eines Solokünstlers waren schätzungsweise 184.000 Menschen, die am 21. April 1990 im Maracanã Municipal Stadium in Rio de Janeiro (BRA) Paul McCartney hören wollten.

KONZERTE AUF DEN MEISTEN KONTINENTEN IN 24 STUNDEN
Die britische Heavy-Metal-Band Def Leppard spielte am 23. Oktober 1995 Konzerte auf drei Kontinenten. Jedes Konzert dauerte mindestens eine Stunde und wurde von mindestens 200 Menschen besucht. Die erste Show begann mittags um 12.23 Uhr in Tanger in Marokko. Anschließend flog die Band zum zweiten Konzert nach London (GB), bevor ihre Tour um 23.33 Uhr desselben Tages in Vancouver (CDN) endete.

MEISTVERKAUFTES ALBUM
Das meistverkaufte Album aller Zeiten ist *Thriller* von Michael Jackson, das sich seit 1982 weltweit über 47 Mio. Mal verkaufte.

MEISTVERKAUFTES ALBUM EINER GRUPPE
Das weltweit meistverkaufte Album einer Gruppe ist *Their Greatest Hits 1971–75* von The Eagles. Von diesem Album wurden schätzungsweise über 25 Mio. Stück verkauft.

MEISTVERKAUFTES DEBÜTALBUM
Das meistverkaufte Debütalbum ist die LP *Boston* von der US-Rockband Boston, die sich seit ihrer Veröffentlichung 1976 16 Mio. Mal verkaufte.

MEISTE NR.-1-SINGLES
Die Beatles hatten mit 20 Nr.-1-Singles die meisten Nr.-1-Hits in den USA.

Die Beatles und Elvis Presley hatten mit jeweils 17 Nr.-1-Singles die meisten Nr.-1-Hits in Großbritannien.

MEISTE WOCHEN AUF PLATZ 1 DER AMERIKANISCHEN SINGLE-CHARTS
Near You von Francis Craig war 1947 17 Wochen lang Spitzenreiter der US-Charts.

Seit 1955 längster Spitzenreiter war *I Will Always Love You* von Whitney Houston. Der Song war 1992 14 Wochen lang auf Platz 1.

⊙ MEISTVERKAUFTE SINGLE
Die meistverkaufte Single, seit es die Charts gibt, ist Elton Johns *Something About The Way You Look Tonight/Candle In The Wind 1997*, mit weltweit 33 Mio. verkauften Exemplaren. Am 20. Oktober 1997 hatte die Single in 22 Ländern Platz 1 erreicht. Sämtliche Tantiemen Elton Johns sowie die Gewinne der Plattenfirma PolyGram wurden dem Diana, Princess of Wales Memorial Fund gestiftet.

Elvis Presleys 18 Nr.-1-Singles waren insgesamt 80 Wochen lang auf Platz 1 der amerikanischen Single-Charts.

MEISTE WOCHEN AUF PLATZ 1 DER BRITISCHEN SINGLE-CHARTS
Bryan Adams blieb 1991 von Juli bis Oktober mit *Everything I Do (I Do It For You)* eine Rekordzeit von 16 Wochen hintereinander auf Platz 1.

ERFOLGREICHSTER SONGSCHREIBER
Die erfolgreichsten Songschreiber, gemessen an Nr.-1-Singles, sind John Lennon und Paul McCartney. McCartney ist bei 32 Nr.-1-Hits in den USA als Songschreiber genannt, Lennon bei 26 (bei 23 als Co-Komponist), während Lennon 29 Nr.-1-Hits in Großbritannien schrieb, McCartney 28 (25 als Co-Komponist).

⊙ LÄNGSTER ALBUM-TITEL
Das Album mit dem längsten Titel, das in die US-Charts kam, ist Fiona Apples *When The Pawn Hits The Conflicts He Thinks Like A King What He Knows Throws The Blows When He Goes To The Fight And He'll Win The Whole Thing 'Fore He Enters The Ring There's No Body To Batter When Your Mind is Your Might So When You Go Solo, You Hold Your Own Hand And Remember That Depth Is The Greatest Of Heights And If You Know Where You Stand, Then You'll Know Where To Land And If You Fall It Won't Matter, Cuz You Know That You're Right.* Das Album wurde am 9. November 1999 veröffentlicht. Der Titel ist ein Gedicht, das Apple verfasste, nachdem sie eine schlechte Kritik gelesen hatte.

MEISTVERKAUFTES ALBUM EINES SOLOKÜNSTLERS IM TEENAGERALTER →
...Baby One More Time von Britney Spears hatte sich bis Februar 2000 allein in den USA über 12 Mio. Mal verkauft. Auch in vielen anderen Ländern erzielte das Album Spitzenverkäufe.

MEISTE PLATZIERUNGEN IN DEN AMERIKANISCHEN SINGLE-CHARTS
Am 4. April 1964 belegten die Beatles die fünf Spitzenplätze der US Hot 100 und platzierten sieben weitere Titel auf anderen Plätzen der Charts. Die Top 5 waren, in absteigender Reihenfolge: *Can't Buy Me Love*, *Twist And Shout*, *She Loves You*, *I Want To Hold Your Hand* und *Please Please Me*.

LÄNGSTE TOUR EINES TOTEN KÜNSTLERS
Elvis – The Concert wurde die erste Live-Tour, bei der ein toter Künstler im Mittelpunkt stand. Die Tour begann im Frühjahr 1998 in den USA. Während des Konzerts wurde ein Video projiziert, in dem Elvis Presley sang und spielte. Seine Tour-Musiker aus den siebziger Jahren waren live auf der Bühne zu sehen.

BESTVERDIENENDER POPSTAR
1998 rangierte Céline Dion auf Platz 12 der *Forbes*-Liste der 40 reichsten Unterhaltungskünstler. Mit einem Einkommen von 112,67 Mio. DM in einem einzigen Jahr war sie der bestverdienende Popstar. Zu ihren Erfolgen zählen *My Heart Will Go On*, der Titelsong aus dem Film *Titanic* (USA, 1997).

MEISTE PSEUDONYME EINES POPSTARS
John Lennon verwendete 15 Pseudonyme: Long John; Dr. Winston Booker Table & the Maître Ds; Dwarf McDougal; Rev Fred Ghurkin; Dr. Winston O'Ghurkin; Dr. Winston O'Boogie and Los Paranois; Musketeer Gripweed; Dr. Dream; Mel Torment; Dr. Winston O'Reggae; Honorary John St John Johnson; Kaptain Kundalini; John O'Cean; Joel Nohnn und Dad.

⊙ ERSTE FÜNF SINGLES AUF PLATZ 1
Als erste Band schaffte es die irische Boygroup Westlife in den Jahren 1999/2000, mit ihren ersten fünf Singles Nummer 1 in den britischen Charts zu werden.

Musik & Stars 2

MEISTE NR.-1-DANCE-CLUB-SINGLES IN DEN USA
Die amerikanische Künstlerin Madonna hatte insgesamt 22 Nr.-1-Singles in den Billboard Dance Club Charts, darunter Hits wie *Like a Virgin*, *Vogue*, *Beautiful Stranger* und *American Pie*.

Die Band mit den meisten Nr.-1-Singles in den Charts ist mit acht Titeln C&C Music Factory (Robert Clivillés und David Cole).

Männlicher Solokünstler mit den meisten Nr.-1-Singles in den Charts ist Prince mit sieben Titeln.

MEISTE GLEICHZEITIGE DANCE-HITS
Am 20. April 1996 waren alle zehn Hit-Singles der britischen Band Prodigy in den britischen Top 100 vertreten. Nachdem sich die Band, bestehend aus Liam Howlett, Keith Flint, Leeroy Thornhill und Maxim Reality, im März 1996 mit dem Hit *Firestarter* erstmals an der Spitze der Charts platzieren konnte, gelang auch ihren neun vorherigen Singles der Wiedereinstieg.

MEISTE NR.-1-RAP-SINGLES IN DEN USA
Achtmal gelang LL Cool J (eigentlich James Todd Smith) mit seinen Hits, darunter *Loungin'* und *I'm That Type Of Guy*, der Sprung auf Platz 1 der *Billboard* Rap Charts. Der Rapper ist bei Def Jam unter Vertrag, dem Label, das mit 15 Nr.-1-Rap-Singles den Rekord hält. Weitere Künstler dieses Labels sind die Beastie Boys, Run DMC und Public Enemy.

MEISTVERKAUFTES GANGSTA-RAP-ALBUM
Life After Death von The Notorious BIG, alias Biggie Smalls (eigentlich Christopher Wallace), wurde allein in den USA 10 Mio. Mal verkauft. Das Album kam einen Monat, nachdem der Rapper im März 1997 ermordet wurde, erstmals in die Charts.

ÄLTESTE RAPPER
Die japanischen Zwillingsschwestern Kin Narita und Gin Kanie wurden am 1. August 1892 geboren. Zu ihrem 100. Geburtstag nahmen sie einen „Oma-Rap" auf, der den Einstieg in die japanischen Charts schaffte. Kin starb am 23. Januar 2000 im Alter von 107 Jahren.

⊙ MEISTVERKAUFTES BIG-BEAT-ALBUM
You've Come A Long Way Baby von Fatboy Slim (alias Norman Cook) wurde über 3 Mio. Mal verkauft und verhalf damit dem Big-Beat zum Durchbruch. Das im Oktober 1998 veröffentlichte Album enthält Hits wie *The Rockefeller Skank*, *Right Here, Right Now* und *Praise You*.

SCHNELLSTER RAPPER
Am 27. August 1992 rappte Rebel XD aus Chicago, Illinois (USA), in Alsip, Illinois, 674 Silben in 54,9 Sekunden, was einem Durchschnitt von 12,3 Silben pro Sekunde entspricht.

ERFOLGREICHSTER RAP-PRODUZENT
Mit vier Singles, die 1997 36 Wochen lang hintereinander an der Spitze der US-Rap-Charts standen, ist Sean „Puffy" Coombs, alias Puff Daddy, der

⊙ MEISTVERKAUFTES HIP-HOP-ALBUM
Laut RIAA wurde das Album *CrazySexyCool* (1994) von TLC (T-Boz, Left-Eye und Chilli) in den USA bislang 11 Mio. Mal verkauft. Damit hat es *Please Hammer Don't Hurt Them* (1990) von MC Hammer überflügelt.

erfolgreichste Rap-Produzent. Zu den Singles gehörte *I'll Be Missing You*, Puff Daddys Nachruf auf The Notorious BIG.

ERSTES SAMPLING-ALBUM
Mit *Entroducing* veröffentlichte DJ Shadow (alias Josh Davis) 1996 das erste ausschließlich aus Sample-Klängen aufgenommene Album.

LÄNGSTE KARRIERE MIT NR.-1-HITS
Der R&B-Künstler mit der längsten Nr.-1-Hit-Karriere in den US-Charts ist Michael Jackson. Seinen ersten Nr.-1-Hit als Solokünstler landete er im Oktober 1972 mit *Ben*, seinen letzten 22 Jahre und 11 Monate später, im September 1995, mit *You Are Not Alone*. Letzterer war die erste Single, die beim Einstieg in die US-Charts sofort auf Platz 1 kam. Vor seiner Solo-Karriere hatte Jackson bereits mit seinen Brüdern als die Jackson 5 viermal den Sprung an die Spitze der Charts geschafft.

⊙ MEISTVERKAUFTES DRUM-'N'-BASS-ALBUM
New Forms von Roni Size/Reprazent verkaufte sich weltweit über 760.000 Mal. Das Album gewann 1997 den Mercury Music Prize.

← MEISTVERKAUFTER DANCE-SAMPLER
Der von Pete Tong und Boy George abgemischte Ministry of Sound Dance-Sampler *The Annual II* wurde seit seiner Veröffentlichung im Jahr 1996 über 610.000 Mal verkauft. Das 1990 in London (GB) ursprünglich als Nachtklub eröffnete Ministry of Sound vertreibt mittlerweile auch Mode, Bücher und CDs.

Musik & Stars 3

ERFOLGREICHSTE COUNTRYMUSIKER
Garth Brooks ist mit 92 Mio. verkauften Alben der erfolgreichste Countrymusiker aller Zeiten. Trotz seiner enormen Erfolge in den US-Albumcharts hatte er erst im Dezember 1998 mit *It's Your Song* eine US-Top 100-Single.

Reba McEntire ist in den USA die Countrysängerin mit den meisten verkauften Platten. Bis Februar 2000 hatte sie 13 Platin und sieben Goldene Schallplatten gesammelt.

Kim Brooks und Ronnie Dunn sind das erfolgreichste Country-Duo aller Zeiten. Von sechs ihrer Alben wurden über 1 Mio. Exemplare verkauft; zwölf ihrer Singles erreichten eine Nr. 1-Platzierung, darunter *Boot Scootin' Boogie* (1992), *Little Miss Honky Tonk* (1995) und *Husbands And Wives* (1998).

MEISTVERKAUFTES COUNTRY-ALBUM
Von Shania Twains Album *Come On Over* wurden bis April 2000 über 17 Mio. Exemplare verkauft. Das Album enthält den Hit *Man! I Feel Like A Woman.*

ERFOLGREICHSTE LATIN-MUSIKER
Der spanische Sänger Julio Iglesias ist der erfolgreichste Latin-Musikstar der Welt mit angeblich über 200 Mio. verkauften Alben. Sein Album *Julio* (1983) war die erste in ausländischer Sprache gesungene Platte, die sich in den USA über 2 Mio. Mal verkaufte.

Die in Kuba geborene Sängerin Gloria Estefan ist die erfolgreichste Latin-Sängerin der Welt. Bislang verkaufte sie weltweit über 35 Mio. Platten.

LÄNGSTE KARRIERE IN DER SALSA-MUSIK
Die Sängerin Celia Cruz begann ihre Karriere 1950 in der kubanischen Gruppe Sonora Matancera, bevor sie 1960 in die USA ging. Sie hat über 50 Alben aufgenommen, zu den neueren gehören *Celia Cruz and Friends: A Night Of Salsa Live* sowie *Angelitos Negros (2000).*

MEISTVERKAUFTES SON-ALBUM
Buena Vista Social Club (1997) wurde weltweit über 4 Mio. Mal verkauft. Auf der Platte waren einige der populärsten Musiker Kubas zu hören, etwa Ruben Gonzalez, Ibrahim Ferrera und Compay Segundo.

⊙ SÄNGER MIT DEN MEISTEN POP-PREISEN
Bis zum April 2000 hatte Schnulzensänger Andy Lau aus Hongkong die Rekordzahl von 292 Auszeichnungen gewonnen. Er hat seit 1988 20 Mio. Alben verkauft, davon 4,4 Mio. allein im Jahr 1999, und festigte seine Popularität in den Ländern, wo Mandarin gesprochen wird, mit Aufnahmen in der Sprache Putonghua, dem gebräuchlichsten chinesischen Dialekt. Zwischen 1981 und 1999 trat er in 101 Kinofilmen auf.

MEISTVERKAUFTES REGGAE-ALBUM
Bob Marleys *Legend* (1984, mit den Songs *No Woman No Cry* und *One Love*) ist das meistverkaufte Reggae-Album aller Zeiten. In Großbritannien, wo die Platte die Spitze der Charts erreichte, verkaufte sie sich nachweislich 1,8 Mio. Mal. Auch wenn *Legend* in den USA nie in die Top 40 kam, verkaufte sich das Album dort über 10 Mio. Mal.

LÄNGSTE INTERNATIONALE SITAR-KARRIERE
Ravi Shankar (IN) feierte 1999 sein 60-jähriges Jubiläum als klassischer Sitar-Spieler. Sein erster Konzertauftritt fand 1939 gemeinsam mit seinem Guru Allaudin Khan statt, sein erster internationaler Auftritt war 1956 in New York City (USA). Er wurde international populär, als er George Harrison von den Beatles Sitar-Unterricht erteilte.

ERFOLGREICHSTE BHANGRA-GRUPPEN
Die Gruppe Bhunjangy aus Birmingham, West Midlands (GB), tritt seit 1967 auf und leistete Pionierarbeit bei der Verschmelzung von Punjab-Folklore und Tanzmusik, heute als Bhangra-Musik bezeichnet. Sänger Balbir Singh ist das einzig verbliebene Gründungsmitglied. Ihr größter Hit war *Bhabiye Ankh Lad Gayi* (1975).

Alaap, eine in Großbritannien beheimatete und von Sängerin

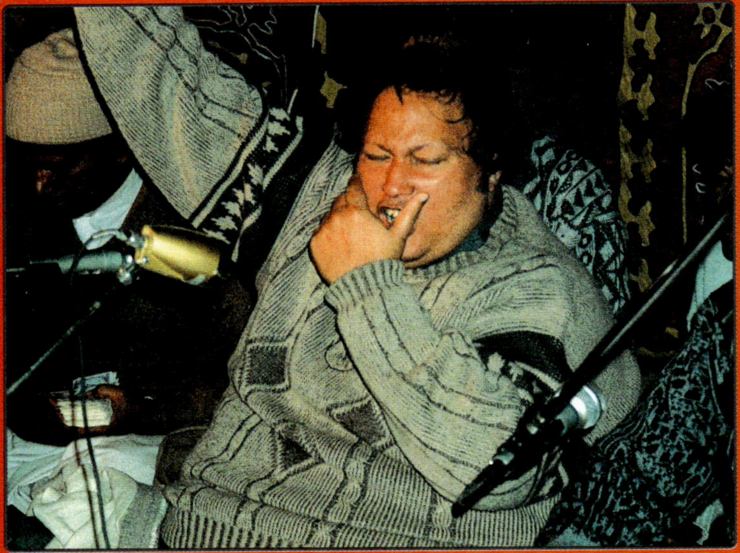

⊙ MUSIKER MIT DEN MEISTEN QAWAALI-ALBEN
Nusrat Fateh Ali Khan aus Pakistan spielte bis zu seinem Tod 1997 über 125 Alben mit Qawaali-Musik ein (die Andachtsmusik der Sufi-Muslime). Er spielte auf mehreren Soundtracks, darunter *Die letzte Versuchung Christi* (USA, 1988) und *Dead Man Walking – Sein letzter Gang* (USA, 1995), wo er ein Duett mit Eddie Vedder von Pearl Jam sang.

⊙ MEISTVERKAUFTER SALSA-MUSIKER

Marc Anthony (USA) ist der meistverkaufte Salsa-Musiker der Welt. Sein zweites Album, *Todo a Su Tiempo* (1995), wurde in den USA und Puerto Rico über 800.000 Mal verkauft. *Contra La Corriente* (1997) brachte ihm ebenfalls eine goldene Schallplatte ein. *I Need To Know* von Marc Anthonys viertem Album verkaufte sich in den USA über eine Million Mal und erreichte dort und in Kanada die Top 10.

MEISTVERKAUFTER RAI-KÜNSTLER
Der algerische Sänger Khaled hat weltweit über 3 Mio. Alben verkauft, darunter *Khaled* mit seinem ersten internationalen Hit *Didi*. Von seinem Live-Album *1, 2, 3 Soleils* wurden eine weitere Million Exemplare verkauft.

↓ MEISTVERKAUFTES ALBUM EINER COUNTRY-GRUPPE

Das meistverkaufte Album einer Country-Gruppe ist *Wide Open Spaces* von den Dixie Chicks (1998). Bis Dezember 1999 wurden davon in den USA 8 Mio. Exemplare abgesetzt.

Channi Singh angeführte Bhangra-Gruppe, wurde 1977 in London gegründet und tritt noch heute auf. Die Gruppe hat elf Alben eingespielt und ist auf fünf Kontinenten aufgetreten.

ERFOLGREICHSTER BHANGRA-SOLOKÜNSTLER
Malkit Singh hat unter seinem eigenen Namen oder als Golden Star 19 Alben aufgenommen, seit er 1985 mit dem Hit *Gur Nalo Ishq Mittha (Sweeter Than Sugar Is Love)* seine Karriere startete. Von Malkits Alben wurden über 4,9 Mio. Exemplare verkauft.

MEISTE AUFNAHMEN EINES AFRIKANISCHEN MUSIKERS
Fela Kuti aus Nigeria nahm zwischen 1969 und 1992 46 Alben auf. In den sechziger Jahren spielte er zudem mit der Band Koola Lobitos zwölf Alben ein.

Musik & Stars 4

PRODUKTIVSTER KOMPONIST
Georg Philipp Telemann (*1681, †1767), ein Komponist des Spätbarock, ist der produktivste Komponist. Zu seinen Werken zählen über 1.000 Kantaten, Messen, Motetten und Psalmen, 46 Passionen, 40 Opern, 600 Ouvertüren, 50 Konzerte und unzählige Suiten, Quartette und Sonaten für verschiedene Instrumentierungen.

PRODUKTIVSTER SYMPHONIKER
Johann Melchior Molter, ein Zeitgenosse Telemanns, hat über 170 Symphonien komponiert.

ÄLTESTES ORCHESTER
Das älteste noch heute existierende Symphonieorchester ist das Gewandhausorchester in Leipzig (D). Es wurde 1743 als „Große Konzert-Gesellschaft" gegründet und 1781 umbenannt.

GRÖSSTES PUBLIKUM BEI EINEM KLASSISCHEN KONZERT
Am 5. Juli 1986 besuchten schätzungsweise 800.000 Menschen ein kostenloses Open-Air-Konzert der New Yorker Philharmoniker, dirigiert von Zubin Mehta, im Central Park in New York City (USA).

MEISTVERKAUFTES KLASSIKALBUM
Das Album *In Concert*, aufgenommen von José Carreras, Placido Domingo und Luciano Pavarotti während der Finalrunde der Fußballweltmeisterschaft 1990, hat sich bislang über 10,5 Mio. Mal verkauft.

JÜNGSTE NUMMER 1 DER KLASSIKCHARTS
Die walisische Sopranistin Charlotte Church war erst 12 Jahre und 9 Monate alt, als ihr Debütalbum *Voice of an Angel* am 9. November 1998 Nummer eins der britischen Klassik-Albumcharts wurde. Das Album erreichte in Großbritannien innerhalb von vier Wochen Doppel-Platin.

FLEISSIGSTER DIRIGENT
Der österreichische Dirigent Herbert von Karajan (†1989) machte im Lauf seiner Karriere mehr als 800 Plattenaufnahmen.

LÄNGSTE OPERN
Die Aufführung der siebenaktigen Oper *The Life and Times of Joseph Stalin* von Robert Wilson am 14./15. Dezember 1973 in der Brooklyn Academy of Music in New York City (USA) dauerte 13 Stunden und 25 Minuten.

⊙ GRÖSSTES CELLO-ENSEMBLE
Am 29. November 1998 versammelten sich 1.013 Cellisten in Kobe (J), um an einem von Kazuaki Momiyama dirigierten Cellokonzert teilzunehmen. Neun Stücke wurden gespielt, das längste davon war J. S. Bachs Suite in D-Dur mit 8 Minuten und 26 Sekunden.

Die längste regelmäßig aufgeführte Oper ist Richard Wagners *Die Meistersinger von Nürnberg*. Eine ungekürzte Version, die 1968 von der Sadler's Wells Company in London (GB) auf die Bühne gebracht wurde, dauerte 5 Stunden und 15 Minuten.

KÜRZESTE OPER
Die kürzeste aufgeführte Oper ist *The Sands of Time* von Simon Rees und Peter Reynolds. Sie dauerte 4 Minuten und 9 Sekunden, als sie am 27. März 1993 im The Hayes, Cardiff (GB), von Rhian Owen und Dominic Burns uraufgeführt wurde. Eine 3 Mi-

⊙ ÄLTESTER JAZZ-CLUB
Der in einem Keller gelegene Jazz-Club Village Vanguard wurde in den dreißiger Jahren in New York City (USA) eröffnet. Seitdem fanden dort Mainstream-Jazzkonzerte statt. Unter anderem traten dort John Coltrane, Miles Davis, Stan Getz, Wynton Marsalis und Thelonious Monk auf.

nuten und 34 Sekunden lange Version wurde am 14. September 1993 von Peter Reynolds im BBC Television Centre in London (GB) aufgeführt.

KLASSISCHES STÜCK MIT DEN WENIGSTEN TÖNEN
Das 1952 von John Cage komponierte Stück *4'33"*, geschrieben „für jedes Instrument", enthält keine Töne. Stattdessen sitzt der Künstler 4 Minuten und 33 Sekunden lang still auf der Bühne, während die „Musik" aus den Geräuschen besteht, die vom Publikum verursacht werden oder von außen in den Saal dringen.

HÖCHSTE NOTE
Die höchste Vokal-Note des klassischen Repertoires ist ein dreigestrichenes G (1.568 Hz) aus Mozarts *Popolo di Tessaglia*.

TIEFSTE NOTE
Die tiefste Vokal-Note des klassischen Repertoires ist ein tiefes D (73,4 Hz), ebenfalls von Mozart *(Die Entführung aus dem Serail)*.

GRÖSSTES ORCHESTER
Am 23. November 1998 versammelten sich, initiiert von der Organisation „Music for Youth", 3.503 Musiker in der National Indoor Arena in Birmingham (GB). Unter der Leitung von Sir Simon Rattle spielte dieses größte Orchester der Welt Malcolm Arnolds *Little Suite No. 2*.

WERTVOLLSTE KOMPOSITIONEN
Am 22. Mai 1987 bezahlte der Londoner Händler James Kirkman bei Sotheby's in London (GB) für einen 508 Seiten starken Band mit neun vollständigen Symphonien in der Handschrift des Komponisten Mozart die Rekordsumme von 7,8 Mio. DM.

Der höchste Preis für eine einzige Komposition wurde mit 3,3 Mio. DM für Beethovens handgeschriebene Klaviersonate in e-Moll (Opus 90) am 6. Dezember 1991 bei Sotheby's in London (GB) bezahlt.

ERFOLGREICHSTER JAZZ-KÜNSTLER
Der US-amerikanische Saxophonist Kenny G hat weltweit schätzungsweise 55 Mio. Alben verkauft, darunter etwa 14 Mio. Mal *Breathless*, das meistverkaufte Jazz-Album aller Zeiten.

FRÜHESTE JAZZ-AUFNAHMEN
Das erste veröffentlichte Jazz-Album war *Livery Stable Blues/ Dixie Jazz Band One-Step*, aufgenommen im Februar 1917 von der Original Dixieland Jazz Band und veröffentlicht am 7. März 1917 von Victor. Die Band hatte zuvor für das Columbia-Label *Indiana/ The Dark Town Strutters Ball* aufgenommen, doch dieses Album erschien erst im Mai 1917.

GRÖSSTES JAZZ-FESTIVAL
Das Festival International de Jazz de Montréal in Québec (CDN) ist das größte Jazz-Festival der Welt. Es dauert 11 Tage und zieht mit rund 400 Konzerten über 1,5 Mio. Besucher an.

WERTVOLLSTES JAZZ-INSTRUMENT
Ein Saxophon von Charlie Parker wurde im September 1994 bei Christie's in London (GB) für 282.370 DM verkauft.

„ABRÄUMER" IM KLASSIK-BEREICH →
Im November 1999 belegte der italienische Tenor Andrea Boccelli als erster Sänger die ersten drei Plätze der US-Klassik-Albumcharts mit seinen Alben *Sacred Arias*, *Aria - The Opera Album* und *Viaggio Italiano*.

Aufführungen & Theater

ÄLTESTER WANDERZIRKUS
Der älteste Wanderzirkus der Welt ist Circus Krone in Deutschland. Er wurde 1904 gegründet und wird seither ununterbrochen von derselben Familie geleitet.

ÄLTESTES ZIRKUSGEBÄUDE
Das älteste Zirkusgebäude ist der Cirque d'Hiver (ursprünglich Cirque Napoléon), der am 11. Dezember 1852 in Paris (F) eröffnet wurde.

MEISTE MITWIRKENDE BEI EINER ZIRKUSTOURNEE
An der US-Tournee des Zirkus Barnum & Bailey im Jahr 1890 wirkten insgesamt 263 Personen und 175 Tiere mit.

Bei der Japan-Tournee 1992 der Show *Fascination* des Cirque du Soleil wirkten 61 Personen mit – ein Rekord für einen Zirkus ohne Tiere.

GRÖSSTES PUBLIKUM BEI EINER ZIRKUSVORSTELLUNG
52.385 Zuschauer besuchten am 14. September 1975 die Zirkusvorstellung von Ringling Brothers und Barnum & Bailey im Superdome in New Orleans (USA).

Derselbe Zirkus hält auch den Zuschauerrekord für Zeltvorstellungen: 16.702 Personen besuchten am 13. September 1924 die Zirkusvorstellung in Concordia, Kansas (USA).

GRÖSSTE THEATER
Das Gebäude des Nationalen Volkskongresses (Renmin Dahuitang) in China am Platz vor dem „Tor des Himmlischen Friedens" (Tiananmen) in Peking ist das größte Bauwerk, das für Theaterzwecke genutzt wird. Es wurde 1959 fertig gestellt, hat eine Gesamtfläche von 5,2 Hektar und bietet 10.000 Zuschauern Platz.

Das größte ausschließlich als Theater errichtete Gebäude ist das Perth Entertainment Centre in Perth (AUS). Es wurde am 26. Dezember 1974 eröffnet und bietet 8.500 Sitzplätze. Die Hauptbühne ist 21,3 x 13,7 m groß.

GRÖSSTE BÜHNE
Die größte Bühne der Welt befindet sich im Hilton Theatre im Reno Hilton, Reno (USA). Sie misst 53,3 x 73,5 m. Die Bühne verfügt über drei Lifte, die je 1.200 Mitwirkende transportieren können, und zwei Drehbühnen. Die Beleuchtung erfolgt durch 800 Scheinwerfer.

⊙ BESTBESUCHTER ZIRKUS
Der Ringling Brothers und Barnum & Bailey Zirkus, der aus den beiden unabhängigen Zirkustruppen von Ringling Brothers und Barnum & Bailey besteht, hat jedes Jahr mehr als 12 Mio. Zuschauer.

KLEINSTES LAIENTHEATER
Das Acorn Theatre in Seaforth (AUS) ist das kleinste Theater mit regelmäßigen Laienaufführungen. Es bietet Sitzplätze für 28 Zuschauer. Die Theatergruppe bringt jährlich vier Produktionen auf die Bühne.

GRÖSSTE ZAHL VON HAUPTROLLEN
Von November 1966 bis Juni 1983 spielte Kanmi Fujiyama die Hauptrolle bei 10.288 Aufführungen der japanischen Komödiantengruppe Sochiku Shikigeki.

MEISTE AUFEINANDER FOLGENDE AUFTRITTE IN EINER ROLLE
James O'Neill (USA) brachte es zwischen 1883 und 1891 auf über 6.000 aufeinander folgende Auftritte in der Hauptrolle von *Der Graf von Monte Christo*.

MEISTE AUFFÜHRUNGEN EINER EIN-MANN-SHOW
1.930 Aufführungen seines Stücks *Varhad Nighalay Londonla* gab Laxman Deshpande in aller Welt seit der Uraufführung im Dezember 1979, die in Aurangabad (IND) stattfand. Die dreistündige

⊙ TEUERSTE BÜHNENPRODUKTION
Die Bühnenversion des Disney-Films *Der König der Löwen* (1994) ist die teuerste bekannte Theaterproduktion. Die Broadway-Show kostete schätzungsweise 30,4 Mio. DM, und die West-End-Show (links, mit Josette Bushell-Mingo als Rafiki) kostete knapp 13,2 Mio. DM.

⊙ HÖCHSTE EINNAHME EINES THEATERSTÜCKS

Die Kasseneinnahmen des Musicals *Das Phantom der Oper* von Andrew Lloyd Webber überstiegen im Dezember 1999 die Summe von 4 Mrd. DM. Dieser Betrag ist höher als der Einnahmerekord bei Kinofilmen, der von *Titanic* (USA, 1997) gehalten wird.

Komödie handelt von einer Hochzeitsgesellschaft, die zur Hochzeitsfeier eines Sohnes von Indien nach London reist. Deshpande spielt alle 52 Rollen und ist auch Regisseur und Produzent des Stücks.

KÜRZESTES SCHAUSPIEL

Das kürzeste Schauspiel der Welt ist *Breath*. Es dauert 30 Sekunden und wurde 1969 von dem aus Irland stammenden Dramatiker und Erzähler Samuel Beckett geschrieben.

LÄNGSTES SCHAUSPIEL

Das längste bekannte Schauspiel ist *The Non-Stop Connolly Show* von John Arden und Margaretta Darcey. Seine Aufführung in der Liberty Hall, Dublin (IRL), im Jahr 1975 dauerte 26 Stunden und 30 Minuten.

ÄLTESTE PROFESSIONELLE CHORUS-LINE

Die elf Tänzer der Chorus-Line der Show *The Fabulous Palm Spring Follies* sind zusammen 733 Jahre alt. Die Show wird im Plaza Theatre in Palm Springs (USA) aufgeführt. Der jüngste Mitwirkende ist 54, der älteste 87 Jahre alt.

LÄNGSTE UNUNTERBROCHENE AUFFÜHRUNG

The Mousetrap, ein Thriller von Agatha Christie, wurde am 25. November 1952 im Ambassadors Theatre, London (GB), uraufgeführt; am 25. März 1974 wurde es in das nebenan liegende St. Martin's Theatre verlegt. Am 30. März 2000 fand die 19.700. Aufführung statt.

LÄNGSTE MUSICAL-AUFFÜHRUNG

Das Off-Broadway-Musical *The Fantasticks* von Tom Jones und Harvey Schmidt wurde am 3. Mai 1960 im Sullivan Street Playhouse in Greenwich Village, New York City (USA), uraufgeführt. Am 5. Mai 2000 hatte es den Rekord von 16.523 Aufführungen erreicht.

LÄNGSTE AUFFÜHRUNG EINER KOMÖDIE

No Sex Please, We're British von Anthony Marriott und Alistair Foot, präsentiert von John Gale, wurde am 3. Juni 1971 im Strand Theatre in London (GB) uraufgeführt. Am 2. August 1986 wurde es in das Duchess Theatre, London, verlegt. Am 5. September 1987 fand seine 6.761. und zugleich letzte Aufführung statt.

GRÖSSTE ZAHL BLINDER SCHAUSPIELER

88 blinde Schauspieler wirkten bei dem am 2. August 1997 in Pune (IND) in der Marathi-Sprache uraufgeführten Stück *Swatantryachi Yashogatha* mit.

GRÖSSTES MENSCHEN-MOBILE

Von einem Kran hing das aus 16 Personen bestehende Menschen-Mobile, das Mitwirkende des Circus of Horrors aus Addlestone Moor (GB) 1996 in München (D) bildeten.

← LÄNGSTES SHAKESPEARE-STÜCK

Hamlet ist das längste der 37 Schauspiele, die von William Shakespeare geschrieben wurden. In englischer Sprache umfasst es 4.042 Zeilen und 29.551 Wörter. Zu den Schauspielern, die in den letzten Jahren die Hauptrolle spielten, gehören Ralph Fiennes (links), Keanu Reeves, Kenneth Branagh und Mel Gibson.

Drucksachen

AUFLAGENSTÄRKSTE ZEITUNGEN
Die Zeitung mit der höchsten Auflage weltweit ist die in Tokio, Japan, erscheinende *Yomiuri Shimbun*. Die 1874 gegründete Zeitung erreichte im Januar 2000 eine tägliche Auflage von 14.385.464 Exemplaren, davon entfielen auf die Morgenausgabe 10.203.513 und auf die Abendausgabe 4.181.951 Exemplare.

Die *Komsomolskaja Prawda*, die Jugendzeitung der ehemaligen Kommunistischen Partei der UdSSR, erreichte im Mai 1990 eine Rekordauflage von täglich 21,98 Mio. Exemplaren.

Die achtseitige Moskauer Wochenzeitung *Argumentj i Faktj* verkaufte in der damaligen UdSSR im Mai 1990 die Rekordzahl von 33.431.100 Exemplaren. Zu diesem Zeitpunkt hatte die Zeitung schätzungsweise über 100 Mio. Leser.

ERFOLGREICHSTE KOLUMNISTIN
Die von der US-Kummerkastentante Ann Landers verfassten Kolumnen erscheinen in über 1.200 Zeitungen und haben etwa 90 Mio. Leser. Landers' einzige ernsthafte Konkurrentin ist ihre Zwillingsschwester Abigail Van Buren, besser bekannt als „Dear Abby".

ÄLTESTE ZEITUNGEN
Aus dem Jahr 1470 stammt das Exemplar einer Druckschrift aus Köln (D), in der Neuigkeiten verbreitet wurden.

Die älteste, immer noch erscheinende Zeitung ist das 1645 gegründete schwedische Blatt *Post och Inrikes Tidningar*. Sie wird von der Königlich Schwedischen Akademie der Wissenschaften herausgegeben.

MEISTE LESERBRIEFE AN ZEITUNGEN
Hakim Syed Irshad aus Gujrat (PK) veröffentlichte im Lauf von fast 40 Jahren 602 Briefe in verschiedenen nationalen Zeitungen. Sein erfolgreichstes Jahr war 1963, als er 42 Briefe veröffentlichte.

PRODUKTIVSTER KREUZWORTRÄTSEL-VERFASSER
Roger Squires aus Ironbridge, Shropshire (GB), hat bis heute über 53.000 Kreuzworträtsel verfasst. Zwei Drittel davon waren verschlüsselte, der Rest schnell zu lösende Rätsel.

HÖCHSTE MAGAZINAUFLAGEN
Das mit 340 verschiedenen amerikanischen Sonntagszeitungen vertriebene Farbmagazin *Parade* hatte im April 2000 eine Auflage von 37 Mio. Exemplaren. Mit Anzeigenpreisen von 1,28 Mio. DM für eine Vierfarbseite ist es in puncto Werbung auch die teuerste Zeitschrift.

Bei den kostenlosen Zeitschriften hat das vierteljährlich erscheinende dänische Magazin *Idé-nyt* die höchste Auflage. Die

⊙ KLEINSTE ZEITUNG
Die erstmals 1935 herausgegebene brasilianische Wochenzeitung *Vossa Senhoria* misst gerade mal 3,5 x 2,5 cm. Jede Ausgabe besitzt bis zu 16 Seiten und beinhaltet Fotos, Zeichnungen und Werbeanzeigen.

⊙ GRÖSSTE BUCHREIHE
Die Buchreihe *Doctor Who* ist die größte, auf einer Hauptfigur basierende Romanreihe. Zwischen 1977 und 1997 wurden vom früheren Verlag der Serie, Target Books, ungefähr 150 Titel produziert. Seit der Übernahme durch BBC Worldwide 1997 wurden weitere 82 Titel veröffentlicht. Insgesamt wurden über 8 Mio. Exemplare verkauft. Die ursprüngliche Fernsehserie *Doctor Who* lief von 1963 bis 1989 auf BBC.

auf Heim und Garten spezialisierte Zeitschrift wird gegenwärtig an 2,52 Mio. Leser verteilt.

UMFANGREICHSTES MAGAZIN
Die umfangreichste Einzelausgabe einer Zeitschrift erschien am 10. Januar 1990. Das in Japan von der Recruit Company Ltd. herausgegebene Magazin *Shukan Jutaku Joho (Wöchentliche Wohnungsbau-Informationen)* kostete 4,90 DM und besaß den Rekordumfang von 1.940 Seiten.

MEISTE TITELBILDER FÜR EINE EINZIGE MAGAZINAUSGABE
Die Erstausgabe von *DPICT*, einem Zweimonatsmagazin für Fotokameras, erschien im April 2000 in Großbritannien mit 560 individuellen Titelbildern.

MEISTVERKAUFTE BÜCHER
Die Bibel ist mit einer geschätzten Zahl von 2,5 Mrd. seit 1815 verkauften Exemplaren das weltweit meistverkaufte und verbreitetste Buch. Sie wurde in 2.233 Sprachen und Dialekte übersetzt.

Das meistverkaufte Buch – Werke ohne Urheberecht ausgenommen – ist das GUINNESS BUCH DER REKORDE (jetzt Guinness World Records), das im Oktober 1955 erstmals von Guinness Superlatives publiziert wurde. Die weltweiten Verkäufe des in 23 Sprachen vorliegenden Buches überschritten im April 2000 die 90-Millionen-Marke.

MEISTVERKAUFTE ROMANE
Drei Romane, allesamt von amerikanischen Autorinnen verfasst, werden Verkaufszahlen von schätzungsweise 30 Mio. Exemplaren zugeschrieben: Harper Lee, *Wer die Nachtigall stört...* (1960); Margaret Mitchell, *Vom Winde verweht* (1936); und Jacqueline Susann, *Tal der Puppen* (1966), von dem innerhalb der ersten sechs Monate 6,8 Mio. Exemplare verkauft wurden.

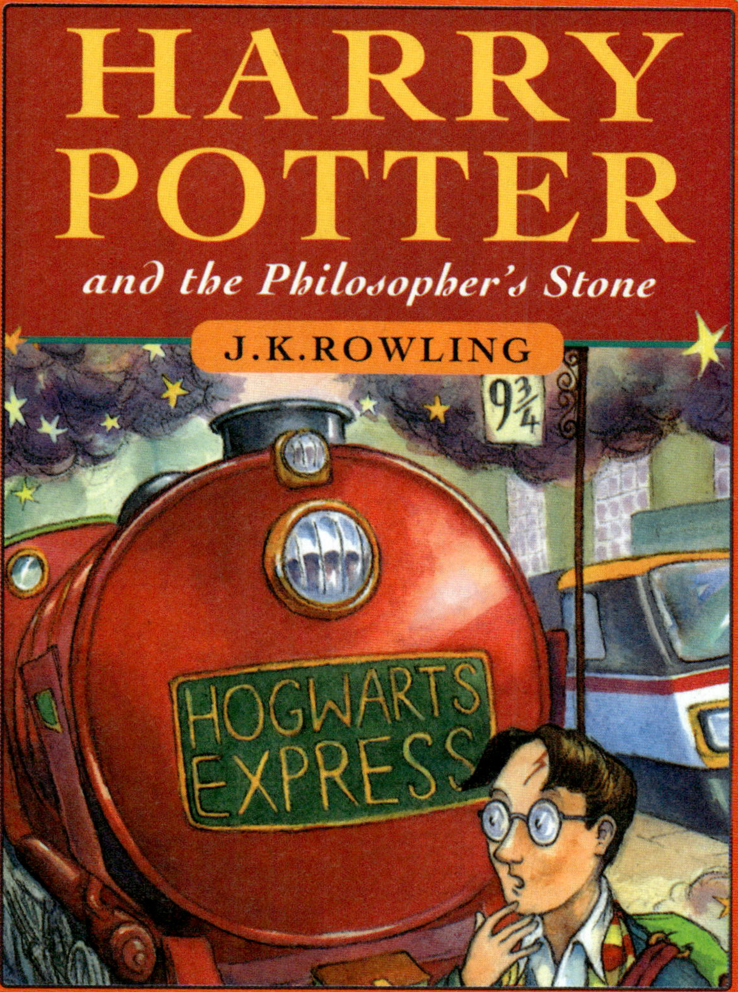

⊙ MEISTVERKAUFTE KINDERBUCHSERIE IN EINEM JAHR
1999 wurden von den ersten drei Bänden der von J. K. Rowling (oben) geschriebenen Harry-Potter-Reihe in den USA über 18,5 Mio. Exemplare verkauft, in Großbritannien und den Commonwealth-Ländern mehr als 4,5 Mio. Vom ersten Titel der Reihe, *Harry Potter und der Stein der Weisen*, wurden in Großbritannien und im Commonwealth über 1,5 Mio. Exemplare und in den USA 10,4 Mio. Bücher verkauft – für den Zeitraum von einem Jahr ein Rekordergebnis für einen Kinderbuchtitel.

Alistair MacLean (GB) schrieb insgesamt 30 Romane, von denen sich 28 allein in Großbritannien jeweils mehr als eine Million Mal verkauften. Seine Bücher wurden in 28 Sprachen übersetzt, 13 wurden verfilmt. Man schätzt, dass weltweit alle 18 Sekunden ein Roman von MacLean verkauft wird.

MEISTVERKAUFTE KINDERBUCHREIHE
Von den 80 Titeln der *Gänsehaut*-Reihe von R. L. Stine wurden weltweit insgesamt 220 Mio. Exemplare verkauft, seit 1992 das erste Buch, *Willkommen im Haus der Toten*, von Scholastic Inc. veröffentlicht wurde.

MEISTVERKAUFTER AUTOR
Die an den Verkaufszahlen gemessen erfolgreichste Romanautorin aller Zeiten ist Agatha Christie, die Schöpferin der Detektivfiguren Hercule Poirot und Miss Marple. Von ihren 78 Kriminalromanen wurden schätzungsweise 2 Mrd. Exemplare in 44 Sprachen verkauft, was pro Jahr eine Summe von etwa 7,55 Mio. DM an Tantiemen ergibt.

GRÖSSTE DRUCKAUFLAGEN
Die Erstauflage des deutschen Telefonbuches der Deutschen Bundespost vom 1. Juli 1993 betrug 42,3 Mio. Exemplare.

Die Erstauflage der englischsprachigen Ausgabe von *Guinness World Records 2000* war mit 2,4 Mio. Exemplaren, 1999 in Barcelona (E) gedruckt, ein Rekord für ein farbiges Hardcover-Buch.
Die deutschsprachige Erstauflage von Guinness World Records 2000 – GUINNESS BUCH DER REKORDE bestand aus 500.000 Exemplaren.

Auszeichnungen

⊙ MEISTE OSCARS ALS BESTER SCHAUSPIELER
Tom Hanks ist mit seinen Auszeichnungen für *Philadelphia* (USA, 1993) und *Forrest Gump* (USA, 1994) eine von sieben Personen, die zweimal den Oscar als beste Schauspieler gewannen. Er teilt den Rekord mit Spencer Tracy, Fredric March, Gary Cooper, Marlon Brando, Jack Nicholson und Dustin Hoffman.

MEISTE OSCARS
Bei insgesamt 64 Nominierungen zwischen 1932 und 1969 gewann Walt Disney die Rekordzahl von 26 Oscars, wobei ihm der letzte posthum für *Winnie The Pooh And The Blustery Day* (USA, 1968) verliehen wurde. Daneben hält er mit vier Auszeichnungen den Rekord für die meisten in einem Jahr (1953) gewonnenen Oscars für den besten Zeichentrickfilm *(Toot, Whistle, Plunk And Boom)*, den besten Dokumentationskurzfilm *(The Alaskan Eskimo)*, den besten Dokumentarfilm *(Die Wüste lebt)* und den besten Zweispulenkurzfilm *(Bear Country)*.

ÄLTESTE OSCAR-GEWINNERIN
Jessica Tandy gewann im Alter von 80 Jahren einen Oscar als beste Schauspielerin für *Miss Daisy und ihr Chauffeur* (USA, 1990).

JÜNGSTE OSCAR-GEWINNERIN
Tatum O'Neal war zehn Jahre alt, als sie für *Paper Moon* (USA, 1973) den Oscar für die beste Nebenrolle erhielt.

Shirley Temple bekam 1935 mit sechs Jahren ein Ehren-Oscar.

MEISTE OSCARS FÜR EINEN FILM
Zwei Filme, *Ben Hur* (USA, 1959) mit Charlton Heston in der Hauptrolle und *Titanic* (USA, 1997) von James Cameron, gewannen jeweils elf Oscars.

MEISTE OSCAR-NOMINIERUNGEN FÜR EINEN FILM
Sowohl *Alles über Eva* (USA, 1950) als auch *Titanic* (USA, 1997) erhielten die Rekordzahl von 14 Oscar-Nominierungen.

MEISTE OSCAR-NOMINIERUNGEN OHNE AUSZEICHNUNG FÜR EINEN FILM
Am Wendepunkt (USA, 1977) und *Die Farbe Lila* (USA, 1986) erhielten je elf Nominierungen, gingen bei der Oscar-Verleihung aber leer aus.

MEISTE OSCARS ALS BESTER REGISSEUR
John Ford gewann vier Oscars für *Der Verräter* (USA, 1935), *Früchte des Zorns* (USA, 1940), *Schlagende Wetter* (USA, 1941) und *Der Sieger* (USA, 1952).

MEISTE OSCARS ALS BESTE SCHAUSPIELERIN
Katharine Hepburn gewann vier Oscars für *Morning Glory* (USA, 1933), *Rate mal, wer zum Essen kommt* (USA, 1967), *Der Löwe im Winter* (GB, 1968, Preis geteilt) und *Am goldenen See* (USA, 1981). Sie hält mit 48 Jahren auch den Rekord für den längsten Zeitraum, in dem diese Preise gewonnen wurden.

MEISTE OSCARS ALS BESTER NEBENROLLENDARSTELLER
Walter Brennan gewann drei Oscars für seine Nebenrollen in *Nimm, was du kriegen kannst* (USA, 1936), *Kentucky* (USA, 1938) und *Der Westerner* (USA, 1940).

MEISTE OSCARS ALS BESTE NEBENROLLENDARSTELLERIN
Den Rekord von zwei Oscars teilen sich Shelley Winters für ihre Rollen in *Das Tagebuch der Anne Frank* (USA, 1959) sowie in *Träumende Lippen* (USA, 1965) und Dianne Wiest für *Hannah und ihre Schwestern* (USA, 1986) sowie *Bullets Over Broadway* (USA, 1994).

VIELSEITIGSTE OSCAR-GEWINNERIN
Die Schauspielerin, Sängerin und Regisseurin Barbra Streisand gewann zwei Oscars, fünf Emmys, sieben Grammys, sieben Golden Globes sowie einen speziellen Tony im Jahr 1970 als Broadway-Schauspielerin des Jahrzehnts.

LÄNGSTE OSCAR-REDE
Die bisher längste Dankesrede für einen Oscar dauerte 5 Minuten 30 Sekunden. Sie wurde bei der Oscar-Verleihung 1942 von Greer Garson gehalten, die für ihre Rolle in *Mrs. Miniver* (USA, 1942) zur besten Schauspielerin gekürt worden war.

⊙ MEISTE OSCARS ALS BESTER FREMDSPRACHIGER FILM
Italien gewann 13 Oscars in der Kategorie „Bester fremdsprachiger Film", zuletzt für *Das Leben ist schön* (1997) mit Roberto Benigni, Giorgio Cantarini und Nicoletta Braschi (von links nach rechts).

MEISTE GRAMMYS
Der ungarisch-britische Dirigent Sir Georg Solti gewann zwischen 1958 und 1997 die Rekordanzahl von 31 Grammys (einschließlich eines Sonderpreises 1967).

MEISTE GRAMMYS FÜR EINE KÜNSTLERIN
Aretha Franklin (USA) gewann bislang 15 Grammys, davon elf als beste R&B-Sängerin, was außer ihr noch niemandem gelang.

MEISTE GRAMMYS FÜR EINEN POP-MUSIKER
Stevie Wonder gewann seit 1973 insgesamt 19 Grammys.

MEISTE GRAMMYS FÜR EINE POP-GRUPPE
Die Pop-Gruppe mit den meisten Grammys war 5th Dimension mit acht Preisen.

MEISTE EMMYS FÜR EINE SCHAUSPIELERIN
Candice Bergen gewann fünfmal den Emmy als beste Schauspielerin (Komödie) für ihre Titelrolle in *Murphy Brown*.

MEISTE EMMYS FÜR EINEN SCHAUSPIELER
Don Knotts gewann fünfmal den Emmy für seine Rolle als Barney Fife in *The Andy Griffith Show*.

MEISTE BRIT AWARDS
Annie Lennox, früher Eurythmics, gewann als Solokünstlerin die Rekordzahl von sieben Brit Awards. Ihre letzte Auszeichnung war der Preis für die beste britische Künstlerin im Jahr 1996.

MEISTE BRIT AWARDS FÜR EINE BAND IN EINEM JAHR
Die britische Band Blur erhielt 1995 vier Auszeichnungen.

MEISTE CÉSARS
Die französische Schauspielerin Isabelle Adjani hat als einzige Person vier Césars gewonnen, und zwar für die Filme *Possession* (F/BRD, 1981), *Ein mörderischer Sommer* (F, 1983), *Camille Claudel* (F, 1988) und *Die Bartholomäusnacht* (F/D/I, 1994).

MEISTE INTERNATIONALE FILMPREISE
Satyajit Ray, der in Bombayer Filmkreisen nur „Gott" genannt wurde, war Indiens berühmtester Filmregisseur. Im Laufe seiner Karriere errang er insgesamt 34 internationale Filmpreise, darunter einen Oscar für sein Lebenswerk. Ray starb 1992.

↓ MEISTE EMMYS FÜR EINE TV-SERIE
Die beiden höchstdekorierten Fernsehserien sind *Both Hill Street Blues* und *ER*, die 1981 bzw. 1995 jeweils acht Emmys gewannen. Zu den Auszeichnungen für *Er* gehörte unter anderem ein Preis für die beste Nebenrollendarstellerin, den Julianna Margulies (unten) erhielt.

⊙ MEISTE GRAMMYS IN EINEM JAHR
Den Rekord für die meisten Grammys in einem Jahr teilen sich Michael Jackson und Carlos Santana, der 2000 achtmal ausgezeichnet wurde. Santana gewann die Grammys in den Kategorien „Album des Jahres" *(Supernatural)*, „Single des Jahres" *(Smooth)*, „Beste Popformation mit Gesang" *(Maria, Maria)*, „Beste Pop-Zusammenarbeit mit Gesang" *(Smooth)*, „Bestes Popinstrumental" *(El Farol)*, „Beste Rockformation mit Gesang" *(Put Your Lights On)*, „Bestes Rockinstrumental" *(The Calling)*, „Bestes Rock-Album" *(Supernatural)*. Die Auszeichnung „Song des Jahres" *(Smooth)* ging an die Komponisten Itaal Shur und Rob Thomas.

Körperkult

MANN MIT DEN MEISTEN PIERCINGS
Der Mann mit den meisten Piercings ist Luis Antonio Aguero aus Havanna (C), der auf seinem ganzen Körper insgesamt 230-mal gepierct ist, davon 175-mal im Gesicht. Für Fotos verlangt er eine symbolische Gebühr, die zum Unterhalt seiner kinderreichen Familie beitragen soll.

MEISTE TÄTOWIERUNGEN
Tom Leppard, ein ehemaliger Soldat, der auf der Isle of Skye, Highlands & Islands (GB) lebt, ließ 99,9 % seines Körpers mit einem Leopardenmuster tätowieren. Die einzigen Teile seines Körpers, die nicht tätowiert sind, sind seine Gehörgänge sowie die Haut zwischen seinen Zehen.

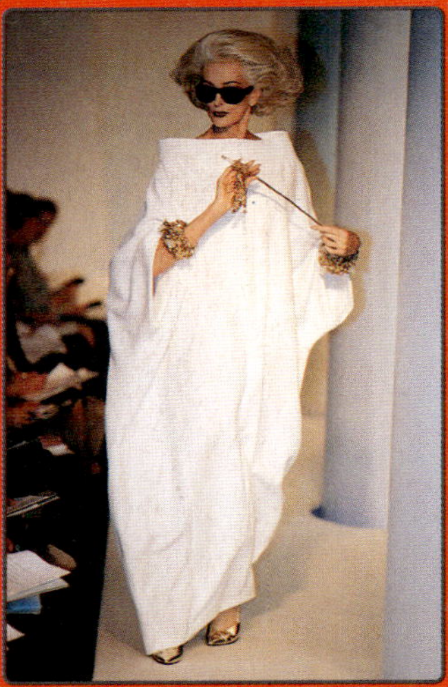

⊙ LÄNGSTE MODELKARRIERE
Carmen dell'Orefici, geboren 1931, steigt für die Ford Agency seit den 40er Jahren auf den Laufsteg. Mit heute 69 Jahren wird sie noch immer für internationale Shows unter Vertrag genommen. Daphne Self, die 1999 an der Laura Ashley-Kampagne teilnahm, ist 71 Jahre alt, hat aber nicht durchgehend als Model gearbeitet.

MEISTTÄTOWIERTE FRAU
Die Striptease-Tänzerin Krystyne Kolorful aus Alberta (CDN) ist auf 95 % ihres Körpers tätowiert.

Julia Gnuse aus Südkalifornien (USA) lässt ihren Körper seit 1991 tätowieren, um die Folgen der Hautkrankheit Porphyria zu kaschieren. Sie hofft, demnächst eine 100-prozentige Tätowierung zu erreichen.

WERTVOLLSTE BEINE
Die US-Schauspielerin Cyd Charisse ließ 1952 eine Versicherung über 10,2 Mio. DM auf ihre Beine abschließen. Die vorherige Rekordhalterin war Betty Grable, die als „das Mädchen mit den Millionenbeinen" bekannt wurde, als sie 1937 ihre Beine über 2,53 Mio. DM versichern ließ.

REICHSTES SUPERMODEL
Obwohl sie sich nicht mehr regelmäßig auf dem Laufsteg präsentiert, soll Elle MacPherson, auch bekannt als „The Body", 111 Mio. DM wert sein.

HÖCHSTBEZAHLTES SUPERMODEL
Nach Informationen der Zeitschrift *Forbes* verdiente Claudia Schiffer im Jahr 1999 18,3 Mio. DM.

MEISTE MR. OLYMPIA-KANDIDATEN
1989 wetteiferte in Rimini (I) eine Rekordzahl von 26 Bewerbern um den Titel des Mr. Olympia. Sieger wurde Lee Haney (USA), der damit Arnold Schwarzeneggers Rekord von sechs aufeinander folgenden Titeln einstellte.

WENIGSTE MR. OLYMPIA-KANDIDATEN
Sergio „The Myth" Oliva verteidigte 1968 in der Brooklyn Academy of Music seinen Mr. Olympia-Titel ohne Gegenkandidaten. Auch Arnold Schwarzenegger (A) hatte bei seinem Auftritt 1971 in Paris (F) keine Konkurrenten.

⊙ ÄLTESTER SCHÖNHEITSWETTBEWERB
Die Miss World-Wahl wird seit 1951 jedes Jahr durchgeführt. Sie ist gleichzeitig der größte allgemeine Schönheitswettbewerb der Welt mit einer Rekordzahl von 94 Teilnehmerinnen im Jahr 1999.

LÄNGSTER ABSTAND ZWISCHEN ZWEI MR. OLYMPIA-TITELN
Arnold Schwarzenegger holte 1975 zum sechsten Mal in Folge den Titel des Mr. Olympia und kündigte sofort im Anschluss seinen Rückzug aus dem Bodybuilding an. 1980 in Australien trat er doch wieder an und gewann den Titel erneut.

GRÖSSTER MR. OLYMPIA-KANDIDAT
Der größte Kandidat um den Titel war im Jahr 1974 mit 1,95 m Lou Ferrigno (USA). Später spielte er die Titelrolle in der TV-Serie *The Incredible Hulk*.

KLEINSTER MR. OLYMPIA-KANDIDAT
Flavio Baccanini aus San Francisco, Kalifornien (USA), war der kleinste Kandidat um den Titel des Mr. Olympia. Baccanini, der 1993 in Atlanta, Georgia (USA), antrat, ist 1,47 m groß. Zum Zeitpunkt seines Auftritts wog er 72,58 kg.

⊙ SCHWERSTER MR. OLYMPIA-SIEGER

Dorian Yates hatte 1993 in Atlanta, Georgia (USA), bei seinem zweiten Mr. Olympia-Sieg in Folge ein Rekordgewicht von 116,57 kg.

MEISTE MR. OLYMPIA-TITEL
Lee Haney aus South Carolina (USA) war von 1984 bis 1991 achtmal Mr. Olympia-Sieger.

GRÖSSTER MRS. OLYMPIA-WETTKAMPF
1990 konkurrierten 30 Frauen um den Titel der Mrs. Olympia.

ÄLTESTE MRS. OLYMPIA-KANDIDATIN
Christa Bauch (D) war 47 Jahre alt, als sie 1994 am Mrs. Olympia-Wettkampf teilnahm.

JÜNGSTE MRS. OLYMPIA-KANDIDATIN
Lorie Johnson (USA) war 17 Jahre alt, als sie 1980 am ersten Mrs. Olympia-Wettkampf teilnahm.

LEICHTESTE MRS. OLYMPIA-KANDIDATIN
Erika Mes (NL) wog bei ihrer Teilnahme 1984 nur 45,36 kg.

KLEINSTE MRS. OLYMPIA-KANDIDATIN
Michele Ralabate (USA), Kandidatin von 1995, ist 1,50 m groß.

SCHWERSTE MRS. OLYMPIA-KANDIDATIN
Nicole Bass (USA) wog bei ihrer Teilnahme am Wettkampf von 1997 92,53 kg. Mit 1,88 m war sie auch die größte Kandidatin in der Geschichte dieses Wettbewerbs.

MEISTE FILME EINES MR. OLYMPIA
Arnold Schwarzenegger spielte bislang in insgesamt 29 Spielfilmen, darunter *Terminator* (USA, 1984), *Total Recall – Die totale Erinnerung* (USA, 1990), *Terminator 2: Tag der Entscheidung* (USA, 1991), *True Lies* (USA, 1994), *Batman & Robin* (USA, 1997) und *End Of Days – Nacht ohne Morgen* (USA, 1999).

MEISTE MISS WORLD-GEWINNERINNEN AUS DEMSELBEN LAND
Trägerinnen des Titels Miss Großbritannien sowie Miss Venezuela haben je fünfmal in der Miss World-Show gewonnen. Allerdings musste die Gewinnerin von 1974, die Britin Helen Morgan, wegen ihrer Mutterpflichten auf den Titel verzichten.

↓ MEISTE PIERCINGS

Elaine Davidson aus Edinburgh (GB) hat sich seit Januar 1997 462-mal piercen lassen, davon 192-mal an Gesicht und Kopf.

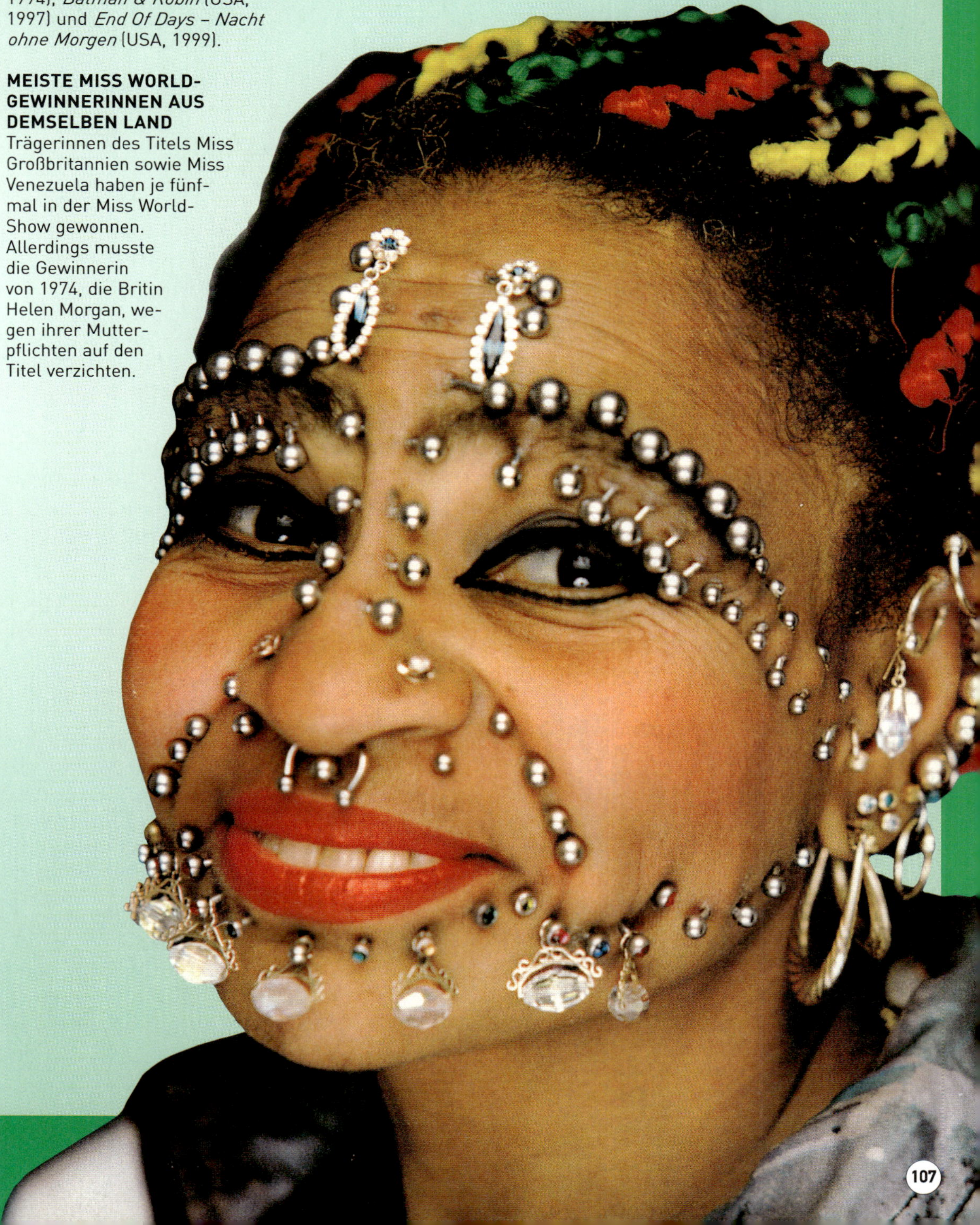

Stunts & Spezialeffekte

AM HÄUFIGSTEN „GESPRENGTER" MENSCH
Die amerikanische Unterhaltungskünstlerin Allison Bly, die unter dem Spitznamen „The Dynamite Lady" bekannt ist, hat sich selbst mehr als 1.000-mal „in die Luft gejagt", und zwar in einer Kiste, die sie den „Sarg des Todes" nennt. Dabei verwendete sie Sprengpulver, das in seiner Sprengkraft zwei Stangen Dynamit gleichkommt.

LÄNGSTER GANZKÖRPERBRAND OHNE SAUERSTOFF
Der Däne Stig Günther hielt am 13. März 1999 in Kopenhagen (DK) ohne Sauerstoffzufuhr einen Ganzkörperbrand über eine Rekorddauer von 2 Minuten 6 Sekunden aus.

LÄNGSTE STEILWANDFAHRT
Die längste registrierte Steilwandfahrt dauerte 7 Stunden 13 Sekunden. Aufgestellt wurde dieser Rekord von Martin Blume (D), der am 16. April 1983 mit einer Yamaha XS 400 in Berlin (D) über 10.000 Runden auf einer Wand mit 10 m Durchmesser drehte. Seine Durchschnittsgeschwindigkeit auf der zurückgelegten Strecke von über 292 km betrug 45 km/h.

ÄLTESTER STEILWANDFAHRER
Jerry de Roye (GB), geboren 1927, ist der älteste Fahrer, der immer noch regelmäßig auf der Steilwand fährt. Er benutzt eine 1927er V-Twin Indian Type 101 „Scout".

WEITESTER RAMPENSPRUNG
Der weiteste Rampensprung mit einem Auto, das auf allen vier Rädern landete und danach direkt weiterfuhr, ging über 72,24 m; er gelang Ray Baumann (AUS) am 23. August 1998 auf dem Ravenswood International Raceway in Perth (AUS).

LÄNGSTER RÜCKWÄRTSSPRUNG MIT EINEM MOTORRAD
Roger „Mr. Backward" Riddell (USA) sprang im Mai 1987 in Franklin, Indiana (USA), mit seiner 650 cm³-Honda rückwärts über sieben Autos, also 18,29 m weit.

WEITESTER MOTORRADSPRUNG VON DACH ZU DACH
Am 30. Juli 1998 sprang Super Joe Reed (USA) in Los Angeles, Kalifornien (USA), mit einer 250 cm³-Dirtbike von einem 42 m hoch gelegenen Dach auf ein anderes. Der Abstand zwischen den beiden Häusern betrug 19,8 m.

⊙ WEITESTER RAMPENSPRUNG MIT EINEM MONSTER-TRUCK
Am 11. September 1999 sprang Dan Runte (USA) auf dem Flughafen von Smyrna, Tennessee (USA), in seinem Monster-Truck *Bigfoot 14* 61,1 m weit über ein Boeing 727-Passagierflugzeug.

TIEFSTER SPRUNG IN EIN LUFTKISSEN
Stig Günther (DK) sprang am 7. August 1998 aus einer Rekordhöhe von 104,5 m in ein Luftkissen von 12 x 15 x 4,5 m.

WEITESTER AUTOSPRUNG EINES STUNTMAN
Den weitesten Sprung in einem Auto, das von seinem eigenen Motor angetrieben wurde, schaffte der Stuntman Gary Davis für den Film *Smokey and the*

⊙ MEISTE STANDKAMERAS IN EINER FILMSEQUENZ
Während der Dreharbeiten für die „Bullet time"-Szene in *Matrix* (USA, 1999) verwendeten die Regisseure Larry und Andy Wachowski insgesamt 120 eigens umgebaute Standkameras für eine Schwenkaufnahme über den Helden Neo (Keanu Reeves), als er dem Kugelhagel eines Verfolgers ausweicht.

Bandit II – Das ausgekochte Schlitzohr ist wieder da (USA, 1981). Davis raste in einem umgebauten Plymouth mit 128 km/h auf eine Rampe, die an der Rückseite eines zweistöckigen Autotransporters verkeilt war. Er flog 49,7 m weit durch die Luft, bevor er sicher auf dem Wüstenboden landete.

WEITESTER SEILTANZ MIT VERBUNDENEN AUGEN
Am 11. November 1998 balancierte Jay Cochrane aus Atlantic City, New Jersey (USA), mit verbundenen Augen über ein 182,9 m langes Seil, das in 91 m Höhe zwischen zwei Türmen des Flamingo Hilton in Las Vegas, Nevada (USA), gespannt war.

LÄNGSTER FREIER FALL EINES STUNTMAN
Für den Film *Highpoint* (CDN, 1979) stürzte Dar Robinson im freien Fall aus der Rekordhöhe von 335 m ab. Er war von einem Fensterbrett des CN Tower in Toronto (CAN) gesprungen. Der freie Fall dauerte sechs Sekunden, bevor sich, erst 91,4 m über dem Boden, sein Fallschirm öffnete. Robinson erhielt für diese Leistung 305.000 DM, ein Rekordpreis für einen einzelnen Stunt.

TIEFSTER SPRUNG EINES STUNTMAN OHNE FALLSCHIRM
Der tiefste Sprung, den ein Filmstuntman je ganz ohne Fallschirm durchführte, war der von A. J. Bakunus, der im Film *Um Kopf und Kragen* (USA, 1978) Burt Reynolds doubelte. Nach seinem Sprung aus 70,7 m Höhe landete er auf einem Luftkissen.

TEUERSTER LUFTSTUNT
Simon Crane (GB) führte für den Film *Cliffhanger* (USA, 1993) einen der gefährlichsten Luftstunts durch, als er in einer Höhe von 4.752 m von einem Flugzeug zu einem anderen wechselte. Der Stunt, der wegen des extrem hohen Risikos nur ein einziges Mal durchgeführt wurde, verursachte Kosten in einer Rekordhöhe von 2 Mio. DM.

MEISTE STUNTMEN PRO SCHAUSPIELER
In dem Film *Rookie – Der Anfänger* (USA, 1990) mit dem Regisseur Clint Eastwood, der auch die Hauptrolle spielte, traten insgesamt 87 Stuntmen und nur 37 Schauspieler auf.

GRÖSSTES STUNTBUDGET
Mehr als 7 Mio. DM von dem 400 Mio.-Budget des Films *Titanic* (USA, 1997) wurden auf die Filmstunts verwendet. In der aufwändigsten Szene sprangen, fielen und schlitterten 100 Stuntmen 229 m tief, als das Schiff in zwei Teile zerbrach und sich in einem 90°-Winkel aus dem Wasser emporhob.

GRÖSSTE MASSENKARAMBOLAGE IN EINEM FILM
Am Höhepunkt des Film *Blues Brothers 2000* (USA, 1998) gibt es eine Verfolgungsjagd, die in einer Massenkarambolage von 100 Polizeiautos endet.

VIELSEITIGSTER FILM-STUNTMAN
Vic Armstrong (GB) hat jeden James Bond-Darsteller gedoubelt und in einer Karriere von drei Jahrzehnten in mehr als 200 Filmen Stunts durchgeführt, darunter in *Indiana Jones I – Jäger des verlorenen Schatzes* (USA, 1981) und *Terminator 2: Tag der Entscheidung* (USA, 1991). Er war auch Stunt-Koordinator in Filmen wie *Bond: Der Morgen stirbt nie* (GB/USA, 1997). Armstrong ist mit dem Stuntgirl Wendy Leech verheiratet.

← MEISTE STUNTS EINES LEBENDEN SCHAUSPIELERS
Jackie Chan, Schauspieler, Regisseur, Produzent, Stunt-Koordinator und Drehbuchautor aus Hongkong (CHN), trat in über 65 Filmen auf, darunter *Die große Keilerei* (USA, 1980) und *Rumble In The Bronx* (USA, 1996). Keine Versicherungsgesellschaft ist bereit, für Chans Produktionen einen Vertrag abzuschließen.

TEUERSTE SPEZIALEFFEKTE IN EINEM MUSIKVIDEO
Das Video für *What's It Gonna Be?* von Busta Rhymes und Janet Jackson, das von Hype Williams produziert wurde, kostete 4,9 Mio. DM. Für einen Großteil dieser Ausgaben sind computergenerierte Effekte verantwortlich. Die Musik stammt von Rhymes' Millenniums-Album *ELE – The Final World Front*.

Computer

SCHNELLSTE COMPUTER
Der schnellste vektorparallele Allzweck-Computer ist der Cray Y-MP C 90 Supercomputer. Mit einem 2-Gigabyte-Hauptspeicher und 16 CPUs erreicht er eine Gesamt-Spitzenleistung von 16 Gigaflops (16 Mrd. Rechenoperationen pro Sekunde).

Intel installierte 1996 in Sandia, Texas (USA), einen noch schnelleren Supercomputer. Durch 9.072 Intel Pentium-Pro-Prozessoren mit 200 MHz und eine Speicherkapazität von 608 Gigabyte wird er eine Spitzenleistung von 1,8 Teraflops (1,8 Billionen Rechenoperationen pro Sekunde) erreichen.

Verschiedene Hersteller bieten inzwischen Massiv-Parallel-Computer an, die mit einer genügenden Anzahl von Prozessoren eine theoretische Gesamtleistung entwickeln können, die den C 90 übertrifft. Die tatsächliche Leistung in Alltagsanwendungen fällt aber möglicherweise weniger eindrucksvoll aus, weil es sehr viel schwerer ist, die Leistung einer großen Anzahl kleiner Prozessoren zusammenzufassen, als die Möglichkeiten einer kleinen Zahl von großen Einheiten zu nutzen.

Den Geschwindigkeits-Weltrekord im Supercomputing stellte im Dezember 1994 ein Team aus Wissenschaftlern der Sandia National Laboratories und der Firma Intel auf. Dabei wurden zwei der größten Intel Paragon Parallel-Prozessor-Geräte miteinander verbunden. Dieser Massiv-Parallel-Supercomputer erreichte eine Leistung von 281 Gigaflops nach dem Linpack-Bewertungssystem, mit einem Programm zur Berechnung von Radarkennungen sogar eine Leistung von 328 Gigaflops. Dieser Supercomputer rechnete mit einer Gesamtzahl von 6.768 parallel arbeitenden Prozessoren.

LEISTUNGSSTÄRKSTER COMPUTER IM WELTRAUM
Die Marssonde Pathfinder (sie landete am 4. Juli 1997 auf dem Mars) wird von einem IBM RAD 6000-Computer gesteuert, einem strahlungsresistenten Einzelplatinen-Computer, der mit dem Standard-PC verwandt ist. Er hat eine 32-Bit-Architektur und kann bis zu 22 Mio. Befehle pro Sekunde ausführen. Das Gerät wurde für die Speicherung von Flugsoftware eingesetzt, außerdem für technische Arbeiten und das Sammeln und Bündeln von Daten und Bildern für die Übertragung zur Erde sowie für Daten, die das Robotfahrzeug *Sojourner* lieferte.

⊙ ERFOLGREICHSTER COMPUTER
Der Commodore-64-Computer wurde ab seiner Markteinführung 1982 bis zum starken Rückgang der Absatzzahlen 1993 rund 30 Mio. Mal verkauft. Das Gerät enthielt 64 Kilobyte RAM (Schreib-Lese-Speicher), 16 K Grafik- und 16 K Tonspeicher.

JÜNGSTER SOFTWARE-ENTWICKLER
Roy Narunsky (IL) entwickelte *Curtains 95*, eine kommerzielle Software, die Kindern den Umgang mit *Windows 95* erleichtern soll. Er war erst 13 Jahre alt, als Makh-Shevet ML das Programm 1998 auf den Markt brachte.

GRÖSSTER SCANNER
Der SLC 972 C-Farbscanner der Widecom Group aus Brampton (CDN) hat eine Abtastbreite von 1,82 m. Im Mai 1999 bei einer Handelsmesse in Kalifornien erstmals der Öffentlichkeit vorgestellt, ist das Gerät vor allem für Anwender in der Auto-, Flugzeug- und Schiffbauindustrie entwickelt worden, die regelmäßig mit großen Zeichnungen arbeiten, die einen Scanner dieser Größenordnung erfordern. Der SLC 972 C kam im September 1999 auf den Markt und kostet 34.900 DM.

KLEINSTE TASTATUR
Die kleinste vollständige Computer-Tastatur mit Buchstaben-/Zahlen-, Symbol- und Befehlstasten wurde am 18. März 1997 zum Patent angemeldet. Der Erfinder Davy Levy ist ein Ergonom, der am Massachusetts Institute of Technology in Cambridge (USA) studiert hat. Das

⊙ GRÖSSTE COMPUTER-FESTPLATTE
Der IBM Deskstar 75 GXP, der am 15. März 2000 der Öffentlichkeit vorgestellt wurde, hat einen 75-GB-Speicher, zehnmal soviel wie die Festplatte eines Standard-PCs. Das Gerät arbeitet mit 7.200 rpm und kann eine Datenmenge speichern, die 18 DVDs, 159 Musik-CDs oder einem Dokumentenstapel von 3,3 km Höhe entspricht.

⊙ GRÖSSTE SPEICHER-KAPAZITÄT

Die US-Firma C3D hat eine CD mit einer Speicherkapazität von 140 GB entwickelt und bis zur Betriebsreife getestet. Nachdem C3D die Diskette im Oktober 1999 erstmals öffentlich präsentierte, werden zurzeit noch Partner für die Vermarktung des Produkts gesucht. Zum Vergleich: Eine DVD kann bis zu 17 GB speichern, eine CD-ROM nur 650 MB.

BESTER SCHACHCOMPUTER

Der IBM-Supercomputer *Deep Blue* war 1995 mit seinem Sieg über Weltmeister Garry Kasparow der erste Computer, dem es gelang, einen Schachgroßmeister in einer Partie nach Wettkampfregeln zu besiegen. *Deep Blue* besiegte Kasparow auch am 11. Mai 1997 in einer Begegnung, die über sechs Partien ging.

„MENSCHLICHSTES" COMPUTERPROGRAMM

Ein Computer, der mit dem Programm *Albert* arbeitete, brachte 1999 dem Software-Entwickler Robby Garner aus Georgia (USA) den mit rund 4.000 DM dotierten Loebner-Preis für das „menschlichste" Computersystem ein. *Albert* kann mit der menschlichen Stimme bedient werden.

Keyboard hat 64 Tasten, jede davon ist so groß, dass sie mit einem großen Daumen bedient werden kann. Dennoch misst die ganze Vorrichtung nur 7,62 x 3 cm, was 60 % der Fläche einer Kreditkarte entspricht.

KLEINSTER PERSONAL DATA ASSISTANT (PDA)

Der REX PC Companion, 1998 hergestellt von Franklin Electronic Publishers in Burlington (USA), ist nur 8,5 x 5,4 x 0,6 cm groß und wiegt 39,6 g.

VIRUS MIT DER SCHNELLSTEN AUSBREITUNG

Das Virus „I Love You" wurde in Hongkong (CHN) am 1. Mai 2000 erstmals entdeckt. Anders als die bekannten Viren, die zu ihrer Verbreitung eine E-Mail benötigen, schlüpft dieses (auch als „Wurm" bekannte) Virus durch das Microsoft-Outlook-Programm und pflanzt sich viermal schneller fort als der Melissa-Virus. Bis zum 5. Mai hatte sich „I Love You" bereits in drei verschiedene Generationen aufgespalten und weltweit Schäden im Wert von rund 3,1 Mrd. DM verursacht. Die Firma Trend Micro veröffentlichte am 8. Mai eine erste Bilanz, aus der hervorging, dass der Virus weltweit 3,1 Mio. Computer befallen hatte, 2,5 Mio. davon in Nordamerika, 325.000 in Europa, 129.000 in Asien und 25.500 in Australien und Neuseeland. Ebenfalls am 8. Mai verhafteten Beamte der philippinischen Bundespolizei NBI in der Hauptstadt Manila einen Mann unter dem Verdacht, den Virus freigesetzt zu haben.

GRÖSSTE ZERLEGTE ZAHL

Informatiker der Purdue-Universität in Indiana (USA) koordinierten die Arbeit von Wissenschaftlern rund um den Globus, um die beiden größten Zahlen zu finden, die, miteinander multipliziert, eine bereits bekannte 167-stellige Zahl ergeben, $(3^{349}-1):2$. Dies wurde im April 1997 bekannt. Der Durchbruch kam nach 100.000 Arbeitsstunden. Die beiden Faktoren hatten 80 bzw. 87 Stellen. Der vorherige Rekord im Zerlegen von Faktoren lag bei 162 Stellen.

→ JÜNGSTER ERFOLGREICHER IT-PRÜFLING

Krishan Radia aus London (GB), geboren am 26. Oktober 1991, bestand 1998 mit 6 Jahren 8 Monaten die GCSE-Prüfung (General Certificate of Secondary Education), die normalerweise von 16-Jährigen abgelegt wird, mit dem Ergebnis C (entspricht einer deutschen „Drei").

Konsolen & Spiele

⊙ SCHNELLSTVERKAUFTE SPIELKONSOLE

Innerhalb der ersten 48 Stunden nach dem Verkaufsstart der Sony PlayStation2 wurden 980.000 Exemplare abgesetzt.

MEISTVERKAUFTE COMPUTERSPIELE

Das Spiel *Super Mario Brothers* von Nintendo wurde bis April 2000 weltweit 40,23 Mio. Mal verkauft. Die 26 Spiele mit der Hauptfigur Mario, dem Klempner, der 1982 in dem Arcade-Spiel *Donkey Kong* zum ersten Mal auftrat, wurden insgesamt über 152 Mio. verkauft.

FORTSCHRITTLICHSTE SPIELKONSOLE

Die PlayStation2 von Sony, die in Japan am 4. März 2000 auf den Markt kam, wird von einem 128-Bit RISC-Chip betrieben, dem „Emotion Engine", der auf 294,912 MHz kommt und 66 Mio. Bilder pro Minute generieren kann. Die Einheit läuft mit Programmträgern im DVD-Video- und im Audio-CD-Format und hat eine Speicherkapazität von 32 MB. Die PS2, nach der Sega Dreamcast die zweite 128 Bit-Spielkonsole, wird Erwartungen zufolge in Kürze Führer im Markt für Spielkonsolen sein. Weitere 128-Bit-Geräte der Marken Nintendo und Microsoft werden vermutlich Ende 2000 oder Anfang 2001 erscheinen.

SCHNELLSTER ABSATZ EINES COMPUTERSPIELS

Myst, das von Cyan entwickelt und 1993 von Broderbrund auf den Markt gebracht wurde, erreichte im ersten Jahr eine Verkaufszahl von 500.000 Stück. Inzwischen wurde das Spiel mehr als 4 Mio. Mal verkauft, die weltweiten Einnahmen belaufen sich auf über 200 Mio. DM.

TEUERSTE COMPUTERSPIEL-ENTWICKLUNG

Die Entwicklung des Spiels *Shenmue* von Dreamcast FREE (Full Reactive Eyes Entertainment) kostete über 40 Mio. DM. Das Projekt lief über sieben Jahre; sein geistiger Vater war Yu Suzuki, der Leiter der Abteilung AM2 für Spieleentwicklung bei Sega.

GRÖSSTER ONLINE-VERKAUF VON SPIELKONSOLEN

Von den 980.000 Spielkonsolen, die in den ersten 48 Stunden nach der Erstauslieferung der PlayStation2 am 4. März 2000 verkauft wurden, liefen 380.000 über den Online-Handel.

ERFOLGREICHSTER SPIELE-VERLAG

Zwischen April 1998 und März 1999 erwirtschaftete Electronic Arts aus Kalifornien (USA) einen Umsatz von 2,48 Mrd. DM und einen Gewinn von 148 Mio. DM.

GRÖSSTER WELTMARKTANTEIL AN SPIELEN

Im März 2000 hielten die beiden Computerspiel-Konsolen von Sony, die PlayStation und die PlayStation2, einen Marktanteil von 70 %.

MEISTVERKAUFTES TRAGBARES COMPUTERSPIEL

Das beliebteste Video-Computerspiel der Welt ist der Gameboy von Nintendo, der zwischen 1989 und 1999 über 80 Mio. Mal verkauft wurde. Zusammen mit

⊙ MEISTVERKAUFTER FAHRSIMULATOR

Der *Gran Turismo Real Driving Simulator*, ein Spiel für die Sony PlayStation, erreichte bis Februar 2000 weltweit Verkaufszahlen von 7 Mio. Stück. Das Spiel wurde von Polyphony Digital entwickelt, einer Tochtergesellschaft der Sony Computer Entertainment. 1999 kam der Nachfolger *Gran Turismo 2* auf den Markt, und *Gran Turismo 2000* ist einer der Haupttitel, der den „Emotion Engine"-Prozessor der PS2 in Szene setzt.

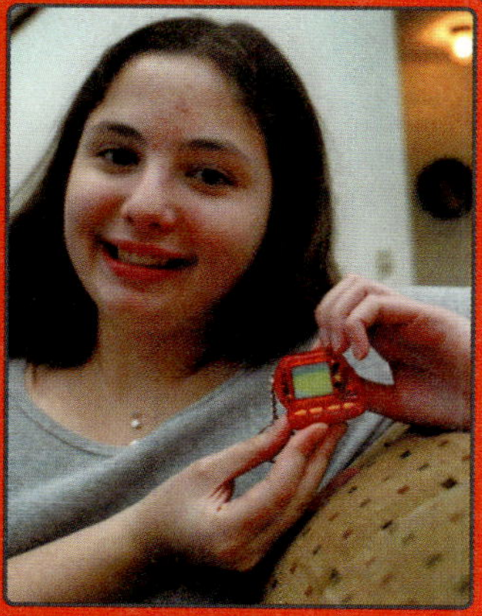

⊙ ÄLTESTES TAMAGOTCHI
Das älteste bekannte Tamagotchi heißt Elvis und gehört Jessica Troiano aus New Milford, Connecticut (USA). Elvis' „Geburtstag" war der 3. Juli 1997. Den Rekord erreichte er am 13. Januar 1998 im Alter von 194 Tagen.

seinen Spielvarianten – dem Original-Gameboy, dem Gameboy Pocket und dem Gameboy Colour – beherrscht er über 99 % des US-Markts. Weltweit sind inzwischen mehr als tausend verschiedene Gameboy-Varianten erhältlich.

MEISTVERKAUFTES FUSSBALLSPIEL
Die Serie der *FIFA*-Spiele, entwickelt von EA Sports, ist mehr als 16 Mio. Mal verkauft worden.

BESTVERKAUFTER FLUGSIMULATOR
Der *MS Flight Simulator*, den Microsoft im April 1992 auf den Markt brachte, wurde bis Juni 1999 bereits insgesamt 21 Mio. Mal verkauft.

BELIEBTESTER DJ-SIMULATOR
Bis Mai 1999 hatte die japanische Firma Konami 6.700 Stück des Spiels *Beatmania* (außerhalb Japans *Hiphopmania*) ausgeliefert. Bei diesem DJ-Simulator muss der Spieler zwei Plattentische und einen Effekteregler bedienen. Bewertet wird die Geschicklichkeit beim effektvollen Mixen und bei der zeitlichen Abstimmung der eingespielten/zusätzlichen Klangeffekte.

MEISTE VORBESTELLUNGEN FÜR EIN SPIEL
Über 325.000 Kunden bestellten in den USA *The Legend of Zelda: Ocarina of Time* vor, ein Nintendo 64-Spiel, um sicherzustellen, dass sie ihr Exemplar sofort nach dem Erstverkaufstag am 23. November 1998 geliefert bekamen.

STRENGSTE AUFLAGEN FÜR SOFTWARE
In Deutschland ist es vorgeschrieben, dass Blut in Computerspielen grün sein muss und dass Figuren, die im Lauf des Spiels mit hoher Wahrscheinlichkeit getötet werden, wie Zombies aussehen oder aber möglichst wenig Ähnlichkeit mit Menschen haben.

↓ SCHNELLST-VERKAUFTES COMPUTERSPIEL
Das Gameboy-Spiel *Pokémon Yellow* von Nintendo verkaufte sich innerhalb von zehn Tagen in den USA 1 Mio. Mal.

Internet 1

⊙ GRÖSSTE EINZELNE E-COMMERCE-TRANSAKTION
Der US-Internet-Tycoon Mark Cuban (kleines Bild) aus Dallas (USA) kaufte im Oktober 1999 über das Internet ein Gulfstream V-Geschäftsflugzeug. Der Jet wechselte für 81,2 Mio. DM den Besitzer.

MEISTE FRAGEN AN EINE WEBSITE
Der Ex-Beatle Sir Paul McCartney erhielt am 17. Mai 1997 während eines halbstündigen Web-Events, mit dem er für sein neues Album *Flaming Pie* warb, drei Mio. Fragen seiner Fans.

MEISTBESUCHTE WEBSITE
Die offizielle Website der Fußball-WM in Frankreich, www.france98.com, verzeichnete während des Turniers vom 10. Juni bis zum 12. Juli 1998 insgesamt 1.137.218.296 Zugriffe. Die Website hält auch die Rekorde für die meisten Zugriffe innerhalb von 24 Stunden (73.030.828 am 30. Juni 1998), innerhalb einer Stunde (10.290.429, ebenfalls am 30. Juni) sowie innerhalb einer Minute (235.356 am 29. Juni 1998).

Nach den Web-Statistikern von alexa.com ist die meistbesuchte Website im Computer-Alltag die Microsoft-Adresse www.msn.com. Im März 2000 gab es insgesamt 10,5 Mrd. Zugriffe, 62 % davon wurden hotmail.com zugeschrieben, dem E-Mail Service-Angebot von Microsoft.

⊙ WERTVOLLSTER DOMAIN-NAME
Der texanische Unternehmer Marc Ostrofsky verkaufte seinen Internet-Domain-Namen „business.com" am 1. Dezember 1999 für 15,2 Millionen DM an die US-Firma eCompanies. Ein britischer Internet-Provider in London hatte ihm den Namen 1996 für 305.000 DM verkauft. Die Firma GreatDomains.com, ein Auktionshaus für Internet-Adressen, rechnet jedoch damit, dass Ostrofskys Rekord gegen Ende des Jahres 2000 gebrochen wird. Sie berichtete im April 2000 von einem 20,3-Millionen-DM-Gebot für den Namen „america.com".

GRÖSSTER INTERNET-CRASH
Das globale Computer-Netzwerk geriet am 25. April 1997 um 11.30 Uhr (Ortszeit an der US-Ostküste) in massive Schwierigkeiten, ein großer Teil des Systems fiel dabei aus. Bedienungsfehler und technische Mängel führten dazu, dass ein Netzwerk in Florida (USA) „Eigentumsrechte" für 30.000 der 45.000 Internet-Leitungen beanspruchte. Datenpakete wurden fehlgeleitet, Verbindungen über das Netz kamen nicht zustande. Obwohl einige Provider sofort fieberhaft nach dem Fehler suchten, war das Problem erst um 19 Uhr gelöst.

MEISTE BEILEIDSBEKUNDUNGEN ÜBER DAS NETZ
350.000 Beileidsbekundungen zum Tod von Lady Diana, der Prinzessin von Wales, trafen im September 1997, im Monat nach ihrem Tod, auf der für Diana ein-

gerichteten Gedenk-Seite der offiziellen Website des Britischen Königshauses ein. Die Website verzeichnete in diesem Monat insgesamt 14 Mio. Besucher – ein Rekord für eine königliche Internet-Adresse.

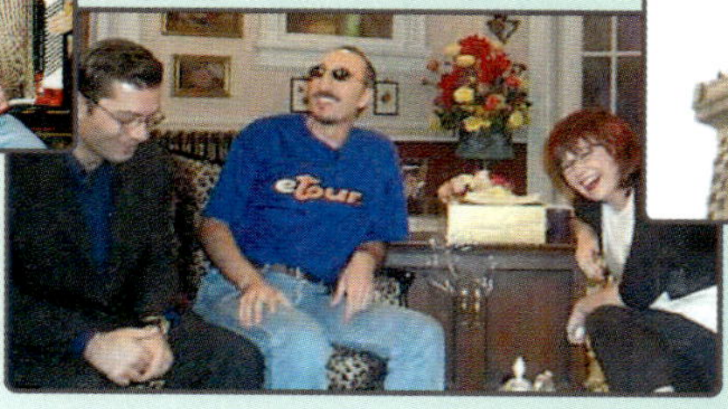

BELIEBTESTES INTERNET-SUFFIX
„.com" ist unter den 15,72 Mio. verwendeten Internet-Suffixen (Stand: März 2000) das beliebteste. Es wird von 9,48 Mio. Adressen-Inhabern benutzt.

GRÖSSTES COMPUTER-NETZWERK
Die Zahl der mit dem Internet verbundenen Computer hat sich seit 1987 jährlich verdoppelt. Weltweit dürfte sie sich inzwischen auf die 300-Mio.-Marke zu bewegen. Man geht aber davon aus, dass es in Firmen und Institutionen noch mehr ans Internet angeschlossene Computer gibt, die aber durch „firewalls" von elektronischen Besuchern (also auch von Hackern) abgeschirmt sind.

GRÖSSTE UMSÄTZE ÜBER DAS INTERNET
US-Firmen erzielten 1999 über das Netz für Waren und Dienstleistungen einen geschätzten Gesamtumsatz von rund 34,5 Mrd. DM.

TEUERSTER LÄNDER-CODE
Tuvalu, ein winziger Inselstaat im Pazifik zwischen Hawaii und Australien, hat nur 10.588 Einwohner. Die Regierung des Entwicklungslandes gab im April 2000 bekannt, dass sie die Rechte am URL-Suffix „.tv" für zehn Jahre und die Rekordsumme von 101,5 Mio. DM an die kalifornische Firma Idealab verkauft hat.

KLEINSTER WEBSERVER
Die Website des Wearables-Labors an der Stanford-Universität in Palo Alto (USA) wird unterstützt von einem Jumptec DIMM-PC, einem „Streichholzschachtel"-Server, der 6,86 x 4,32 x 0,64 cm klein ist. Er ist tatsächlich nur wenig höher und breiter als eine Streichholzschachtel. Das Gerät hat ein Volumen von ca. 16,39 cm^3, weniger als ein Zehntel des vorherigen Rekordhalters.

AM STÄRKSTEN VERKABELTES LAND
Über 110 Mio. US-Bürger hatten Ende 1999 einen Internet-Anschluss, das waren fast 43 % der Internet-Nutzer weltweit. Japan liegt mit 18,16 Mio. Teilnehmern an zweiter Stelle, gefolgt von Großbritannien mit 14 Mio.

Nach den Angaben des Computer Industry Almanac (www.c-i-a.com) hat Kanada mit 428,3 Internet-Nutzern auf je 1.000 Einwohner die höchste Teilnehmer-Dichte der Welt.

GRÖSSTER DOMAIN-BESITZ
Nach Informationen der Firma NetNames besitzen die USA mehr als 11 Mio. der 15.719.462 weltweit bestehenden Domains. Deutschland liegt mit 1.483.387 an zweiter Stelle, gefolgt von Großbritannien mit 1.002.788.

JÜNGSTES LAND IM CYBERSPACE
Palästina, das immer noch um seine internationale Anerkennung als unabhängiges Land kämpft, erreichte am 22. März 2000 seine Cyberspace-Autonomie. Die Internet Corporation for Assigned Names and Numbers (ICANN), die Regulierungsstelle für Netz-Adressen, teilte der Palästinensischen Autonomiebehörde ein eigenes, aus zwei Buchstaben bestehendes Adressen-Suffix zu. Zunächst diente es der Werbung für Haus- und Grundbesitz. Die Autonomiebehörde kann jetzt Internetadressen unter ihrer eigenen Domain „ps" registrieren, gleichberechtigt mit anderen so genannten Ländercodes wie „fr" für Frankreich und „it" für Italien.

↑ MEISTBESUCHTE PRIVAT-HOMEPAGE
Die private Homepage des Fotojournalisten Mahir Cagri aus Izmir (TR) – members.xoom.com/primall/mahir/ – verzeichnete bis zum 12. April 2000 insgesamt 3.173.973 Besucher, mit Spitzenwerten von bis zu 50.000 Zugriffen pro Tag. Die Homepage ist mit kitschigen Cagri-Porträts gefüllt, die ihn beim Akkordeonspiel oder mit knapper roter Badehose am Strand liegend zeigen. Die Besucher der Site werden mit der Botschaft „Ich küsse dich!" begrüßt.

Internet 2

⊙ GRÖSSTES ONLINE-GOLFTURNIER

Über 11.000 Spieler beteiligten sich am „Ersten Internet-Golf-Großereignis", der 1999er Jack Nicklaus Online Golf Championship. Die Endrunde wurde am 10. Dezember 1999 im Pelican Hill Golf Club in Kalifornien ausgespielt. Chet Stone (USA) gewann den 4 & 3-Titel nach einem 36-Loch-Matchplay auf einer Computer-Nachbildung der Pelican-Hill-Anlage. Stones Preisgeld betrug 10.150 DM.

GRÖSSTES INTERNET-KONZERT
Der ehemalige Beatle Sir Paul McCartney kehrte am 14. Dezember 1999 für einen einzigen Auftritt in den Cavern Club nach Liverpool zurück; an den Ort, an dem die Beatles zu Beginn ihrer Karriere Anfang der 60er Jahre aufgetreten waren. Außer den 300 Menschen im Klub erlebten etwa drei Mio. Fans das Konzert in einer Live-Übertragung im Internet. 15.000 Menschen versammelten sich im Chavasse Park in Liverpool und sahen das Ereignis auf einer Videowand. McCartney spielte 13 Songs, das ganze Konzert dauerte etwas mehr als 40 Minuten.

MEISTE CYBERSTAR-VARIANTEN
Es gibt nach Schätzungen etwa 2.000 Varianten von Dancing Baby, einem Cyberstar, der im Oktober 1996 von Kinetix, einem Tochterunternehmen der Firma Autodesk, ursprünglich als 3D-Zeichentrickfigur entwickelt worden ist. Dancing Baby spielte eine wichtige Rolle in der Fernsehshow *Ally McBeal*.

AM HÄUFIGSTEN HERUNTERGELADENES CYBER-HAUSTIER
Über zehn Mio. Menschen weltweit haben sich seit der Veröffentlichung im Web im Oktober 1997 MOPy heruntergeladen, einen lebensecht gestalteten Fisch, der als Bildschirmschoner dient.

AM HÄUFIGSTEN HERUNTERGELADENE FRAU
Bilder von Cindy Margolis (USA), Schauspielerin und Model, sind bis zum April 2000 rund 53 Mio. Mal aus dem Internet heruntergeladen worden.

GRÖSSTE PAPIERERSPARNIS DURCH DAS INTERNET
Der Kurierdienst Federal Express hat bekannt gegeben, dass er in den USA jährlich rund zwei Mrd. Blatt Papier einspart, weil Lieferscheine online verschickt werden.

GRÖSSTE VIELSPRACHIGE WEB-ÜBERTRAGUNGEN
Die Eröffnungs- und die Abschlusszeremonie des Klimagipfels in Kyoto (J) wurden im Dezember 1997 über das Internet simultan in sieben Sprachen übertragen, und zwar auf Arabisch, Chinesisch, Englisch, Französisch, Japanisch, Russisch und Spanisch.

BELIEBTESTER INTERNET-NACHRICHTENDIENST
Die sieben Websites des internationalen Nachrichtendienstes CNN, der seinen Hauptsitz in Atlanta (USA) hat, verzeichnen im Schnitt 55 Mio. Zugriffe pro Woche. Auf den CNN-Message-

→ ERSTE VIRTUELLE NACHRICHTENSPRECHERIN

Die virtuelle Nachrichtensprecherin Ananova verlas am 19. April 2000 ihre ersten Nachrichten unter www.ananova.com. Ananova, entwickelt von der Firma PA News Media in Leeds (GB), ist eine komplette 3D-Figur, in Echtzeit generiert und so programmiert, dass sie wie eine menschliche Sprecherin wirkt.

Boards treffen außerdem täglich etwa 3.000 Leserzuschriften ein. Die Sites umfassen zur Zeit über 210.000 Leseseiten, aber täglich kommen 90 bis 150 Seiten dazu.

ERSTE CYBERKLINIK

Dr. Kimberly Young (USA), ein klinischer Psychologe, eröffnete im März 1997 das „Zentrum für Online-Sucht", das erste psychiatrische Cyberzentrum für Internet-Süchtige und Menschen mit ähnlichen Suchtproblemen. Die Klinik ist unter www.net-addiction.com erreichbar.

TEUERSTE VIRTUELLE GEDENKSTÄTTE

Während die meisten der virtuellen Friedhöfe im Internet Gedenkstätten für durchschnittlich etwa 102 DM anbieten, berechnet die Firma Perpetual Memorials (www.cleverthings.com/partners/memorials) 2.020 DM für ein komplettes Multimedia-Paket, zu dem auch Fotos, Video- und Audio-Clips gehören.

← LÄNGSTER DOMAIN-NAME

Der längste Domain-Name ist http://www.llanfairpwll-gwyngyllgogerychwyrndrob-wllllantysiliogogogoch.co.uk. Der Name gehört zu einer Site, die für das gleichnamige Dorf auf der walisischen Insel Anglesey (Gwynedd/GB) wirbt, und steht für „St. Marys Kirche in der Senke des weißen Haselbuschs beim schnellen Strudel und die Kirche von St. Tysilio bei der roten Höhle".

LÄNGSTE WEBSITE

Ralf Laue aus Leipzig baute bei der CEBIT-Computermesse in Hannover vom 18. bis zum 24. März 1999 am Mitsubishi-Stand eine Website auf, die 563,62 km lang war, aber nur 21.698 Kb beanspruchte.

GRÖSSTE MASSENENTLASSUNG WEGEN E-MAIL-MISSBRAUCHS

Die *New York Times* entließ im November 1999 insgesamt 23 Mitarbeiter, die unpassende und beleidigende E-Mails verschickt hatten, darunter auch Schmähungen gegen Vorgesetzte und eindeutige Fotos. Zahlreiche weitere Mitarbeiter des Blattes erhielten Abmahnungen wegen Missbrauchs des Internets.

GRÖSSTE MP3-SITE

Der weltweit größte Online-Musik-Provider ist die Firma mp3.com, die 208.000 Songs von mehr als 35.000 Künstlern zum Herunterladen anbietet.

GRÖSSTE ENTFERNUNG FÜR EINE ÄRZTLICHE BEHANDLUNG ÜBER DAS INTERNET

Dr. Daniel Carlin aus Boston (USA) „behandelte" im November 1998 den russischen Segler Viktor Jazykow via Internet wegen eines gefährlichen Abszesses. Jazykow nahm zu dieser Zeit an einer Einhand-Regatta um die Welt teil und befand sich vor der Küste Südafrikas, 12.400 km von Boston entfernt.

Roboter

KLEINSTER ROBOTER
Der kleinste Roboter der Welt ist der Mikro-Roboter Monsieur, der von der Seiko Epson Corporation (J) 1992 entwickelt wurde. Der lichtempfindliche Roboter wurde aus 97 Uhrenbauteilen hergestellt, misst weniger als 1 cm^3 und wiegt nur 1,5 g. Im geladenen Zustand erreicht er ungefähr fünf Minuten lang eine Geschwindigkeit von 11,3 mm pro Sekunde. Das Design des Mikro-Roboters wurde beim International Contest for Hill-Climbing Micromechanisms mit einem Preis ausgezeichnet.

GRÖSSTE ROBOTERAUSSTELLUNG
Die International Robot Show in Tokio (J) findet alle zwei Jahre statt. An der Messe im Oktober 1999 beteiligten sich über 700 Aussteller.

KOMPLIZIERTESTES KUNSTHIRN
Die Genobyte Corporation aus Boulder (USA) hat in Zusammenarbeit mit Advanced Telecommunications Research (ATR) (J) ein Gehirn für eine Roboterkatze namens *Robokoneko* (japanisch für Roboterkätzchen) entwickelt. Die Architektur dieser Cellular Automata Machine (CAM) stammt von Hugo de Garis, der im ATR-Labor in Kyoto (J) arbeitet. De Garis' CAM besteht aus 37,7 Mio. künstlichen Neuronen, und jedes einzelne Neuron besteht wiederum aus einer Gruppe von Transistoren, die zu einer Zelle verknüpft sind. Zum Vergleich dazu enthalten heutige KI-Gehirne nur ein paar hundert Neuronen. Nach seiner Fertigstellung wird *Robokoneko* die Fähigkeit besitzen zu „lernen" und bei diesem Prozess auch selbst neue neurale Pfade entwickeln.

TEUERSTER ROBOTERFISCH
Mitsubishi Heavy Industries (J) entwickelte eine Serie von Roboterfischen, die so ungewöhnlich lebensecht wirken, dass der Unterschied nur bei sehr genauem Hinsehen zu entdecken ist. Die Fische sind das Ergebnis eines vierjährigen Projekts, das über 2 Mio. DM kostete. Als erstes Fischmodell wurde eine Roboter-Meerbrasse mit einem Gewicht von 2,5 kg und einer Länge von 50 cm hergestellt. Das Unternehmen ist jedoch stärker daran interessiert, Roboter-Nachbildungen ausgestorbener Fische für den Einsatz in virtuellen Aquarien zu produzieren. Man hofft, dass Roboterfische künftig in der Lage sein werden, die Ursachen von Meeresverschmutzungen aufzuspüren und ozeanographische Karten aufzuzeichnen.

⊙ FORTSCHRITTLICHSTER STAUBSAUGER
Der Staubsauger Dyson DC06 wird von drei Bordcomputern gesteuert. Sie verhindern, dass der Staubsauger die Treppe hinunterfällt, gegen Kinder und Haustiere stößt und bereits gereinigte Flächen bearbeitet. Mit den von 50 Sensoren gelieferten Informationen entscheidet der Staubsauger 16-mal in der Sekunde darüber, wo als nächstes gesaugt werden soll.

GRÖSSTER ROBOTER
Der weltweit größte Roboter ist Tower Belcon, der 1998 von Mitsubishi Heavy Industries (J) entwickelt und gebaut wurde. Der Roboter dient dem Transport von Beton und ist 70,5 m hoch, hat einen 76,5 m langen Kranarm und kann mit zwei Behältern zu je 3 m^3 insgesamt 180 m^3 Beton pro Stunde bewegen.

⊙ MEISTE VON ROBOTERN GEMIXTE COCKTAILS
Im Oktober 1999 wurde in London (GB) Cynthia's Cyberbar eröffnet. Die Bar wird von zwei Roboter-Barkeepern namens Cynthia und Rastus geleitet. Beide sind 2,1 m groß und kosteten 755.000 DM. Sie können 75 verschiedene Cocktails mixen, wobei sie sogar das richtige Glas auswählen und die Getränke sachgerecht in die Gläser umfüllen.

WIDERSTANDSFÄHIGSTER ROBOTER
Der Roboter Commander Manipulator wurde von British Nuclear Fuels Ltd. entwickelt. Er soll dazu beitragen, die Verseuchung des Windscale-Reaktors 1 (heute Sellafield) in Cumbria (GB) zu beseitigen, wo sich 1957 einer der weltweit schwersten Nuklearunfälle ereignete. Der Roboter ist weitgehend strahlungsresistent und kann mit seinem hydraulischen Arm Gewichte bis zu 127 kg bewegen.

BILLIGSTER ROBOTER
Walkman ist ein 12,7 cm großer Roboter. Er kostete ungefähr 3,50 DM und wurde 1996 im Los Alamos National Laboratory (USA) aus den Resten eines Sony Walkman zusammengebaut.

SCHNELLSTER INDUSTRIEROBOTER
Im Juli 1997 entwickelte das japanische Unternehmen Fanuc den LR Mate 100i, einen Hochgeschwindigkeits-Beförderungsroboter, dessen Achsengeschwindigkeit um ca. 79 % höher ist als die früherer Modelle. Der Roboter kann Gegenstände bis zu 3 km weit transportieren und sich in 0,58 Sekunden 2,5 cm nach oben und unten und 30 cm vorwärts und zurück bewegen. Damit ist er wiederum 60 % schneller als frühere Modelle und hält den Geschwindigkeitsrekord in dieser Branche.

MEISTBENUTZTER INDUSTRIEROBOTER
Puma (Programmable Universal Machine for Assembly) wurde in den siebziger Jahren von Vic Schienman entwickelt und vom Schweizer Unternehmen Staubli Unimation herstellt. Er ist der an Fließbändern und in Universitätslabors am meisten benutzte Roboter.

⊙ WEITESTE FERNSTEUERUNG EINES ROBOTERS
Am 4. Juli 1997 erreichte der NASA-Erkundungsroboter Sojourner nach einer 129 Mio. km langen Reise den Mars und landete in Sichtweite der früheren Landekapsel Pathfinder.

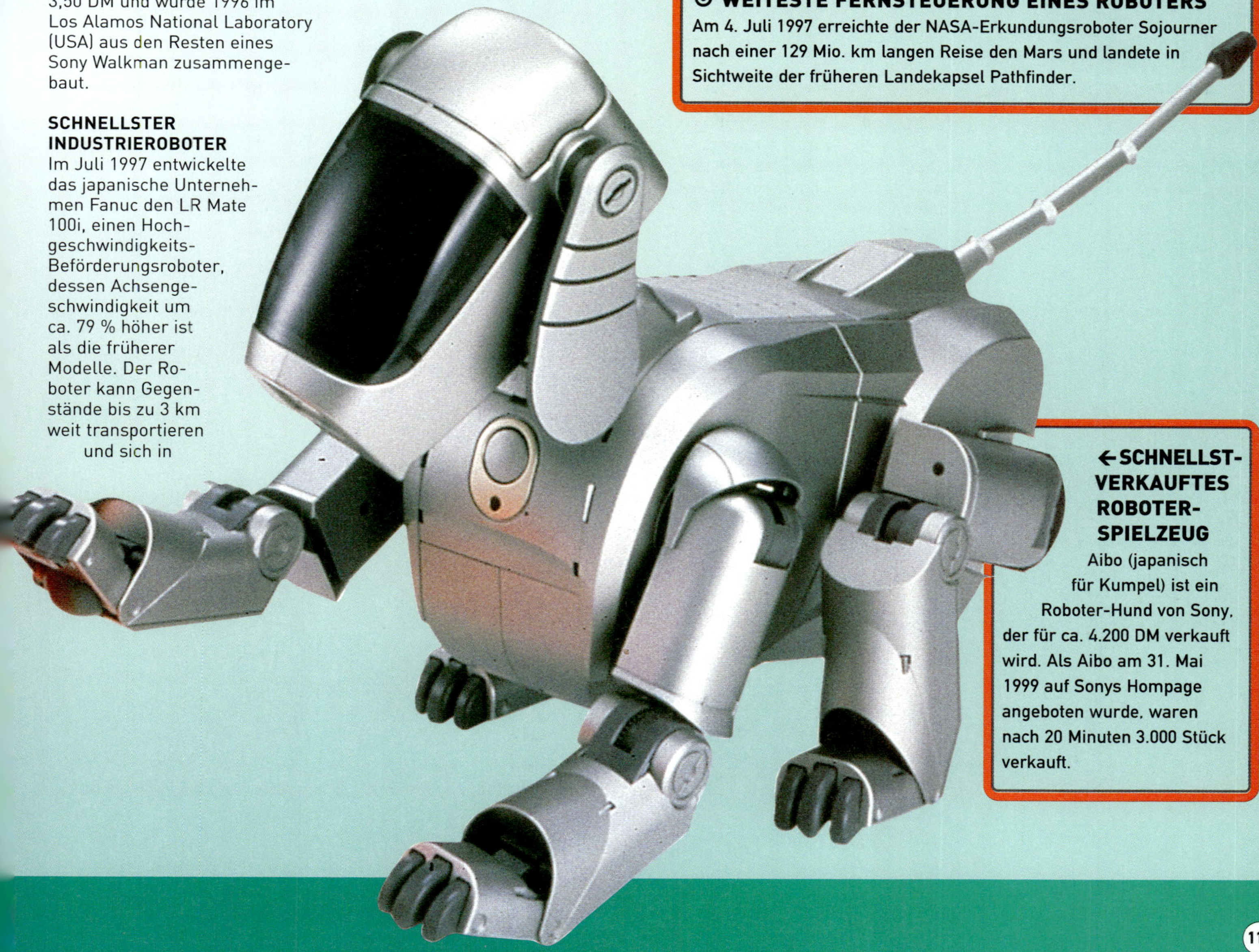

← SCHNELLST-VERKAUFTES ROBOTER-SPIELZEUG
Aibo (japanisch für Kumpel) ist ein Roboter-Hund von Sony, der für ca. 4.200 DM verkauft wird. Als Aibo am 31. Mai 1999 auf Sonys Hompage angeboten wurde, waren nach 20 Minuten 3.000 Stück verkauft.

Kultobjekte 1

← KLEINSTES ARMBANDUHR-TELEFON

Die kleinste Armbanduhr mit eingebautem Telefon ist der Prototyp des Personal Handy-phone System (PHS) von NTT, der ein Volumen von 30 cm³ hat und 45 g schwer ist. Er verfügt über ein Stimmerkennungs-System. Prototypen von Armbanduhr-Telefonen wurden auch von Motorola, Swatch und Samsung Electronics entwickelt. Das Samsung-Modell SPH-WP10 mit CDMA-Technik (links), das ein Volumen von 77 cm³ hat, wiegt 50 g und bietet einen Speicher für 250 Rufnummern; es ist das einzige im Handel erhältliche Armbanduhr-Telefon.

SCHNELLSTE KAMERA

Eine Kamera zur Erforschung von Hochleistungslasern, die vom Blackett-Labor am Imperial College of Science and Technology in London (GB) gebaut wurde, kann bis zu 33 Mrd. Bilder pro Sekunde aufzeichnen.

Die schnellste Filmkamera ist die Imacon 675 von Hadland Photonics Ltd in Bovingdon, Herts (GB). Sie schafft bis zu 600 Mio. Bilder pro Sekunde.

KLEINSTE AUF DEM MARKT BEFINDLICHE KAMERA

Abgesehen von Endoskop-Kameras für Herzoperationen und Spionagekameras ist die kreisförmige japanische „Petal" die kleinste Kamera der Welt. Bei einem Durchmesser von 2,9 cm und einer Höhe von 1,65 cm hat sie eine Brennweite von nur 12 mm.

KLEINSTE FILMKAMERA MIT ZOOMOBJEKTIV

Die kleinste vollautomatische Kompaktkamera mit Zentralverschluss in Advanced Photo System (APS)-Qualität und mit Zweifach-Zoomobjektiv (d.h. mit zwei asphärischen Linsen) ist ein Canon-Modell, das in Japan unter dem Namen IXY 320, in Amerika als ELPH 2 und ansonsten als IXUS II verkauft wird. Sie ist 8,7 x 5,7 x 2,45 cm groß und wiegt ohne die 11 g schwere Batterie nur 170 g. Die Kamera ist mit einem Hybrid-Autofocus (aktiv und passiv) sowie einem leistungsstarken Zweifach-Zoom ausgestattet und kann auch Bilder mit starken Lichtkontrasten wiedergeben. Außerdem verfügt sie über fortgeschrittene APS-Funktionen wie die Möglichkeit, teilbelichtete Filme zu wechseln, und PQI (Print Quality Improvement) sowie über eine Wahlfunktion für die Anzahl der Abzüge und drei weitere individuelle Einstellmöglichkeiten.

ERFOLGREICHSTE SOFORTBILDKAMERA

Ein System der Fotografie in einem einzigen Schritt, das nach dem Prinzip des Diffusions-Transfers das Bild, das von einer Linse aufgefangen wurde, direkt auf

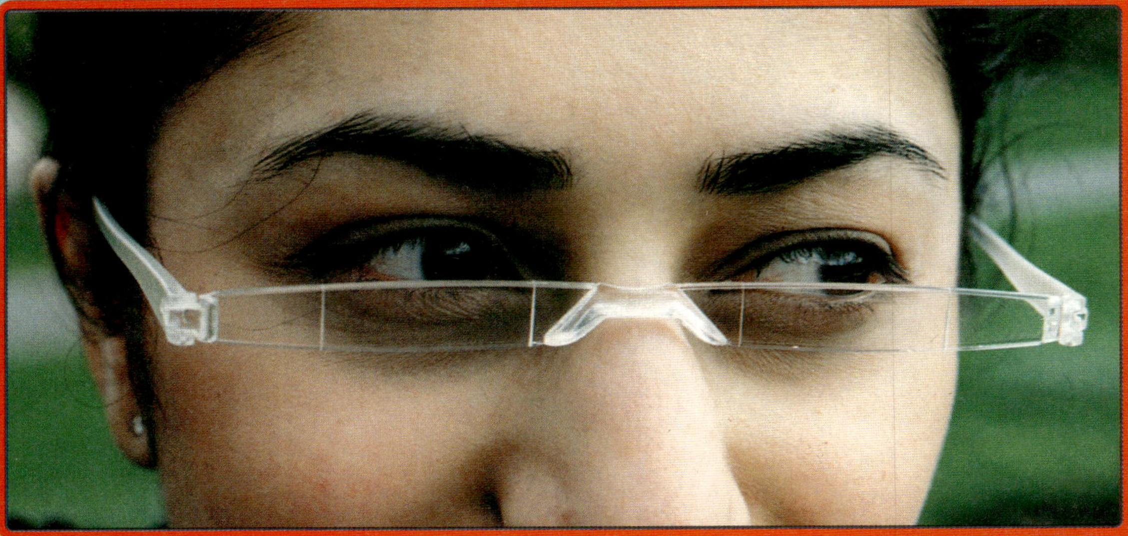

⊙ LEICHTESTE BRILLE

Die Helper Superlight-Gläser von der Seika Trading Company Ltd in Osaka (J), die im August 1998 in den Handel kamen, wiegen gerade einmal 4,583 g. Erhältlich sind die Gläser in sieben verschiedenen Linsenstärken, von +1 bis 4 Dioptrien.

eine lichtempfindliche Oberfläche leitet, wurde 1937 vom Gründer der Polaroid Corporation, Edwin Land (USA), entwickelt.

KLEINSTES FAXGERÄT
Das Handgerät Pagentry von Real Time Strategies Inc, das unter anderem über eine Faxsendefunktion verfügt, ist gerade 7,6 x 12,7 x1,9 cm groß und wiegt nur 141,75 g.

KLEINSTES TELEFON
Das kleinste funktionierende Telefon wurde am 16. September 1996 von Jan Piotr Krutewicz aus Munster, Indiana (USA), gebaut. Es ist 4,75 x 1,0 x 2,1cm groß.

KLEINSTES HANDY
Das kleinste Mobiltelefon der Welt ist das V3688 von Motorola, das nur 8,2 x 4,3 x 2,6 cm groß ist. Das Dual Band-Handy hat denselben Klappmechanismus wie sein Vorgängermodell, das Motorola Star TAC8500. Seine Batterie reicht für 140 bis 180 Minuten Sprechzeit und bis zu 100 Stunden Standby-Betrieb.

LEICHTESTES HANDY
Das Mobiltelefon Docomo Mova P208 von NTT wiegt 57 g. Es kam am 1. Oktober 1999 auf den Markt.

HÖCHSTE AUFLÖSUNG EINER DIGITALKAMERA
Die 1999 auf dem Markt eingeführte Zoom-Digitalkamera Olympus Camedia C-3030 zum Preis von 2.568 DM hat eine Bildauflösung mit 3,34 Mio. Pixel.

FEINSTE GLASFASER
Physiker an der Universität von Bath (GB) haben die feinste Glasfaser der Welt für den Einsatz in der Kommunikationstechnik entwickelt. Sie ist 10 km lang bei einem Kerndurchmesser von nur 0,00000001 mm; damit entspricht ihr Verhältnis von Länge zu Dicke dem des Kanaltunnels zwischen England und Frankreich, wenn man ihn von der Erde bis zum Jupiter verlängern würde.

↑ KLEINSTE EX UND HOPP-SOFORTBILDKAMERA
Die Polaroid PopShot, die erste Wegwerf-Sofortbildkamera, misst 16,51 x 10,79 x 6,35 cm und wiegt 255,15 g. Die PopShot kann zehn Farbbilder im Format von 11,2 x 6,4 cm aufnehmen. Sie wird mit einem frankierten Rückumschlag geliefert, um die Verbraucher dazu anzuregen, sie nach Gebrauch zum Recycling zurückzusenden.

⊙ KLEINSTES HANDY MIT FERNSEHFUNKTION
Das SCH-M220, das kombinierte TV-Handy-System der koreanischen Samsung Electronics, ist nur 9,2 x 5,1 x 3,6 cm groß. Man kann damit bis zu 200 Minuten ununterbrochen fernsehen, zusätzlich schafft es 180 Minuten Standby- bzw. 170 Minuten Sprechbetrieb.

Kultobjekte 2

← MEISTVERKAUFTER ROBOTER-RASENMÄHER
Der Robomow wurde in Israel konstruiert und entwickelt und wird von Friendly Robotics in Thame (GB) vermarktet. Seit der Produkteinführung 1999 wurden 300 Stück zu einem Preis von ca. 1.500 DM verkauft. Die Maschine ist 90 cm lang und verfügt über ein elektronisches Mini-Gehirn, mit dem sie einen Garten vermessen kann, bevor sie mit dem Mähen beginnt. Sie kann in einem Arbeitsgang bis zu 5.000 m² Rasen mähen – das entspricht etwa zwei Tennisplätzen.

MINIDISK-PLAYER MIT LÄNGSTER SPIELZEIT
Der Minidisk-Player Sharp MD-MT831H, der zum Preis von rund 800 DM angeboten wird, hat eine ununterbrochene Spielzeit von 15 Stunden. Mit zusätzlichem Batteriepack erreicht er sogar 26 Stunden. Er misst nur 80 x 18 x 80 mm.

MEISTE MEDIEN IN EINER KOMPONENTE
Der JVC Victor XV-D9000 DVD-Player kann vier verschiedene Funktionen ausführen: DVD-Video, DVD-Audio, Video-CD und Audio-CD.

KLEINSTE VIDEO-KAMERA
Die kleinste Video-Kamera der Welt hat die Maße 2,54 x 5,08 x 1,27 cm. Sie ist mit einem Pinhole-Objektiv ausgestattet, das vom Oak Ridge National Laboratory in Tennessee (USA) hergestellt wird.

KLEINSTER CAMCORDER
Der Sony CCD-CR1 Ruvi misst 12,5 x 6,7 x 4,4 cm und kann 30 Minuten Film speichern. Die Kamera hat einen 6,35 cm großen LCD-Bildschirm und einen optischen Zoom.

Sonys DCR-PC7 kam 1996 auf den Markt. Die Kamera wiegt 500 g und passt in die Handfläche. Sie hat einen 6,35 cm großen LCD-Bildschirm, einen konventionellen Farbsucher, eine Drehvorrichtung für den herausklappbaren Bildschirm und einen DV-Ausgang, der es ermöglicht, einzelne digitale Standbilder aufzunehmen und ohne Qualitätsverluste in einem PC zu speichern.

GRÖSSTER FERNSEHER
Der Sony Jumbo Tron-Fernsehbildschirm misst 24,3 x 45,7 m. Er wurde im März 1985 bei der Tsukuba International Exposition '85 in Tokio (J) ausgestellt.

GRÖSSTE KATHODENSTRAHLRÖHRE
Die größten Kathodenstrahlröhren für Farbfernsehgeräte sind 94 cm groß und werden von Mitsubishi Electric in Japan hergestellt.

FLACHSTER MINIDISK-PLAYER
Sonys Minidisk-Player MZ-R55 ist nur 6 mm dick und wiegt mit der Lithium-Ionen-Batterie und den Alkaline-Zellen Typ AA nur 170 g.

⊙ MEISTVERKAUFTER MUNDGERUCH-DETEKTOR
Der Fresh Kiss HC-201 wurde von der japanischen Elektronikfirma Tanita im Juli 1999 auf den Markt gebracht. Schon im ersten Jahr wurden 800.000 Geräte zu einem Preis von je 75 DM verkauft. Das Gerät analysiert den Atem des Benutzers und stuft den Mundgeruch dementsprechend zwischen „nicht erkennbar" bis „sehr stark" ein.

MEISTVERKAUFTER MP3-PLAYER
Insgesamt 400.000 Geräte des MP3-Players Diamond Rio PMP300 wurden seit der Markteinführung im November 1998 bis zum Mai 1999 verkauft.

HÖCHSTENTWICKELTE TOILETTE
Das Washlet Zoë wurde im Mai 1997 von der japanischen Firma Toto auf den Markt gebracht. Toilettensitz und -deckel öffnen sich automatisch. Das Gerät besitzt einen Spülgeräuschsimulator, der peinliche Geräusche übertönen soll. Der Sitz ist beheizt und der Benutzer kann sich von der Toilette waschen und trocknen lassen. Die gesamte Einheit kann ferngesteuert werden und frischt automatisch die Luft auf.

TASCHENMESSER MIT MEISTEN KLINGEN
Das Year Knife wurde 1822 mit 1.822 Klingen von der Messerschmiede Joseph Rodgers and Sons in Sheffield (GB) hergestellt. Bis 1974 kein Platz mehr vorhanden war, wurde jedes Jahr eine weitere Klinge hinzugefügt.

„INTELLIGENTESTES" SCHREIBGERÄT
Der SmartQuill von British Telecom kann als Tagebuch, Kalender, Adressen-Datenbank, Notizbuch, Taschenrechner, Pager, Wecker, E-Mail-Empfänger und als Schreibgerät benutzt werden

⊙ GENAUESTE SATELLITENFOTOS FÜR KOMMERZIELLE NUTZUNG
Am 24. September 1999 brachte Space Imaging aus Denver (USA) einen Satelliten namens *Ikonos* in die Umlaufbahn. *Ikonos* umkreist die Erde in 650 km Höhe und legt pro Sekunde 7 km zurück. Er ist mit einer von Kodak konstruierten Kamera ausgestattet, die es ermöglicht, Fotografien von jedem Ort der Welt aufzunehmen, auf denen Objekte bis zu einer Größe von 1 m^2 erkennbar sind. In den USA muss für die Fotografien ein Mindestpreis von ca. 2.000 DM, in den übrigen Ländern von ca. 4.000 DM bezahlt werden. Musterfotos können im Internet unter www.spaceimaging.com betrachtet werden.

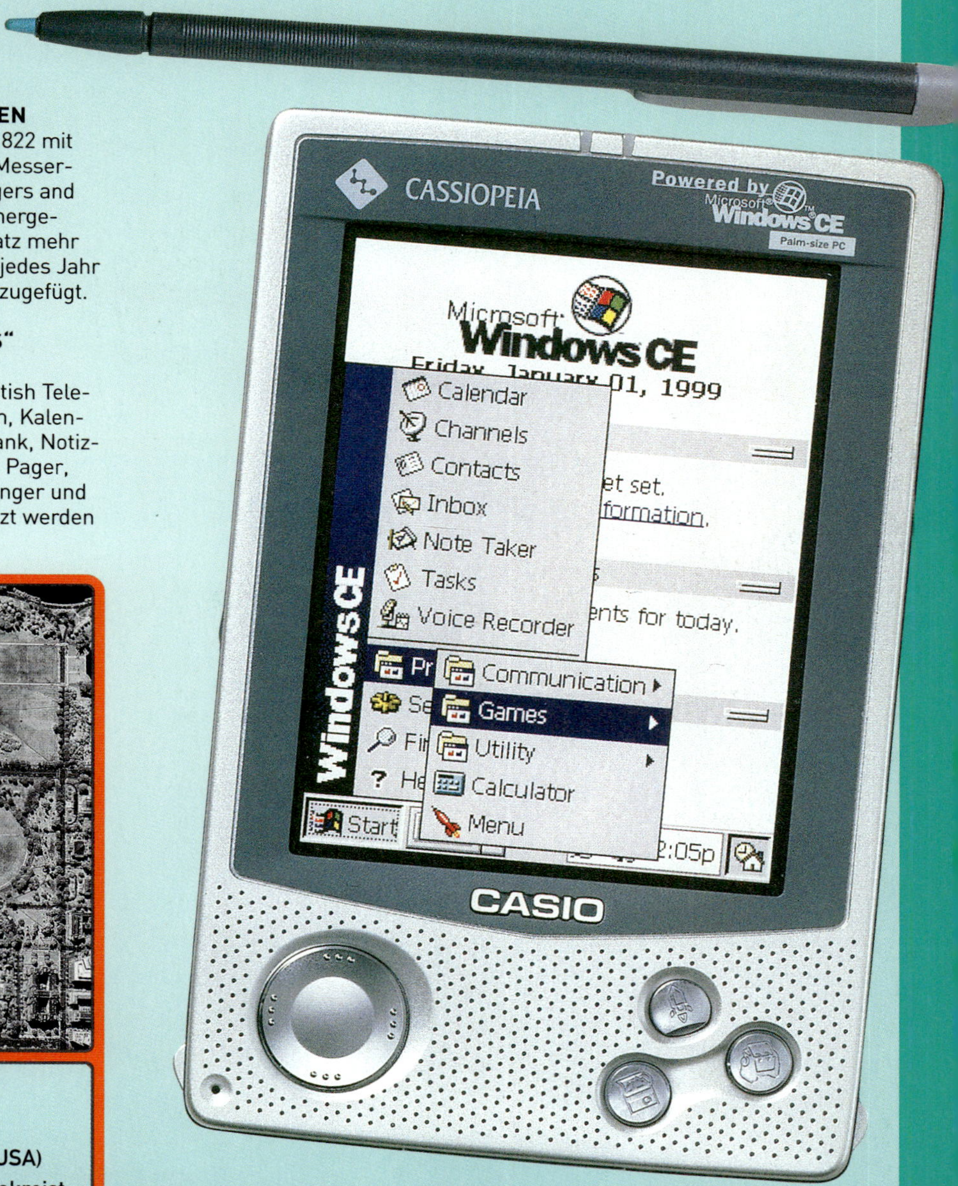

↑ LEISTUNGSFÄHIGSTER PERSONAL DIGITAL ASSISTANT (PDA)
Der Casio Cassiopeia E-105 besitzt einen 131-MHz-Prozessor, ein TFT-Kristall-Display mit 65.536 Farben, 32 MB-RAM und 16 MB-ROM. Er wiegt 255 g.

Autos

⊙ SCHNELLSTES ELEKTROAUTO
Der *White Lightning Electric Streamliner* erreichte am 22. Oktober 1999 auf den Bonneville Salt Flats in Utah (USA) eine Rekordgeschwindigkeit von 395,821 km/h. Das Fahrzeug ist im Besitz von Dempsey's World Record Associates, der Fahrer war Patrick Rummerfield (USA).

HÖCHSTE GESCHWINDIGKEIT ZU LANDE
Den Geschwindigkeitsrekord für eine Landmeile (1,609 km) hält der Brite Andy Green: 1.227,985 km/h, gefahren am 15. Oktober 1997 mit einem *Thrust SSC* in der Black-Rock-Wüste in Nevada (USA). Das Fahrzeug verfügte über zwei Rolls-Royce-Spey-205-Düsenmotoren, die eine Schubkraft von 22,68 t erzeugen.

Kitty Hambleton (USA) hält den Geschwindigkeitsrekord zu Lande für Frauen: 843,323 km/h erreichte sie mit ihrem dreirädrigen, raketengetriebenen *SM 1 Motivator* am 6. Dezember 1976 in der Alvard-Wüste in Oregon (USA). Ihr offizieller Rekord für beide Strecken liegt bei 825,126 km/h, aber vermutlich war sie einige Augenblicke lang bis zu 965 km/h schnell. Um einem Geschwindigkeitsrekord Gültigkeit zu verleihen, muss eine festgelegte Strecke zweimal zurückgelegt werden (hin und zurück).

SCHNELLSTES AUTO
Die höchste jemals mit einem Serienwagen gefahrene Geschwindigkeit liegt bei 386,7 km/h, erzielt von dem Briten Andy Wallace mit einem McLaren F1 auf dem Volkswagen-Testgelände in Wolfsburg (D) am 31. März 1998.

HÖCHSTE BESCHLEUNIGUNG
Nur 3,07 Sekunden von 0 auf 96 km/h (von 0 auf 60 Meilen) benötigte Graham Hathaway für den schnellsten jemals auf einer Straße gemessenen Beschleunigungsversuch, gefahren mit einem Ford RS 200 Evolution auf dem Millbrook-Testgelände in Bedfordshire (GB) am 25. Mai 1994.

GRÖSSTE REICHWEITE MIT EINER TANKFÜLLUNG
Die größte jemals mit einer Tankfüllung (Fassungsvermögen: 80,1 l) eines Serienfahrzeugs zurückgelegte Entfernung schaffte der Brite Stuart Bladon: Vom 26. bis zum 28. Juli 1992

⊙ HÖCHSTES AUTO
Das höchste Auto der Welt misst 3,33 m vom Boden bis zum Dach. Gebaut hat es Gary Duval aus Colton, Kalifornien (USA), in über 4000 Arbeitsstunden. Es ist mit zwei Motoren und acht Rädern mit Einzelaufhängung ausgestattet und wird mit übergroßen Lastwagen-Reifen gefahren.

fuhr er mit einem Audi 100 TDI Diesel 2.153,4 km weit – von John O'Groats (Nordschottland) bis nach Land's End in Cornwall und zurück.

GRÖSSTE GESAMT-KILOMETERZAHL
Die größte dokumentierte Fahrstrecke hat ein Volvo P-1800 S des Baujahrs 1966 zurückgelegt: 2.839.000 km (Stand: Januar 2000). Das Fahrzeug befindet sich im Besitz von Irvin Gordon aus East Patchogue im Staat New York (USA).

GRÖSSTES AUTO
Das größte jemals für den privaten Gebrauch hergestellte Auto war der Bugatti Royale 41. Das erstmals 1927 in Molsheim (F) vom italienischen Designer Ettore Bugatti gebaute Fahrzeug hat einen Acht-Zylinder-Motor mit einem Hubraum von 12,7 l und ist über 6,70 m lang. Allein die Motorhaube misst 2,13 m.

GRÖSSTE AUTOMOTOREN
Drei Serienwagen hatten Motoren mit einem Hubraum von 13,5 l: der US Peerless 6-60 (1912–1914 hergestellt), der Pierce-Arrow 6-66 Raceabout (1912–1918) und der Fageol von 1918.

STÄRKSTES AUTO
Das derzeit stärkste Serienfahrzeug auf dem Markt ist der McLaren F1 6.1 mit einer Leistung von mehr als 627 PS. Für die Beschleunigung von 0 auf 96 km/h (60 Meilen) benötigt er nur 3,2 Sekunden.

KLEINSTES AUTO
Das kleinste jemals für den Straßenverkehr zugelassene Auto war der Peel P 50, 1962 hergestellt von der Firma Peel Engineering in Peel, Isle of Man (GB). Das Fahrzeug war 1,34 m lang, 99 cm breit und 1,34 m hoch. Das Leergewicht betrug 59 kg.

LÄNGSTES AUTO
Das längste Auto, das je gebaut wurde, war eine 30,5 m lange Limousine mit 26 Rädern, entworfen von Jay Ohrberg aus Burbank in Kalifornien (USA). Das Fahrzeug wurde vor allem für den Einsatz bei Filmaufnahmen und bei Ausstellungen konzipiert. Es kann mit starrer Karosserie gefahren, aber auch so umgerüstet werden, dass es bei Kurvenfahrten in der Mitte abknickt. Zur Ausstattung gehören u. a. ein Swimmingpool mit Sprungbrett und ein großzügig dimensioniertes Wasserbett.

⊙ NIEDRIGSTER BENZINVERBRAUCH
Ein vom Microjoule-Team aus Toulouse (F) gebautes Auto fuhr beim Shell-Eco-Marathon am 15. Juli 1999 in Silverstone (GB) mit einem Liter Benzin 3.485 km. Die beiden Fahrer waren der 14-jährige Julien Lebrigand (links) und der zehnjährige Thibaud Maindru.

TEUERSTES AUTO
Das teuerste Serienauto der Welt ist der Mercedes-Benz CLK/LM mit einem Preis von 3.141.669 DM. Seine Spitzengeschwindigkeit liegt bei 320 km/h, und er beschleunigt in 3,8 Sekunden von 0 auf 100 km/h.

BILLIGSTE AUTOS
Der 1922er Red Bug Buckboard von Briggs & Stratton in Milwaukee, Wisconsin (USA), kam für 125 bis 150 US-Dollar in den Handel, was einem heutigen Preis von rund 996 Dollar (ca. 2.022 DM) entspricht. Das Fahrzeug hatte einen Radstand von 1,57 m und wog 111 kg.

Frühe Modelle der US King-Midget-Autos, ausgeliefert als Bausatz zur Selbstmontage, waren 1948 für die bescheidene Summe von 100 Dollar zu haben. Heute wären das 800 Dollar, umgerechnet etwa 1.624 DM.

WERTVOLLSTES AUTO
Thomas Monaghan aus Ann Arbor, Michigan (USA), kaufte 1986 ein Modell des 1931er Berline de Voyage Royale für 8,1 Mio. Dollar (16,44 Mio. DM).

↓ NIEDRIGSTES AUTO
***Lowlife*, ein Auto aus der Werkstatt von Perry Watkins (links) aus Aylesbury (GB), misst gerade mal 60 cm vom Boden bis zum Dach. Die Bodenfreiheit beträgt nur 2,5 cm.**

Zweiräder

KLEINSTES FAHRRAD
Beim kleinsten fahrbaren Fahrrad der Welt beträgt der Durchmesser des Vorderrads 11 mm und der des Hinterrads 13 mm. Es wurde von seinem Konstrukteur, Zbigniew Rûzanek aus Pleszew (PL), am 11. August 1999 über eine Strecke von 5 m gefahren.

GRÖSSTES FAHRRAD
Das größte Fahrrad der Welt ist das von Dave Moore aus Rosemead, Kalifornien (USA), gebaute *Frankencycle*, das von Steve Gordon aus Moorpark, Kalifornien (USA), erstmals am 4. Juni 1989 gefahren wurde. Es hat eine Höhe von 3,40 m und sein Raddurchmesser beträgt 3,05 m.

LEICHTESTES FAHRRAD
Dionisio Coronado aus San Sebastian (E) baute 1999 aus Titan und Kohlefaser ein Fahrrad, das nur 5,45 kg wiegt. Es wurde im Juli 1999 von Miguel Capelli im Pico-del-Veleta-Rennen (E) gefahren.

FAHRRAD MIT DEN MEISTEN GÄNGEN
Mit zwei 10-Gang-Schaltungen und einer 15-Gang-Schaltung sind auf dem von Leon Chassman aus Taylor, Michigan (USA), ausgetüftelten Fahrrad insgesamt 1.500 Gangkombinationen möglich. Das größtenteils aus 27 anderen Fahrrädern zusammengebaute Velo, dessen Radgröße 51 cm und dessen Achsabstand 142 cm beträgt, wiegt 48,5 kg und wurde im Jahr 1998 fertig gestellt.

SCHNELLSTER RADFAHRER
Die höchste jemals auf einem Fahrrad erreichte Geschwindigkeit beträgt 268,831 km/h. Diesen Rekord erzielte Fred Rompelberg (NL) am 3. Oktober 1995 auf den Bonneville Salt Flats, Utah (USA). Sein Rekordversuch wurde durch den Windschatten eines vorausfahrenden Fahrzeugs begünstigt.

WEITESTE FAHRT AUF DEM HINTERRAD EINES FAHRRADS
Die weiteste Strecke auf dem Hinterrad eines Fahrrads – insgesamt 4.569 km – legte Kurt Osburn aus Fullerton, Kalifornien (USA), vom 13. April bis zum 25. Juni 1999 zurück, als er vom Guinness World of Records Museum in Hollywood, Kalifornien (USA), zum Guinness World of Records Museum in Orlando, Florida (USA), fuhr.

GRÖSSTE ANZAHL PERSONEN AUF EINEM FAHRRAD
Mit der Rekordzahl von 19 Personen auf einem Fahrrad radelten Mitglieder des Jago Sports Club von Semerang, Java (RI), am 30. Juni 1988 über eine Strecke von 200 m.

⊙ LÄNGSTE FAHRT AUF DEM HINTERRAD EINES FAHRRADS
Kurt Osburn (USA) stellte den Rekord am 8. August 1998 im Anaheim Convention Center, Kalifornien (USA), mit einer elfstündigen Fahrt auf dem Hinterrad eines Fahrrads auf.

KLEINSTES EINRAD
Auf einem nur 20 cm hohen Einrad mit einem Raddurchmesser von 18 mm fuhr Peter Rosendahl (SWE) am 29. März 1998 in den ZDF Studios, Unterföhring (D), die Rekordstrecke von 8,50 m. An dem Fahrrad waren keinerlei Zusatzteile angebracht.

HÖCHSTES EINRAD
Das höchste fahrbare Einrad war 31,01 m hoch. Es wurde von Steve McPeak (der durch ein von einem Kran herabhängendes Seil gesichert war) im Oktober 1980 in Las Vegas, Nevada (USA), 114,6 m weit gefahren.

SCHNELLSTER EINRADFAHRER
Mit 12,11 Sekunden über 100 m bei stehendem Start stellte Peter Rosendahl am 25. März 1994 in Las Vegas, Nevada (USA), einen Sprintrekord auf.

Mit 6 Stunden 44 Minuten 21.84 Sekunden stellte Takayuki Koike aus Kanagawa (J) am 9. August 1987 einen Rekord über 100 Meilen (160,9 km) auf. Seine Durchschnittsgeschwindigkeit betrug 23,87 km/h.

⊙ LÄNGSTES FAHRRAD
Das längste Fahrrad (ohne drittes Stabilisierungsrad) ist 25,88 m lang und wiegt 1.750 kg. Es wurde vom Super Tandem Club Ceparana aus Ceparana (I) entworfen und am 20. September 1998 von 40 Clubmitgliedern über eine Strecke von 112,2 m gefahren. Kein Wunder, dass Kurvenfahren nicht zu den Stärken des Fahrrads zählt.

KLEINSTES MOTORRAD
Simon Timperley und Clive Williams von der Progressive Engineering Ltd, Greater Manchester (GB), entwarfen und bauten ein Motorrad mit einem Radabstand von 108 mm und einer Sitzhöhe von 95 mm. Der Durchmesser des Vorderrads betrug 19 mm, der des Hinterrads 24 mm. Das Motorrad wurde einen Meter weit gefahren.

LÄNGSTES MOTORRAD
Douglas and Roger Bell aus Perth (AUS) entwarfen und bauten ein 7,6 m langes Motorrad mit einem Gewicht von fast 2 t.

TEUERSTES MOTORRAD
Die italienische Morbidelli 850 V8 ist das teuerste seriengefertigte Motorrad der Welt. 1998 kostete es im Einzelhandel rund 200.000 DM.

SCHNELLSTES SERIEN-MOTORRAD
Die Suzuki Hayabusa GSX 1300R erreicht Berichten zufolge die Rekordgeschwindigkeit von 312 km/h.

GRÖSSTER MOTORRADHERSTELLER
Die Honda Motor Company aus Japan ist der größte Motorradhersteller der Welt. 1998 verkaufte Honda weltweit 5,1 Mio. Motorräder an den Einzelhandel.

SCHNELLSTER MOTORRADFAHRER
Am 14. Juli 1990 stellte der Amerikaner Dave Campos (USA) auf dem 7 m langen Streamliner Easyrider, der von zwei 1.491-cm^3 Ruxton-Harley-Davidson-Motoren angetrieben wurde, auf den Bonneville Salt Flats, Utah (USA), einen AMA-(American Motorcyclist Association) und einen FIM-(Fédération Internationale de Motorcylisme)Rekord auf. Campos' Durchschnittsgeschwindigkeit auf der gesamten Strecke betrug 518,45 km/h. Bei seiner schnellsten Fahrt brachte er es sogar auf eine Durchschnittsgeschwindigkeit von 519,609 km/h.

SCHNELLSTE FAHRT AUF DEM HINTERRAD EINES MOTORRADS
Am 18. April 1999 erreichte Patrick Furstenhoff (SWE) auf dem Hinterrad einer Honda Super Blackbird 1.100-cm^3 Turbo auf dem Bruntingthorpe Proving Ground, Leicestershire (GB), die Rekordgeschwindigkeit von 307,86 km/h.

LÄNGSTE FAHRT AUF DEM HINTERRAD EINES MOTORRADS
Eine Entfernung von 331 km legte Yasuyuki Kudo am 5. Mai 1991 auf dem Testgelände des Japan Automobile Research Institute in Tsukuba bei Tsuchiura (J) auf dem Hinterrad seiner Honda TLM220R zurück.

⊙ LÄNGSTE RÜCKWÄRTSFAHRT AUF EINEM EINRAD
109,4 km radelte Steve Gordon (USA) am 24. Juni 1999 an der Southwestern Missouri State University, Springfield, Missouri (USA), rückwärts auf einem Einrad.

↓ GRÖSSTES MOTORRAD
Das größte fahrbare Motorrad ist die von Tom Wiberg (SWE) gebaute und von einem Jaguar-V12-Motor angetriebene *Bigtoe*, die es bei einer Maximalhöhe von 2,3 m auf eine Höchstgeschwindigkeit von 100 km/h bringt.

Schiffe

⊙ GRÖSSTES KREUZFAHRTSCHIFF

Das größte Kreuzfahrtschiff der Welt ist die *Voyager of the Sea*. Das Schiff ist 311 m lang, 48 m breit und hat 142.000 BRT. Es bietet Platz für 3.114 Passagiere und 1.181 Besatzungsmitglieder.

GRÖSSTE SEGELSCHIFFE
Das größte Segelschiff, das je gebaut wurde, war die *France II* mit 5.900 BRT. Sie lief 1911 in Bordeaux (F) vom Stapel. Die Fünfmast-Bark hatte einen Stahlrumpf von 127,4 m Länge. Sie war ursprünglich als Gaffelsegler gebaut worden, verfügte aber auch über zwei Hilfsmotoren. Diese wurden 1919 wieder ausgebaut, die *France II* wurde damit zum reinen Segelschiff. Am 12. Juli 1922 erlitt sie Schiffbruch vor der Küste Neukaledoniens (Südwest-Pazifik).

Das größte derzeit im Dienst befindliche Segelschiff ist die 109 m lange *Sedov*. Sie wurde 1921 in Kiel (D) gebaut und dient gegenwärtig der russischen Marine als Schulschiff. Sie ist 14,6 m breit, hat eine Wasserverdrängung von 6.300 t und eine Segelfläche von 4.192 m².

GRÖSSTES SEGEL
Das 47,9 m lange Segelschiff *Hyperion* hat ein Segel mit 520 m² Segelfläche. Das Boot des Netscape-Gründers Jim Clark wurde 1995 von Wolter Huisman gebaut.

SCHNELLSTES SEGELSCHIFF
Der Trimaran *Yellow Pages Endeavour* erreichte am 26. Oktober 1993 auf einer Messstrecke von 500 m in Sandy Point bei Melbourne (AUS) eine Spitzengeschwindigkeit von 46,52 Knoten (86,21 km/h).

ÄLTESTES AKTIVES SEGELSCHIFF
Das älteste hochseetüchtige Segelschiff ist die 1.216 t große *Bark Star of India*, die 1863 als Vollschiff in Ramsey/Isle of Man (GB) gebaut wurde und unter dem Namen *Euterpe* vom Stapel lief. Heute dient sie in San Diego/Kalifornien (USA) als Museumsschiff, läuft aber gelegentlich noch zu Tagesausflügen aus.

GRÖSSTE JACHT
Die königlich-saudiarabische Jacht *Abdul Aziz* ist 147 m lang. Sie wurde in Dänemark gebaut und in der Vospers-Werft in Southampton (GB) fertig gestellt und vom Stapel gelassen.

GRÖSSTE DSCHUNKE
Die hochseetüchtige Dschunke *Zheng He* hatte eine Wasserverdrängung von 3.150 t und eine geschätzte Länge von 164 m. Das um 1420 gebaute Flaggschiff von Admiral Zheng Hes Flotte von 62 Schatz-Schiffen soll nach der Überlieferung neun Masten gehabt haben.

LÄNGSTES KANU
Das Maori-Kriegskanu *Nga Toki Matawhaorua*, das 1940 in der Kerikeri-Bucht (NZ) mit Breitäxten gebaut wurde, ist 35,7 m lang und 2 m breit Es kann insgesamt 135 Personen befördern: 80 Paddler und 55 Fahrgäste.

GRÖSSTE AUTOFÄHRE
Die größte Auto- und Passagierfähre ist die *Silja Europa*, die von der Silja-Linie 1993 für den Transport zwischen Stockholm und Helsinki in Dienst gestellt wurde. Das Schiff hat 59.914 BRT, ist 201,8 m lang, maximal 32,6 m breit und kann 3.000 Passagiere, 350 Autos und 60 Lastwagen befördern.

SCHNELLSTE AUTOFÄHRE
Die Fähre *Lucian Federico* erreicht eine Spitzengeschwindigkeit von 111,2 km/h, beladen wird sie noch 105,6 km/h schnell. Das Schiff wurde in Australien von Advanced Multi-Hull entworfen, in Spanien von Bazan gebaut und fährt auf der 177 km langen Strecke zwischen Buenos Aires in Argentinien und Montevideo in Uruguay auf dem Rio de la Plata. Es kann 52 Autos und 450 Passagiere aufnehmen.

GRÖSSTES LUFTKISSENBOOT
Die 56,4 m lange SRN4 Mk III, ein in Großbritannien gebautes ziviles Luftkissenboot, wiegt 310 t und bietet Platz für insgesamt 418 Passagiere und 60 Autos. Angetrieben von vier Bristol-Siddeley-Motoren, erreicht es eine Spitzengeschwindigkeit von über 65 Knoten (120 km/h). Dies ist auch die gesetzlich zugelassene Höchstgeschwindigkeit für Fahrten über den Ärmelkanal.

GRÖSSTES FRACHTSCHIFF
Der Supertanker *Viking* (er fuhr früher unter den Namen *Happy Giant* und *Seawise Giant*) ist 458,4 m lang. Er hat eine Lade-

⊙ GRÖSSTER KATAMARAN

Der größte und teuerste Katamaran, der je gebaut wurde, ist die 12,1 Mio. Mark teure *Team Philips*. Das Schiff ist 36,6 m lang, 21,3 m breit, 41,5 m hoch und wiegt 13,7 t. Es ist aus Kohlenstofffasern gebaut und zerschneidet eher mit seinen rasiermesserscharfen Rümpfen die Wellen als über sie hinwegzugleiten. Dabei erreicht es Geschwindigkeiten von bis zu 80 km/h. Der Mann hinter der *Team Philips* ist Pete Goss aus Torpoint/Cornwall (GB), ein ehemaliger Marineinfanterist. 1996 erhielt er den Orden Member of the British Empire (MBE) sowie den Orden der französischen Ehrenlegion, weil er bei der Weltumsegler-Regatta Vendee Globe gewendet hatte, um seinen Konkurrenten Raphael Dinelli zu retten.

kapazität von 564.763 t, eine maximale Breite von 68,8 m und einen Tiefgang von 24,6 m. Das Schiff wurde während des 1. Golfkriegs zwischen Iran und Irak (1980–1988) fast völlig zerstört, aber für rund 122 Mio. Mark in Singapur und den Vereinigten Arabischen Emiraten repariert und lief im November 1991 unter dem neuen Namen vom Stapel.

GRÖSSTE SCHLACHTSCHIFFE
Die japanischen Schlachtschiffe *Yamato* und *Musashi* (beide wurden von der US-Marine versenkt) hatten eine Gesamtlänge von 263 m, eine maximale Breite von 38,7 m, eine höchste Wasserverdrängung von 71.111 t sowie einen größten Tiefgang von 10,8 m. Sie waren mit neun 22,8 m langen Geschützen bewaffnet, die 164,6 t wogen und 1.450-Kilo-Granaten verschossen.

GRÖSSTES CONTAINER-SCHIFF
Das derzeit größte im Dienst befindliche Containerschiff ist die *Regina Maersk*, die in Odense (DK) gebaut und im Januar 1996 fertig gestellt wurde. Mit ihren 81.488 BRT hat sie eine Ladekapazität von 6.000 TEU (20-Fuß-Einheiten).

GRÖSSTE TAUCHTIEFE EINES U-BOOTS
Das japanische Forschungs-U-Boot *Shinkai 6500* erreichte am 11. August 1989 im Japan-Graben bei Sanriku die Rekord-Tauchtiefe von 6.527 m.

→ KLEINSTES U-BOOT

Das kleinste voll funktionsfähige U-Boot der Welt ist die 2,95 m lange, 1,15 m breite und 1,42 m hohe *Water Beatle*. Das 1991 von William Smith aus Bognor Regis (West Sussex/GB) gebaute Boot erreicht Tauchtiefen bis zu 30,5 m und kann über vier Stunden unter Wasser bleiben. Gegenwärtig wird es bei der Suche nach Flugzeugwracks vor der Küste von Sussex eingesetzt.

Flugzeuge

⊙ MEISTE PASSAGIERE
Die meisten Passagiere in einem kommerziellen Linienflugzeug waren 1.088 Menschen, die sich am 24. Mai 1991, am ersten Tag der Operation Salomon, an Bord einer Boeing 747 der Fluggesellschaft El Al befanden. Im Rahmen dieses Einsatzes wurden nach dem Sturz der äthiopischen Regierung äthiopische Juden nach Israel evakuiert. Zu den Passagieren zählten auch zwei Säuglinge, die während des Fluges geboren wurden.

SCHNELLSTES FLUGZEUG
Der schnellste Kampfflieger ist der Mikoyan MiG-25 aus der ehemaligen Sowjetunion, der von der NATO den Codenamen „Foxbat" erhielt. Das einsitzige Aufklärungsflugzeug „Foxbat-B" hat eine Flügelspanne von 13,94 m, ist 23,82 m lang und wiegt beim Start Schätzungen zufolge höchstens 37,4 t. Radarmessungen zeigen, dass es Geschwindigkeiten von etwa Mach 3,2 (etwa 3.400 km/h) erreichen kann.

Das schnellste Propellerflugzeug ist die sowjetische Tu-95/142, die bei der NATO unter dem Codenamen „Bear" lief. Sie ist mit vier 11.033 kW-Motoren ausgestattet, die achtblättrige gegenläufige Propeller antreiben, und schafft eine maximale Fluggeschwindigkeit von 925 km/h.

Der schnellste Doppeldecker war eine Fiat CR42B, ein Einzelstück, das mit einem 753 kW-Daimler-Benz-Motor ausgestattet war. Sie erreichte 1941 eine Geschwindigkeit von 520 km/h.

Die höchste Geschwindigkeit eines Flugzeugs mit Kolbenmotor schaffte mit 850,24 km/h in einem Rennen über 3 km Lyle Shelton mit der *Rare Bear*, einer umgebauten Grumman F8F Bearcat. Dieser Rekord wurde am 21. August 1989 in Las Vegas, Nevada (USA), aufgestellt.

SCHNELLSTE LINIENFLUGZEUGE
Die Tupolev Tu-144, die am 31. Dezember 1968 zu ihrem Jungfernflug startete, erreichte Berichten zufolge Mach 2,4 (2.587 km/h); ihre normale Reisegeschwindigkeit betrug Mach 2,2. Mit Schallgeschwindigkeit (Mach 1) flog sie zum ersten Mal am 5. Juni 1969; Mach 2 übertraf sie am 26. Mai 1970 und war damit das erste kommerzielle Passagierflugzeug, dem dies gelang. Zu seinem ersten Linienflug startete das Flugzeug am 26. Dezember 1975 für den Transport von Fracht und Postsendungen. Heute wird es in einer Jointventure von Tupolev und der NASA genutzt, wo es in der Entwicklung des NASA-Überschall-Passagierflugzeugs eingesetzt wird.

Die Concorde von BAC/Aérospaciale, die zum ersten Mal 1969 startete, hat eine Reisegeschwindigkeit von bis zu Mach 2,2 (2.333 km/h). Am 21. Januar 1976 wurde sie das erste Überschall-Linienflugzeug für Passagierflüge, und am 14. April 1990 stellte sie mit 2 Stunden 54 Minuten 30 Sekunden den Streckenrekord New York–London auf.

⊙ GRÖSSTES LUFTSCHIFF IN BETRIEB
Das größte Luftschiff, das derzeit in Betrieb ist, ist die WDL 1B, von der in Mülheim (D) drei Exemplare gebaut wurden. Es ist 60 m lang und hat ein Aufstiegsvolumen von 7.200 m³.

GRÖSSTE HUBSCHRAUBER
Der russische Mil Mi-12 hatte einen Rotordurchmesser von 67 m, war 37 m lang und wog 103,3 t. Der mit vier 4.847 kW-Turboshaft-Triebwellen ausgestattete Hubschrauber wurde 1971 auf der Pariser Luftfahrtausstellung als Prototyp vorgestellt, kam aber nie zum Einsatz.

Der größte derzeit produzierte Hubschrauber ist der 40 m lange russische Mil Mi-26, der ein maximales Startgewicht von 56 t hat und unbeladen 28,2 t wiegt. Sein achtblättriger Rotor hat einen Durchmesser von 32 m und wird von zwei statischen HP Turboshaft-Triebwellen mit 925 kW angetrieben.

KLEINSTER HUBSCHRAUBER
Der ultraleichte einsitzige Seremet WS-8, der 1976 in Dänemark gebaut wurde, war mit einem 26 kW-Motor ausgestattet

und wog ohne Ladung 53 kg. Sein Rotor hatte einen Durchmesser von 4,5 m.

GRÖSSTER BALLON
Der größte Ballon aller Zeiten hatte ein Auftriebsvolumen von 2 Mio. m³. Hergestellt wurde er von Winzen Research Inc. (heute Winzen Engineering Inc.) aus South St. Paul, Minnesota (USA). Er wurde bei seinem ersten Start am 8. Juli 1975 zerstört.

GRÖSSTE LUFTSCHIFFE
Die größten Luftschiffe der Welt waren die 213,9 t schweren deutschen Luftschiffe *Hindenburg* (LZ 129) und *Graf Zeppelin II* (LZ 130), die jeweils 245 m lang waren und 200.000 m³ Wasserstoff fassten. Der erste Flug der *Hindenburg* fand 1936 statt, bevor sie am 6. Mai 1937 explodierte und abstürzte; die *Graf Zeppelin II* flog erstmals 1938.

KLEINSTE FLUGZEUGE
Der kleinste funktionierende Doppeldecker war die *Bumble Bee Two*, die Robert H. Starr aus Tempe, Arizona (USA), entwarf und baute. Bei ihrer Länge von 2,69 m und der Spannweite von 1,68 m konnte sie nur eine einzige Person transportieren. Sie wog unbeladen 179,6 kg und konnte Geschwindigkeiten von bis zu 306 km/h erreichen. Am 8. Mai 1988 stürzte sie aus einer Höhe von 120 m ab und wurde dabei vollständig zerstört. Der Pilot wurde schwer verletzt.

Das kleinste zweimotorige Flugzeug ist wahrscheinlich die kolumbianische MGI5 Cricri, die erstmals am 19. Juli 1973 startete. Sie hat eine Spannweite von 4,9 m, eine Länge von 3,91 m und wird von zwei 11,13 kW-Motoren des Typs JPX PUL angetrieben.

Die *Baby Bird*, geplant und gebaut von Donald R. Stits, ist der kleinste Eindecker, der je geflogen wurde. Sie ist 3,35 m lang, hat eine Spannweite von 1,91 m und wiegt im Leerzustand 114,3 kg. Sie ist mit einem 41 kW starken Zwei-Zylinder-Hirth-Motor ausgestattet, der sie bis auf 177 km/h beschleunigen kann. Der erste Pilot von *Baby Bird* war am 4. August 1984 Harold Nemer in Camarillo, Kalifornien (USA).

Das kleinste Düsenflugzeug ist die *Silver Bullet*, die Bob und Mary Ellen Bishop aus Aguila, Arizona (USA), 1976 bauten. Sie ist 3,7 m lang, hat eine Spannweite von 5,2 m, wiegt 198 kg und schafft 483 km/h.

↑ SCHNELLSTES FLÜGELFLUGZEUG
Am 3. Oktober 1967 erreichte das US-Raketenflugzeug X-15A-2 mit seinem Piloten Major William J. „Pete" Knight (USA) über der Mojave-Wüste in Kalifornien (USA) einen Geschwindigkeitsrekord von Mach 6,7 (7.274 km/h). Dieser Rekord wurde erst 1980 vom Spaceshuttle gebrochen. Auch Neil Armstrong (USA, links) flog zwischen Dezember 1960 und Juli 1962 siebenmal mit diesem Flugzeug und erreichte eine Geschwindigkeit von Mach 5,74 (6.420 km/h) und eine Höhe von 63,2 km. Die maximale Höhe, in der die X-15A je flog, betrug 107,9 km.

Raumfahrt

GRÖSSTE RAKETE
Die größte Rakete aller Zeiten war die *Saturn 5*, die mit der Weltraumkapsel *Apollo* an der Spitze 110,6 m hoch war. Auf der Abschussrampe wog sie 2.903 t und hatte eine Schubkraft von 3.447 t.

KLEINSTE RAKETE
Die kleinste Rakete der Welt war die *Pegasus*, eine 15 m lange, dreistufige Booster-Rakete, die zum ersten Mal 1990 gestartet wurde. Inzwischen wurde sie von der *Pegasus XL* abgelöst.

LEISTUNGSSTÄRKSTE RAKETE
Die Riesenrakete *N1*, ein Kernstück des sowjetischen Raumfahrtprogramms für die erste bemannte Mondlandung, hatte eine Schubkraft von 4.620 t. Bei ihrem ersten Start im Februar 1969 explodierte sie aber kurz nach dem Take-off, und drei weitere Startversuche schlugen ebenfalls fehl.

TEUERSTE RAKETEN
Die US-Rakete *Saturn 5* wurde im Rahmen des *Apollo*-Programms für die erste Mondlandung gebaut, das bis zum ersten Flug auf den Mond im Juli 1969 bereits etwa 51 Mrd. DM gekostet hatte. Für den Abschuss von Telekommunikationssatelliten mit der kommerziellen amerikanischen Rakete *Titan* bezahlten Kunden insgesamt mehr als 244 Mio. DM. Heute ist die *Titan* nicht mehr auf dem Markt.

BILLIGSTE RAKETEN
Die billigste amerikanische Rakete war die *Pegasus*, die in der Entwicklung 91 Mio. DM und pro Start etwa 20 Mio. DM kostete. Noch billigere Raketen wurden wahrscheinlich in China und der ehemaligen Sowjetunion gebaut.

SCHNELLSTES RAUMFAHRZEUG
Die in einem deutsch-amerikanischen Gemeinschaftsprojekt entwickelten Solarsonden *Helios A* und *B* erreichen jeweils eine Rekordgeschwindigkeit von etwa 252.800 km/h, wenn sie am Perihel ihrer Sonnenumlaufbahn angelangt sind – also an dem Punkt, der der Sonne am nächsten liegt.

KLEINSTES BEMANNTES RAUMSCHIFF
Die Manned Manoeuvring Unit (MMU), die die Astronauten für Arbeiten außerhalb des Spaceshuttles verwenden, ist 1,24 m hoch, 0,83 m breit und 1,12 m tief, wiegt nur 109 kg und verfügt über einen Stickstoff-Strahlantrieb. Sie kam zum ersten Mal bei der Raumfahrt-Mission STS-41-B im Februar 1984 zum Einsatz, als der Astronaut Bruce McCandless in bis zu 100 m Entfernung von der *Challenger* arbeitete.

ZUVERLÄSSIGSTES STARTSYSTEM
Von April 1981 bis Januar 1998 gelangen den amerikanischen Spaceshuttles 88 von 89 Weltraumstarts, eine Erfolgsrate von 98,8 %.

UNZUVERLÄSSIGSTES STARTSYSTEM
Das amerikanische Satelliten-Startsystem *Pegasus* führte vom 5. April 1990 bis zum 6. Mai 1997 14 erfolgreiche und zwölf gescheiterte Starts durch. Die Erfolgsrate lag damit bei nur 53,8 %.

ÄLTESTER SATELLIT IM ORBIT
Der älteste Satellit, der noch auf einer Erdumlaufbahn kreist, ist der 1,4 kg schwere *Vanguard 1* (USA), der im März 1958 gestartet wurde. Er kreist noch immer im Orbit, wird aber nicht mehr genutzt. Bis März 2000 hatte er die Erde 165.869-mal umrundet und dabei insgesamt eine Strecke von 9 Mrd. km zurückgelegt.

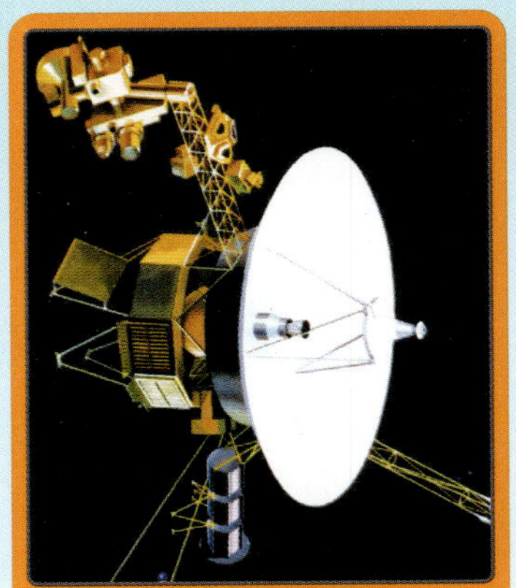

ENTFERNTESTES OBJEKT AUS MENSCHENHAND
Voyager 1, der 1977 von Cape Canaveral in Florida (USA) aus gestartet wurde, ist derzeit im ganzen Universum das entfernteste Objekt, das von Menschenhand hergestellt wurde: Im Februar 2000 betrug seine Entfernung von der Erde 11,5 Mrd. km. Der *Voyager* wird Erwartungen zufolge innerhalb der nächsten zehn Jahre in den interstellaren Raum eintreten.

LÄNGSTER RAKETENFLUG
Die 21. Mission der *Columbia*, die STS-80, begann am 19. November 1996 und dauerte bis zur Abschaltung des Haupttriebwerks 17 Tage, 15 Stunden, 53 Minuten und 26 Sekunden – damit schlug die *Columbia* ihren eigenen Rekord. Die Mannschaft dieser Raumfahrtmission bestand aus Kommandant Ken Cockrell sowie Tom Jones, Tamara Jernigan, Story Musgrave und Kent Rominger (von links nach rechts).

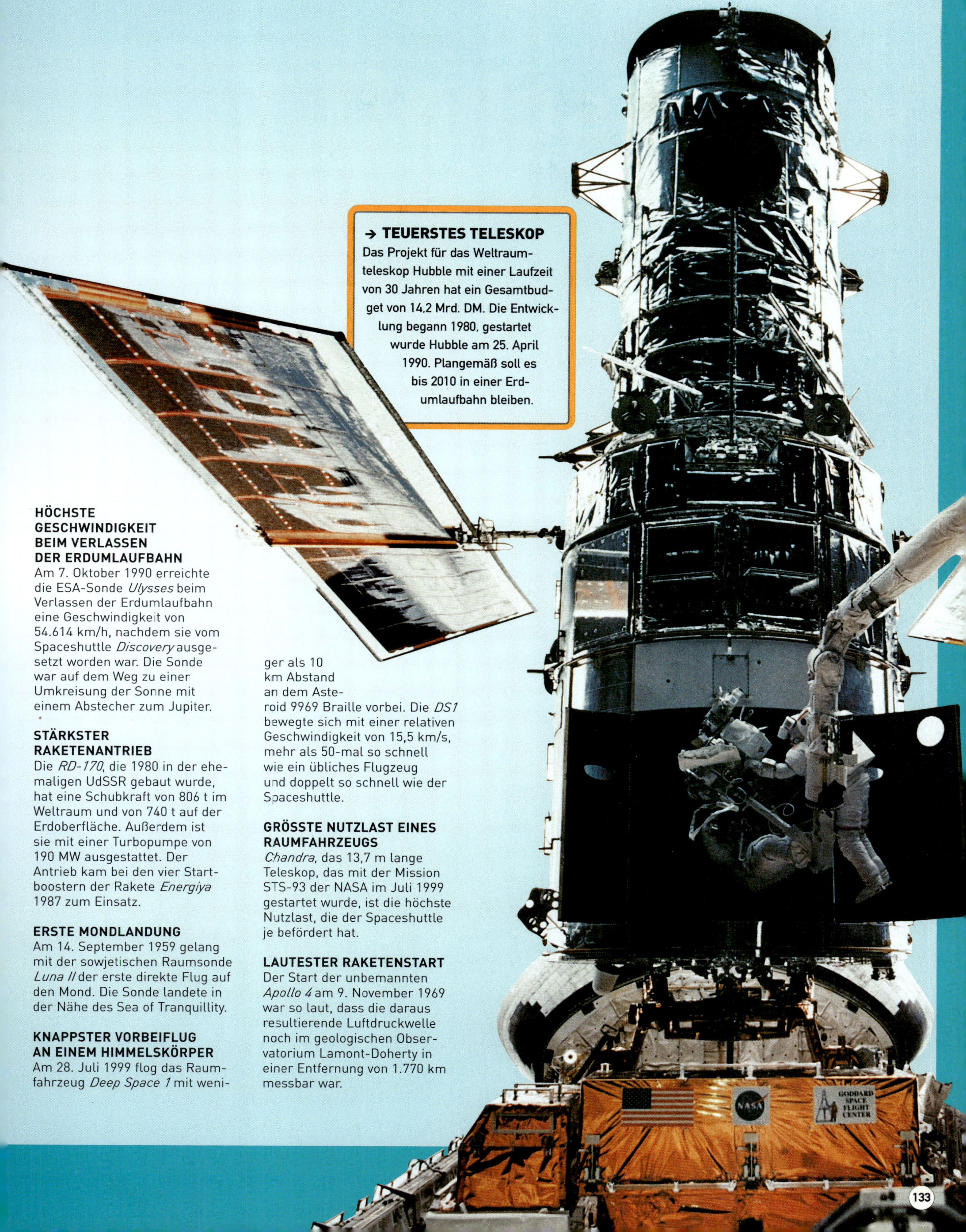

→ TEUERSTES TELESKOP
Das Projekt für das Weltraumteleskop Hubble mit einer Laufzeit von 30 Jahren hat ein Gesamtbudget von 14,2 Mrd. DM. Die Entwicklung begann 1980, gestartet wurde Hubble am 25. April 1990. Plangemäß soll es bis 2010 in einer Erdumlaufbahn bleiben.

HÖCHSTE GESCHWINDIGKEIT BEIM VERLASSEN DER ERDUMLAUFBAHN
Am 7. Oktober 1990 erreichte die ESA-Sonde *Ulysses* beim Verlassen der Erdumlaufbahn eine Geschwindigkeit von 54.614 km/h, nachdem sie vom Spaceshuttle *Discovery* ausgesetzt worden war. Die Sonde war auf dem Weg zu einer Umkreisung der Sonne mit einem Abstecher zum Jupiter.

STÄRKSTER RAKETENANTRIEB
Die *RD-170*, die 1980 in der ehemaligen UdSSR gebaut wurde, hat eine Schubkraft von 806 t im Weltraum und von 740 t auf der Erdoberfläche. Außerdem ist sie mit einer Turbopumpe von 190 MW ausgestattet. Der Antrieb kam bei den vier Startboostern der Rakete *Energiya* 1987 zum Einsatz.

ERSTE MONDLANDUNG
Am 14. September 1959 gelang mit der sowjetischen Raumsonde *Luna II* der erste direkte Flug auf den Mond. Die Sonde landete in der Nähe des Sea of Tranquillity.

KNAPPSTER VORBEIFLUG AN EINEM HIMMELSKÖRPER
Am 28. Juli 1999 flog das Raumfahrzeug *Deep Space 1* mit weniger als 10 km Abstand an dem Asteroid 9969 Braille vorbei. Die *DS1* bewegte sich mit einer relativen Geschwindigkeit von 15,5 km/s, mehr als 50-mal so schnell wie ein übliches Flugzeug und doppelt so schnell wie der Spaceshuttle.

GRÖSSTE NUTZLAST EINES RAUMFAHRZEUGS
Chandra, das 13,7 m lange Teleskop, das mit der Mission STS-93 der NASA im Juli 1999 gestartet wurde, ist die höchste Nutzlast, die der Spaceshuttle je befördert hat.

LAUTESTER RAKETENSTART
Der Start der unbemannten *Apollo 4* am 9. November 1969 war so laut, dass die daraus resultierende Luftdruckwelle noch im geologischen Observatorium Lamont-Doherty in einer Entfernung von 1.770 km messbar war.

Wissenschaft 1

HÄUFIGSTE ELEMENTE

Das häufigste chemische Element ist Wasserstoff. Über 90 % der Gesamtmasse des Universums und 70,68 % der Masse des Sonnensystems bestehen aus diesem Element.

Die häufigsten Elemente auf der Erde sind Eisen, das 36 % der Erdmasse ausmacht, sowie molekularer Stickstoff (N_2), der 78,02 Volumen- und 75,52 Massenprozent der Erdatmosphäre einnimmt.

NEUESTES UND SCHWERSTES ELEMENT

Wissenschaftler des staatlichen Lawrence-Livermore-Labors in Kalifornien (USA) und des Zentralinstituts für Nuklearforschung in Dubna (RUS) gaben im Januar 1999 die Synthese des Elements Nr. 114 bekannt. Ununquadium, wie es provisorisch genannt worden ist, ist das neueste und schwerste Element der Welt. Es ist entstanden aus dem Beschuss eines mit Neutronen angereicherten Plutonium-Isotops mit einem Kalzium-Isotop. Es enthält 114 Protonen und soll stabiler sein als die anderen superschweren Atome. Nach wie vor fehlt allerdings noch der wissenschaftlich belegte Nachweis des Elements 113.

WEICHSTES MINERAL

Talkum ist das weichste Mineral der Erde, mit einem Wert von 1,00 auf der Mohsschen Härteskala (nach dem Mineralogen Friedrich Mohs, 1773–1839), dem Standardmaßsystem für die Bewertung der Härte eines Materials. Talkum ist so weich, dass man es leicht mit dem Fingernagel abschaben kann.

SÜSSESTE SUBSTANZ

Thaumatin, ein Protein, das aus dem fleischigen Mantel gewonnen wird, der die Samen der Katemfe-Pflanze *(Thaumatoccocus daniellii)* umgibt, ist 61.500-mal süßer als gewöhnlicher Tafelzucker. Die Katemfe-Pflanze wächst in einigen Gebieten Westafrikas.

BITTERSTE SUBSTANZEN

Die bittersten Substanzen der Erde basieren auf dem Denatonium-Kation und werden als Benzoate und Saccharide kommerziell hergestellt. Eine Verdünnung von 1:500 Mio. kann nachgewiesen werden, eine Verdünnung von 1:100 Mio. hinterlässt einen lange anhaltenden Geschmack.

GIFTIGSTE SUBSTANZEN

Die giftigste Substanz der Erde ist das radioaktive Element Thorium 228 (Th 228, auch als Radiothorium bekannt). Nur $2{,}4 \times 10^{-16}$ g/m³ Luft genügen, um einen Menschen zu töten.

Die giftigste nichtradioaktive Substanz ist Beryllium (Be), das für Menschen ab einer Konzentration von 2×10^{-6} g/m³ Luft tödlich ist.

Die giftigste von Menschenhand hergestellte chemische Verbindung ist Dioxin (2,3,7,8-Tetrachlordibenzo-p-dioxin, abgekürzt TCDD). Eine Konzentration von über 50 Nanogramm pro Kilogramm gilt als gesundheitlich bedenklich.

⊙ HÄRTESTES ELEMENT
Der Diamant, ein Allotrop (eine besondere Kristallform) des Kohlenstoffs, hat einen Wert von 15,00 auf der Mohs-Skala (siehe unter „Weichstes Mineral").

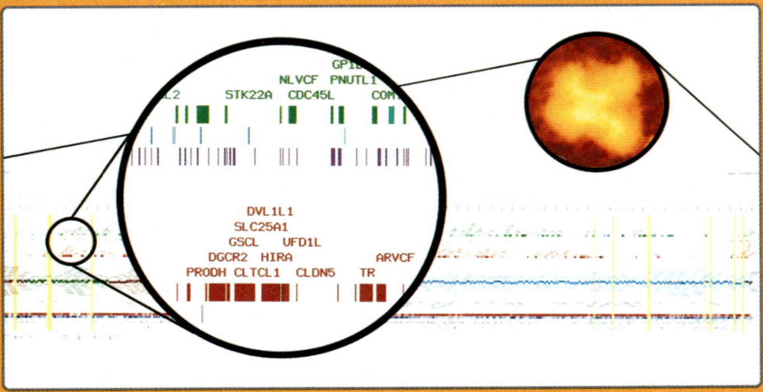

⊙ LÄNGSTES BESCHRIEBENES STÜCK DER ERBSUBSTANZ
Am 1. Dezember 1999 gaben Forscher des Sanger Centre in der Nähe von Cambridge (GB), der Keio-Universität in Tokio (J), der Universität von Oklahoma in Norman (USA) sowie der Washington University in St. Louis/Missouri (USA) bekannt, dass ihnen die Entzifferung von 97 % des langen Abschnitts von Chromosom 22 (22q) gelungen sei. Das menschliche Erbgut besteht aus 23 Chromosomenpaaren. Chromosom 22q, das zweitkleinste, enthält Gene, die mit angeborenen Herzkrankheiten, mit Schizophrenie, Lernstörungen, der Funktionsweise des Immunsystems sowie mit verschiedenen Krebsarten in Verbindung gebracht werden.

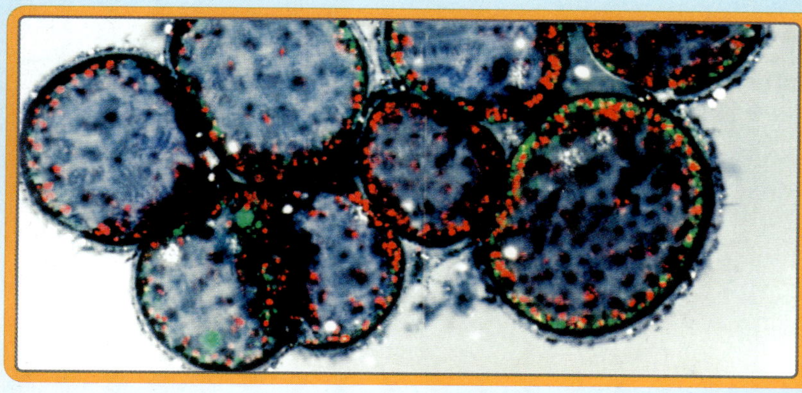

⊙ GRÖSSTE BAKTERIE

Die Bakterie *Thiomargarita namibiensis* („Schwefelperle von Namibia") ist der größte bisher bekannte prokariontische Organismus (Lebewesen mit Zellkern, der nicht von einer eigenen Membran umhüllt wird). Sie ist mit bloßem Auge sichtbar und bis zu 0,75 Millimeter groß. Heide Schulz vom Max-Planck-Institut für Meeres-Mikrobiologie in Bremen entdeckte die Spezies 1997 in Meeressedimenten vor der namibischen Küste während einer Forschungsreise auf dem russischen Schiff *Petr Kottsov*.

ÜBELSTE GERÜCHE

Sowohl Äthylmercaptan (C_2H_5SH) als auch Butyl-Selenomercaptan (C_4H_9SeH) könnten Anspruch auf den Titel des übelsten unter bisher ungefähr 17.000 klassifizierten Gerüchen erheben. Beide Substanzen sind beschrieben worden als eine Mischung aus Knoblauch, Zwiebeln, faulendem Kohl, verbranntem Toast und Faulschlammgas.

STÄRKSTES NERVENGAS

Äthyl-S-2-diisopropylaminäthyl-methylphosphonothiolat (unter der Abkürzung VX bekannt) wirkt 300-mal stärker als das im 1. Weltkrieg eingesetzte Nervengas Phosgen ($COCl_2$). VX, das 1952 im Chemical Defence Experimental-Labor in Porton Down/Wiltshire (GB) entwickelt wurde, ist ein so starkes Gift, dass bereits 0,3 Milligramm, über den Mund aufgenommen, tödlich wirken.

STÄRKSTES BAKTERIENGIFT

Die anaerobe Bakterie *Clostridium botulinum*, die Botulismus verursacht, produziert ein so starkes Gift, dass 28 Gramm (eine Unze) davon 30,5 Millionen Tonnen lebenden Gewebes töten können, und nur 450 Gramm genügen, um die ganze Menschheit umzubringen. Der Erreger kommt vor allem in schlecht abgepacktem Dosenfleisch vor und entwickelt sich nur unter vollständigem Sauerstoffabschluss.

STÄRKSTE SÄURELÖSUNG

Eine 50-prozentige Lösung von Antimon-Pentafluorid in Flusssäure (Fluorantimonsäure: $HF:SbF_5$) ist 1.018-mal stärker als konzentrierte Schwefelsäure.

⊙ GRÖSSTES GEKLONTES TIER

Xiangzhong Yang von der University of Connecticut (USA) sowie Wissenschaftler des Rinderzucht-Forschungsinstituts in Kagoshima auf der Insel Kyushu (J) gaben am 6. Januar 2000 die erfolgreiche Klonung von sechs Kälbern bekannt. Dies gelang mit Hautzellen, die dem Ohr eines Stieres entnommen worden waren. Die Zellen wurden während der ersten drei Monate mit einem speziellen Laborverfahren kultiviert, so dass die Forscher Veränderungen an der DNS vornehmen konnten. Vier der Kälber wurden im Dezember 1998, die anderen beiden im Februar 1999 geboren.

Wissenschaft 2

HÖCHSTE TEMPERATUR
Die höchste von Menschen erzeugte Temperatur lag bei 510 Mio. °C, dem Dreißigfachen der Temperatur im Sonnenkern. Sie wurde mit einem Deuterium-Tritium-Plasmagemisch am 27. Mai 1994 im Tokamak-Fusions-Testreaktor des Labors für Plasmaphysik der Universität Princeton, New Jersey (USA), erzeugt.

NIEDRIGSTE TEMPERATUR
Die niedrigste jemals künstlich erzeugte Temperatur erzielte am 22. September 1998 ein von Dr. Malcolm Boshier geleitetes Team an der Universität von Sussex (GB). Für etwa eine Sekunde wurden bei diesem Versuch 100.000 Rubidium-Atome auf eine Temperatur abgekühlt, die nur einige milliardstel Grad über dem absoluten Nullpunkt von – 273,15 °C lag.

HÖCHSTE STROMSTÄRKE
Wissenschaftler des Oak Ridge National Laboratory in Oak Ridge, Tennessee (USA), erreichten im April 1996 mit Hilfe eines Supraleiters die höchste jemals gemessene Stromstärke: zwei Mio. Ampere/cm^2. Der Strom für den Haushaltsgebrauch hat eine Stärke von weniger als 1.000 Ampere/cm^2.

KLEINSTES WERKZEUG
Die Sondenköpfe von Raster-Tunnel-Mikroskopen (Scanning Tunnelling Microscopes, STM) sind so geformt, dass sie in einem einzelnen Atom enden. Die äußersten drei Schichten dieser Sondenköpfe bilden die kleinste jemals von Menschen gebaute Pyramide. Sie besteht aus sieben, drei und einem Atom. Das Almaden-Forschungszentrum von IBM in San José, Kalifornien (USA), gab im Januar 1990 bekannt, dass dort ein STM benutzt worden sei, um einzelne Xenon-Atome so auf einer Nickel-Oberfläche anzuordnen, dass sich die Firmen-Initialen von IBM ergaben. Andere Labors haben ähnliche Techniken für die Arbeit mit Einzelatomen anderer Elemente benutzt.

KLEINSTER TRANSISTOR
Die Firma Lucent Technologies in Murray Hill, New Jersey (USA), gab am 15. November 1999 die Entwicklung eines Transistors von nur 50 Nanometern Länge bekannt, das ist etwa ein Zweitausendstel der Dicke eines Menschenhaars. Dieses Bauteil wird auch „vertikaler" Transistor genannt, weil all seine Elemente auf einem Silikonplättchen angeordnet sind und der Strom in vertikaler Richtung fließt.

⊙ HÖCHSTE FÖRDERMENGE FÜR EINE CHEMISCHE VERBINDUNG
Insgesamt 168 Mio. t Natriumchlorid (Salz) wurden 1998 gefördert, der größte Teil davon für den Küchengebrauch. Das Bild zeigt Arbeiter bei der Salzgewinnung im sizilianischen Trapani.

KLEINSTER RECHNER
Ein Wissenschaftlerteam des IBM-Forschungslabors in Zürich (CH) entwickelte im November 1996 unter der Leitung von James Gimzewski einen Rechner mit einem Durchmesser von weniger als 0,000001 mm. Das molekulare Rechenbrett besteht aus zehn C-60-Molekülen, die mit dem Sondenkopf eines ST-Mikroskops in einer mikroskopisch kleinen Rille auf einer Kupferoberfläche hin- und herbewegt werden können.

AM LÄNGSTEN UNGELÖSTES MATHEMATISCHES PROBLEM
Das am längsten ungelöste mathematische Problem war Fermats letzter Satz (auch bekannt als Fermatsche Vermutung), aufgestellt von dem französischen Mathematiker Pierre de Fermat im Jahr 1630. Es blieb ungelöst, bis der britische Mathematiker Andrew Wiles 1995, 365 Jahre später, bewies, dass es für die Gleichung $x^n+y^n= z^n$ keine Lösung mit ganzen Zahlen gibt, wenn n größer oder gleich 3 ist. Wiles lehrt zurzeit an der Princeton University in New Jersey (USA).

Das älteste immer noch ungelöste mathematische Problem ist jetzt die Goldbachsche Vermutung, die Christian Goldbach 1742 formuliert hat. Sie besagt, dass sich jede positive gerade

⊙ GRÖSSTE FÖRDERMENGE EINES METALLS
Rund 716 Mio. t Eisen wurden 1998 gefördert. Das meiste davon fand Verwendung für (bau-)technische Zwecke, aber Eisen ist auch die Grundlage für alle Dauer- und Elektromagneten. Im Bild: Ein Arbeiter der MAN-Roland-Fabrik in Henbach (D) leitet für die Herstellung einer Druckmaschine flüssiges Eisen in eine Gussform.

Zahl über 3 als Summe zweier (nicht unbedingt verschiedener) Primzahlen darstellen lässt. Diese Vermutung ist bis jetzt weder bewiesen noch widerlegt worden.

GENAUESTE DARSTELLUNG VON PI

206.158.430.000 Dezimalstellen für die Zahl Pi hat Prof. Yasumasa Kanada von der Universität Tokio (J) errechnet. Prof. Kanada stellte zwei Berechnungen mit verschiedenen Methoden auf und verglich die Resultate mit Hilfe eines von Daisuke Takahashi erarbeiteten Computerprogramms. Das Haupt- wie auch das Prüfprogramm liefen über einen Hitachi SR 8000/480 Supercomputer, ersteres vom 18. bis 20. September 1999, letzteres am 26./27. Juni 1999.

GRÖSSTE BEKANNTE PRIMZAHL

Die größte bekannte Primzahl ist $2^{6.972.593}-1$. Dies steht für die 6.972.593-mal mit sich selbst multiplizierte Zahl 2 minus 1. Nayan Hajraatwala aus Plymouth (USA) entdeckte die 2.098.960-stellige Zahl am 1. Juni 1999.

GRÖSSTE RECHENLEISTUNG

SETI@home, ein von der Berkeley University in Kalifornien (USA) am 17. Mai 1999 begonnenes wissenschaftliches Experiment, hat bis zum Dezember 1999 10^{20} (oder 100 Milliarden Milliarden) Rechenoperationen ausgeführt. SETI@home nutzt die Kapazität hunderttausender vernetzter Computer bei der Suche nach außerirdischer Intelligenz. Die Teilnehmer können ein allgemein zugängliches und kostenloses Programm nutzen, das die Daten von Radioteleskopen analysiert.

EMPFINDLICHSTE WAAGE

Die Sartorius Mikrowaage des Typs 4108, hergestellt in Göttingen (D), wiegt Gegenstände bis zu einem Gewicht von 0,5 g mit einer Genauigkeit von 0,01 µg. Das ist nur wenig mehr als ein Sechzigstel des Gewichts der Druckerschwärze im folgenden Punkt.

↓ MEISTE NOBELPREISTRÄGER AUS EINEM LABOR

Insgesamt elf Wissenschaftler erhielten den Nobelpreis für ihre Arbeit in ein und demselben Labor, den Bell Laboratories in Murray Hill, New Jersey (USA). Zu den Preisträgern gehören Arno Penzias (links) und Robert Wilson, die gemeinsam mit Professor Pjotr Kapitsa von der Akademie der Wissenschaften in Moskau (damals UdSSR, heute RUS) 1978 den Physik-Nobelpreis erhielten. Sie entdeckten die Kosmische Hintergrundstrahlung, den ersten direkten Nachweis für die Urknall-Theorie.

Erde

HÖCHSTE BERGE
Der Mount Everest im östlichen Himalaja an der Grenze zwischen Tibet und Nepal ist 8.848 m hoch. Als der höchste Berg der Welt wurde er offiziell im Jahr 1856 anerkannt, nachdem die indische Regierung Vermessungen vorgenommen hatte. Der Berg ist nach dem englischen Colonel Sir George Everest benannt, dem Generalvermesser in Indien von 1830 bis 1843.

Der Andengipfel Chimborazo in Ecuador, 158 km südlich des Äquators, ist 6.267 m hoch. Weil aber der Erdradius in Ecuador größer ist als in den Breiten des Mount Everest, ist der Gipfel des Chimborazo in Wirklichkeit 2.150 m weiter vom Erdmittelpunkt entfernt als der des Everest.

Der Mauna Kea („Weißer Berg") auf der Insel Hawaii ist der höchste Berg der Welt, der sich direkt aus dem Meer erhebt. Gemessen von seinem Fuß am Meeresboden im Zentralpazifischen Becken ist er 10.205 m hoch; 4.205 m davon ragen über den Meeresspiegel hinaus.

GRÖSSTE BERGKETTEN
Die ausgedehnteste Bergkette der Welt ist der Transozeanische Rücken, der vollständig unter dem Meeresspiegel liegt. Auf 65.000 km erstreckt er sich vom Arktischen Ozean durch den Atlantik, rund um Afrika, Asien und Australien und durch den Pazifik bis zur Westküste von Nordamerika. Der höchste Punkt dieser Bergkette liegt 4.200 m unter der Wasseroberfläche.

Die Himalaja-Karakorum-Kette ist die imposanteste Bergkette auf dem Festland; dort liegen 96 der weltweit 109 Gipfel über 7.315 m.

Die längste Bergkette auf dem Festland bilden die Anden in Südamerika mit einer Gesamtlänge von etwa 7.600 km.

LÄNGSTE FLÜSSE
Die beiden längsten Flüsse der Welt sind der Nil und der Amazonas. Welcher von beiden tatsächlich der längste ist, ist einzig eine Frage der Definition. Der Amazonas hat mehrere Mündungsarme, so dass sein genauer Endpunkt schwer zu bestimmen ist. Wenn man die Mündung des Rio do Para zählt, also die am weitesten entfernte, dann reicht er über eine Länge von etwa 6.750 km. Die Länge des Nils wurde einst mit 6.670 km registriert, hat aber seither ein paar Kilometer verloren, weil durch den Bau des Assuanstaudamms einige seiner Windungen im Nasser-See verschwanden.

GRÖSSTER SEE
Das Kaspische Meer, in Wirklichkeit ein Binnensee, der Teile von Aserbaidschan, Russland, Kasachstan, Turkmenistan und

⊙ AKTIVSTER VULKAN
Der Kilauea auf Hawaii (USA) ist der aktivste Vulkan der Welt. Er befindet sich seit 1983 in einem ununterbrochenen Ausbruch und stößt dabei 5 m^3 Lava pro Sekunde aus.

⊙ GRÖSSTE WÜSTE
Die größte Wüste der Welt ist die nordafrikanische Sahara, die sich in Ost-West-Richtung über 5.150 km und in Nord-Süd-Richtung über 2.250 km erstreckt. Sie bedeckt eine Fläche von etwa 9.269.000 km^2. Kleine Teile der Wüste liegen unter dem Meeresspiegel, aber im Wesentlichen handelt es sich um ein Plateau mit einem zentralen Bergmassiv.

dem Iran bedeckt, ist der größte See der Welt. Er ist 1.225 km lang, hat eine Fläche von 371.800 km^2 und ein geschätztes Volumen von 89.600 km^3.

TIEFSTER SEE
Der tiefste See der Welt ist der Baikal-See in Sibirien (RUS). Die tiefste Stelle des Sees, die Olkhon-Spalte, ist 1.637 m tief und reicht 1.181 m unter Normalnull.

GRÖSSTER OZEAN
Der Pazifische Ozean bedeckt eine Fläche von 166.241.700 km^2; das sind 32,6 % der Erdoberfläche.

KLEINSTER OZEAN
Der kleinste Ozean der Welt ist der Arktische Ozean mit einer Fläche von 13.223.700 km^2 .

TIEFSTE STELLE IM OZEAN
Das Hochsee-Vermessungsschiff *Challenger* hat 1951 den Marianengraben im Pazifik als die tiefste Stelle aller Weltmeere identifiziert. Die unbemannte japanische Sonde *Kaiko*, die 1995 bis an den Boden des Grabens hinabstieß, maß dabei eine Tiefe von 10.911 m.

GRÖSSTE INSEL
Wenn man von Australien absieht, das eine Fläche von 7.682.300 km^2 hat, aber üblicherweise als Kontinent gilt, ist die größte Insel der Welt Grönland mit seinen ca. 2.175.000 km^2.

Die größte Sandinsel der Welt ist Fraser Island vor Queensland (AUS), die auf eine Fläche von 1.662 km^2 kommt. Eine Sanddüne auf dieser Insel ist 120 km lang.

LÄNGSTES RIFF
Das Great Barrier-Riff vor der Küste von Queensland (AUS) erstreckt sich über eine Gesamtlänge von 2.027 km. Von 1962 bis 1971 und noch einmal von 1979 bis 1991 wurden die Korallen auf weiten Strecken des mittleren Teils des Riffs durch Dornenkronenseesterne *(Acanthaster planci)* zerstört. 1995 begann die Zerstörung erneut und hält noch immer an.

LÄNGSTER FJORD
Der längste Fjord der Welt ist der Nordvestfjord, ein Arm des Scoresby Sunds im Osten Grönlands, der vom Meer aus 313 km weit ins Land hinein reicht.

GRÖSSTE HÖHLE
Die größte Höhle der Welt ist die Sarawak-Höhle (Lubang Nasib Bagus) im Gunung Mulu-Nationalpark im Staat Sarawak (MAL). Sie hat die Rekordmaße von 700 m Länge und 70 m Höhe und ist im Durchschnitt 300 m breit.

HÖCHSTER WASSERFALL →
Der höchste Wasserfall der Welt ist der Salto del Angel (Angel-Fälle) in Venezuela, der in einem Zufluss des Rio Carrao liegt. Er fällt über insgesamt 979 m, die größte einzelne Stufe ist 807 m hoch. Der Wasserfall hat seinen Namen von James Angel, einem Abenteurer aus den USA, der 1937 mit seinem Flugzeug auf einem nahe gelegenen Felsplateau eine Bruchlandung machte.

Erstaunliche Körper

ÄLTESTE MENSCHEN
Die älteste Person mit nachgewiesenem Alter war die Französin Jeanne Louise Calment. Sie wurde am 21. Februar 1875 geboren und starb am 4. August 1997 in Arles (F) im Alter von 122 Jahren. Calment war noch dem Maler Vincent van Gogh persönlich begegnet.

Shigechiyo Izumi aus Isen (J) lebte länger als jeder andere Mann auf der Welt. Er erreichte nachweislich ein Alter von 120 Jahren und 237 Tagen. Geboren wurde er am 29. Juni 1865; bei der ersten Volkszählung Japans im Jahr 1871 wurde er als Sechsjähriger erfasst. Izumi arbeitete bis zum Alter von 105 Jahren und begann mit 70 Jahren zu rauchen. Sein langes Leben schrieb er „Gott, Buddha und der Sonne" zu. Er starb am 21. Februar 1986.

Der älteste lebende Mann ist Benjamin Harrison Holcomb, der am 3. Juli 1889 in Robinson (USA) geboren wurde. Den größten Teil seines Lebens verbrachte er in Oklahoma und nahm als Zweijähriger mit seiner Familie am „Cheyenne-Arapaho Land Run" im Oklahoma-Territorium teil. Heute lebt er im Carnegie Nursing Home, Oklahoma; bei seiner Pflege wirken täglich drei seiner fünf Kinder mit – Lucile Holcomb, 85, Leona Holcomb, 84, und John Holcomb, 80.

LEICHTESTER MENSCH
Lucia Xarate aus San Carlos (MEX) war nur 67 cm groß und ein ausgesprochenes Leichtgewicht: Mit 17 Jahren wog sie nur 2,13 kg. Bei ihrem 20. Geburtstag im Jahr 1883 betrug ihr Gewicht 5,9 kg.

SCHWERSTE MENSCHEN
Der schwerste Mensch aller Zeiten war Jon Minnoch (USA). Als er im März 1978 mit Herzfunktionsstörungen in ein Krankenhaus eingeliefert wurde, berechnete man sein Gewicht auf über 635 kg bei einer Größe von 185 cm. Nach fast zweijähriger Diät mit 1.200 Kalorien pro Tag hatte sich sein Gewicht auf 216 kg verringert, aber als er am 10. September 1983 starb, wog er wieder mehr als 362 kg.

Die schwerste Frau aller Zeiten ist Rosalie Bradford (USA), bei der 1987 ein Gewicht von angeblich 544 kg festgestellt wurde.

SCHWERSTE ZWILLINGE
Die schwersten Zwillinge der Welt waren Billy Leon und Benny Loyd McCrary, alias McGuire, aus Hendersonville (USA), die am 7. Dezember 1946 geboren wurden. Bis zu ihrem 6. Lebensjahr waren sie von normaler Statur. Im November 1978 brachten Billy und Benny 337 kg bzw. 328 kg auf die Waage. Billy starb im Juli 1979.

⊙ ÄLTESTER LEBENDER MENSCH
Der älteste noch lebende Mensch mit nachgewiesenem Geburtsdatum ist Eva Morris aus Stone (GB). Sie wurde am 18. November 1885 geboren. Seit Ende der dreißiger Jahre ist sie Witwe. Frau Morris schreibt ihr langes Leben körperlicher Aktivität und einer täglichen Tasse Tee mit einem Schuss Whisky zu.

GRÖSSTE FRAUEN
Die größte Frau, die je gelebt hat und deren Größe unwiderlegbar nachgewiesen wurde, war Zeng Jinlian aus dem Dorf Yujiang in der Kommune Leuchtender Mond in China. Als sie mit 17 Jahren am 13. Februar 1982 starb, war sie 2,48 m groß.

Die größte lebende Frau ist Sandy Allen aus Niagara Falls (CDN) mit einer Größe von 2,31 m.

⊙ LÄNGSTE FINGERNÄGEL
Die längsten Fingernägel der Welt hat Shridhar Chillal aus Poona (IND). Bei der TV-Show *Guinness World Records: Primetime* am 8. Juli 1998 wurden die Nägel seiner linken Hand mit einer Gesamtlänge von 6,15 m gemessen. Die Nägel der rechten Hand lässt er nicht wachsen.

KLEINSTE MENSCHEN
Pauline Musters maß bei ihrer Geburt in Ossendrecht (NL) 30 cm und mit 9 Jahren 55 cm. Im Alter von 19 Jahren starb sie in New York City (USA) an einer Lungenentzündung mit Meningitis. Bei der Obduktion wurde ihre Größe mit 61 cm angegeben, aber möglicherweise war nach dem Tod eine geringfügige Verlängerung des Körpers eingetreten.

Der kleinste erwachsene Mann, dessen Größe durch verschiedene Quellen bestätigt wurde, war Gul Mohammed aus Neu-Delhi (IND). Als er 1990 im Ram Manohar Hospital in Neu-Delhi untersucht wurde, stellte man eine Größe von nur 57 cm fest. Er starb 1997 an einem Herzschlag.

KLEINSTE ZWILLINGE
Die kleinsten bekannten Zwillinge waren Matyus und Béla Matina aus Ungarn (später USA). Beide waren 76 cm groß.

Die kleinsten lebenden Zwillinge sind John und Greg Rice aus West Palm Beach (USA). Sie sind beide 86,3 cm groß.

LÄNGSTER BART
Zum Zeitpunkt des Todes von Hans Langseth im Jahr 1927 in Kensett (USA) hatte sein Bart die Rekordlänge von 5,33 m.

LÄNGSTER DAMENBART
Janice Deveree (USA) hatte 1884 einen 36 cm langen Bart.

Die lebende Frau mit dem längsten Bart ist Vivian Wheeler aus Wood River (USA). 1999 maß die längste Strähne ihres Barts 20 cm.

LÄNGSTER SCHNURRBART
Seit 1976 ließ Kalyan Ramji Sain aus Sundargarth (IND) seinen Schnurrbart wachsen, der im Juli 1993 eine Spannweite von 3,39 m erreichte – rechts 1,72 m und links 1,67 m.

KLEINSTE TAILLE
Die kleinste Taille eines Menschen mit normaler Größe hatte Ethel Granger (GB) mit 33 cm. Sie hatte früher einen normalen Umfang von 56 cm und verringerte sich zwischen 1929 und 1939.

LÄNGSTE ZEHENNÄGEL
Die Zehennägel von Louise Hollis aus Compton (USA) erreichten 1991 zusammen eine Länge von 2,2 m. Heute ist jeder Nagel ungefähr 15 cm lang.

↑ GRÖSSTER MENSCH
Der größte Mensch in der Medizingeschichte war Robert Wadlow (oben) aus Alton (USA). Als er im Juni 1940, kurz vor seinem Tod, gemessen wurde, war er 2,72 m groß. Der größte lebende Mensch ist Radhouane Charbib aus Tunesien, der 2,34 m misst.

↓ ÄLTESTE SIAMESISCHE ZWILLINGE
Die ältesten lebenden siamesischen Zwillinge sind Masha und Dasha Krivoshlyapovy aus Moskau (RUS), die am 4. Januar 1950 geboren wurden. Masha und Dasha gehören zu den dicephales tetrabrachius dipus-Zwillingen, das heißt, dass sie zwar zwei Körper, aber nur ein gemeinsames Paar Beine haben.

Tierwelt 1

SCHWERSTES TIER
Das schwerste Tier der Welt ist der Blauwal *(Balaenoptera musculus)*. Das schwerste dokumentierte Exemplar wurde 1947 gefangen und wog 190 t. Neugeborene Blauwale sind 6–8 m lang und wiegen bis zu 3 t, innerhalb eines Jahres erreichen sie ein Durchschnittsgewicht von 26 t.

SCHWERSTES LANDSÄUGETIER
Der männliche Afrikanische Buschelefant *(Loxodonta africana africana)* ist das schwerste Landsäugetier. Das größte bekannte Exemplar wurde am 7. November 1974 in Mucusso (ANG) erlegt. Seine Größe wurde auf 3,96 m, sein Gewicht auf 12,2 t geschätzt.

GRÖSSTES SÄUGETIER
Das größte Säugetier ist die Giraffe *(Giraffa camelopardalis)*, die in der Trockensavanne und in offenen Waldgebieten Schwarzafrikas lebt. Die bislang größte Giraffe war ein Massaigiraffen-Bulle aus Kenia, der im Januar 1959 im Zoo von Chester (GB) eintraf. Das Tier, das auf den Namen George hörte, war 5,80 m groß. Als George neun Jahre alt war, streiften seine „Hörner" fast die Decke des 6,10 m hohen Giraffenhauses.

KLEINSTES SÄUGETIER
Das kleinste Säugetier der Welt ist die Hummel-Fledermaus *(Craseonycteris thonglongyai)*, die auch als Kittis Schweinsnasen-Fledermaus bekannt ist und nur in rund 20 Kalksteinhöhlen am Kwae-Noi-Fluss in der Provinz Kanchanaburi in Thailand vorkommt. Wie schon der Name vermuten lässt, ist der Körper dieser Fledermaus nicht größer als der einer großen Hummel. Das Tier hat eine Kopfrumpflänge von 2,9–3,3 cm, eine Flügelspannweite von 13–14,5 cm und wiegt 1,7–2 g.

LANGSAMSTES SÄUGETIER
Das Dreifinger-Faultier im tropischen Südamerika *(Bradypus tridactylus)* bewegt sich am Boden mit einer Durchschnittsgeschwindigkeit von 1,8–2,4 m pro Minute fort (0,1–0,16 km/h). Auf den Bäumen beschleunigt es auf bis zu 4,6 m pro Minute (0,27 km/h).

⊙ KLEINSTER PRIMAT
Der kleinste echte Primat ist der Zwergmauslemur *(Microcebus myoxinus)* in West-Madagaskar. Er hat eine Kopfrumpflänge von ca. 6,2 cm, eine Schwanzlänge von 13,6 cm und wiegt durchschnittlich 30,6 g.

SCHNELLSTE LANDSÄUGETIERE
Auf Kurzstrecken ist der Gepard *(Acinonyx jubatus)* mit einer Höchstgeschwindigkeit von bis zu 100 km/h das schnellste Landsäugetier. Der Gepard Nyana-Spier lief im Februar 1999 im Cheetah Outreach, einem Gehege, das von Annie Beckhelling aus Kapstadt (ZA) eingerichtet wurde, auf einer definierten Messstrecke eine 100-m-Zeit von 6,08 Sekunden. Dabei beschleunigte er in 3,6 Sekunden von 0 auf 80 km/h und erreichte eine Durchschnittsgeschwindigkeit von 59,5 km/h.

Der Gabelbock *(Antilocapra americana)*, der im Westen der USA, im südwestlichen Kanada sowie in einigen Gebieten Nordmexikos lebt, ist auf Langstrecken das schnellste Landtier. Er erreicht auf 6 km eine Geschwindigkeit von 56 km/h, auf 1,6 km schafft er 67 km/h, zwei Stadionrunden (800 m) lang kann er ein Tempo von 88,5 km/h halten.

LAUTESTE TIERGERÄUSCHE
Die niederfrequenten Pulse des Blauwals *(Balaenoptera musculus)* und des Finnwals *(Balaenop-*

⊙ SCHWERSTE HUNDE
Kell (links), ein englisches Mastiff-Weibchen im Besitz von Tom Scott aus East Leake (GB), ist mit seinen am 18. August 1999 gewogenen 130 kg der schwerste lebende Hund. Das größte jemals gewogene Hundegewicht waren die 155,58 kg von Aicama Zorba von La Susa, ebenfalls ein englischer Mastiff. Zorba war im Besitz von Chris Eraclides aus London (GB) und brachte sein Höchstgewicht im November 1989 auf die Waage.

tera physalus), die die Tiere zur Verständigung nutzen, sind mit 188 Dezibel die lautesten Geräusche, die von irgendeinem Lebewesen produziert werden. Zum Vergleich: Ein startender Jumbo-Jet entwickelt 120 Dezibel.

Die lautesten Landtiere sind die Brüllaffen *(Alouatta)* in Mittel- und Südamerika. Ihre Rufe, die als Mischung aus Hundegebell und Eselschreien beschrieben werden (nur 1.000-mal lauter), sind über Entfernungen bis zu 5 km klar und deutlich zu hören.

BEIM FRESSEN WÄHLERISCHSTES SÄUGETIER
Der Koalabär *(Phascolarctos cinereus)* in Ost-Australien ernährt sich fast ausschließlich von Eukalyptusblättern. Regelmäßig durchstöbert er gerade einmal sechs der über 500 Eukalyptusarten und wählt dabei bestimmte Einzelbäume und Blattsorten aus. Im Verlauf eines Tages prüft er bis zu 9 kg Blätter, um das eine Pfund zu finden, das er zum Leben braucht.

⊙ GRÖSSTE FLIEGENDE SÄUGETIERE
Die größten fliegenden Säugetiere der Welt sind die Flughunde (Familie der *Pteropodidae*), vor allem die in Südostasien lebenden Arten. Einige Arten sind 45 cm lang, haben eine Flügelspannweite von 1,7 m und wiegen 1,6 kg.

GRÖSSTES KÄNGURU →
Das männliche Rote Riesenkänguru *(Macropus rufus)* in Zentral-, Süd- und Ost-Australien ist voll aufgerichtet bis zu 1,80 m groß, hat (einschließlich des Schwanzes) eine Gesamtlänge von 2,85 m und wiegt bis zu 90 kg.

LÄNGSTE SCHWANGERSCHAFT
Der Asiatische Elefant *(Elephas maximus)* hat eine durchschnittliche Tragezeit von 650 Tagen. Im Einzelfall kann eine Schwangerschaft bis zu 760 Tagen dauern.

GRÖSSTES NAGETIER
Das Capybara oder Wasserschwein *(Hydrochoerus hydrochaeris)* in Südamerika hat eine Kopfrumpflänge von 1–1,3 m und wiegt bis zu 79 kg.

LÄNGSTE KANINCHENOHREN
Die Ohren von *Toby II.*, einem Englischen Widderkaninchen, gezüchtet und im Besitz von Phil Wheeler aus Barnsley (GB), sind 74,3 cm lang und 18,7 cm breit.

Tierwelt 2

GRÖSSTER VOGEL
Der größte lebende Vogel ist der Nordafrikanische Strauß *(Struthio camelus camelus)*. Die Männchen dieser nicht flugfähigen Unterart der Straußvögel werden bis zu 2,75 m groß und 156,5 kg schwer.

SCHNELLSTE VÖGEL
Der Wanderfalke *(Falco peregrinus)* ist das schnellste Lebewesen der Erde. Er erreicht Geschwindigkeiten von mindestens 200 km/h, möglicherweise auch bis zu 350 km/h, wenn er sich aus großer Höhe herabstürzt, um sein Revier zu markieren oder Beutetiere im Flug zu fangen.

Der schnellste Vogel zu Lande ist der Strauß, der trotz seiner Körpermasse bis zu 72 km/h schnell laufen kann.

TIEFSTER TAUCHGANG EINES VOGELS
Ein Kaiserpinguin *(Aptenodytes forsteri)* tauchte 1990 im Rossmeer in der Antarktis 483 m tief. Das ist der tiefste Tauchgang eines Vogels, der je genau gemessen wurde.

LÄNGSTER VOGELFLUG
Eine Seeschwalbe *(Sterna hirundo)*, die am 30. Juni 1996 in Mittelfinnland markiert worden war, flog 26.000 km weit, bis sie Ende Januar 1997 in Rotamah Island im australischen Bundesstaat Victoria lebend gefangen wurde.

HÖCHSTER VOGELFLUG
Die größte jemals aufgezeichnete Flughöhe eines Vogels liegt bei 11.300 m. Ein Sperbergeier *(Gyps rueppelli)* stieß am 29. November 1973 auf dieser Höhe über Abidjan, der Hauptstadt der Elfenbeinküste, mit einem Frachtflugzeug zusammen. Beim Aufprall wurde der Geier getötet und einer der Flugzeugmotoren beschädigt, der wenig später ausfiel. Das Flugzeug konnte dennoch sicher landen.

Ein Pilot einer zivilen Fluglinie entdeckte am 9. Dezember 1967 über den Äußeren Hebriden (Schottland) etwa 30 Singschwäne *(Cygnus cygnus)* in einer Höhe von etwas über 8.230 m. Diese Höhe wurde auch durch das Radar der Luftüberwachung bestätigt.

VOGEL MIT DEM GRÖSSTEN WORTSCHATZ
Eine Reihe von Vögeln ist bekannt für ihre Fähigkeit, Wörter nachzusprechen, aber der Afrikanische Graupapagei *(Psittacus erythacus)* tut sich in dieser Hinsicht besonders hervor. Ein Graupapagei-Weibchen namens Prudle, zunächst im Besitz von Lyn Logue aus London (GB), später Eigentum von Iris Frost aus Seaford (East Sussex/GB), gewann bei der Britischen Vogelausstellung zwölf Jahre hintereinander den Titel des „besten Sprechers unter den Papageienvögeln", bis es 1976 in den „Ruhestand" ging. Prudle hatte fast 800 Wörter in seinem Repertoire.

⊙ KLEINSTER VOGEL
Die Männchen des Bienenkolibris *(Mellisuga helenae)*, einer Zwergkolibriart, die auf Kuba sowie auf der südlich der Westspitze Kubas gelegenen Fichteninsel lebt, sind nur 57 mm lang und wiegen 1,6 g. Die Weibchen sind etwas größer.

LÄNGSTE FEDERN
Das Phönix- oder Yokohama-Huhn, eine in Japan seit Mitte des 17. Jahrhunderts gehaltene Zuchtvariante des wildlebenden Bankivahuhns *(Gallus gallus)* mit besonders dekorativem Federkleid, hat die längsten Federn unter allen Vögeln. Ein Hahn im Besitz von Masasha Kubota aus Kochi (J) soll, so wurde 1972 berichtet, eine 10,60 m lange Schwanz-Deckfeder gehabt haben.

GRÖSSTE FLÜGELSPANNWEITE
Der auf den Ozeanen der Südhalbkugel heimische Wanderalbatros *(Diomedea exulans)* hat die größte Flügelspannweite unter allen lebenden Vögeln. Besatzungsmitglieder des US-Antarktisforschungsschiffes *Eltanin* fingen 1965 in der Tasmansee ein älteres Exemplar des Vogels mit einer Rekord-Spannweite von 3,63 m.

⊙ GRÖSSTER FISCH
Der größte Fisch der Welt ist der inzwischen selten gewordene Walhai *(Rhincodon typus)*, der in den wärmeren Regionen von Atlantik, Pazifik und Indischem Ozean lebt und sich von Plankton ernährt. Das längste jemals vermessene, 1949 gefangene Exemplar war 12,65 m lang, hatte einen maximalen Körperumfang von 7 m und wog zwischen 15 und 21 Tonnen.

GRÖSSTES VOGELEI
Ein Straußenei ist normalerweise 15 bis 20 cm lang, hat einen Durchmesser von 10 bis 15 cm und wiegt 1 bis 1,78 kg. Sein Volumen entspricht dem von 24 Hühnereiern. Obwohl die Schale nur 1,5 mm dick ist, bricht sie auch unter dem Gewicht eines erwachsenen Menschen nicht. Das größte jemals gewogene Ei hatte ein Gewicht von 2,35 kg und wurde im Juni 1997 auf der Datong-Xinda-Straußenfarm in der Provinz Shansi (CHN) gelegt.

KLEINSTES VOGELEI
Der auf den Westindischen Inseln heimische Zwergkolibri *(Mellisuga minima)* legt die kleinsten Eier unter allen Vögeln. Die kleinsten Exemplare, die je vermessen wurden, waren nicht einmal 10 mm lang und wogen 0,365 und 0,375 g.

Ein von einem deutschen Haubenkanarienvogel am 5. Oktober 1998 gelegtes Ei (Besitzer des Tiers: M. J. de Rijck aus Heijen/NL) war 7 mm lang, hatte einen Durchmesser von 5,25 mm und wog 0,027 g.

GRÖSSTES VOGELNEST
Ein Nest von 2,9 m Breite und 6 m Tiefe baute ein Weißkopf-Seeadler-Pärchen *(Haliaeetus leucocephalus)* in der Nähe von St. Petersburg (Florida/USA). Das Gewicht des möglicherweise von Nachfolge-Nistern noch ausgebauten Nestes wurde bei der Untersuchung im Jahre 1962 auf über zwei Tonnen geschätzt.

LÄNGSTE TAUCHZEIT EINES VOGELS
Der Rekord-Tauchgang eines Kaiserpinguins *(Aptenodytes forsteri)* bei Kap Crozier (Antarktis) dauerte 18 Minuten.

KLEINSTER FISCH
Der kleinste Meeresfisch – gleichzeitig das kleinste bekannte Wirbeltier – ist der in der indopazifischen Region beheimatete Zwerggrundel *(Trimmatom nanus)*. Die Männchen sind im Durchschnitt 8,6 mm, die Weibchen 8,9 mm lang.

← LANGSAMSTER FISCH
Die langsamsten Schwimmer unter den Fischen sind die Seepferdchen *(Syngnathidae)*, von denen es ungefähr 30 Arten gibt. Einige der kleineren Arten wie etwa das Zwergseepferdchen *(Hippocampus zosterae)* erreichen nur eine Höchstgeschwindigkeit von 0,016 km/h.

Der kleinste und leichteste Süßwasserfisch ist der Zwergpygmäengrundel *(Pandaka pygmaea)*, eine farblose und nahezu durchsichtige Art, die in den Flüssen und Seen der größten philippinischen Insel Luzon lebt. Die Männchen sind durchschnittlich 8,7 mm lang und wiegen 4 bis 5 Milligramm.

SCHNELLSTER FISCH
Der weltweit vorkommende Fächerfisch *(Istiophorus platypterus)* ist der schnellste Sprinter unter den Fischen. Bei einer Versuchsreihe im Long Key Fishing Camp (Florida/USA) legte ein Fächerfisch 91 m (100 Yards) in 3 Sekunden zurück, was einer Geschwindigkeit von 109 km/h entspricht. (Zum Vergleich: Ein Gepard erreicht 96 km/h.)

GIFTIGSTER FISCH
Unter den vielen giftigen Fischen ist der im Roten Meer und in der indo-pazifischen Region beheimatete Kugelfisch *(Tetraodon)* für Menschen der gefährlichste. Eierstöcke, Eier, Blut, Leber, Eingeweide und die Haut des Fisches enthalten das Gift Tetrodotoxin. Weniger als 0,1 g davon töten einen Erwachsenen innerhalb von 20 Minuten.

GRÖSSTER FISCHLAICH
Bis zu 30 Mio. Eier mit einem Durchmesser von jeweils 1,3 mm legt der Mondfisch *(Mola mola)* bei einem einzigen Laichvorgang.

ÄLTESTER FISCH
Ein weiblicher Europäischer Flussaal *(Anguilla anguilla)* namens Putte soll 88 Jahre alt gewesen sein, als er 1948 im Museum von Hälsingborg (SWE) starb.

Tierwelt 3

KLEINSTE AMPHIBIE
Die kleinste registrierte Amphibie ist der Frosch *Eleutherodactylus limbatus*, der in Kuba lebt und von Kopf bis Fuß nur 8,5 bis 12 mm misst.

GRÖSSTE AMPHIBIE
Die größte Amphibie der Welt ist der chinesische Riesensalamander *(Andrias davidianus)*, der in Nordost-, Zentral- und Südchina in Bergflüssen lebt. Das größte registrierte Exemplar war 1,8 m lang und wog 65 kg.

KLEINSTE SPINNE
Die *Patu marplesi* aus der Familie der Symphytognathidae in Westsamoa ist die kleinste bekannte Spinne der Welt. 1965 wurde ein Männchen registriert, das nur 0,43 mm lang war – etwa die Größe eines i-Punkts auf dieser Druckseite.

GRÖSSTE SPINNE
Die größte Spinne der Welt ist die Vogelspinne *Theraphosa leblondi*, die am häufigsten in den Regenwäldern an der Küste von Surinam, Guyana und Französisch-Guyana vorkommt. Es wurden zwei Exemplare mit einer Beinspanne von 28 cm registriert: eines wurde 1965 in Venezuela entdeckt, das andere von Robert Bustard aus Alyth, Perthshire (GB), gezüchtet.

GRÖSSTES SPINNENNETZ
Im Oktober 1998 entdeckte der Hausmeister der Kineton High School in Kineton, Warwicks (GB), ein Spinnennetz, das den gesamten, 4,5 ha großen Sportplatz der Schule bedeckte. Tausende von schwarzen Wolfsspinnen hatten es gemeinsam gewoben.

GRÖSSTES KRUSTENTIER
Das größte Krustentier ist die japanische Riesenkrabbe *(Macrocheira kaempferi)*. Die Scheren des größten registrierten Exemplars hatten eine Spannweite von 3,7 m; das Tier wog 18,6 kg.

ÄLTESTES GEPANZERTES TIER
Kapitän James Cook überreichte der königlichen Familie der Tonga-Inseln im Jahr 1773 oder 1777 eine Madagassische Strahlenschildkröte *(Asterochelys radiata)* mit Namen Tui Malila. Sie blieb bis zu ihrem Tod 1965 in deren Besitz, sie wurde also 188 oder 192 Jahre alt.

KLEINSTES GEPANZERTES TIER
Das kleinste Panzertier der Welt ist die gesägte Flachschildkröte *(Homopus signatus)*, deren Panzer 6 bis 9,6 cm lang ist.

KLEINSTE SCHLANGEN
Die Schlankblindschlange *(Leptotyphlops bilineata)* und die gewöhnliche Blindschlange *(Ramphotyphlops braminus)* werden beide höchstens 10,8 cm lang.

LÄNGSTE SCHLANGE
Die Netzpython *(Python reticulatus)* wird in der Regel länger als 6,25 m. Ein Exemplar, das 1912 auf Sulawesi (RI) geschossen wurde, hatte eine Rekordlänge von 10 m.

ÄLSTESTE SCHLANGE
Eine männliche Riesen- oder Abgottschlange *(Boa constrictor constrictor)* mit Namen Popeye starb im April 1977 im Zoo von Philadelphia, Pennsylvania (USA), im Rekordalter von 40 Jahren und 3 Monaten.

⊙ SCHNELLSTES LANDINSEKT
Die schnellsten Insekten auf dem Festland sind bestimmte Arten von tropischen Kakerlaken aus der Familie der Dictyoptera. Bei einem Experiment an der University of California in Berkeley (USA) erreichte eine Amerikanische Schabe *(Periplaneta americana)* eine Rekordgeschwindigkeit von 5,4 km/h, das heißt 50-mal seine Körperlänge pro Sekunde.

⊙ LÄNGSTE GIFTSCHLANGE
Die Königskobra *(Ophiopagus hannah)* erreicht durchschnittlich eine Länge von 3,65–4,5 m. Ein 5,54 m langes Exemplar, das im April 1937 bei Fort Dickson, Negri Sembilan (heute Malaysia), gefangen wurde, wurde später im Londoner Zoo (GB) 5,71 m lang. Das Bild zeigt den Kampf einer Königskobra mit einem Mann in einem Boxring in Bangkok (THA).

KLEINSTE ECHSE
Vom *Sphaerodactylus parthenopion*, einem auf Virgin Gorda (British Virgin Islands) heimischen Gecko, sind nur 15 Exemplare bekannt. Die drei größten von mehreren trächtigen Weibchen, die 1964 registriert wurden, hatten eine Rumpflänge von 1,8 cm und etwa ebenso lange Schwänze.

KLEINSTES KROKODIL
Das kleinste Krokodil der Welt ist der Brauen-Glattstirnkaiman *(Paleosuchus palpebrosus)* im nördlichen Südamerika. Weibchen werden selten länger als 1,2 m, während Männchen mit bis zu 1,5 m etwas größer werden können.

GRÖSSTES REPTIL
Das Leistenkrokodil *(Crocodylus porosus)*, das in den Tropengebieten von Asien und dem Pazifikraum heimisch ist, ist das größte Reptil der Welt. Ein Exemplar im Bhitarkanika Wildlife Sanctuary, Orissa State (IND), hat eine Rekordlänge von 7 m.

GIFTIGSTE QUALLE
Die australische Würfelqualle *(Chironex fleckeri)* hat in den vergangenen 100 Jahren mindestens 70 Menschen das Leben gekostet. Ohne ärztliche Hilfe können ihre Opfer innerhalb von vier Minuten sterben.

KÜRZESTES ERWACHSENENLEBEN
Eintagsfliegen *(Ephemeroptera)* verbringen zwei oder drei Jahre als Larven (so genannte Nymphen) am Grund von Seen oder Flüssen, leben aber als geflügelte Erwachsene nicht länger als eine Stunde.

FRUCHTBARSTES TIER
Hätte sie unbegrenzt Futter zur Verfügung und keine Feinde, könnte eine einzelne mehlige Kohlblattlaus *(Brevicoryne brassicae)*, die sich ungeschlechtlich fortpflanzt, theoretisch jährlich 822 Mio. t an Nachkommen hervorbringen – mehr als das dreifache Gewicht der menschlichen Weltbevölkerung.

GRÖSSTER SCHMETTERLING
Der größte Schmetterling der Welt ist der *Aetheoptera alexandrae* aus der Familie der Ornithoptera auf Papua-Neuguinea. Weibchen können eine Flügelspanne von über 28 cm und ein Gewicht von über 25 g haben.

GRÖSSTE INSEKTENEIER
Die Eier der malaysischen Gespenstheuschrecke *(Heropteryx dilitata)* haben eine Rekordlänge von 1,3 cm und sind damit größer als Erdnüsse.

GRÖSSTE AUGEN
Der atlantische Riesen-Kalmar *(Architeuthis dux)* hat die größten Augen aller Lebewesen, der lebenden wie der ausgestorbenen. Die Augen eines Rekordexemplars, das 1878 in der Thimble Tickle Bay in Neufundland (CDN) registriert wurde, hatten einen Durchmesser von schätzungsweise 50 cm.

GEFRÄSSIGSTES INSEKT
Die Wüstenheuschrecke *(Schistocerca gregaria)*, die in den trockenen und halbtrockenen Regionen von Afrika, Asien und dem Nahen Osten vorkommt, ist zwar nur 4,5 bis 6 cm lang, kann aber pro Tag ihr eigenes Körpergewicht an Nahrung fressen.

← GRÖSSTE SCHNECKE
Die größte Landschnecke ist die afrikanische Riesenschnecke *Achatina achatina*. Das längste registrierte Exemplar hatte eine Körperlänge von 39,3 cm und wog genau 900 g. Sein Besitzer Christopher Hudson aus Hove, Eastern Sussex (GB), taufte es auf den Namen Gee Geronimo.

Pflanzenwelt

GRÖSSTE BÄUME
Ein australischer Eukalyptusbaum in Watts River, Victoria (AUS), hatte 1872 eine Höhe von 132,6 m. Allerdings war er mit großer Sicherheit ursprünglich über 150 m hoch gewesen.

Der größte noch stehende Baum ist ein Küsten-Redwood *(Sequoia sempervirens)* im Montgomery-Nationalpark bei Ukiah, Kalifornien (USA). Im September hatte er bei 112 m Höhe einen Stammdurchmesser von 3,14 m. Sein Alter wird auf 1.000 Jahre geschätzt.

SCHWERSTE BÄUME
Der schwerste Baum aller Zeiten war der „Lindsey Creek Tree", ein Küsten-Redwood *(Sequoia sempervirens)*, der in den USA stand. Sein Stamm hatte ein Volumen von 2.500 m^3, und sein Gesamtgewicht einschließlich Blättern, Ästen und Wurzeln betrug 3.300 t. Er wurde 1905 von einem Sturm umgerissen.

Der schwerste lebende Baum ist der Riesenmammutbaum *(Sequoiadendron giganteum)* „General Sherman" im Sequoia-Nationalpark in Kalifornien (USA). Er ist 83,3 m hoch, sein Stamm hat einen Durchmesser von 11,1 m, einen Umfang von 31,3 m und ein Volumen von 1.487 m^3. Sein Gesamtgewicht beträgt etwa 2.000 t. Man schätzt, dass das Holz dieses Baums für 5 Mrd. Streichhölzer reichen würde.

AM SCHNELLSTEN WACHSENDER BAUM
Eine *Albizzia falcata*, die am 17. Juni 1974 in Sabah (MAL) gepflanzt wurde, ist in 13 Monaten um 10,74 m gewachsen – oder um 28 mm pro Tag.

TIEFSTE BAUMWURZELN
Die Wurzeln eines wilden Feigenbaums in Echo Caves bei Ohrigstad, Transvaal (ZA), sind bis zu einer Rekordtiefe von 120 m gewachsen.

ÄLTESTER BAUM
„Eternal God", ein 7.000 Jahre alter Redwood im Prairie Creek Redwoods-Nationalpark in Kalifornien (USA), ist der älteste bekannte lebende Baum. Er ist 72,54 m hoch und hat einen Stammdurchmesser von 5,97 m.

HÖCHSTES UNKRAUT
Der im Kaukasus heimische Riesenbärenklau *(Heracleum mantegazzianum)* kann eine Höhe von bis zu 3,65 m erreichen und hat 91 cm lange Blätter.

GRÖSSTE BLÜTE
Die orange-braun und weiß gesprenkelte parasitäre Pflanze *Rafflesia arnoldii* hat die größte Blüte der Welt. Jede davon misst 91 cm im Durchmesser und kann bis zu 11 kg wiegen; die Blütenblätter können bis zu 1,9 cm dick werden.

SCHÄDLICHSTES UNKRAUT
Die Schädlichkeit eines Unkrauts bestimmt man üblicherweise nach der Zahl der Pflanzenarten, die es anfällt, und danach, in wie vielen Ländern es wächst. Auf dieser Grundlage wäre das schädlichste Unkraut auf dem Festland das dunkelrote Runde Zyperngras *(Cyperus rotundus)*, das ursprünglich in Indien heimisch ist, aber 52 Arten in 92 Ländern befällt.

AM SCHNELLSTEN WACHSENDE PFLANZE
Einige Bambusarten wachsen bis zu 91 cm pro Tag; das entspricht einer Geschwindigkeit von 0,00003 km/h.

LÄNGSTE WURZELN
Eine einzelne Winterroggen-Pflanze *(Secale cereale)* hat

⊙ LÄNGSTE ALGE
Die längste Seetang-Pflanze ist die Pazifische Meeresalge Kelp *(Macrocystis pyrifera)*. Sie kann bis zu 60 m hoch wachsen und schafft dabei am Tag 45 cm.

⊙ GIFTIGSTER PILZ
Der Grüne Knollenblätterpilz *(Amanita phalloides)* hat 90 % aller tödlichen Pilzvergiftungen zu verantworten. Schon weniger als 50 g verursachen beim Menschen innerhalb von 6–15 Stunden nach dem Verzehr Übelkeit und Erbrechen, Bewusstlosigkeit und schließlich den Tod.

nachweislich 662,8 km lange Wurzeln in 0,051 m³ Erde geschlagen.

GRÖSSTE BLÄTTER
Die Raphiapalme *(Raffia farinifera* oder *Raffia ruffia)* von den Maskarenen-Inseln im Indischen Ozean und die Amazonische Bambuspalme *(Raffia taedigera)* in Südamerika und Afrika haben von allen Pflanzen die größten Blätter. An Stengeln von 4 m Länge können sie bis zu 20 m lang werden.

GRÖSSTES SAMENKORN
Die Seychellenpalme *(Lodoicea maldivica, Lodoicea callipyge* oder *Lodoicea sechellarum)*, auch bekannt als Seychellennuss-Palme oder Coco de Mer-Palme, ist eine wild wachsende Pflanze auf den Seychellen. Ihre Frucht, die nur einen einzigen Samen enthält, wiegt bis zu 20 kg und benötigt zum Heranreifen bis zu zehn Jahre.

⊙ MEISTE BLÜTEN EINER SONNENBLUME
Im September 1998 züchtete Grigore Clim aus Suceava (RO) eine Rekord-Sonnenblume mit 61 Blüten.

KLEINSTES SAMENKORN
Mit 992,25 Mio. Samen pro Gramm hat die Epiphytische Orchidee von allen Pflanzen der Welt die kleinsten Samenkörner.

GRÖSSTER PILZ
In den Wäldern des Staates Washington (USA) bedeckt ein einziges lebendes Pilzgeflecht des unterirdisch wachsenden Pilzes *Armillaria ostoyae* eine Fläche von ca. 600 ha. Sein Alter liegt zwischen 500 und 1.000 Jahren.

GRÖSSTER KAKTUS
Der größte Kaktus der Welt ist der Saguaro-Kaktus *(Cereus giganteus* oder *Carnegiea gigantea)*. Eine Pflanze, die 1988 im Maricopa-Gebirge in Arizona (USA) entdeckt wurde, hatte Äste bis zu einer Rekordhöhe von 17,7 m.

GRÖSSTE GEZÜCHTETE SONNENBLUME
Herr Heijms aus Oirschot (NL) züchtete 1986 eine Sonnenblume, die auf eine Gesamthöhe von 7,76 m kam.

AM STÄRKSTEN RIECHENDE BLÜTE
Die Blüte des *Amorphophallus titanum*, besser bekannt als Titanenwurz, ist die am stärksten riechende Blüte der Welt. Wenn sie blüht, verströmt sie einen Geruch nach verfaultem Fleisch, den man noch in 800 m Entfernung riechen kann.

GRÖSSTER ROSENSTRAUCH
Ein Exemplar des Rosenstrauchs Lady Banksia *(Rosa banksiae)* in Tombstone, Arizona (USA), hat einen Stammumfang von 4,09 m und eine Höhe von 2,75 m. Er bedeckt eine Fläche von 740 m².

↓ GRÖSSTE ORCHIDEEN-BLÜTE
Die Blüte der wild wachsenden Jakobsleiterorchidee *(Paphiopedilum sanderianum)* hat Blütenblätter von bis zu 90 cm Länge.

Urzeit

ERSTE WISSENSCHAFTLICHE BESCHREIBUNG EINES DINOSAURIERS
Der erste Dinosaurier, der in die Wissenschaft einging, war der 1824 beschriebene *Megalosaurus bucklandi* („Große versteinerte Echse"). Noch vor 1818 fanden Arbeiter in einem Steinbruch bei Stonesfield in Oxfordshire (GB) die Überreste dieses zweifüßigen Fleischfressers, die später im Museum der Universität Oxford ihren Platz fanden.

ÄLTESTER DINOSAURIER
Im Oktober 1999 entdeckte ein internationales Wissenschaftlerteam des Field Museum, Chicago, Illinois (USA), in Madagaskar die ältesten jemals gefundenen Dinosaurierknochen. Die Fossilien stammen aus der Trias (älteste Formation des Erdmittelalters) und sind etwa 230 Mio. Jahre alt und damit etwa 3 Mio. Jahre älter als die des bisherigen Rekordhalters *Eoraptor lunensis*.

GRÖSSTER DINOSAURIER
Die größten Landtiere aller Zeiten waren die Sauropoden, langhalsige, langschwänzige, vierbeinige Pflanzenfresser, die in der Jura- und Kreidezeit (vor etwa 208–65 Mio. Jahren) fast auf der gesamten Erde verbreitet waren. Während der zu den Armfüßern gehörende *Brachiosaurus altithorax* („Armechse") 45–50 t wog, betrug das Gewicht der zur Gattung Diplodocus gehörenden *Seismosaurus halli* („Erdbebenechse") und *Supersaurus vivanae* jeweils etwa 50–100 t. Aufgrund der riesigen Wirbelsäule des Argentinosaurus vermutet man, dass dieser Saurier es sogar auf ein Gewicht von bis zu 100 t brachte.

GRÖSSTER FLEISCH FRESSENDER DINOSAURIER
1995 wurde in Neuquen (RA) ein Skelett des größten Fleisch fressenden Dinosauriers entdeckt. Der *Gigantosaurus carolinii*, der vor ca. 110 Mio. Jahren gelebt hat, war 12 m lang und wog 8 t.

⊙ DÜMMSTER DINOSAURIER
Das Gehirn des Stegosaurus („Gepanzerte Echse"), der vor ungefähr 150 Mio. Jahren lebte, wog nur etwa 70 g, was 0,0002 % seines auf 3,3 t geschätzten Körpergewichts entsprach (verglichen mit 0,0006 % beim Elefanten und 1,88 % beim Menschen). Möglicherweise sind bei einigen Sauropoden die Gehirne im Verhältnis zum Körper sogar noch kleiner. Das Bild stammt aus dem Film *Jurassic Park* (USA, 1997).

⊙ ÄLTESTES UNVERSEHRTES MAMMUT
Das bisher älteste unversehrte Mammut wurde im Oktober 1999 von einer Gruppe französischer Wissenschaftler in Sibirien (RUS) gefunden. Sein Alter wird auf 23.000 Jahre geschätzt. Die Stoßzähne wiegen jeweils 64,8 kg. Die vom Discovery Channel gesponserte Expedition verfolgte das Ziel, Erbgut dieser ausgestorbenen Spezies für Klonversuche zu finden.

↓ GRÖSSTES FLIEGENDES LEBEWESEN

Das größte fliegende Lebewesen aller Zeiten war der Flugsaurier *Quetzalcoatlus northropi* („Gefiederte Schlange"), der vor 70 Mio. Jahren in Nordamerika und Afrika lebte. Einzelne Überreste, die 1971 im Big Bend National Park, Texas (USA), entdeckt wurden, lassen darauf schließen, dass seine Flügelspannweite 11 m und sein Gewicht annähernd 86 kg betrugen.

Aufgrund seiner Knochen lässt sich schließen, dass er sowohl größer als auch schwerer als der *Tyrannosaurus rex* war.

HÖCHSTER DINOSAURIER
Die 1994 in Oklahoma (USA) entdeckten Überreste eines Sauropoden stammen vermutlich von dem am höchsten gewachsenen Landtier aller Zeiten. Auf 18 m Höhe brachte es dieser etwa 60 t schwere Riesensaurier, dessen Hals um etwa ein Drittel länger war als der des ihm an Höhe am nächsten kommende Brachiosaurus. Er lebte vor ungefähr 110 Mio. Jahren.

LÄNGSTER DINOSAURIER
Versteinerte Fußabdrücke des Brachiosauriers Breviparopus lassen darauf schließen, dass er vom Kopf bis zur Schwanzspitze 48 m maß, was ihn zum längsten Wirbeltier aller Zeiten macht.

Der 1980 in New Mexico (USA) entdeckte, zur Gattung Diplodocus gehörende *Seismosaurus halli* wurde auf 39–52 m Länge geschätzt. 1999 wurden die Dinosaurierknochen im Wyoming Dinosaur Center von Thermopolis, Wyoming (USA), zu einem Skelett mit einer Gesamtlänge von 41 m zusammengesetzt. Im August desselben Jahres zerlegte man das Skelett jedoch wieder und schickte es auf eine Rundreise durch die USA.

KLEINSTE DINOSAURIER
Der hühnergroße Compsognathus („Hübscher Kiefer"), ein Fleisch fressender Dinosaurier, der vor ungefähr 145 Mio. Jahren in Süddeutschland und in Frankreich lebte, maß von der Schnauze bis zur Schwanzspitze 60 cm und wog etwa 3 kg. Ähnlich klein waren der Insekten fressende Saltopus und der Pflanzen fressende Lesothosaurus, die beide vor etwa 200 Mio. Jahren lebten.

INTELLIGENTESTER DINOSAURIER
Die intelligentesten Dinosaurier waren die Troodontidae (frühere Bezeichnung Saurornithoides). Im Verhältnis zur Körpergröße hatten sie das größte Gehirn von allen flugunfähigen Dinosauriern, womit sie etwa so intelligent wie heutige Vögel waren. Ihre großen Gehirne, riesigen Augen und zum Greifen geeigneten Vorderklauen lassen darauf schließen, dass sie ein mit Wildkatzen vergleichbares Raubtierleben führten.

ZAHNREICHSTER DINOSAURIER
Der zur Gruppe Ornithischia („Vogelähnliche Dinosaurier") gehörende Pelecanimimus hatte über 220 messerscharfe Zähne.

SCHNELLSTER DINOSAURIER
Der mit einem großen Gehirn ausgestattete, 100 kg schwere Dromiceiomimus („Emu mimende Echse") der späten Kreidezeit in Alberta (CDN) war vermutlich schneller als ein Strauß, dessen Höchstgeschwindigkeit bei über 60 km/h liegt.

GRÖSSTER DINOSAURIERSCHÄDEL
Torosaurus („Stierechse"), ein Ceratopsid mit langem Kragen, besaß den größten Schädel aller bekannten Landtiere. Der Schädel des 7,6 m langen und 8 t schweren Pflanzenfressers wurde bis zu 3 m lang und 2 t schwer.

GRÖSSTE DINOSAURIERKRALLEN
Die Therizinosauriden („Sensenechsen"), die während der späten Kreidezeit in der Mongolei lebten, besaßen die größten Krallen von allen bekannten Tieren. Die Krallen des *Therizinosaurus cheloniformis* maßen entlang der äußeren Krümmung bis zu 90 cm. Eine Zeit lang vermutete man, dass die Saurier damit Beutetiere packen und zerreißen konnten. Aufgrund ihrer schwachen Schädelstruktur mit wenigen Zähnen ist es jedoch wahrscheinlicher, dass sie sich von Termiten ernährten.

ÄLTESTER VOGEL
Der älteste Vogel wurde aus zwei fragmentarischen Skeletten rekonstruiert, die in Texas (USA) in 220 Mio. Jahre altem Gestein gefunden wurden. Der fasanengroße Vogel, der 1991 den Namen *Protoavis texensis* erhielt, löste einigen Wirbel aus, da er etliche Mio. Jahre älter war als der bis dahin als frühester Vogel geltende *Archaeopteryx lithographica*. Da jedoch ungewiss ist, ob der Protoavis jemals als echter Vogel anerkannt wird, gilt offiziell weiterhin der 153 Mio. Jahre alte krähengroße Archaeopteryx als ältester Vogel.

ÄLTESTE VERSTEINERTE PFLANZE
Die älteste versteinerte Pflanze ist eine 428 Mio. Jahre alte Cooksonia, die während der Silurzeit in Irland wuchs.

Astronomie

LICHTSTÄRKSTES HIMMELSOBJEKT
Das lichtstärkste Himmelsobjekt ist der Quasar HS1946+7658, der mindestens 1,5 x 10^{15}-mal stärker leuchtet als die Sonne.

GRÖSSTE STRUKTUR DES UNIVERSUMS
Die größte bis heute im Universum festgestellte Struktur ist eine kokonförmige Kapsel von Galaxien in etwa 650 Mio. Lichtjahren Entfernung von der Erde. Ein französisches Astronomenteam unter der Leitung von Georges Paturel gab diese Entdeckung im Juni 1994 bekannt.

NÄCHSTER STERN
Der nächste Stern (von unserer eigenen Sonne einmal abgesehen), die äußerst lichtschwache Sonne Proxima Centauri, ist 4,23 Lichtjahre vom Sonnensystem entfernt.

Der nächste mit bloßem Auge sichtbare Stern ist der Doppelstern Alpha Centauri am südlichen Sternenhimmel. Er ist etwa 4,40 Lichtjahre entfernt.

JÜNGSTE STERNE
Die vermutlich jüngsten Sterne des Universums sind zwei Protosterne, die gemeinsam unter der Bezeichnung IRAS-4 bekannt sind. Tief in den Sternenstaubwolken des Spiralnebels NGC1333 verborgen und etwa 1.100 Lichtjahre entfernt, wurden sie im Mai 1991 von einem Team aus britischen, deutschen und amerikanischen Wissenschaftlern entdeckt. Frühestens in 100.000 Jahren werden sie als voll entwickelte Sterne leuchten.

KLEINSTE STERNE
Neutronensterne haben nur einen Durchmesser von 10 bis 30 km, obwohl ihre Masse bis zum Dreifachen der Sonnenmasse betragen kann.

ÄLTESTE STERNE
Bis zum Januar 1991 hatte eine Gruppe von Astronomen unter der Leitung von Timothy Beers (USA) insgesamt 70 Sterne entdeckt, die nach Einschätzung der Wissenschaftler zu den ältesten Sternen in unserer Galaxis gehören. Die Sterne, die im galaktischen Halo hoch über der Milchstraßen-Scheibe entdeckt wurden, entstanden rund eine Milliarde Jahre nach dem Urknall. Das Beers-Team rechnet noch mit der Entdeckung von etwa 430 weiteren Sternen dieses Typs.

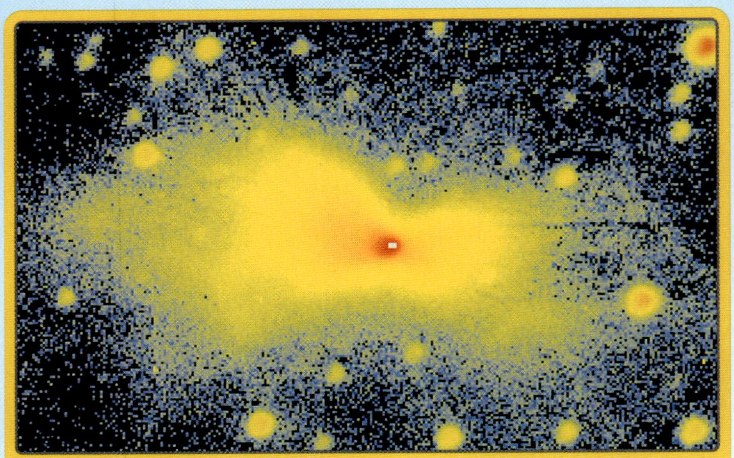

⊙ KÄLTESTER ORT IM UNIVERSUM
Im Bumerang-Nebel, einer etwa 5.000 Lichtjahre von der Erde entfernten Staub- und Gaswolke, herrscht eine Temperatur von –270 °C.

GRÖSSTER STERN
Der Rote Riese Beteigeuze *(Alpha Orionis)*, 430 Lichtjahre von der Erde entfernt, hat einen Durchmesser von 980 Mio. Kilometern – das 700-fache des Durchmessers unserer Sonne.

GRÖSSTES STERNBILD
Das größte Sternbild ist die Wasserschlange. Sie erstreckt sich über 1.302,844 Grad^2 (3,16 % der gesamten Hemisphäre) und enthält mindestens 68 mit bloßem Auge sichtbare Sterne.

KLEINSTES STERNBILD
Das kleinste unter den 88 Sternbildern ist das Kreuz des Südens, das eine Fläche von 68,477 Grad^2 einnimmt (0,16 % der Hemisphäre).

HELLSTER STERN DER GALAXIS
Pistol, ein Stern der mit Hilfe des Hubble-Teleskops im Oktober 1997 entdeckt wurde, ist 10 Mio. Mal heller als die Sonne. Mit bloßem Auge kann man ihn von der Erde aus jedoch nicht sehen, weil sein Licht fast

⊙ STÄRKSTES RÖNTGENTELESKOP
Das im Juli 1999 in Betrieb genommene Chandra-Röntgenteleskop hat eine Auflösungsfähigkeit, mit der man auf 19 km Entfernung die Buchstaben auf einem Stop-Schild lesen könnte. Es umkreist die Erde in mehr als der 200-fachen Höhe des Weltraumteleskops Hubble und untersucht Röntgenstrahlen in Bereichen des Universums mit einem hohen Energiepotenzial. Chandra bezieht seine Energie aus großen und mit höchster Präzision geschliffenen Spezialspiegeln.

völlig von kosmischem Staub verschluckt wird. Die Astronomen gehen davon aus, dass er in sechs Sekunden soviel Energie ausstrahlt wie die Sonne in einem ganzen Jahr. Dies macht ihn einerseits zum energiereichsten Stern, der bisher entdeckt wurde, andererseits ist es deshalb auch sehr wahrscheinlich, dass er in relativ kurzer Zeit ausbrennen wird.

KLEINSTER MOND
Der kleinste Mond im Sonnensystem ist Deimos, der äußere Mond des Mars. Er ist unregelmäßig geformt, hat einen durchschnittlichen Durchmesser von 12,5 km und eine Masse von 1,8 x 10^{15} kg – nur ein Vierzigmillionstel der Masse des Erdmondes.

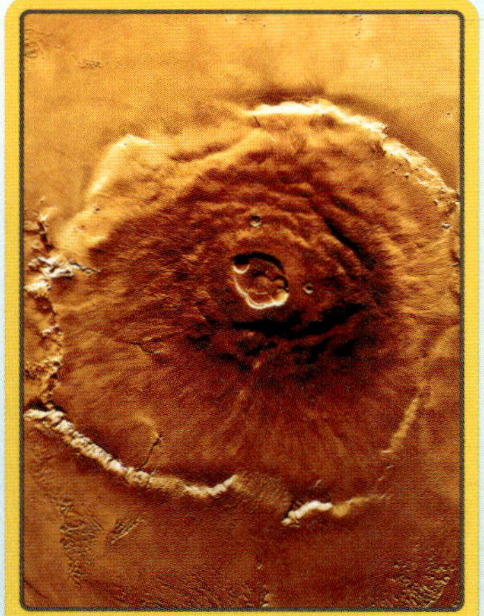

⊙ HÖCHSTER BERG
Der Olympus Mons, ein Schildvulkan auf dem Mars, ist der höchste Berg des Sonnensystems. Sein Gipfel ist 27,35 km hoch, mehr als das Dreifache des Mount Everest. Trotz seiner Höhe ist der Olympus Mons nicht sehr steil, denn das Gipfelmassiv ist mehr als 20-mal so breit wie hoch.

→ BESTÄNDIGSTER FERNSEH-ASTRONOM
553-mal ohne Unterbrechung präsentiert Patrick Moore seit dem 24. April 1957 im britischen Fernsehen *Sky At Night*, eine einmal pro Monat ausgestrahlte Astronomiesendung.

GRÖSSTER MOND
Der größte Trabant im Sonnensystem ist der Jupitermond Ganymed. Er hat einen Durchmesser von 5.267 km und eine Masse von 1.48 x 10^{23} Tonnen, die 2.017-fache Masse des Mondes.

KLEINSTER UND KÄLTESTER PLANET
Pluto hat einen Durchmesser von 2.320 km, seine Masse beträgt nur das 0,0022-fache der Erdmasse. Man geht davon aus, dass die Oberflächentemperatur auf Pluto etwa der des Neptunmondes Triton entspricht und bei –233 °C liegt. Das ist die niedrigste jemals registrierte Oberflächentemperatur eines natürlichen Himmelskörpers im Sonnensystem.

GRÖSSTER PLANET
Jupiter ist der größte der neun großen Planeten. Er hat einen Äquatordurchmesser von 142.984 km und misst 133.708 km von Pol zu Pol. Seine Masse erreicht das 317,8-fache, sein Volumen das 1.323,3-fache der Erdmasse. Unter allen Planeten dreht sich der Jupiter auch am schnellsten um sich selbst, weshalb ein Tag auf dem Riesenplaneten nur 9 Stunden, 55 Minuten und 29,69 Sekunden dauert.

HEISSESTER PLANET
Messungen der beiden Weltraumsonden *Venera* (UdSSR) und *Pioneer* (USA) ergaben eine Venus-Oberflächentemperatur von 464 °C.

HELLSTER PLANET
Wenn Jupiter und Erde aus derselben Entfernung betrachtet würden, dann wäre der Jupiter etwa 164-mal heller.

Von der Erde aus betrachtet, ist die Venus mit einer größten Helligkeit (Magnitude) von –4,4 der lichtstärkste unter den normalerweise mit bloßem Auge sichtbaren fünf Planeten Jupiter, Mars, Merkur, Saturn und Venus.

GRÖSSTER METEORITENSCHAUER
Der größte jemals registrierte Meteoritenschauer ereignete sich in der Nacht vom 16. auf den 17. November 1966, als die Leoniden, ein im Abstand von 33 Jahren und 3 Monaten wiederkehrender Meteoritenschwarm, zwischen dem westlichen Nordamerika und dem östlichen Russland zu beobachten waren. Man hat errechnet, dass am 17. November 1966 20 Minuten lang etwa 2.300 Meteoriten pro Minute über den US-Bundesstaat Arizona hinweggezogen.

GRÖSSTER METEORIT
Das Gewicht eines 1920 in Hoba West bei Grootfontein (NAM) gefundenen 2,7 x 2,4 m großen Meteoriten wurde auf 59 Tonnen geschätzt.

Wetterextreme

HÖCHSTE TEMPERATUR IM SCHATTEN
Am 3. September 1922 wurde in Al'Aziziyan (LAR) eine Schattentemperatur von 58 °C gemessen.

WINDIGSTE REGION
Eine Oberflächen-Windgeschwindigkeit von 371,75 km/h wurde am 12. April 1934 am Mount Washinghton in New Hampshire (USA) gemessen.

MEISTE TORNADOS IN 24 STUNDEN
Insgesamt 148 Tornados zogen am 3./4. April 1974 über den Süden und Mittelwesten der USA hinweg.

MEISTE TORNADOS JE KM^2
Großbritannien hat mit einem Durchschnitt von einem Tornado je 7.397 km^2 jedes Jahr die höchste Tornadofrequenz je km^2.

⊙ NIEDRIGSTE TEMPERATUR
Die niedrigste, je auf der Erde gemessene Naturtemperatur betrug -89,2 °C und wurde am 21. Juli 1983 im antarktischen Wostok registriert.

SCHNELLSTER TORNADO
Die höchste gemessene Geschwindigkeit eines Tornados ist 450 km/h am 2. April 1958 bei Wichita Falls, Texas (USA).

LÄNGSTE KARRIERE ALS STURM-JÄGER
David Hoadley aus Falls Church, Virginia (USA), jagt seit 1956 Stürme und verbringt den größten Teil seiner Zeit damit, sie auf Film und Video zu bannen. Dabei hat er insgesamt 32.000 km zurückgelegt. Auf seinen ersten Tornado musste er acht Jahre lang warten.

MEISTE GEWITTER
Zwischen 1967 und 1976 wurden in Tororo (EAU) durchschnittlich 251 Gewittertage pro Jahr registriert.

GRÖSSTE TEMPERATUR-UNTERSCHIEDE
Die Temperaturen im sibirischen Werchojansk (RUS) schwanken zwischen -68 °C und 37 °C – ein Unterschied von 105 °C.

Vom 23. auf den 24. Januar 1916 fiel die Temperatur in Browning, Montana (USA), von 7 °C auf -49 °C.

Am 22. Januar 1943 stieg die Temperatur in Spearfish, South Dakota (USA), um 7.30 morgens binnen zwei Minuten von -20 °C auf 7 °C.

MEISTER SONNENSCHEIN
In Yuma, Arizona (USA), scheint die Sonne im Jahresdurchschnitt 4.055 Stunden (von 4.456 möglichen Sonnenstunden).

Eine ununterbrochene Schönwetterperiode von 768 Sonnentagen am Stück erlebte St. Petersburg, Florida (USA), vom Februar 1967 bis zum März 1969.

GRÖSSTE SCHNEEFLOCKE
„Größer als ein Milchtopf" war nach Angaben des Ranchers Matt Coleman (in der Zeitschrift *Monthly Weather Review*) die 38 cm große und 20 cm dicke Schneeflocke, die er am 28. Januar 1887 bei einem Schneesturm in Fort Keogh, Montana (USA), erblickte. Wie ein im selben Schneesturm stecken gebliebener Briefträger bestätigte, waren die Riesenschneeflocken im meilenweiten Umkreis gefallen.

⊙ HEISSESTER ORT
Im Death Valley wurden an 43 aufeinander folgenden Tagen im Juli und August 1917 Temperaturen von über 49 °C gemessen.

SCHWERSTE HAGELKÖRNER
Berichten zufolge wurden am 14. April 1986 in Gopalgan (BD) 92 Menschen durch bis zu 1 kg schwere Hagelkörner getötet.

GRÖSSTE SCHNEEFÄLLE
Im März 1911 wurde in Tamarac, Kalifornien (USA), eine Schneehöhe von 11,46 m gemessen.

Zwischen Februar 1971 und Februar 1972 fiel in Paradise am Mt. Rainier, Washington (USA), die Rekordschneehöhe von 311 m.

Der Schneerekord für einen einzelnen Schneesturm liegt bei 4,80 m und fiel zwischen dem 13. und 19. Februar 1959 am Mt. Shasta Ski Bowl in Kalifornien (USA).

Die größte Schneemenge innerhalb von 24 Stunden wurde am Silver Lake, Colorado (USA), vom 14. auf den 15. April 1921 mit insgesamt 1.930 mm registriert.

KÄLTESTER ORT
Am Polus Nedostupnosti („Unzugänglicher Pol") in der Antarktis beträgt die extrapolierte Jahresdurchschnittstemperatur -58 °C.

Die kälteste gemessene Jahresdurchschnittstemperatur wurde mit -57 °C auf der Plateau-Station in der Antarktis ermittelt.

Der kälteste ständig bewohnte Ort auf der Welt ist das sibirische Dorf Oimjakon mit 4.000 Einwohnern, wo 1933 die Temperatur auf -68 °C und vor kurzem sogar angeblich auf -72 °C fiel.

MEISTE REGENTAGE
Am Mt. Waialeale auf Kauai, Hawaii (USA), regnet es an bis zu 350 Tagen im Jahr.

HEFTIGSTE REGENFÄLLE
Am 26. November 1970 fielen in Basse Terre, Guadeloupe (F), innerhalb einer Minute 38 mm Niederschlag.

HÖCHSTE NIEDERSCHLAGSMENGE
In Mawsynram im indischen Bundesstaat Meghalaya beträgt die durchschnittliche Jahresniederschlagsmenge 11.873 mm.

Insgesamt 26.461 mm Regen fielen vom 1. August 1860 und dem 31. Juli 1861 in Cherrapunji (IND), davon allein im Juli 1861 die Rekordmenge von 9.300 mm.

GRÖSSTE FLUT
Die größte Süßwasserflut der Welt fand vor ungefähr 18.000 Jahren statt, als im sibirischen Altai-Gebirge (RUS) der Eisdamm eines 120 km langen Sees brach und das Wasser herausströmen ließ. Der Hauptwasserstrom war schätzungsweise 490 m tief und schoss mit einer Geschwindigkeit von 160 km/h dahin.

⊙ TROCKENSTER ORT
In der Atacama-Wüste im Norden Chiles fällt praktisch kein Niederschlag. Hin und wieder, ein paar Mal pro Jahrhundert, streifen Regenböen die Wüste.

⊙ ERFOLGREICHSTER TORNADO-JÄGER
Gene Moore aus San Antonio in Texas (USA) kann auf über 263 Tornados während seiner 30-jährigen Laufbahn als Sturm-Jäger zurückblicken, davon sah er allein acht am 10. April 1997. Die Hauptphase seiner Aktivität bildet die Zeit zwischen März und Juni, wenn die meisten Stürme auftreten.

Wunder der Medizin

GRÖSSTE MEHRFACH-SCHWANGERSCHAFT
Dr. Gennaro Montanino aus Rom (I) gab 1971 bekannt, dass er aus der Gebärmutter einer 35 Jahre alten Frau, die im 4. Monat schwanger war, 15 Föten entfernt hatte. Für diesen einzigartigen Fall von Fünfzehnlingen war ein fruchtbarkeitsförderndes Medikament verantwortlich.

GRÖSSTE MEHRFACHGEBURTEN
Eine Rekordzahl von zehn Geschwistern (zwei Jungen und acht Mädchen) sind Berichten zufolge am 22. April 1946 in Babacai (BR) geboren worden. Auch aus Spanien (1924) und China (1936) wurden Geburten von Zehnlingen gemeldet.

Nach völlig gesicherten Quellen hat die größte Zahl von Kindern in einer einzigen Entbindung die Mutter von Neunlingen geboren, nämlich Geraldine Brodick am 13. Juni 1971 im Royal Hospital for Women in Sydney (AUS). Keines der fünf Jungen und vier Mädchen wurde älter als sechs Tage.

Die Rekordzahl für die meisten überlebenden Mehrlinge ist sieben: Siebenlinge gebaren am 19. November 1997 Bobbie McCaughey im University Hospital in Iowa (USA), sowie am 14. Januar 1998 Hasna Mohammed Humair im Obstetric Hospital in Abha, Asîr (KSA).

MEISTE KINDER
Die meisten offiziell beurkundeten Kinder einer einzigen Mutter sind die 69 Kinder von Frau Feodor Wassilijew aus Shuya (RUS). Bei insgesamt 27 Entbindungen zwischen 1725 und 1765 gebar sie 16 Zwillingspaare, siebenmal Drillinge und viermal Vierlinge. Nur zwei der Kinder starben als Säuglinge.

FRÜHESTE FRÜHGEBURT
James Gill, der Sohn von Brenda und James Gill, kam 128 Tage zu früh auf die Welt. Bei seiner Geburt am 20. Mai 1987 in Ottawa, Ontario (CDN), wog er 624 g.

LÄNGSTES ÜBERLEBEN AUSSERHALB DER GEBÄRMUTTER
Als Jane Ingram aus Suffolk (GB) in der sechsten Woche mit Drillingen schwanger war, wuchs eines der drei befruchteten Eier in einer so genannten Bauchhöhlenschwangerschaft weiter: Nach dem Bruch eines Eileiters nistete sich das einzelne Ei an der Außenwand der Gebärmutter ein und bildete seinen eigenen Mutterkuchen aus. Am 3. September 1999, in der 29. Schwangerschaftswoche, kamen der Junge Ronan und seine beiden Schwestern Olivia und Mary mit Kaiserschnitt auf die Welt.

⊙ KLEINSTES MEDIZINISCHES U-BOOT
1999 produzierte die deutsche Firma MicroTEC ein Mikro-U-Boot mit einer Länge von 4 mm und einem Durchmesser von 0,65 mm. Es wurde mit Hilfe eines computergesteuerten Lasers hergestellt und soll geschädigte Blutgefäße von innen reparieren.

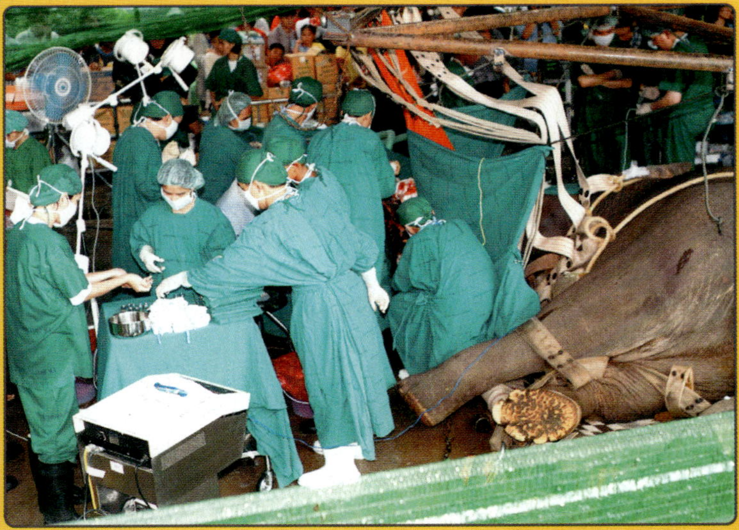

⊙ MEISTE TIERÄRZTE BEI EINER BEHANDLUNG
Mehr als 30 Tierärzte arbeiteten bei einer Operation zusammen, die an der 38-jährigen Elefantenkuh Motola vorgenommen wurde, nachdem ihr linker Fuß von einer Landmine zerfetzt worden war. Die Behandlung fand im August 1999 im Hang Chat Elephant Hospital in Lampang (THA) statt. Die Dosis an Betäubungsmitteln, die die Tierärzte verabreichten, hätte gereicht, um 70 Menschen einzuschläfern.

GRÖSSTER ABSTAND ZWISCHEN ZWEI KINDERN
Der größte Abstand zwischen zwei Kindern derselben Mutter beträgt 41 Jahre und 185 Tage. Elizabeth Ann Buttle aus Cwmann, Carmarthenshire (GB), gebar am 19. Mai 1956 Belinda und am 20. November 1997 Joseph, als sie selbst bereits 60 Jahre alt war.

KLEINSTER ABSTAND ZWISCHEN ZWEI KINDERN
Der kürzeste Abstand zwischen der Geburt zweier Kinder in getrennten Entbindungen beträgt 209 Tage. Margaret Blake aus Luton, Beds (GB), gebar am 27. März 1995 Conor und am 23. Oktober 1995 Bunty.

⊙ JÜNGSTER PATIENT EINER TRANSPLANTATION VON MEHREREN ORGANEN

Sarah Marshall aus Cobourg, Ontario (CDN), war erst 5 Monate und 24 Tage alt, als man ihr am 7. August 1997 im Children's Hospital in London, Ontario (CDN), gleichzeitig Leber, Darm, Magen und Bauchspeicheldrüse ersetzte. Sarah litt von Geburt an an dem seltenen Megazystis-Mikrokolon-Syndrom mit intestinaler Hypoperistalsis.

ÄLTESTE MÜTTER

Rosanna Dalla Corta aus Viterbo (I) hat Berichten zufolge im Juli 1994 im Alter von 63 Jahren einen Sohn geboren.

Auch Arceli Keh soll 63 Jahre alt gewesen sein, als sie in der Universitätsklinik von Southern California (USA) ein Kind bekam.

LÄNGSTE OPERATION

Eine Operation, bei der 1951 in Chicago, Illinois (USA), der Patientin Gertrude Levandowski eine Zyste von einem ihrer Eierstöcke entfernt wurde, dauerte vom 4. bis 8. Februar oder rekordbrechende 96 Stunden. Im Lauf der Operation sank Frau Levandowskis Gewicht von 280 auf 140 kg.

MEISTE OPERATIONEN

Zwischen dem 22. Juli 1954 und Ende 1994 unterzog sich Charles Jensen aus Chester, South Dakota (USA), 970 Operationen zur Entfernung von Tumoren, die im Zusammenhang mit einem Basalzellnävus-Syndrom standen.

ERSTE HERZTRANSPLANTATION

Die erste Herztransplantation wurde am 3. Dezember 1967 im Groote Schuur-Klinikum in Kapstadt (ZA) von einem Chirurgenteam unter der Leitung von Christiaan Barnard durchgeführt. Der 55-jährige Patient Louis Washkansky überlebte nach der Operation noch 18 Tage lang.

ERSTE HANDTRANSPLANTATION

Am 24. September 1998 führte ein internationales Chirurgenteam in Lyon (F) die erste Handtransplantation der Welt durch und nähten die Hand eines Toten an das Handgelenk des 48-jährigen Australiers Clint Hallam. Hallam hatte seine Hand neun Jahre zuvor bei einem Unfall mit einer Kettensäge verloren. Während der 14-stündigen Operation wurden die Knochen der neuen Hand an die freigelegten Knochen in Hallams Handgelenk angefügt und mit Metallplatten verschraubt, bevor die Arterien, Venen, Nerven, Muskeln und Sehnen miteinander verbunden wurden.

GRÖSSTE ENTFERNTE GALLENBLASE

Am 15. März 1989 entfernte Prof. Bimal C. Ghosh vom National Naval Medical Center in Bethesda, Maryland (USA), einer 69-jährigen Frau eine Gallenblase mit einem Gewicht von 10,4 kg. Die Patientin ist vollständig genesen.

↓ ERSTES KÜNSTLICHES AUGE

Am 17. Januar 2000 wurde gemeldet, dass ein Patient, vorgestellt nur unter dem Namen „Jerry", der seit 36 Jahren blind war, dank des von dem US-Augenspezialisten William Dobelle entwickelten künstlichen Auges wieder sehen kann. Dobelle hat eine Brille konstruiert, die mit einer Minikamera und einem Entfernungsmesser ausgestattet ist, die Signale an einen Computer an Jerrys Hosenbund senden. Dieser Computer verarbeitet die Daten und sendet sie einem anderen Computer, der sie dann an 68 Platin-Elektroden übermittelt, die auf der Sehrinde des Gehirns eingepflanzt sind. Jerry „sieht" ein einfaches Bild von Punkten, die ihn die Umrisse eines Gegenstands erkennen lassen.

Fußball 1

MEISTE SPIELE
Der Torwart Peter Shilton (England) absolvierte im Verlauf seiner Karriere 1.390 Pflichtspiele in der ersten Mannschaft, 1.005 davon waren Ligaspiele in England: 286 Spiele für Leicester City (1966–1974); 110 für Stoke City (1974–1977); 202 für Nottingham Forest (1977–1982); 188 für den FC Southampton (1982–1987); 175 für Derby County (1987–1992); 34 für Plymouth Argyle (1992–1994); eines für die Bolton Wanderers (1995) und neun für Leyton Orient (1996–1997). Außerdem stand er in einem Liga-Relegationsspiel im Tor, bei 86 Football Association (FA)- und 102 Liga-Pokalspielen, in 125 A-Länderspielen, 13 U-23-Länderspielen, in vier Spielen der Ligaauswahl und in 53 Spielen im Rahmen europäischer und anderer Klub-Wettbewerbe.

MEISTE TORE IM VERLAUF EINER KARRIERE
Die meisten Tore schoss Pelé (Edson Arantes do Nascimento): 1.279 Treffer in 1.363 Spielen für die brasilianische Nationalmannschaft, für den FC Santos und New York Cosmos in der Zeit vom 7. September 1956 bis zum 1. Oktober 1977. Sein bestes Jahr war 1959 mit 126 Toren. Den tausendsten Treffer *(Milesimo)* schaffte er in seinem 909. Erstligaspiel, als er am 19. November 1969 im Maracanã-Stadion in Rio de Janeiro für den FC Santos einen Elfmeter verwandelte. Nach seinem Rücktritt erzielte er bei Einladungsspielen noch zwei Tore.

MEISTE TORE IN EINEM SPIEL
Die höchste Trefferzahl in einem Erstligaspiel liegt bei 36, ein Rekord, der am 5. September 1885 beim 36:0-Sieg von Arbroath über Bon Accord in einem schottischen Pokalspiel aufgestellt wurde. Sieben weitere Tore wurden wegen Abseits annulliert.

Die meisten Tore eines einzelnen Spielers in einer Begegnung von Erstligisten gehen auf das Konto von Stephan Stanis vom Racing Club Lens: 16-mal traf er im Spiel um den französischen Pokal gegen Aubry-Asturies am 13. Dezember 1942 in Lens.

LÄNGSTE ZEIT OHNE GEGENTOR
Abel Resino von Atlético Madrid ist der Schlussmann, der in Erstligaspielen am längsten ohne Gegentor blieb: 1.275 Minuten lang hielt er sein Gehäuse sauber, bis zum 17. März 1991.

⊙ GEWICHTIGSTER SPIELER
Der schwergewichtigste Spieler im Spitzenfußball war der englische Nationaltorwart Willie Henry „Fatty" Foulke (1874–1916). Er war 1,90 m groß und wog bis zu 165 kg. Einmal unterbrach er ein Spiel, indem er die Querlatte demolierte.

TORWART ALS TORJÄGER
José Luis Chilavert (PY, Vélez Sarsfield/RA) erzielte die Rekordzahl von 49 Toren in Pflichtspielen mit seinem Klub und in Länderspielen zwischen Juli 1992 und März 2000.

MEISTE AUFEINANDER FOLGENDE HATTRICKS
Masashi Nakayama, (Jubilo Iwata/J) schaffte in vier aufeinander folgenden japanischen Erstligaspielen einen Hattrick: Er schoss fünf Tore gegen Cerezo Osaka im Nagai-Stadion am 15. April 1998, vier Tore gegen Sanfrecce Hiroshima im Jubilo Iwata-Stadion am 18. April 1998, vier Tore gegen Avispa Fukuoka im Kumamoto-Stadion am 25. April 1998 und drei Tore gegen Consadole Sapporo im Jubilo Iwata-Stadion am 29. April 1998.

SCHNELLSTES TOR
Nur 2,8 Sekunden nach dem Anstoß traf Ricardo Olivera (Rio Negro/ROU) im Spiel gegen Soriano am 26. Dezember 1998 im José Enrique Rodó-Stadion (ROU) ins Netz – das schnellste Tor im Erstliga-Fußball.

⊙ TORREICHSTES UNENTSCHIEDEN
In der ersten belgischen Liga trennten sich am 7. August 1999 Racing Genk und Westerlo mit einem 6:6-Unentschieden. Branko Strupar (Genk, blaues Trikot) verwandelte drei Elfmeter, Toni Brogno (Westerlo) war viermal erfolgreich, davon zweimal per Elfmeter. Der Rekord wurde am 19. März 2000 eingestellt, und zwar bei der Begegnung zwischen Gimnasia y Esgrima de la Plata und Colón de Santa Fé in der argentinischen Liga.

MEISTE WELTCUPSIEGE
Drei Vereine haben jeweils dreimal den Weltpokal gewonnen, einen Wettbewerb zwischen den Siegern im europäischen Pokal der Landesmeister und den Siegern der südamerikanischen Copa Libertadores: Peñarol Montevideo (ROU/1961, 1966, 1982), Nacional Montevideo (1971, 1980, 1988) und der AC Mailand (I/1969, 1989, 1990).

MEISTE EUROPAPOKALTITEL DER LANDESMEISTER
Real Madrid ist mit acht Erfolgen Rekordsieger beim Europapokal der Landesmeister, der seit 1956 ausgetragen wird: Der Klub gewann 1956–1960, 1966, 1998 und 2000.

⊙ WERTVOLLSTER FUSSBALLVEREIN
Manchester United aus der englischen Premier League hat einen Marktwert von 2,824 Mrd. DM. Der Verein gewann in den neunziger Jahren 14 große Titel, nicht zuletzt dank solcher Spieler wie David Beckham (oben), Eric Cantona und Peter Schmeichel.

MEISTE SÜDAMERIKAPOKALSIEGE
Atlético Independiente Buenos Aires (ARG) gewann siebenmal (1964 und 1965, 1972–1975 sowie 1984) die seit 1960 ausgetragene Copa Libertadores, den Pokalwettbewerb der südamerikanischen Landesmeister.

← TEUERSTER SPIELER
Die höchste jemals für einen Fußballspieler gezahlte Transfersumme liegt bei 91,4 Mio. DM. Der italienische Stürmer Christian Vieri wechselte im Juni 1999 für diesen Betrag von Lazio Rom zu Inter Mailand. Vieri, der in Australien aufwuchs, spielte früher unter anderem auch für Atlético Madrid (E) und Juventus Turin.

MEISTE SIEGE BEIM EUROPAPOKAL DER POKALSIEGER
Die meisten Erfolge beim bis 1999 ausgetragenen Europapokal der Pokalsieger erreichte der FC Barcelona. Er gewann viermal: 1979, 1982, 1989 und 1997.

MEISTE SIEGE IM AFRIKANISCHEN MEISTERPOKAL
Zamalek Kairo (ET) gewann viermal (1984, 1986, 1993, 1996) den Cup of Champion Clubs, den seit 1964 bestehenden Pokalwettbewerb der afrikanischen Landesmeister.

TEUERSTER VERTEIDIGER
Der PSV Eindhoven (NL) verkaufte im Mai 1998 seinen Verteidiger Jaap Stam für die Rekordsumme von 32,5 Mio. Mark an den englischen Verein Manchester United.

Fußball 2

MEISTE TORE IN EINEM LÄNDERSPIEL
Die meisten Tore in einem A-Länderspiel erzielte die Mannschaft von Kuwait beim 20:0-Sieg gegen Bhutan in Kuwait am 14. Februar 2000.

Die höchste Trefferzahl eines einzelnen Spielers in einem Länderspiel geht auf das Konto von Sofus Nielsen, der beim 17:1-Sieg Dänemarks gegen Frankreich bei den Olympischen Spielen 1908 zehn Tore erzielte. Zehn Tore gelangen auch dem Deutschen Gottfried Fuchs beim 16:0-Sieg seiner Mannschaft gegen Russland bei den Olympischen Spielen 1912.

Der höchste Sieg in einem Frauenfußball-Länderspiel, ein 21:0, gelang am 5. Dezember 1997 im chinesischen Guangzhou zunächst Japan gegen Guam; dieses Ergebnis wiederholten Kanada (gegen Puerto Rico in Toronto/CDN am 28. August 1998), Australien (gegen Amerikanisch-Samoa am 9. Oktober 1998 in Auckland/NZ) und Neuseeland (gegen Samoa, ebenfalls am 9. Oktober 1998 am gleichen Ort).

⊙ MEISTE FRAUEN-WELTMEISTERTITEL
Die USA gewannen zwei der seit 1991 ausgetragenen drei WM-Turniere im Frauenfußball, nämlich 1991 und 1999. Das Finale von 1999 zwischen den USA und China entschied Brandi Chastein (oben) mit ihrem Treffer im Elfmeterschießen.

LÄNGSTE ZEIT OHNE GEGENTOR IN LÄNDERSPIELEN
Der italienische Torwart Dino Zoff schaffte die längste Zeit ohne Gegentor in Länderspielen: 1.142 Minuten lang, von September 1972 bis Juni 1974, blieben Italiens Gegner ohne Torerfolg.

MEISTE WELTMEISTERTITEL
Brasilien gewann vier der bisher 16 ausgetragenen WM-Turniere. Die Mannschaft siegte 1958, 1962, 1970 und 1994.

Edson Arantes do Nascimento, genannt Pelé, ist der einzige Spieler, der mit seiner Mannschaft dreimal Weltmeister wurde, nämlich 1958, 1962 und 1970.

HÖCHSTER SIEG IN EINEM WELTMEISTERSCHAFTSSPIEL
Den höchsten Sieg bei einem WM-Endrundenturnier spielte Ungarn heraus: ein 10:1 gegen El Salvador am 15. Juni 1982 in Elche (E).

Die höchste Gesamt-Torzahl in einem WM-Endrundenspiel gab es am 26. Juni 1954 in Lausanne (CH): Österreich besiegte die Schweiz mit 7:5.

Einen 17:0-Sieg, den höchsten Erfolg im Rahmen einer Weltmeisterschaft, spielte der Iran heraus, und zwar in einem Endrunden-Qualifikationsspiel gegen die Malediven am 2. Juni 1997 in Damaskus (SYR).

MEISTE ENDRUNDEN-TEILNAHMEN BEI WELTMEISTERSCHAFTEN
Fünfmal waren bei WM-Endrunden dabei: Der mexikanische Torwart Antonio Carbajal (1950, 1954, 1958, 1962, 1966) und Lothar Matthäus (D). Matthäus kam bei den fünf Turnieren von 1982 bis 1998 auf die Rekordzahl von insgesamt 25 Spielen.

⊙ MEISTE LÄNDERSPIELE
Die meisten vom Weltfußballverband FIFA anerkannten Einsätze bei Fußball-Länderspielen hat mit 150 Einsätzen in den Jahren 1980 bis 2000 Lothar Matthäus (D).

JÜNGSTER UND ÄLTESTER SPIELER BEI WELTMEISTERSCHAFTEN
Der jüngste Akteur bei einem WM-Endrundenspiel war Norman Whiteside (Nordirland) mit 17 Jahre und 41 Tagen beim Spiel gegen Jugoslawien am 17. Juni 1982.

Jüngster Torschütze in einer WM-Endrunde war Pelé (17 Jahre und 239 Tage), der für Brasilien beim Spiel gegen Wales am 19. Juni 1958 in Göteborg (S) erfolgreich war.

Der älteste Teilnehmer bei einem Weltmeisterschaftsspiel ist Roger Milla, der 42 Jahre und 39 Tage alt war, als er für Kamerun im Spiel gegen Russland am 28. Juni 1994 das einzige Tor erzielte. Damit ist Milla gleichzeitig auch der älteste Torschütze aller Zeiten bei WM-Endrunden.

GRÖSSTE ZUSCHAUERZAHLEN BEI WELTMEISTERSCHAFTEN
199.854 Zuschauer kamen zum WM-Endspiel zwischen Brasilien und Uruguay am 16. Juli 1950 ins Maracanã-Stadion in Rio de Janeiro. Dies ist die größte dokumentierte Zuschauerzahl bei Weltmeisterschaften, gleichzeitig die größte Zuschauermenge bei Fußballspielen überhaupt. Uruguay gewann das Endspiel mit 2:1.

Die größte Zuschauerzahl eines WM-Endrundenturniers wurde bei den 52 Spielen 1994 in den USA gezählt: Dort kamen 3.587.538 Zuschauer in die Stadien.

MEISTE OLYMPIASIEGE
Jeweils drei olympische Fußballturniere gewannen Großbritannien (1900, 1908 und 1912) und Ungarn (1952, 1964 und 1968).

⊙ MEISTE TEILNEHMER BEI EINER WELTMEISTERSCHAFT
Eine Rekordzahl von 198 nationalen Fußballverbänden wird an den Qualifikationsspielen für die 17. WM-Endrunde im Jahr 2002 teilnehmen. Dieses WM-Turnier, von Südkorea und Japan gemeinsam veranstaltet, wird das erste sein, das in Asien ausgetragen wird.

MEISTE SÜDAMERIKANISCHE MEISTERSCHAFTEN
Rekordsieger bei südamerikanischen Meisterschaften (seit 1975 als Copa America ausgespielt) ist Argentinien mit 15 Titeln (1910, 1921, 1925, 1927, 1929, 1937, 1941, 1945-47, 1955, 1957, 1958, 1991 und 1993).

MEISTE EUROPAMEISTERSCHAFTEN
Deutschland gewann dreimal den Titel eines Europameisters: 1972, 1980 und 1996 (die beiden ersten Male als Bundesrepublik Deutschland in Konkurrenz auch mit der DDR).

→ MEISTE VERSCHOSSENE ELFMETER IN EINEM LÄNDERSPIEL
Martín Palermo (RA) verschoss 1999 in Paraguay bei der Niederlage seiner Mannschaft gegen Kolumbien drei Elfmeter. Beim ersten Versuch traf er die Querlatte, der zweite landete in den Zuschauerrängen, der dritte wurde gehalten.

Basketball

HÖCHSTE GESAMTPUNKTZAHL IN EINEM NBA-SPIEL
Beim 186:184-Sieg der Detroit Pistons über die Denver Nuggets am 13. Dezember 1983 in Denver, Colorado (USA), wurden 370 Punkte erzielt. Nach einem 145:145-Unentschieden in der regulären Spielzeit gab es eine Verlängerung.

Die höchste Gesamtpunktzahl in der regulären Spielzeit war bisher 320: Mit 162:158 gewannen die Golden State Warriors gegen Denver am 2. November 1990.

GRÖSSTER NBA-SPIELER
Der in Rumänien geborene Gheorghe Muresan (er spielt für die New Jersey Nets), der 1994 sein Profi-Debüt gab, ist 2,31 m groß.

NBA-SIEG MIT DEM GRÖSSTEN PUNKTABSTAND
Die Cleveland Cavaliers besiegten die Miami Heat am 17. Dezember 1991 mit 148:80 – eine Rekorddifferenz von 68 Punkten.

MEISTE PUNKTE IN EINEM VIERTEL
58 Punkte, die höchste Trefferzahl, die je in einem Viertel eines NBA-Spiels erzielt worden ist, schaffte die Mannschaft von Buffalo bei ihrem Spiel in Boston am 20. Oktober 1972.

MEISTE PUNKTE IN EINER NBA-HALBZEIT
Die Phoenix Suns erreichten in den ersten zwei Vierteln eines Spiels gegen Denver am 11. November 1990 107 Punkte.

⊙ MEISTE OLYMPIASIEGE BEI DEN FRAUEN
Den Rekord für die meisten Olympiasiege bei den Frauen – jeweils drei – halten die USA und die UdSSR gemeinsam. Die USA gewannen 1984, 1988 und 1996, die UdSSR 1976, 1980 und 1992 (den letzten Titel gewann eine GUS-Mannschaft). Das Bild zeigt Kim (ROK) und McRae (USA) in einer Spielszene aus dem Olympischen Turnier von 1996.

⊙ HÖCHSTE PUNKTZAHL IN EINEM NBA-SPIEL
Wilt „The Stilt" Chamberlain erzielte am 2. März 1962 in Hershey, Pennsylvania (USA), für die Philadelphia '76ers gegen die New York Knicks 100 Punkte. Dabei schaffte er die Rekordzahl von 36 Korbtreffern aus dem Spiel heraus, zu denen noch 28 Freiwurfpunkte kamen.

JÜNGSTER NBA-SPIELER
18 Jahre und 53 Tage alt war Jermaine O'Neal bei seinem Profi-Debüt für die Portland Trail Blazers im Spiel gegen die Denver Nuggets am 5. Dezember 1996.

MEISTE PUNKTE IN EINER NBA-SAISON
Wilt Chamberlain erzielte für die Mannschaft der Philadelphia '76ers in der Saison 1961/62 die Rekordzahl von 4.029 Punkten. Er hält außerdem die Saisonrekorde für die höchste Durchschnittspunktzahl pro Spiel (50,4) und für Korbtreffer aus dem laufenden Spiel heraus (1.597).

MEISTE PUNKTE IN EINER NBA-KARRIERE
Kareem Abdul-Jabbar (geboren als Lewis Alcindor), 1969–75 bei den Milwaukee Bucks und 1975–89 bei den Los Angeles Lakers, erzielte während seiner NBA-Karriere 38.387 Punkte und erreichte eine Durchschnittspunktzahl von 24,6 pro Spiel. In Pflichtspielen traf er aus dem Spiel heraus 15.837-mal in den Korb, in Playoff-Spielen sammelte er insgesamt 5.762 Punkte und 2.356 Feld-Korbtreffer.

HÖCHSTER PUNKTEDURCHSCHNITT IN EINER NBA-KARRIERE
Den höchsten Punktedurchschnitt aller Spieler, die im Verlauf ihrer Karriere mehr als 10.000 Punkte sammelten, erreichte Michael Jordan: 31,5 Punkte pro Spiel, 29.277 Punkte in 930 Spielen von 1984 bis 1998 warf er für die Chicago Bulls. Jordan hält mit 33,4 auch den Rekord für den höchsten Punktedurchschnitt in Playoff-Spielen: insgesamt 5.987 Punkte in 179 Spielen von 1984 bis 1998.

MEISTE NBA-TITEL
Die Boston Celtics sammelten die Rekordzahl von 16 NBA-Titeln. Sie gewannen die Meisterschaft 1957, 1959–1966, 1968, 1969, 1974, 1976, 1981, 1984 und 1986.

LÄNGSTE SPIELZEIT (IN MINUTEN) IN EINER KARRIERE
Kareem Abdul-Jabbar spielte während seiner NBA-Karriere insgesamt 57.446 Minuten lang. Er hält mit 237 Matches auch den Rekord für Playoff-Spiele.

MEISTE NBA-SPIELE IN EINER SAISON
Die meisten NBA-Spiele in einer Saison hatte Wilt Chamberlain: In der Saison 1961/62 ging er für die Philadelphia '76ers insgesamt 79-mal auf den Platz, spielte jeweils durch und absolvierte dabei die Rekordzeit von 3.882 Minuten in einer Meisterschaftsrunde.

MEISTE SIEGE IN EINER NBA-SAISON
Die Chicago Bulls gingen in der Saison 1995/96 72-mal als Sieger vom Platz.

LÄNGSTE SIEGESSERIE IN DER NBA
Die Los Angeles Lakers gewannen vom 5. November 1971 bis zum 7. Januar 1972 33 Spiele ohne Unterbrechung.

MEISTE NIEDERLAGEN IN EINER NBA-SAISON
In der Saison 1972/73 verloren die Philadelphia '76ers 73 von ihren 82 NBA-Spielen. Dabei verloren sie auch 20 Spiele nacheinander.

LÄNGSTES SPIEL
Das längste Basketballspiel aller Zeiten dauerte 24 Stunden. Die Suncoast Clippers trugen es am 21. und 22. November 1998 im Maroochydore Eagles Basketball-Stadion in Queensland (AUS) aus.

HÖCHSTER SLAM-DUNK
Michael „Wild Thing" Wilson von den Harlem Globetrotters stopfte am 1. April 2000 im Conseco Fieldhouse, Indiana (USA), einen der Norm entsprechenden Basketball von oben durch den Ring eines in 3,65 m Höhe aufgehängten Korbes.

MEISTE FREIWURFTREFFER
Jim Connolly (USA) hält den Rekord für die meisten Freiwurftreffer innerhalb einer Minute (35) und innerhalb von 10 Minuten (280). Er erzielte beide Rekorde am 10. und 12. Oktober 1998 in der St. Peter's School in Pacifica, Kalifornien (USA).

DRIBBLING MIT MEHREREN BÄLLEN
Joseph Odhiambo aus Mesa, Arizona (USA), beherrscht die einzigartige Kunst, mit fünf Basketbällen gleichzeitig zu dribbeln.

LÄNGSTES DRIBBLING
Jamie Borges dribbelte im Mai 1998 in der Barrington High School, Rhode Island (USA), mit einem Basketball über die Rekordstrecke von insgesamt 155,9 km, ohne dabei zu „reisen" (den Ball zu tragen, ohne zu dribbeln).

MEISTE ROTIERENDE BÄLLE
Die Rekordzahl von 28 Norm-Basketbällen ließ Michael Kettman aus St. Augustine, Florida (USA), auf einem Spezialrahmen rotieren. Er schaffte dieses Kunststück am 25. Mai 1999 fünf Sekunden lang.

MEISTE WELTMEISTERTITEL
Jugoslawien gewann insgesamt vier Basketball-WM-Titel bei den Männern: 1970, 1978, 1990 und 1998.

Jeweils sechs WM-Titel gewannen die Frauenmannschaften der UdSSR (1959, 1964, 1967, 1971, 1975 und 1983) und der USA (1953, 1957, 1979, 1986, 1990 und 1998).

← MEISTE SPIELE IN EINER NBA-KARRIERE
Robert Parish absolvierte 1.611 NBA-Pflichtspiele im Verlauf von 21 Jahren für vier Teams: für die Golden State Warriors (1976–80), die Boston Celtics (1980–94), die Charlotte Hornets (1994–96) und die Chicago Bulls (1996–97).

American Football

MEISTE SUPERBOWL-SIEGE
Der Superbowl wurde erstmals 1967 zwischen den Siegern aus der National Football League (NFL) und der American Football League (AFL) ausgespielt. Rekordsieger mit jeweils fünf Titeln sind die San Francisco 49ers (1982, 1985, 1989, 1990 und 1995) und die Dallas Cowboys (1972, 1978, 1993, 1994 und 1996).

Charles Hayley ist mit fünf Erfolgen der Spieler mit den meisten Superbowl-Siegen. Zwei Titel holte er sich mit den San Francisco 49ers (1989 und 1990), drei weitere mit den Dallas Cowboys (1993, 1994 und 1996).

HÖCHSTE SUPERBOWL-PUNKTZAHLEN
Die Rekorde für die höchste Punktzahl einer Mannschaft und für den größten Punkteabstand zum Verlierer stellten die San Francisco 49ers am 28. Januar 1990 in New Orleans, Louisiana (USA), auf: Sie besiegten die Denver Broncos mit 55:10.

Der Rekord für die höchste Gesamtpunktzahl in einem Endspiel datiert aus dem Jahr 1995: Die San Francisso 49ers besiegten die San Diego Chargers mit 49:26.

⊙ WERTVOLLSTE NFL-FRANCHISE-LIZENZEN
Laut der Zeitschrift *Forbes* ist die wertvollste Franchise-Lizenz in der NFL die der Dallas Cowboys (oben). Sie hatte im September 1999 einen Wert von 1,346 Mrd. Mark. Die Franchise-Rechte für die Washington Redskins wurden allerdings im Mai 2000 für 1,624 Mrd. Mark verkauft.

MEISTE TITEL ALS BESTER SPIELER
Joe Montana, der Quarterback der San Francisco 49ers, wurde bei drei Superbowls als bester Spieler ausgezeichnet: 1982, 1985 und 1990.

MEISTE NFL-TITEL
Die Green Bay Packers gewannen 13-mal den Meistertitel in der NFL: 1929–31, 1936, 1939, 1944, 1961, 1962, 1965–67, 1996 und 1997.

MEISTE SPIELE
George Blanda absolvierte in 26 Spielzeiten die Rekordzahl von 340 NFL-Matches. In dieser Zeit spielte er für die Chicago Bears (1949–58), die Baltimore Colts (1959), die Houston Oilers (1960–66) und die Oakland Raiders (1967–75).

282 Spiele hintereinander stand Jim Marshall für die Cleveland Browns (1960) und für die Minnesota Vikings (1961-79) auf dem Platz.

MEISTE PUNKTE
Die Rekordzahl von 2.002 Punkten erzielte George Blanda in der Zeit von 1949 bis 1975 für seine Teams (siehe auch „Meiste Spiele").

Die meisten Punkte in einer Saison (176) sammelte Paul Hornung für die Green Bay Packers im Jahr 1960.

Den Punkterekord für ein Spiel hält Ernie Nevers, der für die Chicago Cardinals gegen die Chicago Bears am 28. November 1929 40 Zähler sammelte.

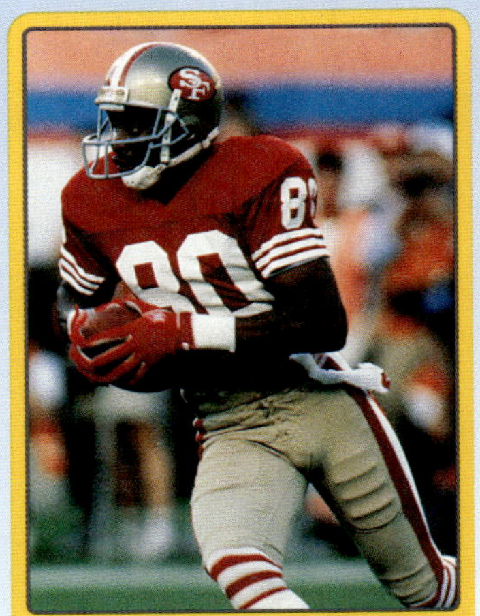

⊙ MEISTE TOUCHDOWNS
Jerry Rice (San Francisco 49ers) brachte es in seinen NFL-Spielen von 1985 bis 1999 auf 180 Touchdowns. Er hält auch die Superbowl-Rekorde für Touchdowns (7), für die längste Gesamtlaufstrecke nach der Aufnahme des Balles (512 yards) sowie für die Zahl der gefangenen Pässe (28).

HÖCHSTE PUNKTZAHLEN
Die Mannschaft der Georgia Tech University aus Atlanta erzielte am 7. Oktober 1916 gegen die Cumberland University aus Lebanon, Tennessee (USA), 222 Punkte, dabei gab es auch die Rekordzahl von 32 Touchdowns. Cumberland ging völlig leer aus.

Die höchste Siegerpunktzahl in einem NFL-Spiel gab es beim 73:0-Erfolg der Chicago Bears gegen die Washington Redskins in einem Meisterschaftsendspiel am 8. Dezember 1940 in Washington.

Die höchste Punktzahl in einem Saison-Pflichtspiel erreichten die Washington Redskins beim 72:41-Sieg gegen die New York Giants in Washington am 27. November 1966. Die Gesamtpunktzahl von 113 ist ebenfalls ein Rekord.

⊙ MEISTE PÄSSE

Dan Marino (Miami Dolphins) brachte zwischen 1983 und seinem Rücktritt im Jahr 2000 insgesamt 4.967 Pässe an den Mitspieler. Er hält auch eine Reihe weiterer Rekorde, unter anderem den für den größten Raumgewinn durch Zuspiele in einer gesamten Karriere (61.631 yards) wie auch in einer Saison (1984: 5.084 yards).

GRÖSSTE ZUSCHAUERZAHLEN

Die größte Zuschauermenge, die es bei einem Football-Spiel je gab, kam zum 14. Superbowl am 20. Januar 1980 in die Rose Bowl von Pasadena (Kalifornien): 103.985 Zuschauer sahen das Spiel der Pittsburgh Stealers gegen die Los Angeles Rams.

Die größte Zuschauerzahl eines Saison-Pflichtspiels gab es bei einem Match der Los Angeles Rams gegen die San Francisco 49ers: 102.368 Zuschauer kamen am 10. November 1957 in das Los Angeles Coliseum.

MEISTE AUFEINANDER FOLGENDE SIEGE

In den Jahren 1933/34 schafften die Chicago Bears die Rekordzahl von 17 aufeinander folgenden Siegen.

Den Rekord von 25 NFL-Spielen ohne Niederlage halten die Canton Bulldogs. Von 1921 bis 1923 blieben sie unbesiegt, gewannen dabei 22-mal und spielten dreimal unentschieden.

LÄNGSTE AUSFÜHRUNG EINES PASSES

Eine Strecke von 99 Yards nach einem Pass ist bisher achtmal erreicht worden und endete immer mit einem Touchdown. Das jüngste Beispiel war der Pass von Brett Favre auf Robert Brooks (beide Green Bay Packers) beim Spiel gegen die Chicago Bears am 11. September 1995.

LÄNGSTER LAUF NACH EINEM GEDRÄNGE

Tony Dorsett (Dallas Cowboys) gelang ein Touchdown nach seinem 99-Yards-Lauf im Anschluss an ein Gedränge im Spiel gegen die Minnesota Vikings am 3. Januar 1983.

← GRÖSSTER RAUMGEWINN DURCH PÄSSE

Kurt Warner erspielte für die St. Louis Rams bei dem 34. Superbowl am 30. Januar 2000 in Atlanta (USA) einen Gesamt-Raumgewinn von 414 yards.

Tennis

⊙ BESTVERDIENENDE SCHWESTERN IM TENNIS
Die erfolgreichsten Schwestern im Tenniszirkus sind Venus and Serena Williams (USA), die bis heute jeweils über 15 Mio. DM an Preisgeldern gewannen. Venus (im Bildhintergrund) wurde 1994 mit 14 Jahren Profi, Serena folgte 1997 als Sechzehnjährige. 1999 trafen sie beim Lipton-Turnier als bisher einzige Schwestern in einem WTA-Finale aufeinander, das Venus mit 6:1, 4:6, 6:4 gewann. Ferner spielten sie gemeinsam Doppel und gewannen 1999 den Titel sowohl bei den French Open als auch bei den US Open.

MEISTE GRAND-SLAM-SIEGE
Den Rekord von 24 Einzelsiegen bei Grand-Slam-Turnieren errang Margaret Court (AUS) zwischen 1960 und 1973: elf in Australien, fünf bei den US Open, fünf in Frankreich und drei in Wimbledon.

Den Rekord bei den Männern mit 13 Einzelsiegen bei Grand-Slam-Turnieren hält der US-Amerikaner Pete Sampras, der zwischen 1990 und 2000 sieben Siege in Wimbledon, vier in den USA und zwei in Australien errang.

20 Siege im Damendoppel gelangen Althea Brough und Margaret Du Pont (USA) von 1942 bis 1957 bei Grand-Slam-Turnieren: zwölf bei den US Open, fünf in Wimbledon und drei in Frankreich; Martina Navratilova und Pam Shriver (USA) siegten zwischen 1981 und 1989 ebenfalls 20-mal im Doppel: siebenmal in Australien, fünfmal in Wimbledon, viermal in Frankreich und viermal bei den US Open.

John Newcombe und Tony Roche (AUS) gewannen von 1965 bis 1976 zwölf Doppeltitel bei Grand-Slam-Turnieren (fünf in Wimbledon, vier in Australien, zwei in Frankreich und einen in den USA).

MEISTE WIMBLEDON-SIEGE
Billie-Jean King (USA) gewann zwischen 1961 und 1979 die Rekordanzahl von 20 Titeln: sechs Einzel, zehn Damendoppel und vier gemischte Doppel.

Elizabeth Ryan (USA) gewann von 1914 bis 1934 insgesamt 19 Doppeltitel (zwölf Damendoppel und sieben gemischte).

Martina Navratilova (USA) gewann in den Jahren 1978/79, 1982 bis 87 und 1990 neun Einzeltitel bei den Damen.

Die Rekordanzahl von 13 Titeln bei den Herren gewann Hugh Doherty (GB) mit fünf Titeln im Einzel (1902–06) und acht im Doppel (1897–1901 and 1903–05).

JÜNGSTE UND ÄLTESTE WIMBLEDON-SIEGER
Martina Hingis (CH) war bei ihrem gemeinsam mit Helena Sukova (CZ) erkämpften Sieg im Damendoppel 15 Jahre und 282 Tage alt.

Margaret Du Pont (USA) war 44 Jahre und 125 Tage alt, als sie 1962 mit Neale Fraser (AUS) das gemischte Doppel gewann.

MEISTE WIMBLEDON-AUFTRITTE
Mit insgesamt 36 Auftritten in Wimbledon zwischen 1888 und 1927 hält Arthur Gore (GB) den Rekord.

Jean Borotra (F) nahm von 1922 bis 1964 35-mal am Herreneinzel teil. Nachdem er sich bis 1977 weiterhin an den Doppeln der Veteranen beteiligt hatte, beendete er mit 78 Jahren seine Karriere.

MEISTE US-OPEN-SIEGE
Margaret Du Pont gewann zwischen 1941 und 1960 25 Titel: 13 Damendoppel (zwölf mit Althea Brough), neun gemischte Doppel und drei Einzel.

Die meisten Titel bei den Herren errang Bill Tilden (USA) mit insgesamt 16, darunter sieben im Einzel (1920–25 und 1929). Ebenfalls sieben Titel im Einzel gewannen Richard Sears (USA) 1881–87 und William Larned (USA) 1901/02 sowie 1907–11.

Die Rekordanzahl von acht Titeln im Dameneinzel gewann Molla Mallory (USA): 1915–18, 1920–22 und 1926.

JÜNGSTE UND ÄLTESTE US-OPEN-SIEGER
Vincent Richards (USA) war 15 Jahre und 139 Tage alt, als er 1918 zusammen mit Bill Tilden (USA) das Herrendoppel gewann.

Der jüngste Sieger im Herreneinzel war Pete Sampras (USA), der den Titel 1990 im Alter von 19 Jahren und 28 Tagen gewann.

Die jüngste Siegerin war Tracy Austin (USA), die 1979 mit 16 Jahren und 271 Tagen das Dameneinzel gewann.

Ältester Einzelsieger war William Larned (USA), der 1911 mit 38 Jahren und 242 Tagen das Herreneinzel gewann.

Die älteste Siegerin war Margaret Du Pont (USA), die 1960 im Alter von 42 Jahren und 166 Tagen das gemischte Doppel gewann.

MEISTE SIEGE BEI DEN FRENCH OPEN
Margaret Court gewann von 1962 bis 1973 die Rekordzahl von 13 Titeln: fünf im Einzel, vier im Damendoppel und vier im gemischten Doppel.

⊙ MEISTE HERREN-EINZEL-TITEL IN WIMBLEDON

Pete Sampras (USA) hält mit insgesamt sieben Titeln im Herreneinzel (1993–95 und 1997–2000) den Rekord. Daneben ist er mit einer Gesamtsumme von knapp 80 Mio. DM (bis Ende 1999) auch der absolute Spitzenverdiener unter den Herren.

↓ SCHNELLSTER AUFSCHLAG

Beim ATP Champions' Cup in Indian Wells, Kalifornien (USA), erreichte Greg Rusedskis (GB) Aufschlag am 14. März 1998 die Rekordgeschwindigkeit von 239,8 km/h. Im Damentennis stellte Venus Williams (USA) am 16. Oktober 1998 bei den Europäischen Hallenmeisterschaften in Zürich (CH) mit 205 km/h den Rekord bei den Damen auf.

Den Rekord im Dameneinzel hält Chris Evert (USA) mit sieben Titeln: 1974/75, 1979/80, 1983 und 1985/86.

Rekordhalter bei den Herren ist Henri Cochet (F) mit neun Titeln zwischen 1926 und 1930 (vier im Einzel, drei im Herrendoppel und zwei im gemischten Doppel).

MEISTE SIEGE BEI DEN OFFENEN AUSTRALISCHEN MEISTERSCHAFTEN
Margaret Court gewann die Rekordzahl von 23 Titeln: elf im Dameneinzel (1960–66, 1969–71 und 1973), acht im Damendoppel (1961–63, 1965, 1969–71 und 1973) und vier im gemischten Doppel (1963–65 und 1969).

Roy Emerson (AUS) gewann die Rekordanzahl von sechs Titeln im Herreneinzel: 1961 und 1963–67.

MEISTE SIEGE BEI ATP-TOUR-WELTMEISTERSCHAFTEN
Ivan Lendl (USA) gewann insgesamt fünfmal: 1982, 1983, 1986 (zwei) und 1987, wobei er in neun aufeinander folgenden Jahren das Finale erreichte.

Baseball

⊙ MEISTE SIEGE BEI DER WORLD SERIES

Als Finale zwischen den Siegern der National League (NL) und der American League (AL) wurde die World Series 1903 erstmals und inoffiziell, seit 1905 dann offiziell ausgetragen. Die New York Yankees (AL) brachten es von 1923 bis 1999 auf die Rekordzahl von 25 Siegen. Im Bild oben: Pitcher Roger Clemens von den Yankees.

MEISTE BASEBALLSPIELE

Pete Rose spielte bei 3.562 Baseball-Matches mit und war dabei insgesamt 14.053-mal Batter für die Cincinnati Reds (National League/NL, 1963–78 und 1984–86), die Philadelphia Phillies (NL, 1979–83) und die Montreal Expos (NL, 1984).

Cal Ripken jr. spielte für die Baltimore Orioles (American League/AL) vom 30. Mai 1982 bis zum 19. September 1998 ohne Unterbrechung 2.632-mal.

Maury Wills spielte 1962 in einer einzigen Saison 165-mal für die Los Angeles Dodgers (NL).

MEISTE HOME RUNS

Hank Aaron hält mit 755 Home Runs den Rekord für die Profi-Ligen. Dabei war er 733-mal für die Milwaukee Braves (NL, 1954–65) und die Atlanta Braves (NL, 1966–74) und 22-mal für die Milwaukee Brewers (AL, 1975/76) erfolgreich.

George Herman „Babe" Ruth brachte es bei 8.399 Auftritten als Batter auf 714 Home Runs, eine Rekordquote von 8,5 %.

Mark McGwire erzielte in der Saison 1998 in 162 Spielen für die St. Louis Cardinals (NL) 70 Home Runs.

Sammy Sosa von den Chicago Cubs (NL) hält mit 20 Läufen über alle Bases den Home-Run-Rekord innerhalb eines Monats. Er schaffte dies im Juni 1998.

Zehn Home Runs innerhalb einer Woche gelangen Frank Howard von den Washington Senators (AL) vom 12. bis 18. Mai 1968.

Die meisten aufeinander folgenden Spiele mit Home Runs, jeweils acht, gelangen Dale Long (Pittsburgh Pirates, NL, Mai 1956), Don Mattingly (New York Yankees, AL, Juli 1987) und Ken Griffey jr. (Seattle Mariners, AL, Juli 1993).

MEISTE AUFTRITTE ALS BATTER IN EINER SAISON

Willie Wilson von den Kansas City Royals (AL) war in der Saison 1980 705-mal am Schlag.

MITGLIEDER IM 40/40ER-KLUB

Nur drei Spielern gelangen bisher 40 Home Runs und 40 „Steals" (Vorrücken, „Durchmogeln", bis zur nächsten Base ohne Treffer und ohne Fehler der Gegenpartei) in einer Saison. Dies waren José Canseco (Oakland Athletics, AL, 1988), Barry Bonds (San Francisco Giants, NL, 1996) und Alex Rodriguez (Seattle Mariners, AL, 1998).

MEISTE SPIELE ALS PITCHER

Bis zum 27. April 2000 spielte Jesse Orosco insgesamt 1.093-mal als Pitcher für die New York Mets (NL), die LA Dodgers (NL), die Cleveland Indians (AL), die Milwaukee Brewers (AL), die Baltimore Orioles (AL) und die St. Louis Cardinals (NL).

MEISTE VON EINEM PITCHER GEWONNENE SPIELE

Cy Young entschied als Pitcher 511 Spiele, insgesamt brachte er es in seiner Baseball-Karriere auf 749 Spiele für Cleveland (NL, 1890–98), St. Louis (NL, 1899–1900), Boston (AL, 1901–08), Cleveland (AL, 1909–11) und Boston (NL, 1911). Dabei kam er auf die Rekordzahl von 7.356 Innings.

Carl Hubbell warf die New York Giants (AL) zu einer Rekordserie von 24 aufeinander folgenden Siegen, 16 in der Saison 1936, acht im darauf folgenden Jahr.

MEISTE AUFEINANDER FOLGENDE INNINGS OHNE PUNKT

Orel Hershiser, Pitcher bei den LA Dodgers (NL), brachte es vom 30. August bis 28. September

⊙ LÄNGSTER HOME RUN

Der Rekord für den längsten bei einem Profi-Spiel gemessenen Home Run steht auf 193 m. Er gelang Mickey Mantle von den New York Yankees beim Spiel gegen die Detroit Tigers (AL) am 10. September 1960 im Briggs Stadium in Detroit (Michigan).

1988 auf die Rekordzahl von 59 Innings nacheinander ohne Punkterfolg.

BESTE SPIELER BEI DER WORLD SERIES
Drei Baseballer erhielten bisher zweimal die Auszeichnung als bester Spieler (most valuable player) bei der World Series, der Profi-WM: Sandy Koufax (LA Dodgers, NL, 1963 und 1965), Bob Gibson (St. Louis Cardinals, NL, 1964 und 1967) und Reggie Jackson (Oakland Athletics, AL, 1973 bzw. New York Yankees, AL, 1977).

JÜNGSTE SPIELER
Joseph Henry Nuxhall spielte im Juni 1944 im Alter von 15 Jahren 314 Tagen einmal für die Cincinnati Reds (NL). Bis 1952 spielte er dann nicht mehr in der National League.

Der jüngste Spieler in einer World Series war Fred Lindstrom. Mit 18 Jahren 339 Tagen machte er am 24. Oktober 1924 sein erstes WM-Spiel für die New York Giants (NL).

ÄLTESTE SPIELER
Leroy „Satchel" Paige spielte mit 59 Jahren 80 Tagen am 25. September 1965 als Pitcher für die Kansas City Athletics (AL).

Der älteste Spieler in einer World Series war mit 47 Jahren 91 Tagen am 4. Oktober 1930 Jack Quinn von den Philadelphia Athletics.

MEISTE TITEL IN DER NATIONAL LEAGUE
Die meisten Titel in der National League, insgesamt 18, sammelten die LA Dodgers (früher als Brooklyn Robins und Brooklyn Dodgers).

LÄNGSTE SPIELE
Die Brooklyn Dodgers (NL) und die Boston Braves (NL) trennten sich am 1. Mai 1920 nach 26 Innings mit einem 1:1-Unentschieden.

Die Chicago White Sox (AL) und die Milwaukee Brewers halten den Rekord für die längste Spielzeit: 8 Stunden 6 Minuten waren die Mannschaften am 9. Mai 1984 auf dem Platz, bis es dann im 25. Inning 7:6 für Chicago hieß.

↓ MEISTE OLYMPIASIEGE
Baseball ist seit 1992 eine offizielle olympische Sportart. Die Goldmedaillen 1992 und 1996 gingen beide an Kuba, das von 1939 bis 1998 auch die Rekordzahl von 22 Weltcup-Siegen gesammelt hat.

Ballspiele 1

MEISTE VOLLEYBALL-WM-TITEL
Die Herrenmannschaft der UdSSR hat sechs Volleyball-Weltmeistertitel gewonnen: 1949, 1952, 1960, 1962, 1978 und 1982.

Die Damenmannschaft der UdSSR gewann fünf WM-Titel: 1952, 1956, 1960, 1970 und 1990.

MEISTE VOLLEYBALL-OLYMPIASIEGE
Die UdSSR erreichte die Rekordzahl von vier Olympiasiegen bei den Frauen (1968, 1972, 1980 und 1988) und von drei Titelgewinnen bei den Männern (1964, 1968 und 1980).

MEISTE OLYMPISCHE MEDAILLEN IM VOLLEYBALL
Die einzige Volleyballspielerin, die vier olympische Medaillen gewann, ist Inna Ryskal (UdSSR). 1964 und 1976 gewann sie Silber, 1968 und 1972 Gold.

Drei Spieler sind dreifache Medaillengewinner bei den Männern: Jurij Pojarkow (UdSSR; Gold 1964 und 1968, Bronze 1972), Katsutoshi Nekoda (JAP; Gold 1972, Silber 1968, Bronze 1964) und Steve Timmons (USA; Gold 1984 und 1988, Bronze 1992).

MEISTE AVP-BEACHVOLLEYBALL-TURNIERSIEGE
Karch Kiraly (USA) hatte bis zum Abschluss der Saison 1999 die Rekordzahl von 141 AVP(Association of Volleyball Professionals)-Turnieren gewonnen. Bis zum April 2000 hatte er insgesamt 5.773.451 DM Prämiengelder eingespielt.

⊙ MEISTE HANDBALL-WM-TITEL
Jeweils vier Hallenhandball-WM-Titel bei den Männern gewannen Schweden (1954, 1958, 1990 und 1999) und Rumänien (1961, 1964, 1970 und 1974). Das Deutsche Reich bzw. die Bundesrepublik Deutschland gewann zwischen 1938 und 1966 fünfmal den Feldhandball-Titel. Das Bild zeigt einen schwedischen Spieler (links) in einer Szene des Finales von 1999 gegen Kroatien.

MEISTE NETBALL-LÄNDERSPIELE
Kendra Slawinski (GB) brachte es zwischen 1981 und 1995 auf die Rekordzahl von 128 Netball-Länderspielen.

MEISTE FRAUENHANDBALL-WELTMEISTERTITEL
Jeweils drei Weltmeistertitel im Frauenhandball erspielten sich Rumänien (Feld 1956 und 1960, Halle 1962), die DDR (Halle 1971, 1975 und 1978) und die UdSSR (Halle 1982, 1986 und 1990).

MEISTE HANDBALL-OLYMPIASIEGE
Die UdSSR erreichte bei den Männern die Rekordzahl von drei Olympiasiegen: 1976, 1988 und 1992 (zuletzt als GUS-Mannschaft).

Jeweils zwei Olympiasiege bei den Frauen erspielten sich die UdSSR (1976 und 1980) und Südkorea (1988 und 1992).

HÖCHSTE TORZAHL BEI HANDBALL-LÄNDERSPIELEN
Die meisten Tore in einem Handball-Länderspiel fielen im August 1981 beim 86:2-Sieg der UdSSR gegen Afghanistan beim „Turnier befreundeter Armeen" in Miskolc (H).

MEISTE KORFBALL-WELTMEISTERTITEL
Fünffacher Titelgewinner bei Korfball-Weltmeisterschaften sind die Niederlande: 1978, 1984, 1987, 1995 und 1999.

HÖCHSTES KORFBALL-ERGEBNIS
Die höchste Punktzahl einer Mannschaft in einem WM-Turnier erreichten die Niederlande beim 23:11-Sieg gegen Belgien 1999.

GRÖSSTES KORFBALL-TURNIER
Die Rekordzahl von 1.796 Spielern nahm am 12. Juni 1999 am internationalen Kom Keukens/Ten Donck-Jugendkorfballturnier in Ridderkerk (NL) teil.

MEISTE AUSTRALIAN-FOOTBALL-MEISTERTITEL
Die Mannschaft von Carlton sammelte zwischen 1906 und 1995 die Rekordzahl von 16 Ti-

⊙ MEISTE NETBALL-WELTMEISTERTITEL
Australien ist mit acht Erfolgen Rekordweltmeister. Die australische Auswahl gewann 1963, 1971, 1975, 1979, 1983, 1991, 1995 und 1999. Das Bild zeigt Liz Ellis (AUS, links) und Alex Astle (England) in einer Szene aus dem Halbfinale von 1999.

teln in der Australischen Football-Liga (AFL).

MEISTE TORE IN EINER AFL-SAISON
Auf jeweils 150 Tore in einer AFL-Saison brachten es Bob Pratt (Süd-Melbourne, 1934) und Peter Hudson (Hawthorn, 1971).

MEISTE AFL-SPIELE
Michael Tuck (Hawthorn) absolvierte zwischen 1972 und 1991 die Rekordzahl von 426 Spielen in der AFL.

MEISTE TENPIN-BOWLING-WM-TITEL
Der 1965 erstmals ausgetragene Bowling-Weltcup wird jährlich zwischen den Landesmeistern des internationalen Verbandes FIQ (Fédération Internationale des Quilleurs) entschieden. Paeng Nepomuceno (RP) ist mit vier Siegen Rekordtitelträger (1976, 1980, 1992 und 1996).

MEISTE PROFIBOWLING-WM-TITEL
Earl Anthony (USA) gewann die Rekordzahl von 41 Weltmeistertiteln des Profibowling-Verbands PBA.

LÄNGSTES MARATHON-BOWLING
Thomas Becker (USA) erspielte sich am 28. Februar/1. März 1999 mit 24 Stunden 41 Minuten in den Brunswick Superbowl Lanes in Littleton (Colorado/USA) den Marathon-Bowling-Weltrekord.

MEISTE WELTMEISTERSCHAFTEN IM GREEN GRASS BOWLING
Schottland hat die Leonard-Trophy bisher viermal gewonnen: 1972, 1984, 1992 und 1996. David Bryant (GB) erspielte sich sechs Weltmeistertitel: drei im Einzel (1966, 1980 und 1988), einen Titel mit dem Dreierteam (1980) und zweimal die Leonard-Trophy (1980 und 1988).

Margaret Johnston (IRL) ist mit fünf Erfolgen Rekord-Titelträgerin bei den Frauen: im Einzel 1992 und 2000 und im Doppel 1988, 1992 und 1996. Ebenfalls zwei Einzeltitel gewann Elsie Wilke (NZ, 1969 und 1974).

David Bryant und Tony Allcock gewannen sechs Doppeltitel: 1986, 1987 und von 1989 bis 1992.

HÖCHSTE SIEGE BEIM GREEN GRASS BOWLING
Der höchste Sieg in einem Match von Vierer-Mannschaften (21 Durchgänge) ist der 67:5-Erfolg des Sorrento-Bowling-Club gegen Sportsmans (beide AUS) in Duncraig (Westaustralien) am 14. März 1998.

Der höchste Sieg in einer internationalen Begegnung ist der 63:1-Erfolg von Swasiland gegen Japan am 16. Januar 1980 in einem WM-Spiel in Melbourne (AUS).

↓ MEISTE TORE IN EINER AFL-KARRIERE
Tony Lockett (rechts im Bild) erzielte während seiner Karriere in der AFL von 1983 bis 1999 die Rekordzahl von 1.357 Treffern. Die Szene mit Nathan Burke stammt aus dem 11. Spiel der Saison 1999, als Lockett mit Sydney gegen St. Kilda spielte.

Ballspiele 2

⊙ SCHNELLSTER BALL IN ALLEN SPIELEN

Die höchste gemessene Geschwindigkeit, die jemals ein Ball in irgendeinem Ballspiel erreichte, waren die 302 km/h eines Pelota-Balles. Dies entspricht etwa der dokumentierten Geschwindigkeit von 273 km/h eines Golfballes beim Abschlag.

MEISTE PELOTA-WM-TITEL
Der Internationale Pelota-Verband, die Federación Internacional de Pelota Vasca, veranstaltet seit 1952 eine WM. Rekord-Titelträger sind mit jeweils sieben Erfolgen Juan Labat (ARG; 1952–66) und Riccardo Bizzozero (ARG; 1970–82).

Das erfolgreichste Doppel bildeten Juan Labat und Roberto Elías (ARG), die bei der Trinquete Share viermal erfolgreich waren: 1952, 1958, 1962 und 1966.

Die meisten Siege im Long-Court-Spiel Cesta Punta erreichte José Hamuy (MEX): Mit zwei verschiedenen Partnern gewann er 1958, 1962 und 1966.

MEISTE SQUASH-WM-TITEL
Jahangir Khan (PK) gewann sechs Titel bei den World Open, der Profi-WM: von 1981 bis 1985 sowie 1988. Außerdem gewann er drei WM-Einzeltitel nach den Regeln der International Squash Rackets Federation: 1979, 1983 und 1985.

Susan Devoy (NZ) gewann die Rekordzahl von vier Titeln bei World-Open-Turnieren: 1985, 1987, 1990 und 1992.

Jeweils sechs Mannschafts-WM-Titel bei den Männern gewannen Australien (1967, 1969, 1971, 1973, 1989 und 1991) und Pakistan (1977, 1981, 1983, 1985, 1987 und 1993).

Ebenfalls sechs Mannschafts-WM-Titel erspielte sich die australische Frauen-Mannschaft: 1981, 1983, 1992, 1994, 1996 und 1998.

KÜRZESTES SQUASH-MEISTERSCHAFTSSPIEL
Bei den British Open benötigte Philip Kenyon (GB) am 9. April 1992 für seinen Sieg über Salah Nadi (ET) nur 6 Minuten 37 Sekunden. Das im Lamb's Squash Club in London ausgetragene Spiel endete 9:0, 9:0, 9:0.

LÄNGSTES SQUASH-MEISTERSCHAFTSSPIEL
Das längste Meisterschaftsspiel aller Zeiten dauerte 2 Stunden 45 Minuten. Jahangir Khan (PK) besiegte Gamal Awad (ET) am 30. März 1983 im Finale des Patrick International Festival in Chichester (GB) mit 9:10, 9:5, 9:7 und 9:2. Allein der erste Satz ging über die Rekordzeit von 71 Minuten.

SCHNELLSTER SQUASHBALL
Roy Buckland (GB) schlug bei einer Testreihe im Wimbledon Squash and Badminton Club in London mit der Rekordgeschwindigkeit von 232,7 km/h auf. Die Anfangsgeschwindigkeit des Balles im Augenblick des Schlags lag sogar bei 242,6 km/h.

MEISTE TISCHTENNIS-WM-TITEL
Die Rekordzahl von 13 Mannschafts-WM-Titeln bei den Frauen (den Marcel-Corbillon-Cup) sammelte China: 1965, 1975, 1977, 1979, 1981, 1983, 1985, 1987, 1989, 1993, 1995, 1997 und 2000.

Die meisten Männer-Mannschaftstitel (den Swaythling-Cup), jeweils 12, sicherten sich Ungarn (1926, 1928-31, 1933 [zwei Titel], 1935, 1938, 1949, 1952, 1979) und China (1961, 1963, 1965, 1971, 1975, 1977, 1981, 1983, 1985, 1987, 1995 und 1997).

MEISTE RACKETBALL-WM-TITEL
Racketball-Weltmeisterschaften, die auf der US-Version Racquetball basieren, wurden erstmals 1981 und seit 1984 alle zwei Jahre ausgetragen. Die USA gewannen dabei die Rekordzahl von neun Mannschaftstiteln: 1981, 1984, 1986 (gemeinsam mit Kanada), 1988, 1990, 1992, 1994, 1996 und 1998.

MEISTE HOCKEY-LÄNDERSPIELE
Jacques Brinkmann absolvierte bis zum Januar 2000 die Rekordzahl von 316 Hockey-Länderspielen für die Niederlande.

HÖCHSTE HOCKEY-ERGEBNISSE
Der höchste Sieg in einem Hockey-Länderspiel bei den Männern gelang Indien, das die USA beim Olympischen Turnier in Los Angeles (USA) 1932 mit 24:1 Toren besiegte.

Die englische Frauen-Nationalmannschaft besiegte Frankreich am 3. Februar 1923 in London (GB) mit 23:0.

MEISTE HOCKEY-LÄNDERSPIELTORE
Paul Litjens (NL) schoss in 177 Länderspielen 267 Tore.

MEISTE ROLLHOCKEY-WM-TITEL
Portugal gewann von 1947 bis 1993 14 Rollhockey-WM-Titeln.

⊙ MEISTE WORLD-OPEN-TITEL IM SQUASH

Jansher Khan (PK) sammelte die Rekordzahl von acht Titeln bei Squash-World-Open, der Profi-WM: Er gewann 1987, 1989, 1990 und von 1992 bis 1996.

⊙ MEISTE LACROSSE-LÄNDERSPIELE

Vivien Jones brachte es zwischen 1977 und 1999 auf 99 Länderspiele. Sie spielte 87-mal für Wales, neunmal für die Keltische Auswahl und dreimal für Großbritannien.

HÖCHSTE SIEGE BEIM LACROSSE

Den höchsten Sieg in einer internationalen Lacrosse-Begegnung der Frauen verbuchte das irisch-britische Team, das bei einer USA-Tournee 1967 die Auswahl von Long Island mit 40:0 besiegte.

Den Rekordsieg in einem Weltcup-Match der Männer spielte am 25. Juli 1994 in Greater Manchester (GB) die schottische Auswahl heraus. Sie besiegte Deutschland mit 34:3.

Das höchste Ergebnis in der Weltcup Premier Division erzielten die USA beim 33:2-Sieg gegen Japan in Greater Manchester (GB) am 21. Juli 1994.

MEISTE POOL-BILLARD-WM-TITEL

Ralph Greenleaf (USA) erspielte sich von 1919 bis 1937 die Rekordzahl von 19 WM-Titeln im professionellen Pool-Billard.

SCHNELLSTES POOL-SPIEL

Dave Pearson (GB) stellte am 4. April 1997 in Pepper's Bar and Grill in Windsor (CDN) einen Pool-Geschwindigkeitsrekord auf: In nur 26,5 Sekunden versenkte er alle 15 Kugeln.

Den Rekord bei den Frauen hält mit 37,07 Sekunden Susan Thompson (GB), aufgestellt hat sie ihn im Phoenix Pool & Snooker Club in Wallasey (GB) am 1. Dezember 1996.

HÖCHSTE SNOOKER-SERIE

Tony Drago (Malta) gelang in einem Training unter Zeugen am 1. Februar 1995 im Londoner Stadtteil West Norwood eine Serie von 149 Punkten. Dieselbe Leistung schaffte Eddie Manning (GB) am 19. Mai 1997 im Willie Thorne Snooker Centre in Leicester (GB). Zu beiden Serien gehörte eine freie Kugel, die für ein „Extra-Rot" mit allen 15 roten Kugeln sorgte.

Das einzige bisher dokumentierte „16-Rot"-Einlochen in einem Wettkampf gelang Steve James (GB), der am 14. April 1990 bei der Profi-WM in Sheffield (GB) gegen Alex Higgins (GB) eine 135-Punkte-Serie schaffte.

← MEISTE OLYMPISCHE TISCHTENNIS-GOLDMEDAILLEN

Deng Yaping (CHN) gewann bei den Olympischen Spielen 1992 und 1996 vier Tischtennis-Goldmedaillen, je zwei im Frauen-Einzel und (mit Qiao Hang) im Doppel. Den olympischen Rekord bei den Männern hält Lui Guoliang (CHN): Er gewann 1996 im Einzel und (mit Kong Linhui) im Doppel.

Leichtathletik 1

MEISTE OLYMPISCHE GOLDMEDAILLEN
Zehn olympische Goldmedaillen gewann Raymond Ewry (USA) im Hochsprung aus dem Stand sowie im Weit- und Dreisprung bei den Spielen von 1900, 1904, 1906 und 1908.

Vier Frauen gewannen jeweils vier Goldmedaillen: Fanny Blankers-Koen (NL) über 100 m, 200 m, 80-m-Hürden und in der 4 x 100-m-Staffel im Jahr 1948; Betty Cuthbert (AUS) 1956 über 100 m, 200 m und in der 4 x 100-m-Staffel, 1964 über 400 m; Bärbel Wöckel (DDR) 1976 und 1980 jeweils über 200 m und in der 4 x 100-m-Staffel; schließlich Evelyn Ashford (USA) 1984 über 100 m und 1984, 1988 und 1992 jeweils mit der 4 x 100-m-Staffel.

MEISTE SIEGE BEI OLYMPISCHEN SPIELEN
Fünf Goldmedaillen erlief sich bei den Spielen von 1924 der Finne Paavo Nurmi: über 1.500 m, 5.000, 10.000 m querfeldein (Einzel- und Mannschaftstitel) und im 3.000-m-Mannschaftslauf.

Die meisten Goldmedaillen in Einzelwettbewerben gewann im Jahr 1900 Alvin Kraenzlein (USA): über 60 m, 110-m-Hürden, 200-m-Hürden und im Weitsprung.

MEISTE WELTMEISTERSCHAFTSMEDAILLEN
Insgesamt 14 Medaillen bei Leichtathletik-Weltmeisterschaften gewann Merlene Ottey (JA). Zwischen 1983 und 1997 holte sie sich dreimal Gold, fünfmal Silber und siebenmal Bronze.

Medaillenrekord-Inhaber bei den Männern (zehn) ist Carl Lewis (USA). Er gewann achtmal Gold (100 m, Weitsprung, 4 x 100-m-Staffel 1983 und 1987; 100 m und 4 x 100-m-Staffel 1991) und je einmal Silber (Weitsprung, 1991) und Bronze (200 m, 1993).

⊙ 200- UND 400-M-WELTREKORD
Michael Johnson (USA) ist Inhaber der Weltrekorde für die 200 m (19,32 Sekunden am 1. August 1996 in Atlanta, USA) und die 400 m. Auf dieser Strecke lief er die Bestzeit sowohl in der Halle (44,63 Sekunden in Atlanta am 4. März 1995) als auch im Stadion (43,18 Sekunden in Sevilla/E am 26. August 1999).

⊙ STUNDEN-WELTREKORD
Tegla Loroupe (EAK) legte am 7. August 1998 in Bergholzhausen (D) in einer Stunde 18.340 m zurück. Den Männer-Weltrekord hält mit 21.101 m, gelaufen am 30. März 1991 in La Flèche (F), Artur Barrios (früher MEX, jetzt USA).

MEISTE REKORDE AN EINEM TAG
Jesse Owens (USA) stellte am 25. Mai 1935 in Ann Arbor (USA) innerhalb von 45 Minuten sechs neue Weltrekorde auf. Um 15.15 Uhr lief er die 100 yd in 9,4 Sekunden, um 15.25 Uhr sprang er 8,13 m weit, um 15.45 Uhr lief er die 220 yd (gilt auch für die 200-m-Strecke) in 20,3 Sekunden und um 16 Uhr beendete er die Rekordserie mit einem Lauf über 220-yd-Hürden in 22,6 Sekunden.

LÄNGSTE SIEGESSERIE
Rekord-Seriensieger bei Laufwettbewerben ist Edwin Moses (USA). Er gewann vom August 1977 bis zum Juni 1987 122-mal über die 400-m-Hürden.

SCHNELLSTE MASSEN-STAFFELN
Den Rekord für eine 100 x 100-m-Staffel stellte mit 19 Minuten 14,19 Sekunden ein Team aus Antwerpen am 23. September 1989 in Merksem (B) auf

7 Stunden 35 Minuten 55,4 Sekunden benötigte die 100 x 1-Meile-Staffel des Canadian Milers Athletic Club am 20. Dezember 1998 für ihren Rekord an der York University in Toronto (CDN).

Der Rekord für eine Staffel von 211 Läufern über die Marathon-Strecke (210-mal 200 m, einmal 195 m) liegt bei 1 Stunde 38 Minuten 50,97 Sekunden, aufgestellt von einer Mannschaft der High School Sport Federation aus der Präfektur Kanagawa am 5. Mai 1998 im Hiratsuka-Stadion (J).

SCHNELLSTER FRAUEN-MARATHONLAUF
Tegla Loroupe (EAK) hält mit 2 Stunden 20 Minuten 43 Sekunden, gelaufen beim Berlin-Marathon am 26. September 1999, den Marathon-Weltrekord der Frauen.

ÄLTESTER MARATHONLAUF
Der Boston Marathon ist der älteste große Marathonlauf der Welt. Bei der ersten Veranstaltung am 19. April 1897 führte er über eine Strecke von 39 km. John A. Kelley (USA) kam von 1928 bis 1992 insgesamt 61-mal ins Ziel und gewann den Lauf 1933 und 1945.

HÖCHSTER MARATHONLAUF
Der alle zwei Jahre und erstmals am 27. November 1987 ausgetragene Everest-Marathon in Nepal ist der höchste Marathonlauf der Welt. Der Start in Gorak Shep liegt auf 5.212 m Höhe, das Ziel in Namche Bazar ist 3.444 m hoch. Die Bestzeiten halten Hari Roka (NEP) mit 3 Stunden 56 Minuten 10 Sekunden (1999) und Anne Stentiford (GB) mit 5 Stunden 16 Minuten 3 Sekunden (1997).

→ SCHNELLSTER MARATHONLAUF
Khalid Khannouchi (MAR) lief am 24. Oktober 1999 beim Marathon in Chicago (USA) nach 2 Stunden 5 Minuten 42 Sekunden ins Ziel. Damit verbesserte er den Rekord von Ronaldo da Costa (BRA) um 23 Sekunden.

GRÖSSTER MARATHONLAUF
Die Rekordzahl von 38.706 Teilnehmern erreichte bei der 100. Auflage des Boston Marathon am 15. April 1996 in Boston (USA) das Ziel.

MEISTE MARATHON-ZIELANKÜNFTE
Horst Preisler (D) erreichte zwischen 1974 und März 2000 bei 949 Marathonläufen das Ziel.

SCHNELLSTE MARATHONSERIE AUF ALLEN KONTINENTEN
Tim Rogers (GB) kam bei Marathonläufen auf allen sieben Erdteilen innerhalb von 99 Tagen zwischen dem 13. Februar und dem 23. Mai 1999 ins Ziel. Er begann mit dem Antarctica Marathon auf der König-Jorge-Insel (Antarktis), es folgten Läufe in den USA (Nord- und Mittelamerika), Südafrika (Afrika), Frankreich (Europa), Brasilien (Südamerika) und Hongkong (Asien) und zum Abschluss ein Lauf in Huntly (NZ, Australien/Ozeanien).

Kimi Puntillo (USA) brauchte vom 3. November 1996 bis zum 4. Oktober 1998 700 Tage für ihre Marathonserie auf sieben Kontinenten. Sie begann mit dem New York Marathon und lief dann beim Antarctica Marathon, in London, Nepal, Tansania und Sydney, zuletzt dann in Argentinien.

SCHNELLSTE HALBMARATHONLÄUFE
Die Weltbestzeit über die regelgerecht vermessene Halbmarathonstrecke hält mit 59 Minuten 5 Sekunden Paul Tergat (EAK). Er lief diese Zeit am 26. März 2000 in Lissabon (P).

Den Halbmarathonrekord der Frauen, aufgestellt am 19. April 1997 in Tokio (J), hält mit 66 Minuten 43 Sekunden Masako Chika (J).

Leichtathletik 2

ÄLTESTE MEDAILLENGEWINNER IN DER OLYMPISCHEN LEICHTATHLETIK
Patrick „Babe" Macdonald (USA) war 42 Jahre 26 Tage alt, als er bei den Olympischen Spielen in Antwerpen (B) 1920 das Gewichteweitwerfen (25 kg) gewann.

Der älteste Medaillengewinner in der Leichtathletik überhaupt war Tebbs Lloyd Johnson (GB). Er war 48 Jahre 115 Tage alt, als er 1948 in London die Bronzemedaille im 50-km-Gehen gewann.

Dana Zátopeková (CSSR) war 37 Jahre 348 Tage alt, als sie 1960 in Rom die Silbermedaille im Speerwerfen gewann.

JÜNGSTE LEICHTATHLETIK-OLYMPIASIEGER
Barbara Jones (USA) war mit 15 Jahren 123 Tagen die jüngste Olympiasiegerin in der Frauen-Leichtathletik. Sie lief im Juli 1952 in Helsinki (FIN) in der siegreichen 4 x 100-m-Staffel der USA.

Jüngster Olympiasieger bei den Männern war Bob Mathias (USA), mit 17 Jahren 263 Tagen Zehnkampfsieger bei den Spielen 1948 in London (GB).

JÜNGSTE UND ÄLTESTE LEICHTATHLETIK-WELTREKORDLER
Wang Yan (CHN) stellte im Alter von 14 Jahren 334 Tagen am 9. März 1986 einen neuen Weltrekord im 5-km-Gehen auf. Ihre Zeit: 21 Minuten 33,8 Sekunden.

Thomas Ray (GB) übersprang im Alter von 17 Jahren 198 Tagen am 19. September 1879 die neue Stabhochsprung-Weltrekordhöhe von 3,42 m.

Marina Stjepanowa (UdSSR) lief mit 36 Jahren 139 Tagen am 17. September 1986 in Taschkent (UdSSR, heute Usbekistan) die 400-m-Hürden in 52,49 Sekunden.

Gerhard Weidner (D) stellte am 24. Mai 1974 mit 41 Jahren 71 Tagen in Hamburg (D) einen neuen Weltrekord im 20-Meilen-Gehen auf.

MEISTE TRIATHLON-WELTMEISTERTITEL
Vier Triathlon-WM-Titel gewann Simon Lessing (GB): 1992, 1995, 1996 und 1998.

Den WM-Titel bei den Frauen gewannen je zweimal: Michelle Jones (AUS, 1992 und 1993), Karen Smyers (USA, 1990 und 1995) und Emma Carney (AUS, 1994 und 1997).

Eine inoffizielle Triathlon-WM wird seit 1982 in Nizza (F) ausgetragen. Die Strecke besteht aus 4.000 m Schwimmen (vor 1988: 3.200 m), 120 km Radfahren und einem 32-km-Lauf. Mark Allen (USA) ist mit zehn Erfolgen Rekordsieger bei den Männern. Er gewann 1982 bis 1986 sowie 1989 bis 1993.

Bei den Frauen gewann Paula Newby-Fraser (ZW) diesen Wettbewerb von 1989 bis 1992 viermal.

BESTZEITEN BEI DER TRIATHLON-WM
Die Bestzeit bei einer Triathlon-WM hält Simon Lessing (GB). Er gewann 1996 in Cleveland (USA)

⊙ ZEHNKAMPF-WELTREKORD
Tomas Dvorak (CZ) erreichte bei einem Zehnkampf in Prag (CZ) am 3./4. Juli 1999 die Rekordzahl von 8.994 Punkten. Das Bild zeigt ihn beim Kugelstoßen, das er mit einer Bestweite von 16,76 m abschloss.

⊙ SPEERWURF-WELTREKORDE
Mirela Manjani-Tzelili (GR) warf den Speer am 28. August 1999 in Sevilla (E) auf die Rekordweite von 67.09 m. Den Männer-Weltrekord verbesserte Jan Zelezny (CZ) am 25. Mai 1996 in Jena (D) auf 98.48 m.

in 1 Stunde 39 Minuten 50 Sekunden.

Die schnellste WM-Zeit bei den Frauen stellte Jackie Gallagher (USA) ebenfalls 1996 in Cleveland auf: Sie kam nach 1 Stunde 50 Minuten 52 Sekunden ins Ziel.

Die Bestzeiten bei der inoffiziellen Weltmeisterschaft halten Mark Allen (USA) mit 5 Stunden 46 Minuten 10 Sekunden (1986) und Erin Baker (NZ) mit 6 Stunden 27 Minuten 6 Sekunden (1988).

LÄNGSTER TRIATHLON
David Holleran (AUS) brachte in 17 Tagen 22 Stunden 50 Minuten vom 21. März bis 8. April 1998 einen Rekord-Triathlon von 2.542 km hinter sich. Dieser bestand aus 42 km Schwimmen, 2.000 km Radfahren und 500 km Laufen.

FÜNFKAMPF-HALLENWELTREKORD
Den Hallen-Fünfkampfweltrekord verbesserte Irina Belowa (GUS) am 14./15. Februar 1992 in Berlin (D) auf 4.991 Punkte. Ihre Einzelleistungen: 60 m in 8,22 Sekunden, Hochsprung 1,93 m, Kugelstoßen 13,25 m, Weitsprung 6,67 m und 800-m-Lauf 2 Minuten 8,51 Sekunden.

SIEBENKAMPF-WELTREKORD
Jackie Joyner-Kersee (USA) stellte bei den Olympischen Spielen in Seoul am 23./24. September 1988 mit 7.219 Punkten einen Weltrekord im Siebenkampf auf. Ihre Ergebnisse: 100-m-Hürden 12,69 Sekunden, Hochsprung 1,86 m, Kugelstoßen 15,80 m, 200-m-Lauf 22,56 Sekunden, Weitsprung 7,27 m, Speerwerfen 45,66 m und 800-m-Lauf 2 Minuten 8,51 Sekunden.

Den Siebenkampf-Weltrekord bei den Männern hält Dan O'Brien (USA). Am 13./14. März 1993 erreichte er in Toronto (CDN) 6.476 Punkte. Seine Ergebnisse: 60-m-Lauf 6,67 Sekunden, Weitsprung 7,84 m, Kugelstoßen 16,02 m, Hochsprung 2,13 m, 60-m-Hürden 7,85 Sekunden, Stabhochsprung 5,20 m, 1000-m-Lauf 2 Minuten 57,96 Sekunden.

STABHOCHSPRUNG-WELTREKORDE
Sergej Bubka (UA) hält beide Stabhochsprung-Bestleistungen. In der Halle schaffte er am 21. Februar 1993 in Donezk (UA) 6,15 m, im Stadion übersprang er am 31. Juli 1994 in Setriere (I) 6,14 m.

Stacey Dragila (USA) ist Doppelweltrekordlerin bei den Frauen. Ihre Hallen-Bestleistung liegt bei 4,62 m (aufgestellt am 3. März 2000 in Atlanta/USA), der Freiluftrekord bei 4,60 m (am 21. August 1999 in Sevilla/E).

HAMMERWURF-WELTREKORD
Jurij Sedych (UdSSR) schleuderte am 30. August 1986 in Stuttgart (D) den Hammer auf die Weltrekordweite von 86,74 m.

Den Frauen-Weltrekord verbesserte Mihaela Melinte (RO) am 29. August 1999 in Rudlingen (D) auf 76,07 m.

STANDHOCHSPRUNG-REKORD
Rune Almen (S) erreichte am 3. Mai 1980 in Karlstad (SWE) die Rekordhöhe von 1,90 m im Standhochsprung.

Die Frauenbestleistung in dieser Disziplin hält mit 1,52 m seit 1984 Grete Bjødalsbakka (N).

STANDWEITSPRUNG-REKORD
Arne Tvervaag (N) sprang 1968 aus dem Stand 3,71 m weit.

Annelin Mannes (N) erreichte am 7. März 1981 die Frauen-Rekordweite von 2,92 m.

← DREISPRUNG-HALLENWELTREKORDE
Ashia Hansen (GB) sprang am 28. Februar 1998 in Valencia (E) die Hallenbestweite von 15.16 m. Alliacer Urrutia (C) ist mit 17.83 m Hallenweltrekordler bei den Männern.

Gymnastik & Gewichtheben

MEISTE OLYMPISCHE MEDAILLEN IM GEWICHTHEBEN
Norbert Schemansky (USA) gewann vier olympische Medaillen im Gewichtheben: Gold im Mittelschwergewicht 1952, Silber im Schwergewicht 1948 und Bronze im Schwergewicht 1960 und 1964.

Naim Suleymanoglü (TR) gewann drei Goldmedaillen: 1988 und 1992 im Federgewicht (bis 60 kg), 1996 im Leichtgewicht (bis 64 kg).

MEISTE OLYMPIATEILNAHMEN IM GEWICHTHEBEN
Imre Földi (H) nahm im Bantamgewicht (bis 56 kg) an allen fünf Olympischen Spielen von 1960 bis 1976 teil. 1972 gewann er die Goldmedaille.

MEISTE WELTMEISTERTITEL IM GEWICHTHEBEN
Naim Suleymanoglü (TR) gewann zehn Weltmeistertitel (Olympiasiege inklusive): 1985, 1986, 1988, 1989 und von 1991 bis 1996. Aus einer türkischen Familie in Bulgarien stammend, wurde er gezwungen, mit einem bulgarischen Nachnamen aufzutreten, und ging bis zu seiner Flucht in die Türkei 1986 als Suleimanow an den Start. Nach seiner Flucht wurde er ein Jahr lang für internationale Wettbewerbe gesperrt und startete anschließend bis zu seinem Rücktritt 1997 für die Türkei.

⊙ WELTREKORD IM REISSEN
206 kg im Reißen schaffte Hossein Rezazadeh (IR) am 28. November 1999 in Athen (GR) in der Gewichtheber-Klasse über 105 kg. Der 21-jährige Athlet ist erst der vierte Iraner, der im Männer-Gewichtheben einen Weltrekord aufstellte.

⊙ GEWICHTHEBER-WELTREKORD IM BANTAMGEWICHT
Der Bantamgewichtler Halil Mutlu (TR) stemmte bei seinem Weltrekord am 22. November 1999 in Athen (GR) 302,5 kg im Zweikampf. Dabei stellte er mit 137,5 kg auch einen neuen Rekord im Reißen auf. Er hält außerdem mit 166,5 kg (aufgestellt am 25. April 2000 in Sofia, BG) auch den Weltrekord im Stoßen.

MEISTE MEDAILLEN IM FRAUEN-GEWICHTHEBEN
Li Hongyun (CHN) gewann von 1992 bis 1996 die Rekordzahl von 13 Medaillen in der 60/64-kg-Klasse.

JÜNGSTER WELTREKORDLER IM GEWICHTHEBEN
Naim Suleimanow (BG, ab 1988 Naim Suleymanoglü TR, s.o.) war erst 16 Jahre 62 Tage alt, als er am 26. März 1983 in Allentown (USA) zwei neue Weltrekorde im Bantamgewicht aufstellte: 160 kg im Stoßen und 285 kg im Zweikampf.

ÄLTESTER WELTREKORDLER IM GEWICHTHEBEN
Norbert Schemansky (USA) war 37 Jahre 333 Tage alt, als er 1962 in Detroit (USA) in der damals offenen Schwergewichtsklasse im Reißen 164 kg zur Hochstrecke brachte.

MEISTE GEWICHTHEBER-REKORDE
Wassilij Alexejew (UdSSR) stellte vom 24. Januar 1970 bis zum 1. November 1977 80 offizielle Weltrekorde auf. 1972 und 1976 gewann er im Superschwergewicht olympisches Gold.

MEISTE WM-TITEL IM KRAFTDREIKAMPF
Hideaki Inaba (J) ist Kraftdreikampf-Rekordweltmeister der Männer in der Klasse bis 52 kg. Er sammelte 17 Titel in den Jahren 1974 bis 1983 und 1985 bis 1991.

Natalja Rumjantschewa (RUS) gewann von 1993 bis 1999 sieben WM-Titel im Kraftdreikampf der Frauen bis 82,5 kg.

MEISTE OLYMPISCHE MEDAILLEN IM TURNEN
Larissa Latynina (UdSSR) gewann von 1956 bis 1964 18 olympische Medaillen im Turnen (neunmal Gold, fünfmal Silber, viermal Bronze). Dies ist gleichzeitig ein olympischer Rekord für alle Disziplinen.

Die meisten olympischen Turn-Medaillen bei den Männern (15) holte sich Nikolai Andrianow (UdSSR) von 1972 bis 1980.

Alexander Ditjatin (UdSSR) gewann in Moskau 1980 die Rekordzahl von acht Medaillen (dreimal Gold, viermal Silber, einmal Bronze) bei einer Olympiade.

Den Rekord von sieben Goldmedaillen in Einzelwettbewerben hält Vera Caslavská-Odlozilová (CSSR): Sie gewann in Tokio (J) 1964 dreimal, 1968 in Mexiko City (MEX) viermal (darunter eine „geteilte") Goldmedaille.

MEISTE TURN-WELTCUPSIEGE
Nikolai Andrianow, Alexander Ditjatin, Maria Jewgenjewna (alle UdSSR) und Li Ning (CHN) gewannen jeweils zweimal den Gesamtweltcup.

MEISTE EINZEL-WM-TITEL IN DER RHYTHMISCHEN SPORTGYMNASTIK
Die Bulgarinnen Maria Gigowa (1969, 1971, 1973/geteilt) und Maria Petrowa (1993, 1994, 1995/geteilt) gewannen jeweils drei WM-Titel im Vierkampf der Rhythmischen Sportgymnastik.

→ MEISTE MANNSCHAFTS-WM-TITEL IN DER RHYTHMISCHEN SPORTGYMNASTIK
Bulgarien gewann die Rekordzahl von neun Mannschafts-WM-Titeln: 1969, 1971, 1981, 1983, 1985, 1987, 1989 (geteilt), 1993 und 1995. Maria Petrowa (rechts) war 1993 und 1995 dabei.

Bianka Panowa (BG) gewann 1997 alle vier Titel mit den Handgeräten (alle mit der Höchstpunktzahl) und außerdem Gold mit der Mannschaft.

Marina Lobach (UdSSR) gewann bei den Olympischen Spielen 1988 in allen sechs Disziplinen mit der Höchstpunktzahl Gold.

JÜNGSTE TURNWELTMEISTER
Aurelia Dobre (RO) war 14 Jahre 352 Tage alt, als sie am 23. Oktober 1987 in Rotterdam (NL) den WM-Titel im Achtkampf gewann.

Daniela Silivas (RO) enthüllte 1990, dass sie am 9. Mai 1971 geboren worden war – ein Jahr später als ursprünglich angegeben. Sie war also am 10. November 1985, dem Tag, an dem sie den WM-Titel auf dem Schwebebalken gewann, erst 14 Jahre 185 Tage alt.

Jüngster Turnweltmeister bei den Männern war Dimitrij Bilosertschew (UdSSR), der bei seinem Sieg in Budapest (H) am 28. Oktober 1983 16 Jahre 315 Tage alt war.

JÜNGSTE TURNERIN BEI EINEM INTERNATIONALEN WETTKAMPF
Pasakevi Voula Kouna (GR) war zu Beginn der Balkan-Spiele 1981 in Serres (GR) erst 9 Jahre 299 Tage alt.

MEISTE TRAMPOLIN-WM-TITEL
Fünf Trampolin-WM-Titel sammelte Alexander Moskalenkow (RUS): drei Einzeltitel von 1990 bis 1994 und zwei im Synchronspringen 1992 und 1994. Brett Austine (AUS) hat ebenfalls drei Einzeltitel gewonnen, und zwar im Doppelminitramp von 1982 bis 1986. Trampolin-Weltmeisterschaften gibt es seit 1964. Seit 1968 finden sie alle zwei Jahre statt.

Den Titel-Rekord bei den Frauen hält mit neun WM-Erfolgen Judy Wills (USA). Sie holte zwischen 1964 und 1968 fünf Einzeltitel.

Wassersport

⊙ LÄNGSTES NON-STOP-RENNEN

Mit 22.500 Seemeilen oder 41.652 km ist das Vendée Globe Challenge mit Start und Ziel in Les Sables d'Olonne (F) die längste Non-Stop-Segel-Regatta der Welt. Christophe Auguin (F, rechts) war 1997 nach 105 Tagen 20 Stunden 31 Minuten mit seinem Boot *Geodis* im Ziel und damit der bisher Schnellste.

GERINGSTE PUNKTZAHL BEI OLYMPISCHER SEGELREGATTA

Der Sieger mit der niedrigsten Punktzahl (drei Strafpunkte) bei einer olympischen Segelregatta war mit fünf Siegen, einem zweiten Platz und einer Disqualifikation bei insgesamt sieben Starts die Yacht *Superdocious* in der Flying-Dutchman-Klasse in der Bucht von Acapulco (MEX) im Oktober 1968. Die Crew bestand aus Rodney Pattisson und Iain Macdonald-Smith (beide GB).

MEISTE OLYMPISCHE GOLDMEDAILLEN IM SEGELN

Mit vier Goldmedaillen in der Einzelwertung ist Paul Elvström (DK) bis heute der erfolgreichste Segler. 1948 siegte er in der Leuchtkäfer-Klasse, 1952, 1956 und 1960 in der Finn-Klasse. Damit war Elvström außerdem der erste Sportler, der viermal nacheinander Einzeltitel bei Olympischen Spielen gewann.

ÄLTESTE WELTUMSEGELUNGS-REGATTA

Die älteste Weltumsegelungs-Regatta ist die im August 1973 von der englischen Royal Naval Sailing Association ins Leben gerufene Whitbread-Round-the-World-Regatta. Das alle vier Jahre stattfindende Rennen wird zwar immer in England gestartet, doch der jeweilige Kurs, die Anzahl der Teilstrecken und die Zwischenstopps ändern sich von Mal zu Mal.

KNAPPSTES FINISH IM AMERICA'S CUP

Zum knappsten Finish in einem America's Cup kam es am 4. Oktober 1901, als die Segelyacht *Shamrock II* (GB) mit einem Zwei-Sekunden-Vorsprung vor der *Columbia* (USA) siegte.

HÄUFIGSTER TEILNEHMER AM AMERICA'S CUP

Mit insgesamt sechs Teilnahmen am America's Cup zwischen 1974 und 1995 hält Dennis Conner (USA) den Rekord.

ERFOLGREICHSTE SKIPPER BEIM AMERICA'S CUP

Drei Skipper steuerten ihre Yachten je dreimal zum Sieg: Charlie Barr: 1899, 1901 und

⊙ SCHNELLSTER RÜCKENSCHWIMMER

Lenny Krayzelburg (USA) hält gegenwärtig fünf Weltrekorde im Rückenschwimmen.
Bei den Pan-Pazifischen-Schwimmmeisterschaften in Sydney (AUS) stellte er im August 1999 Streckenrekorde über 50 m (24.99 Sekunden), 100 m (53.60 Sekunden) und 200 m (1 Minute 55.87 Sekunden) auf. Im Februar 2000 verbesserte er die Kurzstreckenrekorde über 100 m und 200 m auf 51.28 Sekunden bzw. 1 Minute 52.43 Sekunden.

1903; Harold Vanderbilt: 1930, 1934 und 1937; sowie Dennis Conner: 1980, 1987 und 1989 (alle USA).

MEISTE SIEGE BEI DER WASSERBALL-WM
Die erfolgreichsten Mannschaften mit jeweils zwei Siegen waren die ehemalige UdSSR (1975 und 1982), Italien (1978 und 1994) und Jugoslawien (1986 und 1991).

MEISTE TORE BEI EINER WASSERBALL-WM
Die Rekordzahl von 13 Toren erzielte Debbie Handley während der WM von 1982 in Guayaquil (EC) beim 16:10 Sieg Australiens über Kanada.

MEISTE GOLDMEDAILLEN IM WASSERBALL
Die ungarische Herrenmannschaft gewann insgesamt sechsmal olympisches Gold: 1932, 1936, 1952, 1956, 1964 und 1976.

Die meisten Goldmedaillen (drei) gewannen fünf Männer: die drei Briten George Wilkinson (1900, 1908 und 1912), Paul Radmilovic (1908, 1912 und 1920), Charles Sidney Smith (1908, 1912 und 1920) sowie die beiden Ungarn Deszo Gyarmati und György Kárpáti (jeweils 1952, 1956 und 1964).

MEISTE WM-MEDAILLEN IM SCHWIMMEN
Die meisten WM-Medaillen, nämlich 13, gewann Michael Gross (D): Zwischen 1982 und 1990 holte er insgesamt fünfmal Gold, fünfmal Silber und dreimal Bronze.

Rekordhalterin bei den Damen ist Kornelia Ender (DDR) mit zehn Medaillen zwischen 1973 und 1975: acht Gold- und zwei Silbermedaillen.

James Montgomery (USA) gewann zwischen 1973 und 1975 sechs Goldmedaillen: zwei in Einzeldisziplinen und vier in der Staffel.

Matthew Biondi (USA) gewann 1986 sieben Medaillen bei einer einzigen Weltmeisterschaft: drei Gold-, eine Silber- und drei Bronzemedaillen.

MEISTE WELTREKORDE IM SCHWIMMEN
Ragnhild Hveger (DK) stellte zwischen 1936 und 1942 insgesamt 42 Rekorde im Schwimmen auf.

Arne Borg (SWE) erzielte zwischen 1921 und 1929 32 Rekorde.

Die meisten Rekorde bei heute noch offiziell anerkannten Wettbewerben, nämlich 26, stellte Mark Spitz (USA) zwischen 1967 und 1972 auf.

Bei den Frauen waren es 23 Rekorde, die zwischen 1973 und 1976 von Kornelia Ender (DDR) erzielt wurden.

→ SCHNELLSTE 200-M-BRUST-SCHWIMMERIN
Am 27. August 1999 stellte Penny Heyns (ZA) bei den Pan-Pazifischen-Schwimmmeisterschaften in Sydney (AUS) mit 2 Minuten 23.64 Sekunden einen neuen Rekord über 200-m-Brust auf und verbesserte damit ihren eigenen erst am Vortag aufgestellten Rekord um 0.78 Sekunden.

MEISTE OLYMPISCHE GOLDMEDAILLEN IM SCHWIMMEN
Mit fünf Goldmedaillen gewann Krisztina Egerszegi (H) die meisten Goldmedaillen in Einzeldisziplinen: beim 100-m-Rückenschwimmen 1992, beim 200-m-Rückenschwimmen 1988, 1992 und 1996 und bei den 400-m-Lagen 1992.

Vier Goldmedaillen sind der Männerrekord in Einzeldisziplinen, sie gewannen: Charles Daniels (USA) über 100-m-Freistil 1906 und 1908 und über 220-yd- sowie 440-yd-Freistil 1904; Roland Matthes (DDR) jeweils über 100-m- und 200-m-Rücken 1968 und 1972; Tamás Daryni (H) über 200-m- und 400-m-Lagen 1988 und 1992; Alexander Popow (RUS) über 50-m- und 100-m-Freistil 1992 und 1996; sowie der Amerikaner Mark Spitz (siehe unten).

Die Rekordzahl von neun Goldmedaillen im Schwimmen gewann Mark Spitz: in der 4 x 100-m-Freistil-Staffel 1968 und 1972, in der 4 x 200-m-Freistil-Staffel 1968 und 1972, über 100-m- und 200-m-Freistil 1972, über 100-m- und 200-m-Schmetterling 1972 und in der 4 x 100-m-Lagen-Staffel 1972.

Die meisten Goldmedaillen bei den Frauen gewann 1988 mit insgesamt sechs Kristin Otto (DDR): über 100-m-Freistil, -Rücken und -Schmetterling, über 50-m-Freistil, 4 x 100-m-Freistil und über 4 x 100-m-Lagen.

Die meisten olympischen Medaillen (elf) gewannen Mark Spitz mit neun Gold-, einer Silber- und einer Bronzemedaille 1968 und 1972 und Matt Biondi (USA) mit acht Gold-, zwei Silber- und einer Bronzemedaille von 1984 bis 1992.

MEISTE WM-TITEL IM TURMSPRINGEN
Greg Louganis (USA) gewann fünf Weltmeisterschaftstitel: im Turmspringen 1978 und im Kunst- und Turmspringen 1982 und 1986.

MEISTE OLYMPIAMEDAILLEN IM TURMSPRINGEN
Jeweils fünf Medaillen gewannen Klaus Dibiasi (I) mit drei Gold- und zwei Silbermedaillen von 1964 bis 1976 und Greg Louganis (USA) mit vier Goldmedaillen und einer Silbermedaille 1976, 1984 und 1988.

Eishockey

TEILNAHME AN DEN MEISTEN NHL-SPIELEN
Gordie Howe stellte mit seiner Teilnahme an 1.767 regulären Ligaspielen und 157 Play-offs innerhalb von 26 Saisons den Rekord über die meisten Spiele und über die längste Karriere in der NHL (National Hockey League) auf. Er spielte von 1946 bis 1971 für die Detroit Red Wings und in der Saison 1979/80 für die Hartford Whalers. Außerdem stand er in der WHA (World Hockey Association) zwischen 1973 und 1979 in 419 regulären Spielen und in 78 Play-offs für die Houston Aeros und die New England Whalers auf dem Eis, so dass er in seiner Karriere auf insgesamt 2.421 Oberliga-Spiele kommt.

⊙ LÄNGSTE SPIELDAUER
Die Zufallsmannschaft Nr. 5 beim NHL All-Star-Game 2000 spielte beim Labatt Blue-Eishockey-Pickup am 2. und 3. Februar 2000 über eine Rekordspieldauer von 18 Stunden 55 Minuten 41 Sekunden. Bei dieser Aktion wurde für die Initiative „Hockey Fights Cancer" (Hockey gegen Krebs) gesammelt.

MEISTE PUNKTE IN EINER NHL-KARRIERE
Wayne Gretzky (Edmonton Oilers, Los Angeles Kings, St. Louis Blues und New York Rangers) machte in 1.487 NHL-Liga- und Play-off-Spielen eine Rekordzahl von 2.857 Scorerpunkten; sie verteilen sich auf 894 Tore und 1.963 Assists.

MEISTE TORE
Die meisten Tore, die in einem NHL-Match fielen, waren die 21 Tore beim 14:7-Sieg der Montréal Oilers über die Toronto St Patricks am 10. Januar 1920 und beim 12:9-Sieg der Edmonton Oilers über die Black Hawks am 11. Dezember 1985.

Der höchste Spielstand, der je in einem Weltmeisterschaftsspiel erzielt wurde, betrug 58:0. Dieser Rekord wurde bei dem Sieg von Australien über Neuseeland am 15. März 1987 in Perth (AUS) aufgestellt.

16 Tore sind die meisten, die in einem Spiel von einer Mannschaft erzielt wurden. Diesen Rekord stellten die Montréal Canadiens am 3. November 1920 bei ihrem Sieg über die Québec Bulldogs (3) auf.

Die meisten Scorerpunkte, die derselbe Spieler in einem Spiel machte, waren zehn (drei Tore und sieben Assists)

⊙ LÄNGSTES SPIELVERBOT FÜR EIN VERGEHEN AUF DEM EIS
Im Februar 2000 wurde Marty McSorley von den Boston Bruins (unten) für die nächsten 23 Partien gesperrt: Er hatte in einem NHL-Spiel Donald Brashear von den Vancouver Canucks (oben) mit dem Schläger auf den Kopf geschlagen. Das Bild zeigt einen Zweikampf im vorherigen Verlauf dieses Spiels, das am 21. Februar 2000 in Vancouver, British Columbia (CDN), ausgetragen wurde.

von Jim Harrison in einem WHA-Spiel am 30. Januar 1973 für Alberta (später Edmonton Oilers). In einem NHL-Spiel zwischen den Toronto Maple Leafs und den Boston Bruins am 7. Februar 1976 machte Darryl Sittler ebenfalls zehn Punkte (sechs Tore und vier Assists).

Die meisten Tore in einem Spiel erzielte Joe Malone, der beim 10:6-Sieg der Québec Bulldogs über die Toronto St Patricks am 31. Januar 1920 in Québec (CDN) siebenmal traf.

Die meisten Assists in einem Spiel, nämlich sieben, machte Billy Taylor für Detroit im Spiel gegen Chicago am 16. März 1947; außerdem schaffte Wayne Gretzky (Edmonton) diese Punktzahl gleich dreimal: am 15. Februar 1980 gegen Washington, am 11. Dezember 1985 gegen Chicago und am 14. Februar 1986 gegen Québec.

MEISTE TORE EINER MANNSCHAFT
Die meisten Tore einer Saison schossen die Edmonton Oilers, die in der Saison 1983/84 insgesamt 446-mal trafen und gleichzeitig den Rekord von 1.182 Punkten aufstellten.

ERFOLGREICHSTE MANNSCHAFTEN
Die Detroit Red Wings gewannen in der Saison 1995/96 die Rekordzahl von 62 Spielen.

Mit 38 Siegen in 44 Spielen oder 87,5 % gewonnenen Spielen schafften die Boston Bruins in der Saison 1929/30 die beste Erfolgsquote.

Die längste Spielserie ohne Niederlage während einer Saison legten die Philadelphia Flyers hin, die in 35 Spielen zwischen dem 14. Oktober 1979 und dem 6. Januar 1980 ungeschlagen blieben (25 Siege und 10-mal Unentschieden).

FRÜHESTES NHL-TOR
Das früheste Tor in einem NHL-Spiel fiel fünf Sekunden nach dem Anpfiff, als Doug Smail am 20. Dezember 1981 für die Winnipeg Jets traf. Diesen Rekord stellte Bryan Trottier von den New York Islanders am 22. März 1984 ein; ebenso Alexander Mogilny von den Buffalo Sabres am 21. Dezember 1991.

MEISTE NHL-SPIELE ALS TORWART
Terry Sawchuk schlug mit seinen 971 Spielen als Torwart von Detroit, Boston, Toronto, Los Angeles und den New York Rangers zwischen 1949 und 1970 alle Rekorde. Während dieser Zeit gelangen ihm die Rekordzahl von 447 Siegen (gegen 330 Niederlagen, 172 Unentschieden und 22 no-decisions) und ganze 103 Shutouts – der absolute Rekord für eine Eishockeykarriere.

Jacques Plante, der 434 NHL-Siege erreichte, übertraf sogar Sawchuks Rekord, wenn man seine 15 Siege aus seiner einzigen WHA-Saison hinzurechnet; damit hat er in insgesamt 868 Oberligaspielen 449-mal gewonnen.

Bernie Parent erreichte 1973/74 für Philadelphia die Rekordzahl von 47 Siegen in einer Saison, bei 13 Niederlagen und zwölf Unentschieden.

→ MEISTE PUNKTE IN EINER NHL-SAISON
Die höchste Punktzahl in einer NHL-Saison erzielte Wayne Gretzky (Edmonton Oilers) mit 215 Punkten in der Saison 1985/86, zu denen auch die Rekordzahl von 163 Assists zählen.

Wintersport 1

MEISTE MEDAILLEN BEI SOMMER- UND WINTERSPIELEN
Der einzige Athlet, der bei Olympischen Sommer- und Winterspielen eine Goldmedaille gewonnen hat, ist Edward Eagan (USA). Er gewann 1920 den Leichtgewichtstitel bei den Boxern und saß 1932 im erfolgreichen US-Viererbob.

Die erste Frau, die bei Sommer- und Winterspielen eine Medaille gewann, war Christa Luding (DDR). Sie gewann drei Medaillen im Eisschnelllauf (Gold 1984 über 500 m, 1988 über 1.000 m; Silber 1988 über 500 m) sowie 1988 Silber im 1.000-m-Radsprint.

MEISTE SKIBOB-WM-TITEL
Petra Tschach-Wlezcek (A) gewann von 1988 bis 1991 vier Ski-Bob-WM-Titel in der Kombinationswertung.

Die meisten WM-Titel bei den Männern holte sich Walter Kronseil (A): Von 1988 bis 1990 gewann er dreimal.

HÖCHSTE SKI-BOB-GESCHWINDIGKEIT
Romuald Bonvin (CH) erreichte mit seinem Ski-Bob am 2. Mai 1999 in Les Arcs (F) 173 km/h.

MEISTE EISSCHNELLLAUF-WM-TITEL
Acht WM-Titel im Eisschnelllauf der Frauen gewann Gunda Niemann-Stirnemann (D) von 1991–93 und von 1995–99.

Jeweils fünf WM-Titel bei den Männern gewannen der Norweger Oscar Mathisen (1908, 1909 und 1912–14) und der Finne Clas Thunberg (1923, 1925, 1928, 1929 und 1931).

BESTE PUNKTZAHLEN BEI EISSCHNELLLAUF-WM
Die niedrigste Punktzahl, die jemals in der Eisschnelllauf-WM-Mehrkampfwertung bei den Männern erzielt wurde, schaffte Rintje Ritsma (NL) am 6./7. Februar 1999 in Hamar (NOR): Er gewann mit 152,651 Punkten.

Gunda Niemann-Stirnemann (D) setzte bei den Frauen mit 161,479 Punkten eine neue Mehrkampf-Bestmarke. Dieser Rekord wurde ebenfalls am 6./7. Februar 1999 in Hamar erzielt.

MEISTE OLYMPISCHE GOLDMEDAILLEN IM EISSCHNELLLAUF
Lydia Pawlowna-Skoblikowa (UdSSR) gewann sechs olympische Goldmedaillen im Eisschnelllauf: zwei im Jahr 1960, vier im Jahr 1964.

Das meiste Olympia-Gold bei den Männern sammelten mit jeweils fünf Titeln der Finne Clas Thunberg (1924 und 1928/ein Titel geteilt) und Eric Heiden (USA), der 1980 bei den Spielen in Lake Placid (USA) alle fünf Strecken gewann – ebenfalls ein Rekord.

MEISTE OLYMPISCHE EISSCHNELLLAUF-MEDAILLEN
Karin Kania (DDR) gewann von 1980 bis 1988 bei Olympischen Spielen acht Medaillen im Eisschnelllauf: dreimal Gold, viermal Silber und einmal Bronze.

Jeweils sieben Medaillen bei den Männern gewannen Clas Thunberg (FIN; fünfmal Gold, einmal Silber und einmal Bronze [geteilt] bei den Spielen 1924 und 1928) und Ivar Ballangrud (NOR), der von 1928 bis 1936 viermal Gold, zweimal Silber und einmal Bronze gewann.

LÄNGSTER EISSCHNELLLAUF INNERHALB VON 24 STUNDEN
Martinus Kuiper (NL) legte am 12./13. Dezember 1988 in Alkmaar (NL) innerhalb von 24 Stunden 546,65 km auf Kufen zurück: neuer Weltrekord.

LÄNGSTES SCHLITTSCHUHRENNEN
Das längste Schlittschuhrennen der Welt ist die erstmals 1909 in den Niederlanden ausgetragene Elfstedentocht („Tour der elf Städte"). Das Rennen geht über eine Distanz von 200 km und wird gegenwärtig an verschiedenen Orten ausgetragen, zu denen unter anderem der Vesijärvi-See (FIN), der Ottawa River (CDN) und der Weißensee (A) gehören. Den Rekord bei den Männern hält Dries van Wijhe (NL) mit 5 Stunden 40 Minuten 37 Sekunden. Rekordhalterin bei den Frauen ist Alida Pasveer (NL) mit 5 Stunden 48 Minuten 8 Sekunden. Beide Bestmarken wurden am 11. Februar 1989 auf dem Weißensee (A) aufgestellt.

⊙ MEISTE CURLING WM-TITEL
Kanada hält den Curling-WM-Titelrekord bei den Frauen (elf Erfolge) wie auch bei den Männern (26 Siege). Oben im Bild ist die kanadische Kapitänin Kelly Law zu sehen, die ihren Spielstein beim WM-Match gegen Frankreich am 1. April 2000 in Glasgow (GB) auf die Bahn schickt.

⊙ HÖCHSTE NOTEN IM EISKUNSTLAUF-EINZELWETTBEWERB
Midori Ito (J) erhielt bei den Weltmeisterschaften 1989 in Paris (F) siebenmal die Note Sechs. Die gleiche Anzahl von Bestnoten hatte 1962 bei den WM in Prag (CSSR, heute Tschechische Republik) der Kanadier Donald Jackson erhalten.

MEISTE WM-TITEL IM EISKUNSTLAUF
Zehn WM-Einzeltitel im Eiskunstlauf gewann von 1901–1905 und von 1907–1911 der Schwede Ulrich Salchow.

Ebenfalls zehn WM-Titel gewann von 1927 bis 1936 Sonja Henie (NOR).

MEISTE „GRAND SLAMS" IM EISKUNSTLAUF
Drei Eiskunstläufer (und alle jeweils zweimal) haben bisher den „Grand Slam" geschafft, den Gewinn von Welt-, Europa- und Olympia-Titel in einem Jahr: Karl Schäfer (A, 1932 und 1936), Sonja Henie (NOR, ebenfalls 1932 und 1936) und Katarina Witt (DDR, 1984 und 1988).

MEISTE OLYMPISCHE GOLDMEDAILLEN IM EISKUNSTLAUF
Jeweils drei olympische Goldmedaillen im Eiskunstlauf gewannen Gillis Grafström (SWE, 1920 bis 1928), Sonja Henie (NOR, 1928 bis 1936) und Irina Rodnina (UdSSR). Rodnina gewann ihre Titel im Paarlauf mit zwei verschiedenen Partnern: 1972 mit Alexej Ulanow, 1976 und 1980 mit ihrem Ehemann Alexander Saizew.

HÖCHSTE WERTUNGEN IM EISKUNSTLAUF
29-mal die Note „Sechs" erhielt das Eistanz-Paar Jayne Torvill/Christopher Dean (GB) im März 1984 bei der Eistanzweltmeisterschaft in Ottawa (CDN). Diese Traumbilanz bestand aus siebenmal Sechs im Pflichttanz, dem optimalen Ergebnis von neun Sechsen für die Ausführung im Spurenbildtanz und 13 Bestnoten in der Kür.

MEISTE RENNRODEL-TITEL
Sechs Rodel-WM-Titel (Olympiasiege inklusive, die auch als WM-Titel zählen) gewann Georg Hackl (D). Er siegte im Einer in den Jahren 1989, 1990, 1992, 1994, 1997 und 1998.

Margit Schumann (DDR) gewann fünf WM-Titel: 1973–75, 1976 (Olympische Spiele) und 1977.

Stefan Krausse und Jan Behrendt (D) sind mit sechs Titeln Rekord-Weltmeister im Rodel-Doppelsitzer. Sie gewannen 1989, 1991–93, 1995 und 1998.

MEISTE BOB-WM-TITEL
Eugenio Monti (I) gewann von 1957 bis 1968 elf WM-Titel, acht mit dem Zweier- und drei mit dem Vierer-Bob.

MEISTE OLYMPISCHE BOB-MEDAILLEN
Sieben olympische Medaillen im Bobsport gewann Bogdan Musiol (DDR, später D): einmal Gold, viermal Silber und einmal Bronze von 1980 bis 1988 (DDR), 1992 einmal Silber (D).

Die meisten olympischen Goldmedaillen im Bobfahren gewannen Meinhard Nehmer und Bernhard Germeshausen (beide DDR). Sie siegten 1976 im Zweier- und 1976 und 1980 im Vierer-Bob.

HÖCHSTE GESCHWINDIGKEIT IM RENNRODELN
Die höchste durch Foto-Zeitmessung belegte Geschwindigkeit im Rennrodeln erreichte am 1. Mai 1982 der Norweger Asle Strand in Tandådalens Linbana (Sälen/SWE). Er war 137,4 km/h schnell.

SCHNELLSTE ZEIT AUF DEM CRESTA RUN
Die Cresta Run-Skeletonbahn in St. Moritz (CH) ist 1.212 m lang, weist einen Höhenunterschied von 157 m auf und besteht seit 1885. Die schnellste Zeit, die dort jemals gemessen wurde, waren die 50,09 Sekunden des Briten James Sunley am 13. Februar 1999. Seine Durchschnittsgeschwindigkeit lag bei 87,11 km/h.

← SCHNELLSTER EISSCHNELLLÄUFER
Jeremy Wotherspoon (CDN) hält die Eisschnelllauf-Weltrekorde über 500 m (34.63 Sekunden) und 1.000 m (1 Minute 8.49 Sekunden). Beide Rekorde erzielte er im Januar 2000 in Calgary (CDN).

Wintersport 2

MEISTE ALPINE WELTMEISTERTITEL
Die alpinen Weltmeisterschaften wurden erstmals 1931 in Mürren (CH) ausgetragen. Die meisten Titel, die derselbe Fahrer holte, waren die sieben Siege von Toni Sailer (A). Er gewann 1956 alle vier alpinen Wettkämpfe (Riesenslalom, Slalom, Abfahrt und die Kombination, die nicht als olympischer Wettbewerb gewertet wurde) sowie 1958 Abfahrt, Riesenslalom und Kombination.

Bei den Damen hält Christl Cranz (D) den Rekord. Sie holte sieben Einzeltitel – viermal Slalom (1934 und 1937–39) und dreimal Abfahrt (1935, 1937 und 1939) – sowie viermal die Kombination (1934, 1935 und 1937–1939). Auch gewann sie bei den Olympischen Spielen 1936 Gold in der Kombination.

⊙ MEISTE WELTCUP-SIEGE IM SNOWBOARD
Karine Ruby (F) holte bei den Damen insgesamt elf Titel: den Gesamtweltcup von 1996 bis 1998, den Slalom von 1996 bis 1998, den Riesenslalom von 1995 bis 1998 und das Boardercross von 1997.

LÄNGSTE ABFAHRTSSTRECKE
Die längste Abfahrtspiste erstreckt sich auf dem Parsenn bei Davos (CH) über 12,23 km vom Gipfel des Weißfluhjochs nach Küblis.

⊙ GRÖSSTES SKIRENNEN
Das Finlandia-Langlaufrennen führt über 75 km von Hämeenlinna nach Lahti (FIN). Am 26. Februar 1984 trat die Rekordzahl von 13.225 Teilnehmern an, von denen 12.909 das Ziel erreichten.

MEISTE OLYMPISCHE SKITITEL IN FOLGE
Ulrich Wehling (DDR) ist der einzige Skisportler, der bei drei aufeinander folgenden Olympischen Spielen in derselben Disziplin gewann: Er holte bei den Spielen von 1972, 1976 und 1980 Gold in der Nordischen Kombination.

MEISTE TITEL IN DER NORDISCHEN SKI-WM
Den Rekord über die meisten Titel (einschließlich Olympiasiegen) hält Bjørn Dæhlie (NOR): Er gewann von 1991 bis 1998 insgesamt 18 Titel, davon sechs im Einzelwettbewerb und sechs in der Staffel. Insgesamt holte Dæhlie zwischen 1991 und 1999 29 WM-Medaillen.

Die meisten Damentitel sind die 17 von Jelena Välbe (RUS): Zwischen 1989 und 1998 gewann sie zehn Einzelkämpfe und siebenmal mit der Staffel.

Die meisten Medaillen gewann Raissa Smetanina (UdSSR, später GUS) zwischen 1974 und 1992. Unter ihren 23 Medaillen findet sich siebenmal Gold.

LÄNGSTES RENNEN
Das längste Langlauf-Rennen der Welt ist der 89 km lange Vasa-Lauf in Schweden. Im März 1977 ging die Rekordzahl von 10.934 Läufern an den Start, und im März 1979 erreichten mit 10.650 die meisten Läufer das Ziel. Die schnellste Zeit in diesem Rennen schaffte mit 3 Stunden 38 Minuten 57 Sekunden Peter Göransson (S) am 1. März 1998.

MEISTE MEDAILLEN IM SKISPRINGEN
Birger Ruud (NOR) holte 1931, 1932 und 1935–1937 die Rekordzahl von fünf Medaillen. Er ist der einzige Sportler, der Olympiamedaillen in alpinen und in nordischen Disziplinen gewonnen hat: 1936 siegte er im Skispringen und in der alpinen Abfahrt.

WEITESTE SKISPRÜNGE
Der weiteste Sprung im Skiflug-Weltcup ging über 214,5 m. Martin Schmitt (D) stand sie am 19. März 1999 in Planica (SLO). Er erreichte diese Weite im zweiten Durchgang des Wettkampfs. Sein erster Sprung wurde sogar mit 219 m gemessen, aber wegen eines Sturzes bei der Landung wurde die Distanz nicht offiziell anerkannt.

Bei den Damen liegt der Rekord bei 112 m. Eva Ganster (A) stand sie am 7. Januar 1994 in Bischofshofen (A).

MEISTE WELTMEISTERTITEL IM ORIENTIERUNGSLAUF
Die Damenstaffel aus Finnland war siebenmal Sieger im Ski-Orientierungslauf: 1975, 1977, 1980, 1988, 1990, 1998 und 2000.

Bei den Herren siegte sechsmal die schwedische Staffel: 1977, 1980, 1982, 1984, 1990 und 1996.

Annika Zell (SWE) holte die Rekordzahl von 14 Medaillen, darunter sechsmal Gold.

Die meisten Damentitel im Einzel-Orientierungslauf holte Ragnhild Bratberg (NOR). Sie siegte insgesamt viermal, nämlich 1986 und 1990 in der klassischen Distanz und 1988 und 1990 im Sprint.

Auch bei den Herren liegt der Rekord bei vier Einzeltiteln. Nicolo Corradini (I) holte sie 1994 und 1996 in der klassischen Distanz und 1994 und 2000 im Sprint.

MEISTE HÖHENMETER AUF SKIERN
Christian Flühr aus Obermaisel (D) fuhr am 18. Dezember 1999 134.034 Höhenmeter auf Skiern.

Am 29. April 1998 legten Edi Podivinsky, Luke Sauder, Chris Kent (alle CDN) und Dominique Perret (CH) in 14 Stunden 30 Minuten insgesamt 107.777 m an Höhenunterschied auf Skiern zurück.

Jennifer Hughes brachte am 20. April 1998 in Atlin, British Columbia (CDN), insgesamt 93.124 Höhenmeter auf Skiern hinter sich.

LÄNGSTE SKITOUREN
Seppo-Juhani Savolainen (FIN) legte am 8. und 9. April 1988 in Saariselkä (FIN) innerhalb von 24 Stunden die Rekordstrecke von 415,5 km zurück.

Der 24-Stunden-Rekord der Damen liegt bei 330 km, die Sisko Kainulaisen aus Finnland am 23. und 24. März 1985 in Jyväskylä (FIN) schaffte.

→ MEISTE MANNSCHAFTSSIEGE
Das Bild zeigt Alexandra Meissnitzer (A) bei ihrem Sieg in der Weltcup-Abfahrt der Damen am 19. Dezember 1998 in Veysonnaz (CH). Mit zwanzig Siegen im Nations' Cup, der durch eine Gesamtbewertung der Einzelleistungen im Weltcup vergeben wird, hält Österreich den Rekord in diesem Wettbewerb.

MEISTE SNOWBOARD-WELTMEISTERTITEL
Der Rekord liegt bei drei (einschließlich Olympiasiegen). Karine Ruby (F) gewann 1996 im Riesenslalom, 1998 bei den Olympischen Spielen und 1997 im Boardercross. Keiner der Herren hat bisher mehr als einen Titel errungen.

Kampfsport 1

MEISTE WM-TITEL IM RINGEN IM GRIECHISCH-RÖMISCHEN STIL
Alexander Karelin (RUS) gewann von 1988 bis 1999 im Superschwergewicht die Rekordzahl von zwölf WM-Titeln.

MEISTE RINGER-OLYMPIAMEDAILLEN
Wilfried Dietrich (D) gewann fünf olympische Medaillen: einmal Gold (1960 im Freistil), zweimal Silber (1956 und 1960, jeweils Griechisch-Römisch) und zweimal Bronze (1964 Griechisch-Römisch, 1968 Freistil).

MEISTE RINGER-OLYMPIASIEGE
Jeweils drei Olympiasiege errangen Carl Westergren (SWE; 1920, 1924 und 1932), Ivar Johansson (SWE; 1932 [2] und 1936), Alexander Medwed (UdSSR; 1964, 1968 und 1972) sowie Alexander Karelin (RUS; 1988, 1992 und 1996).

LÄNGSTER RINGKAMPF
Der längste aktenkundige Ringkampf dauerte 11 Stunden 40 Minuten. Dabei besiegte der für Russland startende Este Martin Klein seinen Gegner Alfred Asikäinen (FIN) in einem Weltergewichtskampf (Griechisch-Römisch) bei den Olympischen Spielen 1912.

MEISTE WM-TITEL IM FECHTEN
Fünf Fecht-WM-Titel in Einzelwettbewerben gewann Alexander Romankow (UdSSR), alle mit dem Florett: 1974, 1977, 1979, 1982 und 1983.

Christian d'Oriola (F) gewann vier Einzeltitel mit dem Florett (1947, 1949, 1953 und 1954) und zweimal olympisches Gold (1952 und 1956).

Vier Florett-Fechterinnen halten den Rekord von jeweils drei WM-Titeln: Helene Mayer (D, 1929, 1931 und 1937), Ilona Schacherer-Elek (H, 1934, 1935 und 1951), Ellen Müller-Preis (A, 1947, 1949 und 1950) und Cornelia Hanisch (D, 1979, 1981 und 1985). Ilona Schacherer-Elek war außerdem zweimal Olympiasiegerin (1936 und 1948).

MEISTE FECHT-OLYMPIASIEGE
Der Säbelfechter Aladár Gerevich (H) gewann siebenmal Gold: 1948 im Einzel und zwischen 1932 und 1960 sechsmal mit der Mannschaft.

Jelena Nowikowa (UdSSR) erkämpfte sich vier Goldmedaillen: einmal im Einzel (1968) und dreimal mit der Mannschaft (1968 bis 1976).

Drei Fecht-Einzelsiege bei Olympischen Spielen erreichten Ramón Fonst (C, 1900 und 1904 [2]) und Nedo Nadi (I, 1912 und 1920 [2]). Nadi gewann außerdem 1920 dreimal Mannschaftsgold und erkämpfte sich damit die Rekordzahl von fünf Goldmedaillen bei einer Olympiade.

MEISTE FECHT-OLYMPIAMEDAILLEN
Edoardo Mangiarotti (I) gewann von 1936 bis 1960 die Rekordzahl von 13 Olympiamedaillen: sechsmal Gold, fünfmal Silber und zweimal Bronze.

Den Medaillenrekord bei den Frauen hält Ildikó Sági (H). Sie gewann von 1960 bis 1976 zweimal Gold, dreimal Silber und zweimal Bronze.

MEISTE ZURÜCKGEWONNENE BOX-WM-TITEL
Der einzige Boxer, der den WM-Titel in einer Gewichtsklasse fünfmal gewann, ist „Sugar" Ray Robinson (USA). Diesen Rekord stellte er am 25. März 1958 im Chicago Stadium, Illinois (USA), auf, als er sich mit seinem Sieg über Carmen Basilio (USA) den Mittelgewichtstitel zum vierten Mal zurückholte.

⊙ MEISTE GOLDMEDAILLEN IM FRAUENFECHTEN
Die UdSSR gewann die Rekordzahl von vier Mannschafts-Goldmedaillen im Frauenfechten (alle mit dem Florett) bei Olympischen Spielen: 1960, 1968, 1972 und 1976.

⊙ MEISTE ZURÜCKGEWONNENE SCHWERGEWICHTS-WM-TITEL
Zwei Boxer holten sich den verlorenen Schwergewichts-WM-Titel zweimal zurück: Muhammad Ali und Evander Holyfield (beide USA). Das Bild zeigt Holyfield beim Wiegen vor seinem Titelkampf gegen Lennox Lewis (GB) im Madison Square Garden in New York City (USA) am 11. März 1999.

MEISTE WM-TITELKÄMPFE
Der dreimalige Weltergewichts-Champion Jack Britton (USA) brachte es zwischen 1915 und 1922 auf die Rekordzahl von 37 WM-Titelkämpfen. 18 davon endeten „ohne Entscheidung".

In 34 durchweg entschiedenen Titelkämpfen stand Julio César Chávez (MEX) von 1984 bis 1996. Das ist ebenso Rekord wie seine 31 Siege in diesen Kämpfen.

LÄNGSTE UND KÜRZESTE ZEIT ALS BOXWELTMEISTER
Tony Canzoneri (USA) war nur 33 Tage lang Boxweltmeister im Halbweltergewicht – vom 21. Mai bis zum 23. Juni 1933.

Joe Louis (USA) war von 1937 bis zu seinem Rücktritt 1949 Weltmeister im Schwergewicht, 11 Jahre 252 Tage lang.

LÄNGSTE BOXKÄMPFE
Der längste WM-Titelkampf nach den Queensberry-Regeln war die Begegnung zwischen den Leichtgewichtlern Joe Gans (USA) und Oscar Nelson (DK) am 3. September 1906 in Goldfield (USA). Gans gewann in der 42. Runde durch Disqualifikation.

Der längste dokumentierte Kampf, der mit Boxhandschuhen ausgetragen wurde, war die Begegnung von Andy Bowen und Jack Burke (beide USA) in New Orleans (USA) am 6./7. April 1893. Sie dauerte 7 Stunden 19 Minuten, 110 Runden lang, bevor der Kampf ergebnislos abgebrochen wurde. Das Urteil wurde später in ein Unentschieden umgewandelt.

MEISTE NIEDERSCHLÄGE IN EINEM WM-KAMPF
In einem Bantamgewichts-Titelkampf am 2. Dezember 1950 in Johannesburg (ZA) schickte Vic Toweel (ZA) seinen Gegner Danny O'Sullivan (GB) in zehn Runden 14-mal zu Boden, bis dieser aufgab.

LÄNGSTE SERIE VON K.O.-SIEGEN
Lamar Clark (USA) besiegte von 1958 bis 1960 44 Gegner nacheinander durch K.o., allein sechs davon (und fünf in der 1. Runde) am Abend des 1. Dezember 1958 in Bingham (USA).

MEISTE K.O.-SIEGE IN EINER KARRIERE
Archie Moore (USA) landete im Verlauf seiner Karriere von 1936 bis 1963 insgesamt 145 K.o.-Siege, 129 davon in Profikämpfen.

JÜNGSTER SCHWERGEWICHTS-BOXWELTMEISTER
Mike Tyson (USA) war 20 Jahre 144 Tage alt, als er Trevor Berbick (USA) am 22. November 1986 in Las Vegas, Nevada (USA), in einem Kampf um die WBC-Weltmeisterschaft besiegte.

→ ÄLTESTER SPORTLICHER WETTBEWERB
Das Ringer-Fest in Kirkpinar (TR) ist der älteste ohne Unterbrechung abgehaltene sportliche Wettkampf der Welt mit offiziellem Charakter. Es findet seit 1460 auf der Sarayici-Halbinsel bei Edirne statt.

Kampfsport 2

ERFOLGREICHSTE SUMO-RINGER
Yokozuna (höchster Titel in der Sumo-Rangliste) Sadji Akiyoshi alias Futabayama blieb zwischen 1937 und 1939 in der Rekordserie von 69 Kämpfen unbezwingbar.

Yokozuna Koki Naya alias Taiho war 1971 bei seinem Rückzug vom Sumo-Sport 32-facher Emperor's Cup-Sieger.

Der *Ozeki* (zweithöchster Rang) Tameemon Torokichi alias Raiden gewann innerhalb von 21 Jahren 254 Kämpfe bei nur zehn Niederlagen – mit dieser Erfolgsquote von 96,2 % brach er alle Rekorde.

SCHWERSTER SUMO-RINGER
Der schwerste *Rikishi* (professioneller Sumo-Ringer) aller Zeiten ist der Samoa-Amerikaner Salevaa Atisanoe alias Konishiki aus Hawaii (USA). Am 3. Januar 1994 brachte er in der Tokioter Ryogoku Kokugikan, der berühmten Wettkampfarena der Profikämpfer, 267 kg auf die Waage.

MEISTE SUMO-KÄMPFE
Der auf Hawaii (USA) geborene Jesse Kuhaulua alias Takamiyama focht seit Juli 1972 eine Rekordzahl von 1.231 Kämpfen in der *Makunouchi* (oberste Division) aus. Er war im September 1981 der erste Nicht-Japaner, der ein offizielles *Makunouchi*-Turnier gewann.

Wenn man die Kämpfe in allen Divisionen zusammennimmt, kommt Yukio Shoji alias Aobaj auf die höchste Gesamtzahl: Zwischen 1964 und 1986 stand er 1.631-mal in der Arena.

Kenji Hatano alias Oshio focht zwischen 1962 und 1988 mit 1.891 die meisten Kämpfe einer Karriere aus.

⊙ MEISTE HERREN-WELTMEISTERTITEL IM JUDO
David Douillet (F, links) gewann fünfmal Gold in der Weltmeisterschaft und bei Olympischen Spielen: 1993, 1995 und 1997 in der Über-95-kg-Klasse, 1995 im Open, sowie 1996 in der olympischen Über-95-kg-Klasse. Auch Yasuhiro Yamashita (J) holte fünf WM- und olympische Titel: dreimal in der Über-95-kg-Klasse und je einmal im Open sowie in der Über-95-kg-Klasse bei den Olympischen Spielen.

⊙ MEISTE DAMEN-WELTMEISTERTITEL IM JUDO
Die Belgierin Ingrid Berghmans (unten) hält mit sechs Weltmeistertiteln den Rekord im Damenjudo. Sie siegte 1980, 1982, 1984 und 1986 im Open sowie 1984 und 1989 in der Unter-72-kg-Klasse. Als das Judo der Damen 1988 als olympische Disziplin eingeführt wurde, gewann Berghmans auch dort den Wettkampf der 72-kg-Klasse.

MEISTE SIEGE IM SUMO
Yokozuna Mitsusgu Akimoto alias Chiyonofuji gewann in acht Jahren (1981–1988) das Kyushu *Basho*, eines der sechs Sumo-Turniere, die jedes Jahr stattfinden. Er hält auch den Rekord über die meisten Siege einer Karriere (1.045) und die meisten *Makunouchi*-Siege (807).

1978 erkämpfte Toshimitsu Ogata alias Kitanoumi den Rekord von 82 Siegen in 90 Runden, in denen die ranghöchsten *Rikishi* jährlich antreten. Außerdem ist er der jüngste Sumo-Ringer, der in den Rang des *Yokozuna* aufgestiegen ist; diesen Rekord stellte er im Juli 1974 mit 21 Jahren 61 Tagen auf.

ERFOLGREICHSTES BRUDERPAAR IM SUMO
Nach seinem Sieg im *Natsu Basho* (dem alljährlichen Sommerturnier) von 1998 erlangte *Ozeki* Wakanohana den Rang

des *Yokozuna*, in den sein jüngerer Bruder Takanohana schon 1994 aufgestiegen war. In der 1.500-jährigen Geschichte dieses Sports wurden damit zum ersten Mal zwei Brüder in diesen Rang erhoben. Wakanohana zog sich im März 2000 aus dem Profisport zurück.

MEISTE WELTMEISTERTITEL IM TAEKWONDO
Bei den Herren gewann Chung Kook-hyun (ROK) mit insgesamt vier die meisten Titel: 1982 und 1983 im Halbmittelgewicht und 1985 und 1987 im Weltergewicht.

Bei den Damen erreichten mehrere Kandidatinnen die Rekordzahl von zwei WM-Titeln: Lee Eun-young (ROK) im Leichtgewicht 1987 und 1989; Lynette Love (USA) im Schwergewicht 1987 und 1991; Lee Seung-min (ROK) im Federgewicht 1993 und 1995; sowie Jung Myung-suk (ROK) im Schwergewicht 1993 und 1995.

MEISTE OLYMPIASIEGE IM TAEKWONDO
Ha Tae-kyung (ROK) gewann mit zwei Siegen die meisten olympischen Goldmedaillen der Herren: 1988 im Fliegengewicht und 1992 im Weltergewicht.

Bei den Damen ging die Rekordzahl von ebenfalls zwei Goldmedaillen an Chen Yi-an (RC): Sie gewann 1988 im Bantamgewicht und 1992 im Leichtgewicht.

MEISTE WELTMEISTERTITEL IM KARATE
Das Team aus Großbritannien war sechsmal Sieger im Kumite-Turnier der Herren, das seit 1970 ausgetragen wird: Sie siegten 1975, 1982, 1984, 1986, 1988 und 1990.

Bei den Damen wurde der Mannschaftswettkampf 1992 eingeführt. Großbritannien hält auch hier den Rekord mit zwei Siegen 1992 und 1996.

Die meisten Titel im Einzelwettbewerb der Damen hält Guus van Mourik (NL), die viermal Kumite-Siegerin der Über-60-kg-Klasse war: 1982, 1984, 1986 und 1988.

Im Einzelwettbewerb der Herren haben die erfolgreichsten Kandidaten dreimal den Kumite-Titel gewonnen: José Manuel Egea (E) 1988 in der offenen Gewichtsklasse sowie 1990 und 1992 bei den Unter-80-kg-Schweren; und Wayne Otto (GB) im Open von 1990 und in der Unter-75-kg-Klasse 1992 und 1996.

Im Kata, dem Einzelwettbewerb, liegt der Rekord der Damen bei vier Titeln, die Yuki Mimura (J) 1988, 1990, 1992 und 1996 errang.

Bei den Herren feierte Tsuguo Sakumoto (J) drei Kata-Titel: 1984, 1986 und 1988.

1986 wurde bei den Weltmeisterschaften ein Mannschafts-Kata-Turnier eingeführt. Seither hat das japanische Team nur zwei Weltmeistertitel verfehlt: den der Herren 1990 und den der Damen 1986.

→ GRÖSSTER SUMO-CHAMPION
Der gebürtige Hawaiianer Rowan Chad alias Akebono ist der größte und schwerste *Yokozuna* (ranghöchster Ringer) in der Sumo-Geschichte. Er ist 2,04 m groß und wiegt 227 kg. Im Januar 1993 war Akebono der erste ausländische *Rikishi*, der in den Rang eines *Yukozuna* erhoben wurde.

Extremsport 1

⊙ BESTBESUCHTE EXTREMSPORT-VERANSTALTUNG

Die Rekordzahl von 268.390 Zuschauern kam 1999 innerhalb von zehn Tagen zu den ESPN-Sommer-X-Games in San Francisco, Kalifornien (USA). Die X-Games, erstmals 1994 veranstaltet, haben sich zur größten Extremsport-Schauveranstaltung der Welt entwickelt. Dies gilt für die Zuschauerzahlen (vor Ort und am Fernsehschirm) ebenso wie für die Preisgelder. Das Foto zeigt Clifford Adoptante (USA) beim Freestyle-Motocross.

SCHNELLSTER STRASSENSKILÄUFER
Mit Rollskiern erreichte Douglas Lucht (USA) am 7. März 1998 auf dem Golden Eagle Boulevard in Fountain Hills (USA) 101 km/h. Das ist die höchste Geschwindigkeit, die bei einer Abfahrt auf einer öffentlichen Straße erreicht wurde. Nach den Straßenskilauf-Regeln trug Lucht Skischuhe und -bindungen und fuhr mit Inline-Brettern mit Länge von 107 cm.

SCHNELLSTE SKATEBOARDER
Die höchste dokumentierte Geschwindigkeit, die je von einem Skateboarder erreicht wurde, waren die 126,12 km/h von Roger Hickey (USA) auf einer Rennstrecke bei Los Angeles (Kalifornien) am 15. März 1990. Er fuhr in Bauchlage.

Den Geschwindigkeitsrekord für das Skaten in aufrechter Haltung erreichte Gary Hardwick. In Fountain Hills, Arizona (USA), war er am 26. September 1998 100,66 km/h schnell.

WEITESTER SKATEBOARD-SPRUNG
Andy Macdonald (USA) übersprang am 12. Oktober 1999 in East Lansing (USA) vier Autos und verbesserte den Weltrekord im Skateboard-Weitsprung auf 16,1 m.

HÖCHSTER AIR
Danny Way (USA) gelang am 3. August 1998 in Brown Field (San Diego/Kalifornien) von einer Halfpipe aus ein Air-Sprung von fünf Metern Höhe.

SKATEBOARD-LANGSTRECKENREKORD
Eleftherios Argiropoulos (GR) legte am 4./5. November 1993 in Ekali (GR) in 36 Stunden 33 Minuten 17 Sekunden 436,6 km zurück.

SCHNELLSTER BUTTBOARDER
Darren Lott (USA) erreichte am 26. September 1998 in Fountain Hills, Arizona (USA), auf einem Buttboard 105 km/h.

SCHNELLSTE INLINE-SKATER
Graham Wilkie und Jeff Hamilton (beide USA) fuhren beide am 26. September 1998 in Fountain Hills, Arizona (USA) mit ihren Skates die neue Rekordgeschwindigkeit von 103,03 km/h.

⊙ MEISTE SALTI VON EINER HALFPIPE

Tony Hawk (USA) gelang während der 1999er X-Games in San Francisco (USA) der erste zweieinhalbfache Salto auf einem Skateboard von einer Halfpipe.

SCHNELLSTE SANDBOARDER

Erik Johnson (USA) war am 12. April 1999 beim Sand Master Jam in Dumont Dunes, Kalifornien (USA) mit seinem Sandboard 82 km/h schnell.

Die schnellste Sandboarderin ist Nancy Sutton (USA), die am 19. September 1998 in Sand Mountain, Nevada (USA), 71,94 km/h erreichte.

MEISTE MOUNTAINBOARDING-WM-TITEL

Jason T. Lee (USA) gewann 1997 und 1998 zwei Mountainboarding-WM-Titel.

SCHNELLSTER GRAVITY-SPEED-BIKER

Alternative International Sports, der maßgebliche Verband für das Gravity Speed Biking, erkannte Dwight Garland (USA) als schnellsten Vertreter seines Sports an, nachdem er am 26. September 1998 103 km/h erreichte. Ein Gravity Speed Bike hat einen Stahlrohrrahmen, Vorder- und Hinterradbremsen und eine aerodynamische Verkleidung. Es fährt mit luftgefüllten, profillosen Rennreifen (Slicks).

SCHNELLSTER GLETSCHER-RADFAHRER

Die höchste Geschwindigkeit, die jemals bei einer Fahrrad-Abfahrt auf einem Gletscher erreicht wurde, schaffte Christian Taillefer (F). Auf einem Peugeot-Rad erreichte er im März 1998 auf der Ski-Hochgeschwindigkeitsstrecke in Vars (F) 212,12 km/h.

MEISTE SCHNEE-MOUNTAIN-BIKE-MEDAILLEN BEI X-GAMES

Cheri Elliott (USA) gewann drei Medaillen im Schnee-Mountain-Biking: 1987 Gold in der Abfahrt, 1998 Silber in dieser Disziplin und in der Schwierigkeitsprüfung.

MEISTE X-GAMES-SNOWBOARD-MEDAILLEN

Sechs Medaillen bei den X-Games Snowboard-Wettbewerben 1998 und 1999 gewann die Amerikanerin Barrett Christy.

Shaun Palmer (USA) gewann drei Medaillen bei den Männern, und zwar dreimal Gold in der Boarder-X-Disziplin 1997, 1998 und 1999.

MEISTE X-GAMES-SKIBOARD-MEDAILLEN

Mike Nick (USA) gewann bei den X-Games 1998 eine Goldmedaille im Slopestyle-Wettbewerb, 1999 dann Silber in der Triple-Air-Disziplin.

GRÖSSTER SKATE-PARK

Der Vans Skatepark in Potomac Mills Mall/Prince William, Virginia (USA), ist 5.726,5 m^2 groß. Er wurde am 15. April 2000 eröffnet.

SKATING GLOSSAR

aciddrop: Mit einem ollie oder mit dem Händen am Board von etwas abheben.
air: Mit allen vier Rollen vom Boden abheben, Kurzform von ‚aerial'.
fat: Auch ‚phat': Ein hoher oder weiter Trick mit dem Board. *„Now that was a* fat *jump!"*
grind: Mit einer oder beiden Achsen an einem Geländer o.ä. entlang rutschen. Von diesem Trick gibt es viele Variationen.
halfpipe: U-förmige Rampe, meist mit einem flachen Abschnitt in der Mitte.
impossible: Ein Trick, bei dem das Brett in der Luft um beide Füße gedreht wird.
ollie: Ein Sprung, der durch Druck auf das Ende des Boards am Boden ausgelöst wird.
shoveit: Nur das Board ohne den Körper drehen; das Board so anstoßen, dass es sich unter den Füßen dreht.
sick: Bedeutet gut, ebenso wie ‚wicked' oder ‚rad'. *„That trick she pulled was* sick*!"*
stoked: Das Gefühl, etwas ziemlich gut gemacht zu haben. *„You must be pretty stoked after pulling off that trick!"*

← HÖCHSTER OLLIE

Danny Wainwright (GB) schaffte am 6. Februar 2000 einen Rekord-Ollie (Sprung, bei dem das Brett nur mit den Füßen geführt wird, ohne Zuhilfenahme der Hände) von 113 cm von einer ebenen Absprungfläche.

Extremsport 2

LÄNGSTE GESCHWOMMENE STRECKE UNTER EIS OHNE AUSRÜSTUNG
Wim Hof aus den Niederlanden schwamm am 16. März 2000 in einem See nahe dem finnischen Dorf Kolari die Rekordstrecke von 57 m unter Eis. Er benutzte keine besondere Ausrüstung, sondern trug lediglich Badehose und Taucherbrille.

LÄNGSTE GESCHWOMMENE STRECKE UNTER WASSER MIT AUSRÜSTUNG
Vom 21. bis zum 22. Februar 1985 schwammen Paul Cryne (GB) und Samir Sawan al Awami (Q) in 24 Stunden 78,92 km weit, von Doha nach Umm Said (beide in Katar) und zurück. Sie benutzten eine Taucherausrüstung und befanden sich zu 95,5 Prozent der Zeit unter Wasser.

Vom 17. bis zum18. Oktober 1987 schwamm eine 6-köpfige Staffelmannschaft mit Hilfe einer Taucherausrüstung in einem Schwimmbad in Olomouc (CSSR) eine Gesamtstrecke von 151,98 km.

BESTVERDIENENDE SURFER
Kelly Slater (USA) verdiente im Verlauf seiner Surf-Karriere die Rekordsumme von 1.437.707 DM. Er ging nach der Saison 1998 in den Ruhestand.

Bei den Frauen konnte Pam Burridge (AUS) mit 606.656 DM das höchste Einkommen für sich verbuchen.

MEISTE INTERNATIONALE SURF-SERIENWETTKÄMPFE DER PROFIS
Die internationalen Serienwettkämpfe für Profis wurden 1975 ins Leben gerufen. Bei den Männern stellte Kelly Slater (USA) mit sechs Titeln einen Rekord auf: 1992 und von 1994 bis 1998.

Bei den Frauen holte sich Frieda Zamba aus den USA viermal (1984–1986 und 1988) den Titel; ebenfalls viermal gewannen Wendy Botha (AUS, früher ZA; 1987, 1989, 1991 und 1992) und Lisa Andersen (AUS; 1994–1997).

⊙ ÄLTESTER SNOWBOARDER
Der älteste Mensch, der regelmäßig Snowboard fährt, ist der 80 Jahre alte Wong Yui Hoi. Er wurde 1920 in China geboren und lebt heute in Kanada. Er begann 1995, Snowboard zu fahren.

⊙ LÄNGSTER BACK-FLIP BEIM SANDBOARDEN
Am 20. Mai 2000 vollführte Josh Tenge aus Incline Village in Nevada (USA) einen Back-Flip, der die Rekordlänge von 13,6 m maß. Der Rekord wurde auf dem X-West-Huck-Fest in Sand Mountain, Nevada, aufgestellt.

MEISTE SURF-WELTMEISTERSCHAFTEN DER AMATEURE
Der Weltmeistertitel im Surfen für Amateure wurde im Mai 1964 geschaffen. Die meisten Titel holte sich Michael Nowakow (AUS), er gewann dreimal: beim Kneeboarding-Wettkampf 1982, 1984 und 1986.

MEISTE BODYBOARDING-MEISTERTITEL
Mike Stewart (USA) gewann neun Weltmeisterschaften, acht nationale Tour-Titel und elf Qualifikationsmeisterschaften.

MEISTE KNEEBOARDING-WELTMEISTERTITEL
Mario Fossa (YV), von seinen Fans „King of Dizzy" gekannt, gewann von 1987 bis 1991 hintereinander fünf Pro-Tour-Titel. Kneeboarder führen Tricks vor, während sie auf einem kurzen, flachen Brett knien.

WINDSURFEN AUF DEM HÖCHSTEN BREITENGRAD
Am 14. Juli 1985 surfte Gerard-Jan Goekoop (NL), der Bordarzt des holländischen Expeditionsschiffes *Plancius*, entlang des Packeises des Nordpols auf dem 80. Breitengrad.

MEISTE WILDWASSER-FREESTYLE-KAJAK-TITEL
Deutschland gewann die Rekordzahl von zwei Wildwasser-Freestyle-Kajak-Weltmeisterschaften (1991 und 1995).

HÖCHSTER BUNGEE-SPRUNG VON GEBÄUDE
Am 5. Oktober 1998 sprang A. J. Hackett aus Neuseeland vom Sky Tower Casino, dem höchsten Gebäude in Auckland (NZ), 180,1 m tief. Er befestigte sich an zwei Stahlseilen, um nicht an das Hochhaus zu stoßen.

GRÖSSTER MASSEN-BUNGEE-SPRUNG
Am 6. September 1998 vollführten 25 Personen einen Bungee-

Sprung von einer 52 m hohen Plattform vor dem Sitz der Deutschen Bank in Frankfurt am Main (D). Der Sprung war Teil des von der Stadt Frankfurt veranstalteten „Wolkenkratzer-Festivals".

MEISTE FALLSCHIRMABSPRÜNGE

Don Kellner (USA) hält den Rekord für die meisten Fallschirmabsprünge. Bis zum 7. März 2000 hat er insgesamt 29.000 Sprünge ausgeführt.

Den Rekord bei den Frauen hält Cheryl Stearns (USA) mit 13.500 Absprüngen bis Juni 2000, hauptsächlich über den USA.

Die Zahl der meisten Absprünge in 24 Stunden (gemäß den Regeln der United States Parachute Association) beträgt 476. Aufgestellt wurde der Rekord von dem Amerikaner Jay Stokes vom 12. bis zum 13. November 1999 in Yuma, Arizona (USA).

GRÖSSTER MASSENABSPRUNG AUS EINEM BALLON

Am 22. April 2000 sprang die Rekordzahl von 20 Fallschirmspringern, die dem Paraclub Flevo in Lelystad (NL) angehören, aus einem Ballon des Typs Cameron A-415 PH-AGT über Harfsen (NL) ab. Zwölf der Fallschirmspringer sprangen gleichzeitig und erzielten damit einen zusätzlichen Rekord – den größten Simultan-Fallschirmabsprung aus einem Ballon.

MEISTE VIER-MANN-FORMATIONEN BEI EINEM FALLSCHIRMSPRUNG

Bei den US-Meisterschaften für Formationsfallschirmspringen 1999 in Sebastian, Florida (USA), am 23. September 1999 bildeten vier Mitglieder des Arizona Airspeed Teams (USA) – Daniel Brodsky-Chenfeld, Jack Jeffries, Mark Kirkby und Kirk Verners – 39 Formationen.

← MEISTE JET-SKI-TITEL

Marc Sickerling aus Deutschland, der in der Freestyle-Disziplin aktiv ist, wurde von der International Jet Ski Boating Association fünfmal zum Europameister gekürt (1991–1994 und 1998), zweimal zum Pro World Champion (1995 und 1996) und 1994 zum Expert World Champion. Außerdem erhielt er 1997 den Europa- und Weltmeistertitel und 1998 den Europameistertitel der Union Internationale Motonautique (UIM).

Autosport

JÜNGSTER RALLYE-WELTMEISTER
Colin McRae (GB) war bei seinem Sieg in der Rallye-WM von 1995 nur 27 Jahre 89 Tage alt.

MEISTE RALLYE-WELTMEISTERTITEL
Zwei Fahrer stellten den Rekord von vier Siegen in der Weltmeisterschaft auf: Juha Kankkunen aus Finnland (1986, 1987, 1991 und 1993); sowie Tommi Mäkinen, ebenfalls Finnland (1996, 1997, 1998 und 1999).

MEISTE RALLYE-WELTMEISTERTITEL IN FOLGE
Tommi Mäkinen und sein Kopilot Risto Mannisenmaki (beide FIN) gewannen die Rekordzahl von vier aufeinander folgenden Rallye-Weltmeisterschaften (1996, 1997, 1998 und 1999).

⊙ JÜNGSTER FORMEL-1-FAHRER MIT EINEM WM-PUNKT
Am 26. März 2000 wurde Jensen Button (GB) mit 20 Jahren 67 Tagen der jüngste Formel-1-Fahrer, der bei einer Weltmeisterschaft einen Punkt holte. Button, der mit dem Williams-Team seine erste Saison absolvierte, hatte den Großen Preis von Brasilien in Interlagos, São Paulo, als Sechster abgeschlossen.

MEISTE WELTMEISTERTITEL EINES KONSTRUKTEURS
Der Konstrukteur Lancia gewann zwischen 1972 und 1992 elf Weltmeisterschaften.

MEISTE TITEL IN MONTE CARLO
Die Rallye Monte Carlo wurde viermal gewonnen von Sandro Munari (I; 1972, 1975, 1976 und 1977) und von Walter Röhrl und seinem Kopiloten Christian Geistdörfer (beide D; 1980 und 1982–84).

LÄNGSTE RALLYE
Die längste Rallye aller Zeiten war die Singapore Airlines-Rallye von London nach Sydney, die 1977 über 31.107 km von Covent Garden, London (GB), bis zur Oper von Sydney (AUS) führte. Sieger wurden Andrew Cowan, Colin Malkin und Michael Broad (alle GB) in einem Mercedes 280E.

SCHNELLSTE RUNDE IN LE MANS
Die schnellste Runde im 24-Stunden-Rennen von Le Mans fuhr mit 3 Minuten 21,27 Sekunden Alain Ferté (F) am 10. Juni 1989 in einem Jaguar XJR-9LM. Seine Durchschnittsgeschwindigkeit auf der Strecke von 13,536 km betrug 242,093 km/h.

Hans Stuck (D) fuhr am 14. Juni 1985 mit dem Rekordtempo von 251,664 km/h die schnellste Trainingsrunde.

MEISTE SIEGE IN LE MANS
Die meisten Hersteller-Siege, nämlich 16, holte Porsche mit den Erfolgen von 1970, 1971, 1976, 1977, 1979, 1981–87, 1993 und 1996–98.

Der erfolgreichste Fahrer war Jacky Ickx (B) mit sechs Siegen: 1969, 1975–77, 1981 und 1982.

⊙ SCHNELLSTER FAHRER IM DRAGSTER-RENNEN
John Force (USA) erreichte am 21. März 1999 in Gainsville, Florida (USA), in einem Dragster-Rennen der Klasse Funny Car in einem '99er Ford Mustang eine Rekordgeschwindigkeit von 521,507 km/h.

WEITESTE STRECKE IN LE MANS
Dr. Helmut Marko (A) und Gijs van Lennep (NL) legten am 12. und 13. Juni 1971 in einem Sportwagen des Typs Porsche 917K Group 5 mit 12-Zylindermotor und 4.907 cm^3 Hubraum eine Strecke von 5.335,302 km zurück.

Auf dem jetzigen Ring beträgt die längste zurückgelegte Strecke 5.331,998 km, die Jan Lammers (NL), Johnny Dumfries (GB) und Andy Wallace (GB) am 11. bis 12. Juni 1988 in einem Jaguar XJR-9LM fuhren. Ihr Durchschnittstempo lag bei 222,166 km/h.

ERFOLGREICHSTE INDIANAPOLIS 500-FAHRER
Drei Fahrer haben das 500-Meilen-Rennen von Indianapolis jeweils viermal gewonnen: A. J. Foyt Jr. (USA; 1961, 1964, 1967 und 1977); Al Unser Sen. (USA; 1970, 1971, 1978 und 1987); sowie Rick Mears (USA; 1979, 1984, 1988 und 1991).

MEISTE STARTS BEIM INDIANAPOLIS 500
A. J. Foyt Jr. (USA) stellte beim 500-Meilen-Rennen von Indianapolis zwischen 1958 und 1992 den Rekord von 35 Starts in Folge auf.

SCHNELLSTES RENNEN BEIM INDIANAPOLIS 500
Arie Luyendyk (NL) siegte am 27. Mai 1990 in einem Lola-Chevrolet mit 2 Stunden 41 Minuten 18,404 Sekunden. Seine Durchschnittsgeschwindigkeit betrug 229,307 km/h.

SCHNELLSTE RUNDE IN DER INDIANAPOLIS 500-QUALIFIKATION
Das höchste Durchschnittstempo in den vier Qualifikationsrunden betrug 381,392 km/h, das Arie Luyendyk (NL) am 12. Mai 1996 in einem Reynard-Ford-Cosworth erreichte. Dabei stellte er gleichzeitig den Rundenrekord von 382,216 km/h auf.

ERFOLGREICHSTE GRAND-PRIX-KONSTRUKTEURE
Die meisten Konstrukteurstitel waren die neun Erfolge von Williams (1980, 1981, 1986, 1987, 1992–94, 1996 und 1997) und von Ferrari (1961, 1964, 1975–77, 1979, 1982, 1983 und 1999).

Das Team von McLaren gewann in der Formel-1-Saison von 1988 15 von den 16 Grand Prix: Achtmal siegte Ayrton Senna (Brasilien) und siebenmal Alain Prost (F).

Die Formel-1-Boliden von McLaren holten mehr als dreimal so viele Punkte wie die ihres nächsten Verfolgers Ferrari.

↓ MEISTE WELTMEISTERTITEL
Juha Kankkunen aus Finnland (rechts) gewann zwischen 1989 und 1999 die Rekordzahl von 23 WM-Rennen. Das Bild unten zeigt ihn im Mai 2000 in seinem Subaro Impreza.

Zweiradsport

MEISTE RAD-WM-TITEL
Koichi Nakano (J) gewann von 1977 bis 1986 zehn professionelle Sprinttitel in Folge.

Den Rekord über die meisten gewonnenen Sprints bei den Amateuren halten mit sieben Siegen Daniel Morelon (F; 1966, 1967, 1969–71, 1973 und 1975) und Leon Meredith (GB) für die 100-km-Steherrennen von 1904, 1905, 1907–09, 1911 und 1913.

Bei den Damen hält Jeannie Longo-Ciprelli (F) den Rekord mit elf Titeln: beim Verfolgungsrennen 1986, 1988 und 1989; im Straßenrennen 1985–87, 1989 und 1995; im Punkterennen 1989 und im Zeitfahren 1995 und 1996.

⊙ MEISTE SIEGE IM SUPERCROSS
Das Bild zeigt Jeremy McGrath (USA) bei seinem Sieg bei der 1993er Supercross-Meisterschaft der American Motorcycle Association (AMA) in der 250 cm³-Klasse im Stadium von Anaheim, Kalifornien (USA). Bisher holte er diesen Titel sechsmal (1993–96, 1998 und 1999); zusätzlich siegte er zweimal bei den Supercross-Weltmeisterschaften (1994 und 1995).

MEISTE OLYMPISCHE MEDAILLEN IM RADSPORT
Die meisten Titel bei einer einzigen Olympiade waren die drei von Paul Masson (F) 1896, Francisco Verri (I) 1906 und Robert Charpentier (F) 1936. Daniel Morelon (F) errang 1968 zwei Goldmedaillen und eine weitere 1972; außerdem gewann er 1976 olympisches Silber und 1964 Bronze. Marcus Hurley (USA) holte beim „inoffiziellen" Wettkampf von 1904 vier Radsport-Titel.

⊙ SCHNELLSTER OLYMPIA-1000 M-SPRINT
Am 24. Juli 1996 stellte Florian Rousseau (F) in Atlanta (USA) einen olympischen Rekord von 1 Minute 2,712 Sekunden im 1000 m-Sprint der Herren mit stehendem Start auf.

MEISTBESUCHTES SPORTEREIGNIS
Etwa 10 Mio. Zuschauer verfolgen jährlich entlang der Strecke die Tour de France, die jeweils drei Wochen lang dauert.

MEISTE TOUR DE FRANCE-SIEGE
Die meisten Tour de France-Siege desselben Fahrers sind fünf: Errungen haben sie Jacques Anquetil (F) 1957 und 1961–64; Eddy Merckx (B) 1969–72 und 1974; Bernard Hinault (F) 1978, 1979, 1981, 1982 und 1985; sowie Miguel Induráin (E) 1991–95.

HÖCHSTE GESCHWINDIGKEIT BEI DER TOUR DE FRANCE
Die höchste Durchschnittsgeschwindigkeit bei der Tour de France beträgt 40,276 km/h, die Lance Armstrong (USA) im Wettkampf von 1999 erreichte.

KLEINSTER VORSPRUNG BEI DER TOUR DE FRANCE
Der knappste Sieg in einer Tour de France war der von 1989, als Greg LeMond (USA) mit nur acht Sekunden Vorsprung vor Laurent Fignon (F) gewann. LeMonds Gesamtzeit betrug 87 Stunden 38 Minuten 35 Sekunden.

MEISTE SIEGE IN DER VUELTA A ESPANA
Tony Rominger (CH) stellte mit seinen drei Erfolgen von 1992 bis 1994 den Rekord über die meisten Siege in der Spanienrundfahrt Vuelta a España auf.

MEISTE SIEGE IM GIRO D'ITALIA
Drei Fahrer schafften den Rekord von fünf Siegen im Giro d'Italia: Alfredo Binda (I) 1925, 1927–29 und 1933; Fausto Coppi (I) 1940, 1947, 1949, 1952 und 1953; sowie Eddy Merckx (B) 1968, 1970 und 1972–74.

MEISTE SIEGE IN DER TOUR OF BRITAIN
Insgesamt vier Fahrer haben zweimal die Tour of Britain gewonnen: Bill Bradley (GB) 1959 und 1960; Leslie West (GB) 1965 und 1967; Fedor den Hertog (NL) 1969 und 1971 sowie Yuriy Kashurin (UdSSR) 1979 und 1982.

LÄNGSTES EINTAGESRENNEN
Das längste Radrennen mit Massenstart, das an einem einzigen Tag gefahren wird, führt über die 551 bis 620 km lange Strecke Bordeaux–Paris (F). Die höchste Durchschnittsgeschwindigkeit in diesem Wettkampf erreichte mit 47,186 km/h der Belgier Herman van Springel 1981. Er legte

die 584,5 km in 13 Stunden 35 Minuten 18 Sekunden zurück.

MEISTE WM-TITEL IM MOTORRADRENNEN
Die meisten Weltmeistertitel im Motorradrennen, nämlich 15, holte Giacomo Agostini (I): Er siegte siebenmal in der 350 cm^3-Klasse (1968–1974) und achtmal in der 500er (1966-1972 und 1975). Agostini ist auch der einzige Fahrer, der den Rekord von je zwei WM-Titeln in fünf aufeinander folgenden Jahren hält.

Angel Roldan Nieto (E) hält den Rekord von sieben Siegen in der 125 cm^3-Klasse, die er 1971, 1972, 1979 und 1981–84 errang. Außerdem hat er die Rekordzahl von sechs Titeln in der 50 cm^3-Klasse aufgestellt (1969, 1970, 1972 und 1975–77).

In der 250 cm^3-Klasse hält Phil Read (GB) den Rekord von vier Titeln (1964, 1965, 1968 und 1971).

Rolf Biland (CH) hat sieben Weltmeistertitel im Seitenwagen gewonnen (1978, 1979, 1981, 1983 und 1992–94).

Die meisten Siege in einer Einzelklasse innerhalb von einer Saison erzielte Michael Doohan (AUS), der 1997 in der 500 cm^3-Klasse zwölfmal gewann.

Der erfolgreichste Konstrukteur ist Honda (J), auf deren Maschinen von 1961 bis 1999 insgesamt 48 Weltmeistertitel herausgefahren wurden.

ÄLTESTES MOTORRADRENNEN
Das älteste Motorradrennen der Welt, das jedes Jahr stattfindet, ist der Tourist Trophy (TT) der Auto-Cycle Union. Er wurde erstmals 1907 auf dem 25,44 km langen St. John's Course auf der Isle of Man ausgetragen und findet seit 1911 auf dem Sneafell Mountain-Kurs mit seinen 264 Kurven statt. Der Streckenrekord beträgt 1 Stunde 51 Minuten 59,6 Sekunden; er wurde am 12. Juni 1992 von Steve Hislop (GB) aufgestellt, als er auf einer Norton den Senior TT gewann. Seine Durchschnittsgeschwindigkeit betrug dabei 195,17 km/h.

MEISTE SIEGE BEIM TT AUF DER ISLE OF MAN
Joey Dunlop (IRL) stellte zwischen 1977 und 1998 beim TT auf der Isle of Man den Rekord von insgesamt 23 Siegen auf.

Die meisten Siege innerhalb eines Jahres holte Phillip McCallen (IRL): 1996 siegte er viermal, nämlich bei der Formel 1, im Junior-, Senior- und im Production-Wettkampf.

MEISTE SIEGE IM MOTOCROSS-RENNEN
Joël Robert (B) holte in der 250 cm^3-Klasse sechsmal den Weltmeistertitel, und zwar 1964 sowie von 1968 bis 1972.

MEISTE WM-TITEL IM SPEEDWAYRENNEN
Die erste Weltmeisterschaft im Speedwayrennen fand am 10. September 1936 in Wembley, London (GB), statt. Ivan Mauger (NZ) war mit sechs Siegen der erfolgreichste Teilnehmer (1968–70, 1972, 1977 und 1979).

Der ehemalige World Team Cup ging neunmal an die Rekordmannschaften aus England bzw. Großbritannien (GB 1968 und 1971–73 sowie England 1974, 1975, 1977, 1980 und 1989) und an Dänemark (1978, 1981, 1983–88 und 1991).

← SCHNELLSTE ETAPPE BEI DER TOUR DE FRANCE
Am 7. Juli 1999 gewann Mario Cipollini (I) die vierte Etappe der Tour de France, die sich zwischen Laval und Blois über 194 km erstreckte, mit einer Durchschnittsgeschwindigkeit von 50,36 km/h.

Pferdesport

ERFOLGREICHSTE RENNPFERDE
Das Rennpferd mit den meisten Siegen im Verhältnis zu den Starts war Kincsem, eine ungarische Stute, die 1874 geboren wurde. Sie blieb zwischen 1876 und 1879 in 54 Rennen in ganz Europa ungeschlagen.

Camarero, geboren 1951, blieb vom 19. April 1953 an bis zu seiner ersten Niederlage am 17. August 1955 bei 56 Rennen in Puerto Rico ungeschlagen.

Chorisbar, geboren 1935, gewann von 1937 bis 1947 in Puerto Rico 197 der 324 Rennen, an denen er teilnahm.

Lenoxbar, geboren 1935, gewann 1940 in Puerto Rico 46 der 56 Rennen, bei denen er in diesem Jahr an den Start ging.

Doctor Syntax, geboren 1811, hält den Rekord über die meisten Siege im selben Rennen: Er gewann siebenmal den Preston Gold Cup (1915–1821).

MEISTE NIEDERLAGEN IN FOLGE
Am 6. September 1999 erlitt Zippy Chippy, ein neunjähriger Wallach aus dem Stall von Felix Monserrate (USA), seine 86. Niederlage in Folge, als er auf dem County Fair in Northampton, Massachusetts (USA), als dritter von sechs Teilnehmern ins Ziel ging.

ERFOLGREICHSTE TRAINER
Jack Van Berg (USA) errang 1976 in einem Jahr die Rekordanzahl von 496 Siegen.

⊙ BESTVERDIENENDES RENNPFERD
Der Karriererekord eines Rennpferds liegt bei Einnahmen von 20,3 Mio. DM, die der US-Star Cigar (geboren 1990, links) von 1993 bis 1996 erzielte. Zu dieser Summe gehört auch der Jahresrekord von 9,9 Mio. DM im Jahr 1996. Die bestverdienende Stute ist Hokuto Vega (geboren 1990), die in Japan zwischen 1993 und 1997 Preisgelder von 16,8 Mio. DM erreichte.

Die meisten Siege einer Karriere verbuchte Dale Baird (USA) mit seinen 8.100 Erfolgen zwischen 1962 und Mai 2000.

Die meisten Preisgelder in einem Jahr holte Darrell Lukas (USA), der 1988 insgesamt 36,1 Mio. DM einnahm. Er hält mit bisher 359,3 Mio. DM auch den Karriererekord an Preisgeldern.

ERFOLGREICHSTE JOCKEYS
Bill Shoemaker (USA) errang von März 1949 bis zu seinem Rückzug im Februar 1990 sage und schreibe 8.833 Siege bei 40.350 Antritten. Sein Gewicht betrug 44 kg bei einer Größe von 1,50 m.

Die meisten Rennen, die ein Jockey innerhalb eines Jahres gewann, schaffte Kent Desormeaux (USA) mit seinen 598 Siegen bei 2.312 Starts im Jahr 1989.

Christopher McCarron (USA) gewann im Lauf seiner Karriere von 1974 bis April 2000 die Rekordsumme von 479 Mio. DM.

Der höchste Jahresgewinn eines Jockeys beläuft sich auf 57,7 Mio. DM, die Yutaka Take (J) 1993 erreichte.

ERFOLGREICHSTE BESITZER
Über 35 Jahre hinweg holte Marion Van Berg (USA) mit 4.775 die meisten Siege eines Rennpferd-Besitzers.

⊙ HÖCHSTES PREISGELD IN EINEM RENNEN
Beim Dubai World Cup 2000, der am 25. März 2000 in Nad Al Sheba, Dubai (Vereinigte Arabische Emirate), stattfand, waren insgesamt Preisgelder in Höhe von 12,2 Mio. DM ausgesetzt, von denen 7,3 Mio. DM an den Sieger gingen. Gewonnen wurde das Rennen von Dubai Millennium aus dem Godolphin-Stall unter dem Jockey Frankie Dettori. Bei einer Rennzeit von 2 Minuten gewann er 60.900 DM pro Sekunde.

Die meisten Siege in einem Jahr waren die 494 Erfolge von Dan Lasater (USA) im Jahr 1974.

Die höchsten Einnahmen eines Jahres waren die 18,2 Mio. DM, die Allen Paulson (USA) 1996 in Nordamerika und in Dubai gewann.

SCHNELLSTE RENNPFERDE
Die höchste Geschwindigkeit, die bei einem Rennpferd je gemessen wurde, betrug 69,62 km/h – oder 402 m in 20,8 Sekunden –, die Big Racket am 5. Februar 1945 in Mexico City (MEX) erreichte. Am 27. September 1993 schaffte dies Tempo auch Onion Roll in Thistledown, Cleveland (USA).

Das höchste Tempo in einem Rennen über 2,414 m (1,5 Meilen) betrug 60,86 km/h. Der dreijährige Hawkster erreichte diese Geschwindigkeit am 14. Oktober 1989 im Santa Anita Park in Arcadia, Kalifornien (USA). Bei einem getragenen Gewicht von 54,9 kg ging er nach 2 Minuten 22,8 Sekunden ins Ziel.

MEISTE TEILNEHMER AN EINEM RENNEN
Eine Rekordzahl von 66 Pferden ging am 22. März 1929 beim Grand National in Aintree, Merseyside (GB), an den Start.

MEISTE WELTMEISTERTITEL IM SPRINGREITEN
Bei den Herren liegt der Rekord bei zwei WM-Titeln, die Hans Günter Winkler (D, 1954 und 1955) und Raimondo d'Inzeo (I, 1956 und 1960) erzielten.

Auch bei den Damen liegt dieser Rekord bei den zwei Titeln von Jane „Janou" Tissot (F) auf Rocket (1970 und 1974). Der Damenwettbewerb wurde nur von 1965 bis 1974 abgehalten.

Im Mannschaftswettbewerb, der 1978 eingeführt wurde, gingen mit drei die meisten Siege an Frankreich (1982, 1986 und 1990).

BESTE PUNKTZAHL BEIM OLYMPISCHEN SPRINGREITEN
Die wenigsten Fehlerpunkte eines Medaillengewinners gab es bei den Ritten von Frantisek Ventura (CZ) auf Eliot (1928); Alwin Schockemöhle (D) auf Warwick Rex (1976); sowie Ludger Beerbaum (D) auf Classic Touch (1992).

→ MEISTE WELTCUPSIEGE IM SPRINGREITEN
Mit drei Siegen gewann Hugo Simon (A) die meisten Weltcups: 1979 auf Gladstone und 1996 und 1997 auf E.T. FRH.

Gebäude

HÖCHSTES GEBÄUDE
Der höchste freistehende (das heißt ohne Spanndrähte auskommende) Turm ist der 553,34 m hohe CN Tower in Toronto (CDN). Der erste Spatenstich für das 130.000-t-Bauwerk aus nachgespanntem Beton war am 12. Februar 1973, die Fertigstellung erfolgte am 2. April 1975. Ein Restaurant mit 416 Plätzen, das sich in einer Höhe von 351 m dreht, bietet den Gästen einen Blick bis zu den 120 km entfernten Bergen.

HÖCHSTES BÜROGEBÄUDE
Im März 1996 wurden die Petronas Towers in Kuala Lumpur (MAL) zum höchsten Bürogebäude der Welt, als die 88-stöckigen Türme mit 73,5 m hohen Zinnen aus rostfreiem Stahl gekrönt wurden, wodurch die Gebäude eine Höhe von 451,9 m erreichten.

Das Universal Financial Centre im neuen Geschäfts- und Bankenviertel Pudong in Shanghai (CHN) wird bei seiner Fertigstellung im Jahr 2001 die Petronas Towers an Höhe allerdings noch übertreffen. Mit 95 Stockwerken, auf denen Büros und ein Hotel entstehen, und drei Kellergeschossen wird es insgesamt 454 m hoch sein.

HÖCHSTER WOHNBLOCK
Das John Hancock Center in Chicago, Illinois (USA), ist 343,5 m hoch. Von seinen 100 Stockwerken sind nur die Etagen 44 bis 92 bewohnt.

Der höchste reine Wohnblock ist mit 195 m Höhe und insgesamt 879 Wohnungen der 70-stöckige Lake Point Tower in Chicago (USA).

GRÖSSTER PALAST
Der Kaiserpalast im Stadtzentrum von Peking (CHN) umfasst eine Fläche von 72 ha. Der äußere Grundriss des Palastes entspricht noch dem ursprünglichen, unter Yongle (1402–24), dem dritten Kaiser der Mingdynastie, entstandenen Bau. Aufgrund ständiger Umbauten stammen jedoch die meisten Gebäude innerhalb der Außenmauern aus dem 18. Jahrhundert.

Die größte Residenz der Welt ist die Istana Nurul Iman in Bandar Seri Begawan (BRU). Sie gehört dem Sultan von Brunei und wurde im Januar 1984 fertig gestellt. Die Kosten für die 1788 Zimmer, 257 Bäder und die Stellplätze für sämtliche 153 Autos des Sultans sollen rund 857 Mio. DM betragen haben.

⊙ LÄNGSTE HÄNGEBRÜCKE
Mit einer Spannweite von 1.991 m ist die Akashi-Kaikyo-Brücke in Japan, die die Inseln Honshu und Awaji miteinander verbindet, die längste Hängebrücke der Welt. Sie wurde im April 1998 für den Verkehr freigegeben.

TEUERSTES HAUS
Das teuerste jemals gebaute Privathaus ist die Hearst Ranch in San Simeon, Kalifornien (USA), die William Randolph Hearst von 1922 bis 1939 mit einem Kostenaufwand von über 61 Mio. DM bauen ließ – eine Summe, der heute rund 562 Mio. DM entsprächen. Das Haus hat über 100 Räume, ein 32 m langes beheiztes Schwimmbad und eine Garage für 25 Limousinen.

⊙ GRÖSSTER ÖFFENTLICHER PLATZ
Der Tien-an-men-Platz in Peking (CHN), das „Tor des Himmlischen Friedens", erstreckt sich über eine Fläche von 39,6 ha. Auf dem zu Beginn des 20. Jahrhunderts angelegten Platz rief Mao 1949 die Volksrepublik China aus. Vierzig Jahre später fand hier das Massaker an den für Demokratie demonstrierenden Studenten statt.

ÄLTESTES HOTEL
Das Hoshi Ryokan im japanischen Awazu stammt aus dem Jahr 717 n. Chr., als Garyo Hoshi in der Nähe einer Heißwasserquelle, die angeblich Wunderheilkräfte besaß, ein Gasthaus baute. Noch heute wird die heilende Wirkung des Wassers gepriesen, und das Hotel verfügt mittlerweile über 100 Zimmer.

GRÖSSTES HOTEL
Das MGM Grand Hotel/Casino in Las Vegas, Nevada (USA), besteht aus vier 30-geschossigen Türmen und erstreckt sich über eine Fläche von 45,3 ha. Das Hotel verfügt über 5.005 Zimmer, eine Arena mit 15.200 Sitzplätzen und einen 13,3 ha großen Vergnügungspark.

GRÖSSTES BÜROGEBÄUDE
Das World Trade Center in New York City (USA) umfasst eine Mietfläche von insgesamt 1,115 Mio. m² in sieben Gebäuden, davon je 406.000 m² in den beiden Türmen. Neben den etwa 50.000 Angestellten der dort ansässigen Firmen und Organisationen besuchen täglich 70.000 Touristen und Geschäftsleute den Gebäudekomplex.

HÖCHSTES BAUWERK
Das höchste Bauwerk, das bislang errichtet wurde, war mit 646,38 m Höhe der verankerte Sendemast von Radio Warschau in Konstantynów, bevor er bei Renovierungsarbeiten am 10. August 1991 umstürzte. Der 550 t schwere Mast war am 18. Juli 1974 fertig gestellt und am 22. Juli in Betrieb genommen worden. Seit 1991 wird er als „längster Turm der Welt" bezeichnet.

Das gegenwärtig höchste Bauwerk ist mit 629 m Höhe ein zwischen Fargo und Blanchard in North Dakota (USA) stehender Fernsehsendemast. Der für Channel 11 des Senders KTHI-TV gebaute Turm wurde in 30 Tagen (2. Oktober bis 1. November 1963) von der Firma Hamilton Erection aus York, South Carolina (USA), errichtet. Bis zur Fertigstellung des Sendemastes von Konstantynów blieb er das höchste Bauwerk der Welt.

GRÖSSTES LEHMBAUWERK
Die Große Moschee von Djenné in Mali ist das größte Lehmbauwerk der Welt. Sie wurde 1905 nach dem Plan einer Moschee aus dem 11. Jahrhundert gebaut und ist 100 m lang und 40 m breit.

GRÖSSTER IGLU
Mit einer Grundfläche von insgesamt 3.000 m² kann das Ice Hotel in Jukkasjärvi (S) bis zu 100 Gäste beherbergen.

GRÖSSTE PYRAMIDE
Die größte Pyramide ist die des Quetzalcóatl in Cholula de Rivadavia, 101 km südöstlich von Mexico City (MEX). Sie ist 54 m hoch und ihre Grundfläche misst annähernd 18,2 ha. Ihr Gesamtvolumen wird auf 3,3 Mio. m³ geschätzt.

→ HÖCHSTES HOTEL
Der segelförmige Burj Al Arab oder Arabian Tower in Dubai (UAE) misst vom Erdgeschoss bis zur Spitze seiner Antenne 321 m und ist damit das höchste Hotelgebäude der Welt. Das auf einer künstlichen Insel errichtete Hotel verfügt über 202 Suiten. Die gesamte Geschossfläche beträgt 111.480 m². Annähernd 3.500 Konstrukteure, Ingenieure und Bauarbeiter waren an seiner Erstellung beteiligt.

Umwelt & Technik

HÖCHSTER PAPIERRECYCLINGANTEIL
In Deutschland werden zwischen 70 und 80 % Papier und Pappe nach dem Gebrauch recycelt.

HÖCHSTER ANTEIL AN ÖKOLOGISCH BEWIRTSCHAFTETEM LAND
In Österreich werden etwa 10 % der landwirtschaftlich genutzten Fläche nach ökologischen Grundsätzen bewirtschaftet.

HÖCHSTER PRO-KOPF-VERBRAUCH VON SOLARENERGIE
Im Verhältnis zur Bevölkerungszahl hat die Schweiz mit 1,82 Watt pro Person im Jahr 1999 den weltweit höchsten Verbrauch von Solarenergie. Es folgen Deutschland mit 0,71 Watt und Japan mit 0,65 Watt pro Person.

DIE MEISTEN SOLAR-WASSERBOILER PRO KOPF
In mehr als 80 % der Gebäude in Israel sind solarbetriebene Wasserboiler installiert, so dass im ganzen Land auf durchschnittlich zehn Personen ein solcher Boiler entfällt.

ÖKOLOGISCHSTER AUTOVERLEIH
Die Kobe-Eco-Car, ein am 30. Januar 1998 im japanischen Kobe gegründetes Unternehmen, ist die weltweit erste Firma, die nur umweltfreundliche Autos verleiht. Der Fuhrpark besteht derzeit aus 53 Mietwagen mit Elektro- und Gasmotoren sowie mit Hybridantrieb.

MEISTVERKAUFTES AUTO MIT HYBRIDANTRIEB
In Japan sind bisher über 30.000 Toyota-Prius-Autos mit Hybridantrieb verkauft worden. Beim Prius, seit 14. Oktober 1997 auf dem Markt, ist der 1,5-l-Benzinmotor mit einem Generator verbunden, der die Abgasmenge halbiert, Schadstoffe um bis zu 90 % reduziert und mit einem Liter Benzin doppelt so weit fährt wie ein herkömmliches Auto. Im Verlauf einer Testreihe in Japan schaffte ein Prius-Modell mit einem Liter Benzin eine Distanz von 32 km.

UMWELTFREUNDLICHSTES BENZINFAHRZEUG
Der Honda Accord EX Sedan, inzwischen mit dem SULEV-Prädikat versehen (super-ultra-schadstoffarmes Fahrzeug/Super Ultra-Low Emission Vehicle), hat die günstigsten Abgaswerte unter allen benzingetriebenen Fahrzeugen. Ein SULEV-Motor produziert auf 161.000 km (100.000 Meilen) lediglich 1 kg der ozonbildenden Kohlenwasserstoff-Verbindungen – 86 % weniger als ein herkömmliches schadstoffarmes Fahrzeug (Low Emission Vehicle/LEV).

⊙ HÖCHSTER GLASRECYCLING-ANTEIL
Die Schweiz ist Weltspitze beim Glasrecycling. Rund 91 % aller Einweg-Glasprodukte werden nach dem Gebrauch wiederverwertet. Es folgen Österreich und die Niederlande. Dort werden jeweils über 80 % des Einweg-Glases recycelt.

⊙ SUPERMARKT MIT DEM GERINGSTEN ENERGIEVERBRAUCH
Ein von der Sainsbury-Kette im Londoner Stadtteil Greenwich betriebener Supermarkt mit einer Verkaufsfläche von 3.250 m^2 verbraucht nur etwa halb so viel an Strom und Heizenergie wie ein durchschnittlicher Supermarkt derselben Größe. Dies wird durch eine Reihe von Energiesparmaßnahmen erreicht, zu denen ein eigenes Blockheizkraftwerk, Windgeneratoren und Solarzellen gehören.

SELTENSTES LEBEWESEN
Das seltenste Lebewesen der Erde ist die Abingdon-Island-Riesenschildkröte *(Geochelone elephantopus abingdoni)*. Von ihr gibt es nur noch ein einziges, schon etwas betagtes männliches Exemplar, das auf den Namen Lonesome George getauft wurde.

SELTENSTES LANDSÄUGETIER
Das Java-Rhinozeros *(Rhinoceros sondaicus)* ist das seltenste Landsäugetier der Erde. Der Bestand in Indonesien und Vietnam wird heute auf rund 60 Tiere geschätzt.

⊙ GRÖSSTES LANDSCHAFTS-RENATURIERUNGSPROJEKT
Das größte Renaturierungsprojekt aller Zeiten ist das 16,25-Mrd.-Mark-Projekt zur Wiederherstellung eines möglichst großen Teils des Everglade-Sumpfgebiets in Florida (USA). Die Everglades sind das größte noch bestehende Urwaldgebiet in den USA.

← SELTENSTER RAUBVOGEL
Nur noch 61 Kalifornische Kondore *(Gymnogyps californianus)* leben heute noch in freier Wildbahn. Die meisten von ihnen wurden in Gefangenschaft aufgezogen.

Show-Rekorde 1

REKORDE MIT KÖPFCHEN

Bei „Guinness – Die Show der Rekorde" sind nicht nur starke Arme gefragt: Die so genannten „Köpfchenrekorde" gehören mit Sicherheit zu den faszinierendsten Aspekten der Sendung und Albert Einstein wäre stolz auf unsere Kandidaten.

GEBURTSDATEN-MEMORIEREN
Michaela Buchvaldova aus Prag prägte sich in der Show am 21. Januar 2000 innerhalb von zwei Minuten die Geburtsdaten von elf Menschen ein. Jedes Datum bestand aus sechs Ziffern!

GLÜHBIRNEN-MEMORIEREN
Dem Dänen Jan Forman gelang es in der Show vom 6. November 1999, sich in einer Minute die Reihenfolge von 84 Glühbirnen einzuprägen, die nach dem Zufallsprinzip ein- oder ausgeschaltet worden waren.

LABYRINTH
Nur 90 Sekunden hatten der 12-jährige David Seidel und sein zwei Jahre älterer Kontrahent Sebastian Keller in der Sendung am 8. April 2000 Zeit, um sich den Weg durch ein Labyrinth einzuprägen. Anschließend sollten die beiden jeden Richtungswechsel durch Nennen der Himmelsrichtung wiedergeben. Sebastian Keller brach zwar den alten Rekord, musste sich dann aber David Seidel geschlagen geben, der auf 54 korrekte Richtungsangaben kam.

KRAFT UND SAFT

Schon immer haben sich die Menschen für schiere Muskelkraft begeistert. Und unsere Kandidaten stehen in einer Reihe mit Samson und Herkules. Kraftdisziplinen sind Guinness pur. Doch nicht nur Männer beweisen bei Beckmann Bizeps, auch unsere weiblichen Kandidaten wissen, wo der Hammer hängt.

BANKDRÜCKEN
Laine Snook aus Großbritannien stemmte in der Sendung vom 6. November 1999 eine mit einer Person beschwerte Hantelplatte in 51 Sekunden 61-mal über den Kopf. Das Gesamtgewicht von Hantelplatte und lebendem Ballast betrug insgesamt 106 kg.

⊙ KUNG FU MIT KÖPFCHEN
Der zehnjährige David Chu-Tan aus Halle zertrümmerte in der Show vom 21. Januar 2000 mittels eines Kopfstandüberschlags 11 x 2 Gasbetonplatten. Gelernt hat David diese Fertigkeit von seinem Vater, einem renommierten Kung-Fu-Trainer.

BIERKRUG-TRAGEN
Die stärkste Bedienung kommt aus dem bayerischen Karlsfeld. Anita Schwarz trug in der Show vom 8. April 2000 17 volle Maßkrüge über eine Strecke von 40 Metern. Die Krüge hatten ein Gesamtgewicht von 39,1 kg.

⊙ ROPE-SKIPPING
Den „Springmäusen" aus dem saarländischen Nalbach gelang es in der Show vom 21. Januar 2000 mit 36 Personen gleichzeitig den so genannten „Double Dutch" zu springen. Beim „Double Dutch" werden zwei Seile gegeneinander geschwungen. Bei jedem Seilschlag durften maximal zwei Personen dazukommen. Das Zeitlimit für den Rekordversuch betrug 90 Sekunden.

⊙ ACTION MIT FRANZISKA SCHENK

Manche Rekordversuche sprengen jede Dimension. Und wenn's in der Halle zu eng wird, dann geht „Guinness – Die Show der Rekorde" nach draußen. Die von Außenreporterin Franziska Schenk präsentierten Außenrekorde gehören zweifellos zu den Höhepunkten der Sendung und sind längst ein Markenzeichen geworden.

AUSSENREKORDE

A GLOBE OF SPEED

Actionreicher Höhepunkt der Show vom 6. November 1999 war der Außenrekord „Globe of Speed", präsentiert von Franziska Schenk. Die aus Stahlbändern geflochtene Kugel mit sechs Metern Durchmesser diente als Kulisse für einen einmaligen Motorrad-Stunt. Erstmals stürzten sich fünf todesmutige Biker gleichzeitig in diese Arena aus Stahl. Bei einem Tempo von bis zu 60 km/h ein waghalsiges Unternehmen und eine neuer Guinness-Rekord.

MIT DEM SNOWBOARD IM EISKANAL

Der Schweizer Extremsportler Reto Lamm stürzte sich in der Show vom 21. Januar 2000 mit einem Snowboard in den Eiskanal am Königssee. Ein Unternehmen, das noch nie ein Mensch zuvor gewagt hatte!

FUSSBALL-MARATHON

1 Fußball, 840 Menschen und 1000 km Straße – der längste Kick der Welt. Sieben Tage und Nächte wurde das Leder kreuz und quer durch Deutschland gedribbelt, gekickt und geköpft. Der Kickoff fand am 16. September 1999 in Köln statt. Die Strecke führte über Siegen, Marburg, Eisenach, Erfurt, Bayreuth und Regensburg bis nach München, wo das letzte Team in der Guinness-Show den Ball mit einem gezielten Schuss im Tor versenkte.

➔ EISENBIEGEN

Der Schweizer Thomas Bleiker bog in der Show vom 21. Januar 2000 in 44 Sekunden eine 12 mm dicke und 6 m lange Eisenstange so zusammen, dass sie in einen Reisekoffer von 70 x 50 Zentimetern passte.

Show-Rekorde 2

TEMPO, TEMPO!

Wie im Sport so entscheiden auch in der Guinness-Show zuweilen Sekunden über Sieg oder Niederlage. Im folgenden eine Auswahl von Kandidaten, die den Kampf gegen die Uhr gewonnen haben.

BOWLINGKUGELN-STAPELN
In der Sendung vom 6. November 1999 stellten Jennifer Ludwig und Angela Kretschmann den von Hans Bohn und Fritz Feßl gehaltenen Rekord ein, in dem sie in dreieinhalb Minuten neun Bowlingkugeln aufeinander stapelten.

GETRÄNKEKASTENTURM
Ein Team vom Deutschen Alpenverein, Sektion Garmisch-Partenkirchen, errichtete in der Sendung vom 25. September 1999 in 2 Minuten 20 Sekunden einen Turm aus 30 Getränkekästen.

GUINNESS WORLD

Wie kein anderes Element der Sendung verkörpert „Guinness-World" den internationalen Charakter unserer Rekordjagd. Ungewöhnliche Menschen aus aller Herren Länder begeistern bei Reinhold Beckmann mit ihren außergewöhnlichen Bestleistungen.

FLIC-FLAC-KÖNIG FRANCIS
Die Begeisterung des Publikums kannte keine Grenzen mehr, als der zwölfjährige Francis in der Show vom 10. April 1999 27 Flic-Flacs am Stück auf einem Küchentisch zeigte. Für seine außergewöhnliche Leistung wurde Francis in der Sendung „Guinness-Spezial" am 19. Dezember 1999 eigens mit einer Trophäe geehrt.

SEIFENBLASENKÜNSTLER FAN YANG
Seifenblasenträume, ganz groß: Der Performance-Künstler aus Kanada, der mit einer 376,1 m^2 großen Wand aus Seifenblasen einen echten Guinness-Rekord hält, bezauberte in der Show vom 21. Januar das deutsche Publikum mit seinem Können.

CHARLY, DER SEILSPRINGENDE HUND
Tierisches Vergnügen bereitete der Auftritt von „Charly" in der Show vom 8. April 2000. Der weiße Spitzmischling war angetreten, einem amerikanischen Hund den Rekord im Seilspringen abzujagen. Und „Charly" hat es tatsächlich geschafft: Mit 81 Sprüngen in einer Minute überbot der beste Freund von Frauchen Edelgard Mechsner die alte Bestleistung gleich um 14 Sprünge.

⊙ TANZ AUF DEM SEIL
Fredy Nock unternahm in der Show vom 25. September 1999 den erfolgreichen Versuch, 80 Meter über das Tragseil der Tegelbergbahn zu balancieren. Der Schweizer überwand dabei vor der Kulisse des Schlosses Neuschwanstein eine Steigung von 57 Prozent, die steilste Strecke, die je ein Mensch auf einem Seil zurückgelegt hat.

DICKE DINGER

Size does matter – auf die Größe kommt es an! Jedenfalls gilt dieses Motto für einige unserer Rekordhalter.

GRÖSSTER TEDDYBÄR
6,60 m hoch und 143 kg schwer: „Ben" ist definitiv der größte Teddybär der Welt. Gebaut hat ihn Jens Pauw aus Leer. Acht Monate werkelte der ostfriesische Tüftler an dem Giganten, der in der Show am 25. September 1999 präsentiert wurde.

GRÖSSTER TRABI
Mit 13,11 m Länge, 1.380 kg Gewicht und einem Wendekreis von 41 m ist der Trabi des Motorsport-Clubs Ludwigslust ein echter automobiler Superlativ. Vorgestellt wurde das Unikum auf Rädern in der Show vom 8. April 2000.

GRÖSSTER OSTERHASE
Die süßeste Versuchung seit es Osterhasen gibt: Aus 11.320 kleinen Schokohäschen besteht der 3,19 m hohe

⊙ ROCK 'N' ROLL

Ingrid Rieg und Horst Noll aus dem württembergischen Mögglingen stellten in der Show vom 21. Januar 2000 einen neuen Rock 'n' Roll-Rekord auf: Das Paar tanzte in einer Minute 41 so genannte „Dulaines". Bei einer „Dulaine" dreht der Mann seine um die eigene Achse rotierende Partnerin über Nacken und Schulter.

Koloss, den Mitarbeiter der Firma Rausch auf die Beine stellten. Zu bewundern war der Traum jeder Naschkatze in der Show vom 8. April 2000.

→ STRASS-MODEL

Für die Show vom 21. Januar 2000 schmückte die amerikanische Make-up-Artistin Tina-Marie Stoker den Körper eines weiblichen Modells mit 29.540 Strass-Steinen. 14 Stunden arbeitete die Frau aus Kalifornien an ihrem Kunstwerk.

GRÖSSTES HANDY

8,34 m lang, 2,43 m breit, 1,40 m tief – Das größte Handy der Welt beeindruckt nicht nur durch seine Maße, sondern auch durch absolute Funktionstüchtigkeit. Ein echtes Stück schweizer Präzisionsarbeit, geschaffen von Erich Nebel und vorgestellt in der Sendung vom 6. November 1999.

GRÖSSTES GUMMIBÄRCHEN

Da hat sich ein gewisser Moderator bestimmt gefreut: Die Firma van Houten präsentierte in der Show vom 25. September 1999 das größte und mit einem Gewicht von 600 kg auch schwerste Gummibärchen der Welt.

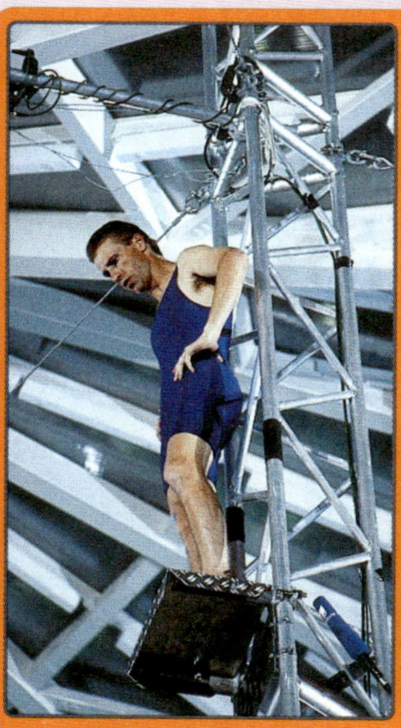

⊙ TODESSPRUNG IN EIN PLANSCHBECKEN

Nicht nur dem Publikum in der Therme Erding stockte der Atem: Der Amerikaner Danny Higginbottom sprang in der Show vom 8. April 2000 aus 8,86 Metern Höhe in ein handelsübliches Planschbecken! Lediglich 30 cm Wassertiefe bremsten den Aufprall seines Körpers.

Show-Rekorde 3

ZUSCHAUER-REKORDE

Nicht alle Rekordideen lassen sich 1:1 in einer großen Samstagabendshow umsetzen. Manchmal ist ein Filmbeitrag der bessere Weg. Aus den vielen Zuschriften, die uns erreichen, hat die Redaktion die originellsten Vorschläge herausgesucht und mit der Kamera dokumentiert.

⊙ GRÖSSTE KONFETTIKANONE

Guinness – Die Show mit dem Knalleffekt! In der Sendung vom 21. Januar 2000 präsentierten die „Stadtsoldaten Attendorn" die größte Konfettikanone der Welt. Das Monstrum auf zwei Rädern ist 5 m hoch, 3,60 m breit und fast 11 m lang. Das Gesamtgewicht der närrischen Artillerie beträgt fantastische 5.600 kg.

GRÖSSTE TASCHENUHR
Der gelernte Kunstschlosser Wilfried Schwuchow aus Eberswalde baute die größte Taschenuhr der Welt. Sein Zeitmesser hat einen Durchmesser von 4,70 m.

ERFOLGREICHSTER LAMPENFAHNDER
Helmut Zöller ist Karlsruhes erfolgreichster „Lampenfahnder". In 24 Jahren hat er den Stadtwerken seiner Heimatstadt über 60.000 defekte Straßenlaternen gemeldet.

GRÖSSTE LIMBOPARTY
Die Schüler und Schülerinnen des Theodor-Heuss-Gymnasiums in Mühlacker feierten die größte Limboparty der Welt. 1.042 Kinder und Jugendliche nahmen daran teil.

STÄRKSTER MODELL-LKW
Der Berliner Hans Seiffert baute den stärksten Modell-Truck im Maßstab von 1:16. Der Truck ist in der Lage, einen 23 t schweren LKW zu ziehen.

LÄNGSTE SCHWEISSNAHT
50 Lehrlinge der Ausbildungsstätte Königsbrück in Sachsen arbeiteten 24 Stunden ohne Unterbrechung, um eine 505 m lange Schweißnaht zu erstellen.

GRÖSSTE SCHWARZWÄLDER-KIRSCHTORTE
In Enzklösterle wurden 340 l Schlagsahne, 28 Kilogramm Mehl, 95 kg Kirschen, 1.120 Eier und 60 l Kirschwasser zur größten Schwarzwälder-Kirschtorte der Welt verarbeitet. Die Torte hatte einen Durchmesser von 5,10 m und die Oberfläche maß 20 m^2.

⊙ BRUCHTEST-REKORD

Beton – Es kommt darauf an, was man daraus macht! Kristina Papadopoulou zertrümmerte in einer Minute 32 Leicht-Betonplatten mit dem so genannten „Fersendrehkick". Die Taekwondo-Spezialistin aus Herne stellte den Rekord in der Sendung vom 6. November 1999 auf.

⊙ DAS HÖCHSTE KARTENHAUS DER WELT

Ein Amerikaner in Berlin: Bryan Berg errichtete im November 1999 aus 91.800 Spielkarten einen 7,71 m hohen Turm. 14 Tage lang baute der junge Architekt im Foyer der Spielbank Berlin Potsdamer Platz an seinem Kunstwerk.

GRÖSSTE KUGELSCHREIBERSAMMLUNG
Angelika Unverhau aus Dinslaken besitzt die größte Kugelschreibersammlung. Inzwischen besitzt sie 185.000 Stücke aus aller Welt, die sie nach Farbe und Form sortiert aufbewahrt.

LÄNGSTE FUSSBALLFANBANK
Frank Braunholz und seine Fußballmannschaft FC Einheit aus Bad Berka sägten und hobelten 1 Stunde 30 Minuten, um aus einer Thüringer Fichte eine 35,1 m lange Bank für ihre Fans zu fertigen.

LÄNGSTE MODELLEISENBAHNBRÜCKE
Die Modell-Eisenbahn-Gilde des Internates Schloss Plön baute eine 23 m lange und 6 m hohe Modell-Eisenbahn-Brücke. An dem Projekt beteiligten sich 24 Schüler und Schülerinnen unter der Leitung ihres Lehrers Robert Klein.

GRÖSSTE SAMMLUNG ANTIKER FERNSEHGERÄTE
In München befindet sich die umfangreichste Sammlung antiker Fernsehgeräte. 350 Geräte, unter denen sich auch zahlreiche Prototypen befinden, hat Wolfgang Maria Weber bereits zusammengetragen.

→ FRANK SIMON

Ein Bügeleisen auf der Nase, ein Herd auf den Zähnen? Der gebürtige Ungar Frank Simon verblüffte in der Show vom 6. November 1999 mit der wohl ungewöhnlichsten Balancenummer der Welt.

GUINNESS
DIE SHOW DER REKORDE

„HOL DIR DEN REKORD!"

Sie sind der Meinung, dass Großes in Ihnen steckt? Sie glauben, sie haben rekordverdächtige Fähigkeiten? Dann melden Sie sich doch einfach bei uns. Vielleicht gehören Sie schon bald zum erlauchten Kreis der Guinness-Rekordhalter!

Bewerbungen und Rekordideen bitte in schriftlicher Form an folgende Adresse:
Bayerischer Rundfunk
Guinness – Die Show der Rekorde
Rivastraße 1
85774 Unterföhring
www.guinness-show.de

Auto, Sicherheit & ADAC

Diese Seite wurde in Kooperation mit dem ADAC und der ADACmotorwelt zusammengestellt

DIE HÄUFIGSTE PANNENURSACHE
Die häufigste Pannenursache laut ADAC-Pannenstatistik sind defekte Batterien. Pro Jahr waren ca. 200.000-mal Batterien der Grund für Pannenhilfen, in den letzten 20 Jahren also insgesamt 4 Mio.-mal.

DER LÄNGSTE RETTUNGSFLUG DES ADAC
Im November 1997 verunglückte ein ADACPlusmitglied beim Surfen auf Hawaii. Der Rückholungseinsatz des ADAC-Ärzteteams dauerte 37,5 Stunden. Dabei legte der Ambulanz-Jet des Aero-Dienst mit Zwischenlandungen in Grönland und Vancouver 26.210 Kilometer zurück.

JÜNGSTER FORMEL-FAHRER
Marvin Bylitza bestritt 1999 mit 15 Jahren als jüngster Formel-Fahrer sein erstes Rennen im BMW ADAC Formel Junior Cup auf dem Sachsenring.

BESTORGANISIERTE URLAUBERHILFE
Als einziger Automobilclub weltweit verfügt der ADAC über ein Netz von 16 Auslands-Notrufstationen. Deren 160 Mitarbeiter organisieren für Urlauber pro Jahr über 360.000 Hilfeleistungen bei Panne, Unfall, Verletzung, Erkrankung, Diebstahl.

⊙ GRÖSSTE PANNENHILFS-ORGANISATION
Seit 1954 wurden die Mitarbeiter der ADAC-Straßenwacht zu 40,2 Mio. liegengebliebenen Fahrzeugen gerufen. In mehr als 80 Prozent der Fälle bekamen die Gelben Engel das Fahrzeug gleich vor Ort wieder flott. 1999 legten die 1.638 Mitarbeiter der Straßenwacht mit ihren rollenden Werkstätten mehr als 57 Mio. Kilometer zurück – das entspricht etwa 1.425 Erdumrundungen.

SCHNELLSTES STAUMELDER-SYSTEM
78.933 freiwillige Staumelder informieren die ADAC-Zentrale zusätzlich zur Polizei umgehend per Handy, wenn sich irgendwo eine Verkehrsstörung aufbaut. Fast 190.000 Mitteilungen waren es 1999. Bis eine Staumeldung den Autofahrern über die Infosysteme des ADAC zur Verfügung steht, vergeht nicht mehr als eine Minute.

⊙ AUFWÄNDIGSTE SERVICE-UND SICHERHEITSTESTS
Die Sicherheit von 45 europäischen Autotunnels, Service, Preise und Hygiene von 140 Raststätten in sechs Ländern, die Sauberkeit von Badewasser und Stränden in den wichtigsten Ferienregionen Europas und die Sicherheit von Fähren ließ der ADAC von Expertenteams untersuchen. In der clubeigenen Crashanlage in Landsberg, einer der modernsten Europas, wird das Aufprallverhalten neuer Automodelle getestet.

MEISTGELESENE ZEITSCHRIFT DEUTSCHLANDS
Rund 18,32 Mio. Leser informieren sich jeden Monat in der ADACmotorwelt. Die »Zeitschrift für mobiles Leben« ist damit das meistgelesene Magazin in Deutschland.

SPARSAMSTE SERIENWAGEN
Die Hitliste der sparsamsten Serienwagen führt (nach einem Test der ADACmotowelt) bei den Benziner-Kleinwagen der Fiat Seicento mit 5,2 l an. In der unteren Mittelklasse ist es der Audi A2 mit 6 l, in der Mittelklasse der Mitsubishi Carisma mit 6,9 l, der oberen Mittelklasse der Rover 75 mit 7,8 l und in der Oberklasse der Volvo S80 mit 8,6 l.

→ MEISTE LUFTRETTUNGS-EINSÄTZE

Von 1996 bis 1999 flogen die Piloten der ADAC-Luftrettung 60.687 Einsätze. Mehr als jede andere Rettungsorganisation. Rund 7.300 Menschenleben konnten in dieser Zeit durch die schnelle Hilfe aus der Luft gerettet werden.

HÄUFIGSTE DRÄNGLER
Die meisten Drängler und dicht auffahrenden Fahrzeugtypen auf deutschen Autobahnen sind (wie der ADAC bei einer Stichprobe beobachtete) Mercedes-Fahrer mit 30 %, gefolgt von BMW-Fahrern (28 %) und VW-Fahrern (25 %).

MEISTE ZULASSUNGEN EINER AUTOMARKE
Das meistzugelassene Auto in Deutschland war 1999 der VW Golf, gefolgt vom Opel Astra und 3er-BMWs.

GRÖSSTER REIFENTEST
Über 13.000 Reifen testete der ADAC seit 1973 unter Praxisbedingungen bei Schnee, Eis, auf nasser und trockener Fahrbahn.

ÄLTESTES ADAC-MITGLIED
Hans-Herbert Rüppell aus Bad Pyrmont ist seit 1925 Clubmitglied. Im April 2000 feierte er seinen 99. Geburtstag. Vor sieben Jahren hat er sein letztes Auto verkauft und ist seitdem mit einem Elektrofahrzeug mobil.

⊙ ERFOLGREICHSTES SICHERHEITSTRAINING

Mehr als 700.000 Autofahrer lernten bei den seit 1975 vom ADAC veranstalteten Fahrsicherheitstrainings, ihr Fahrzeug in Extremsituationen besser zu beherrschen. Auf über 12.000 vom ADAC organisierten Veranstaltungen allein 1999 wurde Kindern und Jugendlichen sicheres Verhalten im Straßenverkehr spielerisch beigebracht.

⊙ GRÖSSTER VEREIN

14,27 Mio. Mitglieder zählte der ADAC Ende Juni 2000, mehr als jeder andere Verein in Deutschland.

A–B Deutschsprachige Rekorde

Auf den folgenden Seiten sind alle Rekorde aus Deutschland, Österreich und der Schweiz versammelt, die vom 1.4.1999 bis 1.4.2000 von der Redaktion anerkannt wurden.

1.011 Besucher des **A10**-Einkaufscenters in Wildau (D) schrieben vom 18. bis zum 31. Januar 1999 jeweils einen Satz als Autoren eines Buches.

Zehn Spieler des **Aach-DCEV** erreichten am 27. Juli 1999 in Aach (D) in 10 Stunden auf zwei Steel-Darts 511.522 Punkte.

René **Abé** ließ am 1. Oktober 1999 während des Theresienfestes Hildburghausen (D) 34 Betonplatten mit einem Gewicht von jeweils 15 kg mit einem Vorschlaghammer auf seinem Genick zerschlagen, dabei war ein Speer am Kehlkopf angelehnt.

Siegfried **Abler** aus Ebertsheim (D) hat von 1973 bis 1999 insgesamt 1.120-mal Blutplasma gespendet.

Pius **Achermann** aus Gunzwil (CH) erreichte beim 24-Stunden-Radrennen in Schötz am 8. August 1999 eine Gesamtleistung von 981,75 km.

Die Sportabteilung des **ADAC-Nordrhein** führt vom 2. bis 6. Juni 1999 auf dem Nürburgring eine Motorsportveranstaltung mit 873 Fahrzeugen und 1.807 Teilnehmern durch.

Der **ADFC-Kreisverband Kassel** (D) organisierte am 10. Mai 1999 in Staufenberg eine Fahrradschlange mit 1.600 Radfahrern.

Nicolas **Aeby** aus Plaffeien (CH) zeichnete seit Sommer 1996 einen Stadtplan von 31 m Länge und 1 m Breite.

Die **Arbeitsgemeinschaft der Oberengadiner Bergbahnen** aus St. Moritz (CH) organisierte am 6. Dezember 1999 im Skigebiet Corviglia bei St. Moritz eine Skiabfahrt von 289 Nikoläusen.

Die **Alfred Ahlers GmbH & Co** aus Hamburg (D) präsentierte am 19. November 1999 in Berlin einen Briefumschlag von 2,20 m Länge und 1,10 m Höhe.

Die **Aktion für Bildungs- und Gesundheitsprojekte** in der dritten Welt aus Luxemburg (L) organisierte am 6. Oktober 1999 in Luxemburg den Verzehr von 10.000 Schoko-Pralinen durch 1.000 Jugendliche. Sie benötigen dafür nur 5 Minuten 5,79 Sekunden.

Wilhelm **Albeke** aus Detmold (D) vollendete 1999 ein Modell des Hermannsdenkmals im Maßstab 1:30. Es ist 1,80 m hoch und wiegt 65 kg.

Hermann **Albers** aus Seevetal (D) sammelte bis zum März 2000 1.365 verschiedene Vereinsembleme als Ärmelaufnäher.

⊙ SCHWEBENDER SAXOPHONIST

Das Jugendorchester MV Brigachtal (D) brachte am 3. Juli 1999 mit 1.468 gasgefüllten Luftballons den 40,5 kg schweren Saxophonisten Sebastian Maute zum Schweben.

Das **Albert-Schweitzer-Gymnasium** aus Plettenberg (D) organisierte am 11. August 1999 einen Schulausflug mit 1.074 Personen.

Richard **Albert** und Franz Wandl aus Dachau (D) ließen am 24. Juli 1999 in der Stadthalle Germering 143 Personen barfuß über einen 10,5 m langen Glasscherbenteppich laufen.

Im **Alpamare** in Pfäffikon (CH) steht seit Juli 1999 eine 261 m lange Wasserrutschbahn. Sie überwindet 23 m Höhendifferenz. Alle Alpamare-Rutschen zusammen ergeben eine Gesamtlänge von 1.400 m.

Der Verkehrsverein **Alsfeld e.V.** versammelte am 4. Dezember 1999 in Alsfeld (D) 657 Nikoläuse auf dem Marktplatz der Stadt.

⊙ GRÖSSTE HÄNGEMATTE

Die CHICO-Hängematte GmbH präsentierte am 30. Mai 1999 eine Hängematte von 12 m Länge, 3,8 m Breite und einer Tragkraft von 2 t.

Während der Country Messe in Berlin (D) am 5. und 6. Februar 2000 nahmen 79 Musicacts aus elf Ländern teil, insgesamt gab es 41,5 Stunden Livemusik. Die Organisation lag bei **American Tie**.

Sohrab Amir **Ahmadi** aus Hannover (D) sammelte bis zum Januar 2000 1.448 verschiedene Krawatten.

Jan **Andersson** aus Münster (D) ließ am 21. Juni 1999 auf dem Rhein bei Bonn 12.000 brennende Schwimmkerzen für die Tibet Initiative Deutschland schwimmen.

Franz **Angele** aus Bad Wurzach (D) hat seit dem 8. März 2000 in seinem PKW einen Getränke-Automat installiert. Der TÜV genehmigte diesen 140 km/h schnellen Getränke-Automaten mit eigener Stromversorgung.

Das Chatterforum des **Antenne-Bayern-Chats** organisierte vom 18. bis 19. März 2000 in Regensburg (D) ein Chattertreff mit 247 Personen.

Antenne Bayern aus Ismaning (D) organisierte am 25. und 26. November 1999 in bayerischen Internet-Cafés einen 24-Stunden-Chat, an dem sich 36 Personen beteiligten.

Richard **Architektonidis** aus Linz (A) führte am 26. September 1999 in Linz eine Gitarrenstunde mit 315 Gitarristen durch.

Einen 22 m hohen Curlingstein mit einem Umfang von 24 m baute

Arosa Tourismus in Arosa (CH) im März 2000 aus 7.000 m^3 Schnee und Eis.

Tobias **Assies** aus Berlin (D) hängte am 23. Februar 1999 die Geburtsanzeige für seinen Sohn Moritz als Riesenposter von 10 x 10 m Größe an ein Baugerüst in Berlin.

Die Band **Atropos** aus Braunschweig (D) spielte am 30. August 1999 im Braunschweiger Saunarium Welfenhof bei 95 °C 18 Minuten lang vor 30 Zuschauern in einer Sauna.

Die Jungbauernschaft **Bach** aus Bach (A) errichtete am 18. September 1999 eine „Hoanza" (zum Trocknen von Heu) mit einer Höhe von 8,60 m.

Die Philatelisten Jugendgruppe e.V. Heidenheim (D) um Andreas **Bachert** besteht insgesamt aus nur vier Mitgliedern.

In der Kaufmännischen Schule **Backnang** (D) nahmen am 27. und 28. September 1999 exakt 275 Schülerinnen und Schüler sowie

62 Lehrer an einem 24 Stunden langen Dauerunterricht teil.

Während des Wollmarktes in **Bad Berleburg** (D) strickten am 2. Mai 1999 Marianne Zacnik und Anette Lombardo mit einer Strickliesel in 5 Stunden jeweils eine 3,65 m lange Schnur.

Die Stadt **Bad Elstner** (D) gestaltete im April 1999 einen Osterbrunnen mit 3.532 ausgeblasenen Ostereiern.

Die Klasse H6 e der Hauptschule im Schulzentrum **Bad Segeberg** (D) pflanzte und pflegte einen Kartoffeltrieb, der bis zum Juli 1999 eine Höhe von 3 m erreichte.

Die DPSG „Stamm St. Martin" **Badersleben** (D) erstellte am 6. November 1999 eine Kastanienkette von 1.640 m Länge aus ca. 1.500 kg Kastanien.

Walter **Bähre** aus Hameln (D) lief vom 9. September bis zum 16. November 1999 genau 5.306 km rund um Deutschland.

Der Tanzlehrer Thomas **Bäppler** aus Frankfurt (D) organisierte am 18. Juli 1999 in Frankfurt einen Mambotanzkurs mit ca. 6.000 schwul-lesbischen Tänzern.

Schülerinnen und Schüler der Klasse 7 b RS der Don-Bosco-Schule Steinfeld (D) sammelten mit der Lehrerin Renate **Bahlmann** bis zum 29. Mai 1999 genau 559 Passbilder von Schülern, darunter auch ehemaligen.

Drei Mitglieder des Wariner-Skat-Clubs um Hans-J. **Balbach** spielten in Warin (D) am 11. März 2000 in 24 Stunden 444 Runden Skat.

Bernd Bill **Baltes** aus Saarbrücken (D) malte am 30. Dezember 1999 in 6 Stunden 21.402 Nullen auf ein DIN-A4-Blatt.

Svenja **Baltes** aus Duisburg (D) sammelte bis zum März 2000 genau 2.244 Schnuller.

14.900 Obstetiketten und -aufkleber sowie Seidenpapier von Zitrus- und anderen Obstsorten hat Georg **Bartelme** aus Crailsheim (D) zusammengetragen.

Hans **Bauer** aus Rückerdorf (D) fuhr vom 31. Juli bis zum 6. August 1999 über 713 km auf einem Hochrad bei der 10. BR-Radtour '99 mit.

Edgar **Bay** aus Köngen (D), Frank Baier und Lilia Reimchen produzierten am 23. Juni 1999 ein Garn mit dem Wert Nm 628. 1.000 m dieses Garns wiegen 1,6 g.

Ciamak **Bazzazi** aus Köln (D) errichtete während der Ausstellung „boot 2000" in Düsseldorf am 22. Januar 2000 ein Mobile aus fünf Segelbooten vom Typ Optimist.

BB Radio aus Potsdam (D) organisierte am 25. März 2000 ein Massenrasieren, bei dem sich 420 Personen gleichzeitig rasierten.

Die **BBSG e.V.** aus Berlin (D) zog am 12. Juni 1999 mit dem Dampfschlepper „Andreas", Baujahr 1944, zehn traditionelle Maßkähne auf der Spree-Oder-Wasserstraße.

Über 19.300 handsignierte Exponate von Zeitzeugen hat Manfred **Beck** aus Friedrichshafen (D) gesammelt. Außerdem schrieb er 145.900 Briefe.

Der Verschönerungsverein **Bederkesa** pflanzte von Mai bis Oktober 1999 genau 600.000 Sonnenblumen im Ort Bad Bederkesa (D).

Die **Bell AG** aus Basel (CH) präsentierte 1999 ein Salami-Design im Format 16,5 x 4 x 2,6 m auf einem Sattelschlepper.

Der **Benedikt Taschen Verlag GmbH** aus Köln (D) veröffentlichte 1999 ein Buch des Fotografen Helmut Newton mit dem Format 50 x 70 cm und einem Gewicht von 30 kg bei 480 Seiten.

Renate **Bengen** aus Westerholt (D), geb. am 31. März 1938 und 1,49 m groß, war noch 1999 als Fußball-Torfrau aktiv.

Silva **Benn-Ibler** aus Maria Anzbach (A) fädelte am 14. August 1999 genau 5.500 Lockenwickler auf eine Kette von 386 m Länge.

Michael **Bentien** aus Lübeck (D) zertrümmerte am 4. September 1999 mit einem Kopfstoß acht Ytong-Steine.

Sechs Cafés und Bäckereien im Bereich **Berchtesgaden** (D) stellten am 11. September 1999 einen Streuselkuchen von 340,70 m aus Einzelstücken zusammen.

Der Stadtturnverein **Bern** (CH) veranstaltete vom 30. April bis zum 1. Mai 1999 eine Staffette auf dem Laufrad. In 24 Stunden legten 103 Läuferinnen und Läufer 280 km zurück.

Die Stadt **Bernau** bei Berlin (D) zählte am 27. November 1999 genau 2.000 Weihnachtsmänner aus Holz, Pappe, Stoff etc. in der Stadt, darunter 52 lebende Weihnachtsmänner.

↓ MEISTE DOPPELGÄNGER

Der Volkswagen-Konzern versammelte am 21. September 1999 unter dem Brandenburger Tor in Berlin (D) 100 Lookalikes, also Doppelgänger von berühmten Personen aus Film, Show, Sport und Politik, darunter Michael Jackson, Elvis, Marilyn und die Queen.

B–C

Für die Knochenmarkspenderaktion „Marco und andere Patienten" fuhren die Eheleute Gaby und Oliver **Berger** (Spielzeugengel Wuppertal) mit ihrem Oldtimer-Tankwagen (Fassungsvermögen 12.500 l) als Riesen-Sammelbüchse durch Deutschland.

Der Jongleur Mario **Berousek** aus Isselburg (D) ließ am 1. März 2000 in 1 Minute fünf Keulen in 50 cm Höhe 240-mal und drei Keulen in 20 cm Höhe in 48 Sekunden 171-mal rotieren.

Die Tschagguner Tourismus-Zentrale mit Birgit **Berthold** hat am 25. Juli 1999 in Tschagguns (A) in 7 Stunden ein Kinderbild mit einer Länge von 983 m und einer Breite von 1 m von Kindern bemalen lassen.

Franz **Berthold** aus Oberrussbach (A) präsentierte am 5. September 1999 in Stockau ein essbares Sofa aus 450 kg Schokolade, Eiern, Zucker etc.

Angelika **Betz** aus Gotha (D) gestaltete Zebrafinkeneier von 10,5 x 14,8 mm Größe. Im Inneren der Eier wurden ein Spruchband und die Heilige Familie als Minifiguren modelliert.

Matthias **Beurer** aus Uetendorf (CH) sammelte bis zum 11. März 2000 1.030 Telefonkarten aus 26 verschiedenen Ländern.

Die Firma **Binder** aus Rosental (A) beheizte am 19. Februar 2000 mit einer mobilen Holz-Pelletsheizung ein 2.400 m^2 großes Zelt.

Barbara **Binner** aus Wuppertal (D) hatte vom 4. Dezember 1996 bis zum 23. März 2000 eine Nordmann-Tanne seit 1.204 Tagen im Wohnzimmer stehen. Der Weihnachtsbaum ist nicht präpariert und hat immer noch ansehnlich viele Nadeln.

August **Binz** aus Hubersdorf (CH) ist von 1934 bis 1999 als Schützenmeister bei den Sportschützen Flumenthal aktiv.

Michaela und Werner **Blaha** aus Altötting (D) fanden am 22. Juli 1999 einen essbaren Pilz mit einem Durchmesser von 37 cm und 2,526 kg Gewicht.

Die **Blend-a-med** Forschung in Schwalbach (D) organisierte am 5. September 1999 im CentrO-Park Oberhausen eine Ausstellung mit 74.000 Kinderbildern.

Rolf **Blöchlinger** aus Brienz (CH) und viele Helfer bildeten am 1. August 1999 mit 600 Fackeln ein leuchtendes Schweizerkreuz von 90 m Breite und 130 Meter Höhe im Felsgestein.

7.691 Teilnehmer folgtem am 8. Juni 1999 dem Aufruf des Initiativkreises „**Bochum – mein Zuhause**" und reinigten Bochums Grünanlagen von Abfall.

⊙ KLEINSTE KAMINUHR

Hermann Straeten aus Geldern (D) vollendete bis zum Oktober 1999 eine 3,4 cm hohe und 2,8 cm breite Kaminuhr mit Quarzwerk und goldenen Messingverzierungen sowie einen 7 x 2 mm großen funktionstüchtigen Stempel mit Ständer und Kissen im Maßstab 1:12.

Das Jugendrotkreuz Rothenstadt mit Projektleiter Josef **Bock** aus Weiden (D) malte am 3. Juli 1999 mit 8.500 Beteiligten in 7,5 Stunden ein Bild von 11.050 m Länge, 11,2 m Breite und 10.500 m^2 Fläche aus 11.050 Einzelbildern.

Markus **Böck** aus Datteln (D) zertrümmerte am 13. August 1999 in Herne in 38 Sekunden elf Baseballschläger mit dem Schienbein.

Gottfried **Böhmer** aus Olbersdorf (D) radelte vom 2. Mai bis zum 31. Juli 1999 entlang der Außengrenzen von neun europäischen Staaten. Er legte dabei in 90 Tagen 1.419 km zurück.

Sophie **Böhmert** aus Radeberg (D) ist seit dem 30. September Besitzerin eines PKW. Da sie am 15. April 1999 geboren wurde, war sie an diesem Tag erst 5 Monate alt.

⊙ TIEFSTES UNTERWASSERKONZERT

Der Bandleader Alfred Lauer aus Losheim (D) versammelte am 25. Juli 1999 24 Musiker zu einer Bigband in 4–8 m Tiefe unter Wasser vor dem Robinson Club Camyuva bei Antalya in der Türkei.

Gottfried **Bohnenkämper** aus Olsberg (D) präsentierte am 31. Oktober 1999 einen Schützenvogel mit einer Spannweite von 4, 29 m. Der Vogel ist 2,02 m lang und 1,1 m hoch.

Marco **Borrello** und Tobias Eisele aus Genkingen (D) bildeten bis zum März 2000 aus Radiergummibröseln eine Kette von 75 m Länge.

Christian **Boron** aus Potsdam (D) besitzt einen Graupapagei mit Namen „Joko", der unter anderem ca. 80 Einzelwörter, 30 Wortverbindungen, das Alphabet und Zahlen aufsagen kann.

Die Firma **BRAAS Dachsysteme** in Rinteln (D) präsentierte am 18. September 1999 eine Dachpfanne von 3,30 m Länge, 4,20 m Breite und einem Gewicht von 6 t.

Die vier Schwestern Rosina, Juliane, Amalia und Anna, geborene **Brandhuber**, aus Dorfen, Schwindegg und Obertaufkirchen (D) waren im August 1999 im Durchschnitt 94 Jahre und zusammen 376 Jahre alt.

Wolfgang **Bratz** aus Waldeck (D) massierte am 20. und 21. August 1999 in 24 Stunden 111 Personen.

Der **Braunschweiger Männerturnverein** von 1847 e.V. führte am 6. Februar 2000 die 110. ununterbrochene Braunkohlewanderung seit 1890 von Braunschweig nach Bornum durch.

Bäckermeister Gerd **Brausch** aus Wadern-Bardenbach (D) präsentierte am 11. Dezember 1999 einen gebackenen Weihnachtsmann von 5 m Höhe und 2,60 m Breite.

Dr. Peter **Breidenbach** aus Heroldsbach hielt am 11. und 12. März 1999 in Forchheim 24 Stunden lang eine „Freie Rede" über 16 verschiedene Themen.

523 Schüler und Mitarbeiter des Gymnasiums **Bremervörde** (D) schrieben am 30. April 1999 Goethes „Faust 1" auf ein 3.922,5 m langes Folienband und spannten dies um den Vörder See.

Josip **Breskie** aus Stuttgart (D), Tobias Heß, Jochen Weisser und Danny Winter umrundeten vom 4. bis zum 6. Februar 2000 Deutschland nonstop in zwei Smarts.

Sabrina **Breuer** aus Würselen (D) hat bis zum März 2000 471.116 Bieretiketten aus aller Welt gesammelt.

Peter **Broeker** aus Geesthacht (D) hat bis zum März 2000 genau 11.606 original abgefüllte Bierflaschen-Marken aus 143 Ländern gesammelt.

Dirk **Brunner** aus München (D) vollendete am 26. Februar 2000 ein ferngesteuertes Modell-U-Boot von 44 mm Länge, 17 mm Breite, 18 mm Höhe und 6,3 g Gewicht.

Dirk **Brunner** aus München (D) präsentierte am 18. September 1999 ein ferngesteuertes Modell-Segelflugzeug mit 75 mm Spannweite, 109 mm Länge und 0,97 Gramm Gewicht.

Dirk **Brunner** aus München (D) fertigte am 20. Februar 1999 ein ferngesteuertes Modellboot von 70 mm Länge, 33 mm Breite, 35 mm Höhe und einem Gewicht von 23 g.

Marcel **Brunner** aus Rütli (CH) und Heinz Rigaux aus Wolfhausen (CH) legten am 17. Februar 2000 bei Arosa mit insgesamt zehn Personen auf einem 6 m langen Snowboard 83 m zurück.

Peter **Brunner** aus Zürich (CH) organisierte das Projekt „Krippe 2000" in Aarau, bei dem bis zum 9. Januar 2000 eine Krippenlandschaft aus 6.000 Tonfiguren entstand.

Jürgen **Büstrin** aus Duisburg (D) bemalte am 17. August 1999 eine 1,4 cm lange Vogelfeder mit einem Bild von 0,27 cm^2 Bildfläche.

Der Firma **Bul Sachsen GmbH** aus Elsterheide (D) gelang am 11. Januar 2000 eine Rüttelruckverdichtung im Tagebau in einer Tiefe von 60,1 m.

Dem Dart-Club „D.C. **Bull-Master**" aus Bretten-Gölshausen (D) gelangen am 5. und 6. Februar 2000 in 24 Stunden beim 301-E-Dart einem vierköpfigen Herrenteam 912, dem vierköpfigen Damenteam 921 Spiele.

Der **Bund Evangelischer Schweizer Jungscharen** aus Fällanden (CH) organisierte am 23. Mai 1999 eine Menschenkette von 4.992 Personen auf 38.762 verschiedenen Rädern (Skates, Rollschuhen).

Vom 30. April bis zum 23. Mai 1985 marschierten acht Männer, darunter Horst **Bürger** aus Mannheim (D), in der Ausrüstung und Kleidung römischer Legionäre aus der Zeit um 15 v. Chr. die Strecke Verona–Brenner–Augsburg.

Die Hauskatze von Rolf **Bungert** aus Tholey (D) war im Jahr 1999 24 Jahre alt.

Eva **Burandt** aus Berlin (D), geboren am 29. November 1997, absolvierte im Mai 1999 einen Mannequin- und Fotomodell-Lehrgang mit Diplom.

Uwe P. **Bures** aus Bremen (D) sammelte bis zum März 2000 genau 425 verschiedene Exponate rund um die Sesamstraße.

Der Kleingartenverein **Burgscheidungen** präsentierte am 31. Juli 1999 eine handgeschriebene Rechenaufgabe von 40 m Länge.

Alwin **Buske** aus Glewitz (D) erntete am 14. Januar 1999 ein Futterrübe mit 70 cm Länge, 84 cm Umfang und einem Gewicht von 20 kg.

Ulrich **Buteschön** aus Petershausen (D) hat seit 1976 alle Spielberichte sämtlicher Pflichtspiele des TSV 1860 München gesammelt.

Wolfgang **Buuck** aus Wedemarkt (D) wiederholte 1999 genau 2.500-mal das Bundes-Kegelsportabzeichen, im Dezember absolvierte er in sechs Tagen 234 Wiederholungen mit 23.400 Kugeln.

Jacqueline **Butz** aus Retchenbach (D) fertigte am 13. Januar 2000 eine zweistöckige Holzpyramide mit Kerzenantrieb von 40 mm Höhe.

Der Musikverein **Cäcilia** aus Schellenberg (FL) ließ am 26. Juni 1999 über 700 Jungmusikanten einen Violinschlüssel bilden.

Hasan **Cagdas** aus Reutlingen (D) hat bis zum März 2000 genau 1.359 Gedichte in kurdischer und türkischer Sprache verfasst.

Tom **Carstens** aus Wolfratshausen (D) und acht weitere Schmiede schmiedeten bis zum 1. Dezember 2000 ein 97 kg schweres Hufeisen.

Die **Casinos Austria AG** errichtete am 14. August 1999 in Baden bei Wien (A) ein Roulette-Spiel mit den Maßen 147 x 60 m auf 8.500 m^2.

Alfred **Caspers** aus Jülich (D) ließ am 23. Oktober 1999 in der Dortmunder Westfalenhalle einen Lowrider-Golf einen Bunnyhop ausführen.

204 Renault Twingos wurden am 24. April 1999 unter der Mitarbeit von Paul **Cathrein** in Oensingen (CH) zu einem Firmenlogo von 4.146 m^2 Größe zusammengestellt.

↑ JÜNGSTER INLINE-MARATHON-LÄUFER
Kay-Marcel Klug aus Frankfurt (D) beendete im Alter von 7 Jahren am 31. Oktober 1999 auf Inline-Skates einen Marathonlauf in 2 Stunden 15 Minuten 13 Sekunden.

C-E

⊙ MEISTE MOTORRAD-ÜBERSCHLÄGE

Karl Heil aus Schlierbach (D) machte am 24. Juli 1999 mit seinem Motorrad auf einer speziell gebauten Schiffschaukel 114 Überschläge.

Die Zahnklinik der Berliner **Charité** (D) versammelte am 21. September 1999 2.000 Personen, die mit einem Kilometer Zahnseide ihre Zähne fädelten.

Während der Offenen Bühne im **Checkpoint Varieté** in Berlin (D) traten am 28. und 29. Dezember 1999 Künstler über 13 Stunden 35 Minuten auf.

Die Rockband **Cervoholics** mit Martin Claluena aus St. Moritz (CH) gab im Skigebiet von St. Moritz am 25. März 2000 ein Rockkonzert in 2.659 m Höhe.

Luis **Clementi** aus Leifers (I) präsentierte 1999 im Kalterersee vier motorbetriebene Schiffsmodelle von 8,80 m bis 10,50 m Länge mit bis zu drei Personen Besatzung.

Markus **Clostermann** aus Stadtsteinach (D) bewältigte auf einem Fitness-Stepper in 10 Stunden mit ca. 82.000 Stufen 12.000 Höhenmeter.

Am 16. Februar 2000 errichteten elf Bauarbeiter der Firma **Concepta Haus GmbH** aus Brandenburg (D) ein Massivhaus bis zum Dachstuhl in 4 Stunden 45 Minuten.

Harald **Cordes** aus Koblenz (D) hat in mehr als 3.500 Arbeitsstunden aus knapp 1 Mio. Streichhölzern eine Modellstadt von 1,90 m x 1,50 m Größe gebaut.

Jean-Pierre **Corpataux** aus Fribourg (CH) zeichnete am 3. Juni 1999 in Bern mit Acryl auf Leinwand ein Gemälde von 126,6 m Länge und 21 cm Breite.

Harald **Cramer** aus Weisendorf (D) bastelte bis zum 6. April 1999 einen Miniatur-Schlumpf von 0,6 cm Größe.

Chu-Tan-Cuong aus Halle (D) ließ am 15. Mai 1999 für 50 Sekunden einen LKW auf seinem Bauch stehen. Dabei las er aus der Stadtchronik der Stadt Halle vor.

Chu-Tan-Cuong aus Halle (D) schlug am 2. Oktober 1999 in 11 Minuten mit bloßen Unterarmen und Händen 116 Nägel in ein 15 m langes Brett.

Helmut **Dango** aus München (D) absolvierte in der Saison 1998 genau 66 Amateur-Golfturniere.

Vor dem Fenster von Klaus **Däniker** aus Zürich (CH) erreichte eine Baccara-Edelrose bis zum 25. Oktober 1999 eine Höhe von 5,75 m.

Die Firma **Darest & Sunset** aus Lausanne (CH) hängte am 15. September 1999 einen Smart in 30,44 m Höhe an einen Kranwagen.

Dagmar und Julia **David** aus Neubrandenburg (D) sowie Helmut Knospe bauten bis zum 11. März 2000 ein Modell-Haus aus 10.480 leeren medizinischen Kreon-Kapseln. 234 Eisstiele bildeten die Umzäunung.

Armin **Daum** aus Wietze (D) absolvierte von 1968 bis 1999 das Deutsche Sportabzeichen in 25 verschiedenen Einzelwettbewerben.

Pauliné **Denecke** aus Kreiensen (D) legte am 21. Oktober 1999 mit 2 Jahren 4 Monaten 5 Tagen die Prüfung zum „Seepferdchen" ab.

Das **Dentallabor-Maidl GmbH** aus Pfarrkirchen (D) fertigte 1999 eine kleine Oberkiefer-Totalprothese, einen Modellguss, eine Vollgusskrone, eine Metallkeramikbrücke sowie ein Oberkiefermodell, die jeweils kaum größer als ein Pfennigstück sind.

Die **Deutsche Bank** stellte im Juni 1999 in Frankfurt, London, New York, Baltimore, Singapur und Tokio sieben mobile digitale Fotoalben (8 x 2,79 m bzw. 7 x 2,49 m) auf, in denen aus einer zentralen Datenbank 30.000 Fotos von Mitarbeitern gezeigt wurden.

⊙ GRÖSSTE SCHOKOLADENFIGUR

Die Firma Kraft Jacobs Suchard aus Wien (A) präsentierte am 10. Juli 1999 in Bludenz eine 6,40 m hohe Figur aus Schokolade.

Die Firma **Diamond Aircraft Industries GmbH** aus Wien (A) führte vom 1. September bis zum 10. Oktober 1999 mit einem Flugzeug in 40 Tagen 10.000 Landungen durch.

Zehn Schülerinnen und Schüler des Gymnasiums Laucha (D) mit Jennifer **Diener** bauten im März 2000 in 5 Tagen 5.000 Papierschiffchen unterschiedlicher Größen.

Jens **Dietrich** aus Wattenbek (D) erreichte beim Kirschkern-Weitspucken in Stocksee am 8. August 1999 mit drei Versuchen insgesamt 46,54 m.

Axel **Dietz** aus Aue (D) bemalte bis zum 5. November 1999 fünf Busse von Hand mit Landschaftsmotiven.

Jürgen **Dietz** aus Hamburg (D) hat bis zum März 2000 genau 40 verschiedene berufliche Tätigkeiten ausgeübt.

Frank **Dietzel** aus Köln (D), Lars Wirths und Guido Aengenheyster fuhren vom 2. bis 12. August 1999 mit drei Fahrradrikschas 655 km von Köln nach Hamburg.

Dieter **Dölling** aus Hannover (D) fuhr am 11. Juli 1998 in einer Stunde auf einem 20-Zoll-Einrad im Freien 9.062,64 m und am 12. Juli 1998 in einer Sporthalle 10.650 m weit.

⊙ MEISTE MODELLIERBALLON-BLUMEN
Mischa Eisinger, Ralf Esslinger und Roman Kratt von der Ballon-Art-Company knoteten am 15. Oktober 1999 in Stuttgart (D) in acht Stunden 2.133 sechsblättrige Blumen aus aufgeblasenen Modellierballons.

Dieter **Dölling** aus Hannover (D) fuhr am 5. September 1999 in Seelze-Letter mit dem Hochrad 5 Meilen in 19 Minuten 44,2 Sekunden, 2 Meilen in 7 Minuten 37 Sekunden und eine halbe Meile in 1 Minute 39,5 Sekunden.

Die **Domschule Schleswig** (D) veranstaltete am 24. Juni 1999 einen Dreibeinlauf mit 480 Personen.

Rainer **Drechsler** aus Leukersdorf (D) errichtete am 13. Oktober 2000 eine 30,30 m lange Holzdoppelbank.

Rainer **Drechsler** aus Leukersdorf (D) präsentierte am 27. Januar 2000 eine von innen beleuchtete Eis-Blumensäule von 2,18 m Höhe.

Rainer **Drechsler** und die Kinder vom Sonnenhang aus Leukersdorf (D) zündeten am 31. Dezember 1999 eine 65 m lange Fackel an, die über 26 Stunden brannte.

Edeltraut **Dreier** aus Berlin (D) sammelte bis zum März 1999 300 Küchentimer, Kurzzeitwecker und Eieruhren.

89 Pfadfinderinnen und Pfadfinder der Pfadfinderabteilung **Drei Linden** aus Langenthal (CH) putzten am 26. Juni 1999 in 2 Stunden 1.304 Paar Schuhe.

Marianne **Dumjahn** aus Mainz (D) sammelte bis zum 4. März 2000 genau 275.111 Zuckertüten und Zuckerwürfel aus 129 Ländern.

Ralf **Dunkel** aus Vetschau (D) präsentierte am 23. April 1999 einen schreibfähigen Pinsel von 15 m Länge, einem maximalen Durchmesser von 1,20 m und 500 kg Gewicht.

André **Düpre** aus Moers (D) hat bis zum Januar 2000 genau 1.700 deutsche und ausländische Pixie-Bücher gesammelt.

30 Freunde aus Nordhorn (D), darunter Tatanja **Dust**, hängten am 17. April 1999 Socken mit einem Abstand von höchstens 25 cm an eine 1.200 m lange Leine.

Die Klasse 8d des Gymnasiums **Ebern** (D) präsentierte am 28. Juli 1999 auf dem Sportplatz in Ebern 2.200 Papierschiffchen, die zu einer 400 m langen Flotte hintereinander gestellt wurden.

Jahn **Eberwein** (D) stellte bis zum Juni 1999 0,2 bis 0,3 g leichte Miniatur-Zahnmodellgussprothesen her, die sechs Zähne ersetzen. Die Metallbasis hat eine Stärke von ca. 0,3 mm.

„Tiger Baby", das Maskottchen der 321-Tigers Flugstaffel mit Dirk **Eckhardt** aus Klosterlechfeld (D), ist seit 1994 in zahllosen Militär-Jets vieler Luftstreitkräfte der Welt bei Kunstflugteams, Übungen und diversen anderen Einsätzen mitgeflogen.

Die Modellfluggruppe Stadt **Egeln** e.V. aus Egeln (D) ließ am 27. Februar 2000 exakt 82 Hallengleiter-Flugmodelle aus Wassertrinkflaschen fliegen.

Michael **Egger** aus Lana (I) fand im Mai 1999 einen Löwenzahn mit einer Länge von 97,5 cm.

Wolfgang **Eger** aus Werbach-Wemkheim (D) baute bis zum 22. Juni 1999 ein Galileo-Galilei-Thermometer von 2,65 m Höhe und 30 cm Durchmesser.

Christian Achermann, Christoph Baumeister, Michael **Egle** und Thomas Heierli aus Märstetten (CH) spielten am 27. Dezember 1999 über 24 Stunden auf einer Playstation.

Christian **Ehrhardt** aus Graefentonna (D) füllte am 20. Januar 2000 einen Schweineenddarm von 5,55 m Länge mit Rohwurstmasse.

Die Schüler der **123. Mittelschule** aus Dresden (D) knüpften am 29. Mai 1999 eine Plüschtierkette von 261 m Länge.

Zehn Läufer des „Team **Eisenach**" (D) bewältigten den 168,3 km langen Rennsteig von Blankenstein nach Hörschel am 18. September 1999 als Läuferstaffel in 11:00:05 Stunden.

Die vier Familienmitglieder von Harald **Eisenbeiß** aus dem Gemeindeteil Wöhr (D) sorgen mit fünf Computern für einen Computeranteil von 83,3 % und für 66,67 % des Internetzugangs der Gesamtbevölkerung.

↓ KLEINSTES FEUERWEHRAUTO
Die Firma Sachtleben Chemie GmbH aus Duisburg (D) setzt seit dem 1. Oktober 1999 einen Smart als Feuerwehrauto ein.

E-G

Jürgen **Engel** aus Michelstadt (D) vollendete am 18. August 1999 ein Bernstein-Schachspiel von 28 x 28 mm Länge. Die Bauern sind 3,5 mm und die Könige 6,7 mm hoch.

Jörg **Engel** aus Hirzenhain (D) sammelte bis zum September 1999 genau 8.160 DIN-A4-Seiten mit Zeitungsausschnitten über den Fußballverein 1. FC Köln.

Matthias **Engert** und Stephan Ringo aus Cunnersdorf (D) sammelten bis zum 13. März 2000 exakt 69.396 Kaugummihüllen.

Der LTV **Erfurt** e.V. und SV Glückauf Sondershausen (D) bildeten am 11. Dezember 1999 in 628 m Tiefe einen Untertage-Chor mit 224 Personen.

Joachim und Corinna **Ertl** aus Modautal (D) ließen ihre Polterhochzeit am 18. und 19. September 1999 von 169 Spendern sponsern. Übrig blieben 411 DM als Spende für einen guten Zweck.

Die Firma **Eura Mobil Service** aus Biebenheim (D) veranstaltete am 31. Dezember 1999 eine Silvestergala auf der Zugspitze in 2.964 m Höhe mit Musikkapellen, Silvesterwahrsagung, Wohltätigkeitstombola und Feuerwerk.

Die **euro-play-toys GmbH** aus Langenfeld (D) organisierte am 3. Juli 1999 auf Sylt eine Wasserspiellandschaft für Kinder mit einer Fläche von 80 x 20 m.

Die **euro engineering GmbH** und Marold Personalberatung aus Ulm (D) eröffneten am 12. November 1999 eine Ausstellung von 473 Mousepads.

Die Firma **Euroforum** aus Düsseldorf (D) organisierte am 5. Februar 2000 in Söldern eine Skischlange mit 30 Personen und 75 m Länge.

Im **Europa Park** in Rust (D) spielten am 21. Juni 1999 genau 1.611 Akkordeonspieler unter der Leitung von Gotthilf Fischer.

Die Klasse VII b des Gymnasiums Schwarzenbek-**Europaschule** (D) mit ihrem Mathelehrer Dr. Kirchhoff sammelte bis zum Juli 1999 285.054 Schraubverschlüsse von Getränkeflaschen.

Seit mehr als 13 Jahren erscheint im Flensburger Tageblatt in Flensburg (D) die Kolumne „**Extraplatt**" des Autors Dr. Günther Petersen.

Nadine **Fabisch**, Natalie Nowok und Katharina Kuklok und 57 Helfer aus Hemer (D) setzten am 19. März 2000 eine ca. 18 km lange Kette aus 700.000 Büroklammern zusammen.

Ulrich **Faulhaber** aus Abensberg (D) zog am 15. Oktober 1999 einen 850 kg schweren PKW mit seiner Zunge 1,55 m weit und ließ auf seiner Brust eine Betonplatte zerschlagen, während er mit Schultern und Waden auf Schwertern über einer Kettensäge lag.

⊙ GRÖSSTE STROHBURG

Die Gemeinde Ludorf/Müritz (D) stellte am 21. August 1999 eine Strohburg aus 405 Strohballen auf. Die mehr 90 m lange Burg bedeckte insgesamt 310 m² mit Stroh.

⊙ SCHNELSTER BODYPAINTER

Martin Treichler aus Wald (CH) hat am 4. September 1999 in 2 Stunden 57 Minuten 56 Personen mit einem Airbrush-Bodypainting bemalt.

Der Dr. Fritz **Faulhaber** GmbH & Co KG aus Schönaich (D) gelang 1998 mit 97,48 km/h ein neuer Geschwindigkeitsrekord mit einer Spur 1 Modellbahnlok.

In 58 Monaten holte sich der Eishockey-Verein VEU **Feldkirch** (A) elf Meisterpokale. Er wurde unter anderem österreichischer Meister, Alpenligameister und Euroligachampion.

Während der **Festspiele Europäische Wochen** in Passau (D) spielten am 14. Juni 1999 im Passauer Stephansdom sechs Organisten auf der größten Kirchenorgel der Welt von Sonnenuntergang bis Sonnenaufgang.

Der Arbeitskreis für Touristik aus **Fichtelberg** (D) produzierte vom 30. Mai bis zum 4. September 1999 aus einem welschen Erdmeiler mit 102,55 Raummetern Holz Holzkohle.

Rosemarie **Fieting** aus Berlin (D) betreibt seit 1989 eine Doppelgängeragentur. Auch das Arbeitsamt beauftragt die Agentur, Doppelgänger im In- und Ausland zu vermitteln.

Heidrun **Finzel** und Daniela Pflug aus Dessau (D) und zwei Kolleginnen bestückten bis zum 9. März 1999 in 7 Tagen 765 Präsentkörbe im Wert von 50 DM.

Im **FIT & FUN Fitnessclub** in Büdingen (D) bewältigten am 13. November 1999 neun Personen in 12 Stunden insgesamt 2.680,65 km auf Spinning-Rädern.

Paul **Fleischmann** aus Graz (A) vollendete 1996 und 1999 zwei Marathon- und zwei Halbmarathonläufe mit nur 2 Sekunden Differenz zwischen den erzielten Laufzeiten.

Gabriele **Flöck** aus Flomborn (D) präsentierte am 17. Februar 2000 einen 20 mm kleinen, handgenähten Gelenk-Teddybär aus 21 Einzelteilen.

Christian **Flühr** aus Obermaisel (D) fuhr am 18. Dezember 1999 134.034 Höhenmeter auf Skiern.

Acht Spieler des Dartclub **Flying Dart's** Neukirchen (D) erreichten am 2. und 3. Oktober 1999 an acht Elektronik-Dartgeräten in 24 Stunden 2.882.419 Punkte.

Gerhard **Föhr** aus Biberach (D) hat bisher 314 verschiedene Nistkästen für Vögel und Fledermäuse gesammelt.

Kerstin und Olaf **Förster** aus Reichenberg (D) wurden am 24. September 1988 während der Olympischen Spiele in Seoul als Ehepaar Olympiasieger im Rudern.

Die **FoTec GmbH** aus Wien (A) präsentierte am 14. Juni 1999 ein Riesenrad mit 10 mm Durchmesser und 15 Gondeln von 0,4 x 0,48 mm Größe.

Andreas **Franke** aus Aichach-Klingen (D) vollendete am 20. November 1999 eine 100 m lange Kette aus aufgefädelten Maiskörnern.

Der Moderator und Zauberer **Franklin** aus Aschaffenburg (D) verbrachte am 20. und 21. Oktober 1999 genau

24 Stunden in einem wasserdichten Stahlrohr in 4 m Wassertiefe im Rhein bei Mühlheim.

Wolfgang **Fratzscher** aus Buchholz (D) hat in den letzten 26 Jahren über 16.000 Buntstifte gesammelt, mit denen er seine Bilder zeichnete.

66 Taucher des Tauchcenters **Freiburg** (D) tauchten am 19. März 2000 gleichzeitig in einem Tauchturm von 2,35 m Höhe und 3,20 m Durchmesser.

Rudolf **Frenzel** aus Berlin (D) baute eine Lichtorgel mit 24.000 Watt Lichtleistung, die sich bis zu 10 m Länge und 4,20 m Höhe aufbauen läßt.

Uta **Fritzsche** aus Mönchengladbach (D) hält seit 30 Jahren Briefkontakt mit Menschen in 25 Ländern der Welt.

James Howie **Frost** aus Detmold (D) hat bis zum April 1999 exakt 5.100 verschiedene Kugelschreiber mit Firmen-Werbung gesammelt.

Michael **Frühauf** aus Fulda (D) bastelte im Dezember 1998 Mini-Weihnachtssterne mit einem Durchmesser von 2 mm.

Mit dem Rennrad auf einer klassischen Saalwalze fuhr Hannes **Fuchs** aus Kals (A) am 9. Oktober 1999 in 12 Stunden 547 km weit.

Johannes **Fuchs** aus Innsbruck (A) boxte in 12 Stunden am 26. September 1999 auf dem Hafelekar in 2.269 m Höhe in 163 Runden zu je 3 Minuten insgesamt 39.005-mal gegen einen Sandsack.

Die **FÜW AG** aus Nürnberg (D) befestigte an einem zwölfstöckigen Hochaus im November 1999 ein 1.300 m² großes Poster aus 41.267 Einzelfotos.

Helmut **Gärtner** aus Leipzig (D) präsentierte am 1. Februar 2000 eine magisches Quadrat aus der Reihe 6, 10, 14, 18 usw. hoch zwei mit 50 x 50 Feldern, den Zahlen 1 bis 2.500 und mit der Summe 62.525 waagerecht, senkrecht und diagonal.

Cathrin **Gäkle** aus Trochtelfingen (D) machte am 11. August 1991 mit 7 Jahren einen Tandem-Fallschirmsprung.

← MEISTE DACHZIEGEL ZERTRÜMMERT

Torsten Fuchs aus Menden (D) zerschlug am 25. September 1999 in 1 Minute 52 Sekunden 200 Dachziegel mit der Handkante und dem Fuß. Hier zerschlägt er gerade eine Kokosnuss.

Die Musikgruppe **Gälfiäßler** aus Friesenheim (D) trat am 1. Februar 2000 mit 152 (davon 110 verschiedene) Instrumenten auf.

1.500 Limericks in deutscher Sprache verfasste Volker **Galperin** aus Syke (D). Diese beziehen sich auf deutsche Orte und Ortsteile.

Die Internationale **Gartenschau Betriebs GmbH** präsentierte am 21. März 2000 einen aufblasbaren Maulwurf von 3 m Höhe sowie eine 4 m hohe Gieskanne mit 2 m Durchmesser und 750 kg Gewicht.

Harald **Gasse** aus Oberursel (D) fuhr am 26. Juni 1999 mit seinem Motorrad an einem Tag durch Deutschland, Dänemark, Polen, Tschechien, Österreich, Schweiz, Liechtenstein, Italien, Frankreich und Luxemburg.

Am 27. Juni 1999 fanden 26 Personen, unter anderem aus dem Tanzstudio „Dance City“ aus Castrop-Rauxel (D) und dem Schwimmverein „SV Blau-Weiß Bochum e.V.“, unter Regie von Frank **Gauert** in 45.56 Sekunden in einem VW New Beetle Platz.

Dr. Johannes **Gay** aus Hannover (D) hat in 18 Jahren 53.311 Liebesgedichte in mehreren Sprachen in einer Anthologie aus 82 Bänden für seine Lebensgefährtin zusammengetragen.

Rolf **Geilenkeuser** aus Dresden (D) kühlte am 23. März 2000 im Institut für Tieftemperaturphysik in Dresden ein Gummibärchen auf 0,142 K (-273,008 Grad Celsius) ab.

↓ GRÖSSTE SCHLUCKSPECHTE

Lars, Isabel und Torsten Gebhard aus Hardthausen (D) hielten am 28. Dezember 1999 jeweils 201 Strohhalme im Mund.

G–H

Justin **Geistefeldt**, Tilo Przykop und Uwe Bigalke aus Bochum präsentierten am 24. November 1999 in der Ruhr-Universität Bochum eine Papierbrücke mit einer Spannweite von 48 cm, die ein Verhältnis von Traglast zu Eigengewicht von 1.200,42 aufwies.

In der **Gemeinde Aufsess** (D) kamen 1999 auf 1.500 Einwohner vier Brauereien, also eine für jeweils 375 Personen.

Die Dart-Ligamannschaft „**Gemütliche 12**" aus Calden (D) erreichte am 22. und 23. Oktober 1999 in 24 Stunden mit 8 Spielern auf zwei E-Geräten 516.519 Punkte.

Christoph **Geng** aus Wetter (D) erstellte einen 20 m hohen Spaten aus Stahl.

Matthias **Gerdes** aus Börger (D) gelangen am 28. Juli 1999 exakt 857 Hüpfer beim Stockspringen.

17 Turner und Turnerinnen aus den Turnvereinen TSV 1880 Neu-Ulm, TV Jahn Nürnberg, CJD München, TSV Grünwald, SV Taufkirchen und SV Neu-Perlach mit Fredy **Gerth** machten am 11. September 1999 insgesamt 20.323 Salti hintereinander.

⊙ LÄNGSTE HAARE
Susanne Kalb aus Saarlouis (D) ließ ihre Haare bis zum 28. Februar 2000 auf 1.80 m Länge wachsen.

Das Tauchteam **Gerusa** aus Saarbrücken (D) führte am 7. und 8. September 1999 in 24 Stunden mit 170 Tauchern 1.000 Tauchgänge à 10 Minuten durch. Christine Sutter gelangen davon 54, Michael Bednarck, Johan Storm und Hans Jörg Weber jeweils 64 Tauchgänge.

Die Marktgemeinde Podersdorf (A) erstellte unter der Leitung von Georg **Gesellmann** im November 1999 einen Fotokalender, auf dessen Seiten 2.000 Bewohner Podersdorfs nach Straßen geordnet abgebildet waren.

Urs **Geser** aus Oberbüren (CH) tauchte am 30. Juni 1999 mit Preßluft-Ausrüstung durch den 18,9 km langen Linthkanal vom Kanton St. Gallen nach Zürich.

Thomas **Geuer** aus Grevenbroich (D) ließ am 16. September 1999 ein gerahmtes Bild mit Motor, Leitwerk und Fernsteuerung als Flugobjekt auf dem Modellflugplatz Grevenbroich fliegen.

Der Gewerbeverband **Gilching** (D) legte am 25. April 1999 eine 1.052 m lange Reihe von 10-Pfennigstücken aus.

Die **Gesellschaft für Diamantprodukte** mbH aus Ulm (D) präsentierte im Mai 1999 ein Diamantmesser von 0,12 mm Breite und 1,9 mm Länge.

Ilonka **Giessen** aus Wiesbaden (D) sammelte bis zum 7. Juni 1999 exakt 1.688 verschiedene Telefonkarten mit Coca-Cola-Motiven.

Die Schüler des Mostviertler Bildungshofes der Fachschule **Gießhübel** (A) kredenzten am 15. Juni 1999 eine Schnapslatte von 25,43 m Länge mit 978 Gläsern.

Herbert **Gillmann** (* 1925) aus München (D) hat trotz einer Beinamputation bis zum März 2000 ca. 61.000 km auf Skiern zurückgelegt. Er überwand dabei mehr als 5.000 Höhen-Kilometer in fünf Erdteilen.

Der **Gimmitschauer Eisfaschingsklub** e.V. (D) organisierte am 7. März 2000 eine Polonaise auf Schlittschuhen mit 352 Personen.

Das Tambour-Corps „1879 **Glashütte**" aus Düsseldorf (D) besteht seit seinem Gründungsjahr 1879 bis heute ohne Unterbrechung.

⊙ MEISTE PERSONEN IN EINEM LUFTBALLON
Ralf Schüler aus Dessau (D) verpackte am 12. September 1999 23 Personen gleichzeitig in einem Luftballon von 2 m Durchmesser.

Der Kegelclub „**Glück Auf**" aus Lugau/Sachsen (D) besteht seit dem 8. Juni 1899.

Die **Gemeinde Demen** (D) organisierte am 4. September 1999 eine Fischtafel von 279,68 m Länge.

Michael **Götz** aus Untersolmetingen (D) hüpfte am 4. Juni 1999 mit seinem hohen Einrad 2.000-mal auf der Stelle, ohne abzusteigen.

Sebastian **Götz** aus Gera (D) hat bis zum Juli 1999 exakt 392 Aufkleber von verschiedenen Radiostationen aus 36 Ländern gesammelt.

Bernhard **Götzl** aus Erbendorf (D) montierte am 20. März 2000 einen 16,27 m hohen Osterhasen aus Holzplatten am Hotel Steinwaldhaus in Erbendorf.

Markus Brier, Uli Weinhandl, Ulf Wendling und Christoph Bausek vom **Golfleistungszentrum Graz-Andritz** (A) gelang am 13. Juli 1999 mit 52 Schlägen ein Texas Scramble 20 unter Par 72.

Die Stadt **Gotha** (D) hat am 28. August 1999 unter der Organisation von Petra Klensteuber in 1 Stunde 2.141 Bratwürste auf einem Holzkohlengrill gebraten und anschließend verkauft.

Cornelius **Grätz** aus Reutlingen (D) hat seit 1986 genau 2.100 Schneemänner aus verschiedenen Materialien gesammelt. Sie sind unter www.schneemannsammlung.de zu bewundern.

Wolfgang **Graetz** aus Iserlohn (D) hat bis zum 3. Januar 2000 insgesamt 370 Sanduhren gesammelt.

Die Stadt **Grafenau** (D) läutete das neue Jahrtausend am 31. Dezember 1999 mit 1.771 Glocken ein.

Der Verein Lübecker Köche mit Johann **Grassmugg** versammelte am 14. August 1999 genau 1.000 Köche mit Kochmützen vor dem Lübecker Holstentor.

Franz Frühauf, Sabine **Greipel** und Karl Sonner vom Intersport-Eibl-Triathlon-Team aus Österreich schafften das Ultra-Triathlon in Neulengbach am 21. und 22. Mai 1999 in 29 Stunden 9 Minuten 26 Sekunden.

Dieter **Gresch** aus Wiesbaden (D) absolvierte bis zum März 2000 in einem Jahr 214 vorgabenwirksame Golf-Turniere und Wettspiele in der Hcp-Klasse 6–12.

Peter **Griebel** und 15 Köche des Estrel Hotels in Berlin (D) steckten am 5. Juni 1999 exakt 22.700 einzelne Erdbeeren zu einer 3 m hohen Erdbeere zusammen.

Petra **Groschke** aus Hemmingen (D) besitzt einen Zwergrauhaardackel, der am 4. März 2000 19 Jahre alt wurde.

Leonhard **Groß** aus Massing (D) grillte am 3. Oktober 1999 auf einem 192 m langen Hähnchendrehgrill 1.501 Hähnchen.

Graziano **Großrubatscher** aus St.

Ulrich (I) stellte am 21. Oktober 1962 ein 11,80 m hohes Gipfelkreuz mit einer 3,15 m großen Christusfigur auf dem 2.959 m hohen Piz Miara in der Sella-Gruppe auf.

Marko **Grasenick** aus Braunschweig (D) sprang am 28. August 1999 mit einem 26-Zoll-Mountainbike einen 1,050 m hohen Side Hop.

Stephan **Gruber** aus Bergheim (D) sortierte am 6. Dezember 1999 in Erlangen ein Kartenspiel mit 52 Blatt in 50,72 Sekunden.

Stephan **Gruber** aus Bergheim (D) ordnete am 3. Oktober 1999 in Leipzig in einer Minute 19 Daten aus den Jahren 1600 bis 2100 den richten Wochentag zu.

Heinz **Grünewald** aus Bingen (D) war bis zur Fasnachtskampagne 2000 über 44 Jahre Sitzungspräsident des Karnevalvereins der DJK Bingen-Büdesheim.

Im Waldpark **Grünheide** (D) stand am 25. September 1999 eine 232,75 m lange Bastelstraße.

Der **Güllepumpen CX/GL-Freundeskreis** aus Vechta (D) hat mehr als 150 Mitglieder, die sich regelmäßig treffen.

Volker **Güntert** aus Berlin (D) sammelte bis zum März 1999 genau 1.400 Einkaufswagen-Chips.

Reni **Güntner** aus Hamburg (D) hat bis zum Sommer 1999 über 40 Jahre hinweg 20 Knollenbegonien Jahr für Jahr wieder eingepflanzt.

Der Gemeinnützige Frauenverein und Frauenbund **Güttingen** (CH) strickte bis zum 28. August 1999 von Hand einen Schal von 5.689,7 m Länge.

Helena von **Gundlach** aus München (D) fertigte am 15. Oktober 1999 in Stuttgart einen 6 x 6 m großen Scherenschnitt.

Der Schützenverein **Haaren 1717 e.V.** (D) organisierte am 25. und 26. September 1999 ein 24-Stunden-Luftgewehrschießen mit 449 Schützen und Schützinnen.

192.222 Aufkleber aus aller Welt sammelte Paul M. **Haase** aus Neu-Isenburg (D) bis zum März 2000. Reiner **Habermalz** aus Heldrungen (D) baute bis zum 30. September 1999 aus vier je 2,50 m langen Zwiebelzöpfen eine 2,60 m hohe Zwiebelkrone mit 2,10 m Durchmesser.

⊙ MEISTE FEUERLÄUFER

Der Mentaltrainer Nick Lötscher aus Steffisburg (CH) motivierte am 25. März 2000 22 Personen zu einem Feuerlauf von jeweils 111 m und am 1. Januar 2000 29 Personen zu insgesamt 2.000 m Strecke.

Volker **Hahn** aus Reiskirchen (D) organisierte am 1. Dezember 1999 die Beleuchtung des Ortes Trohe mit mehr als 401.396 Weihnachtslichtern.

Bei Paul **Hampe** aus Potsdam (D) erreichte bis zum September 1999 eine Begonie 180 cm Breite und 110 cm Höhe.

Der Arbeitskreis **HANGI** baute während des Jugendcamps in Grömitz (D) am 24. Juli 1999 eine 4,12 m hohe, 6,8 m lange und 1,92 m breite fahrbare Tigerente.

André **Hann** aus Uster (CH) frisierte am 6. Januar 2000 in Zürich eine 2,5 kg schwere Hochsteckfrisur in 2 Stunden 44 Minuten auf eine Höhe von 2 m.

Udo **Hanna** aus Gladbeck (D) ließ am 19. November 1999 auf einer H0 Dreileiter-Modelleisenbahnanlage mit 4.088 m Gleisen 231 Züge auf 701,5 m^2 fahren. In einer 32 m langen Spiegelglas-Vitrine stellte er dabei 700 Loks und Züge aus.

Manfred **Hansmann** aus Oberkirch (D) hat in 25 Berufsjahren als Koch 50 Auszeichnungen in höchster Rangfolge erhalten.

Manfred **Hansmann** aus Oberkirch (D) bietet seit Anfang 2000 genau 55 verschiede Salate auf seiner Salatkarte an.

↓ MEISTE FOTO-AUSSTELLUNGEN

Günther Georgi aus Heusweiler (D) hat bis zum 25. März 2000 genau 125 eigene Fotoausstellungen durchgeführt.

H–H

GRÖSSTE ALPHORNFORMATION
Das Alphorn Ensemble Engiadina aus St. Moritz (CH) versammelte am 21. November 1999 222 Bläserinnen und Bläser zu einer Alphornformation.

Zwölf Mitglieder des TV **Harheim** (D) spielten am 18. und 19. März 2000 über 24 Stunden gegen 24 verschiedene Mannschaften Handball.

Elmar **Hartauer** aus Tengen (D) baute am 26. Juni 1999 an der Raststätte im Hegau einen 27 m langen Blumenkasten auf.

Zu Silvester 1999 gestalteten Gäste des **Haslinger Hofes** in Kirchham (D) ein 4,5 m x 8,8 m großes Eichenblatt aus Karton mit ihren Handabdrücken.

Jan **Hastreiter**, Tanja Först und Angela Zöller aus Ingelheim (D) brannten am 5. Juni 1999 in 12 Stunden Figuren in 300 Holzbrettchen.

Marko **Haupt** aus Battaune (D) sammelte bis zum 25. März 2000 genau 262 unterschiedliche Dübel.

Die Vitalwelt **Hausruck** aus Bad Schallerbach (A) organisierte am 23. Mai 1999 einen 39,75 x 5,15 m großen Schriftzug, der aus 223 Personen mit dem Namen Meier, Mayr, Maier etc. gebildet wurde.

Während des Solidaritätsfestes des Kinderheims **Hagendorn** (CH) wurde am 4. September 1999 ein 5.321 m² großes Puzzle aus 11.050 Teilen ausgelegt.

Hans-Hermann **Hayen** und Fritz Haferkamp errichteten am 28. November 1999 auf dem Fernmeldeturm der Telekom in Rastede (D) in 137 m Höhe einen Aventskranz mit 62 m Kranzhöhe und 444 Lampen.

Wilhelm **Heidinger** aus Mühlacker (D) fertigte am 25. Dezember 1999 einen 2,06 m hohen Eiffelturm aus Schokolade.

Wilhelm **Heidinger** aus Mühlacker (D) präsentierte am 12. Juni 1999 eine 22 m lange Orgelpfeife aus Marzipan.

Eberhard **Heidel** aus Gera (D) hat bis zum Juli 1999 genau 10.699 Exemplare der Fünf-Pfennig-Briefmarke der DDR vom 16. April 1974 gesammelt.

Die Firma Pyrotechnik **Heigl** aus Mondsee (A) startete zu Silvester 1999 ein Feuerwerk auf der Zugspitze in 2.950 m Höhe.

Lina **Hein** aus Wulfrath (D) hat bis 1999 in vier Jahren eine 500 m und 4 cm breite Klöppelspitze geklöppelt.

Die Ziege „Nette" des Ziegenzüchters Jürgen **Heinemeyer** aus Höxter-Lüchtringen (D) brachte am 15. März 2000 Fünflinge zur Welt.

GRÖSSTE KARIKATUREN
Die Stadt Graz und die Firma Ciro aus Graz (D) präsentierten von Juli bis September 1999 auf der Rathausfassade 15 Karikaturen von Manfred Deix mit einer Gesamtfläche von 1.734,5 m².

Die Gemeinde **Heinersreuth** (D) organisierte am 19. September 1999 eine 1,6 km lange Bilderstraße, auf der mehr als 2.000 Personen aus 2,3 t Kreide 1.012 Straßenbilder mit insgesamt 1.600 m² Malfläche auf das Pflaster malten.

Die Firma Bauunternehmung E. **Heitkamp** GmbH aus Herne (D) baute einen 200 m hohen Naturzugkühlturm in Niederaußem. Die 22 cm dicke Kühlturmschale ist in Relation zur Höhe dreimal dünner als die Schale eines Hühnereis.

Leo **Helmschrott** aus Augsburg (D) arbeitet seit dem 5. Juni 1999 mit einer 10 t schweren Abrißbirne.

Elvira **Hengeveld** aus Zizers (CH) stellte bis zum März 1999 in 8 Monaten 2.000 maßgeschliffene kieferorthopädische Modelle in Handarbeit her.

Joachim **Henkler** aus Frankfurt (D) klebte bis zum 4. Dezember 1999 ein 2 m hohes und 4 m breites Briefmarkenbild aus 15.200 Marken.

Mario-Stefan **Hennemann** und Michel Mitro aus Erfuft (D) gelangen am 17. März 1999 beim Badminton in 35 Minuten mit 2.798 Schlägen 1.399 Ballwechsel.

Angelika **Hennig** aus Medingen (D) arbeitet mit den Maßen 161–161–190 und 190 kg Gewicht als Dessous-Model.

Werner **Hense** aus Bad Essen (D) produzierte 1999 eine CD mit einem 34 Minuten langen Musik-Medley.

→ WEITESTER TANDEM-GLEITSCHIRMFLUG

Roland Würgler aus Davos (CH flog am 23. Mai 1999 mit einem Gleitschirm und einem Tandem-Passagier ein 78,15 km langes Dreieck und erreichte beim 50-km-Dreieck eine Geschwindigkeit von 18,91 km.

Die Kreisstadt **Heppenheim** (D) baute vom 7. bis zum 11. Juli 1999 aus 15.000 Getränkekisten ein 1,35 km langes Labyrinth auf.

Edith **Herzog** (* 31. Januar 1915) aus Görlitz konnte am 16. März 2000 die Geburtstagsdaten von 258 Personen aus dem Gedächtnis aufsagen.

Frank **Hesbacher** aus Ernstthal (D) errang bei der European Master Championship im Schwimmen in Innsbruck (A) vom 25. bis 29. August 1999 bei acht Starts in acht Disziplinen acht Medaillen.

Die Fußballmannschaft des **Heseper SV 1. Mannschaft** (D) hat bis zum Oktober 1999 genau 97-mal in Folge kein Pflichtspiel verloren.

Die Hauskatze Romeo der Familie **Hesse** aus Berlin (D) ist seit 1992 per PKW insgesamt 25.240 km durch Europa mitgefahren.

Günther **Heuer-Brockmann** aus Vienenburg (D) gab am 19. September 1999 eine Lokalrunde für 3.890 Personen aus.

Franz-Herbert **Heydt** aus Osnabrück (D) besitzt einen Sonnenkollektor, der mit der russischen Raumstation *Mir* 3,5 Mrd. km durch das All geflogen ist.

Der Gemeindesportverband **Hiddenhausen** (D) organisierte am 16. August 1999 eine Schlange von 54 Bobby-Cars.

Der Turn- und Sportverein 1865 **Hilchenbach** e.V. (D) führte am 4. und 5. Oktober 1999 ein 24-Stunden-Faustballturnier mit 26 Mannschaften aus ganz Deutschland durch.

Die **Hilcona AG** aus Schoon (FL) kochte am 11. September 1999 eine 585 m lange Nudel aus einem Stück.

Ursula **Hilmar**, Helmut Puritscher und Markus Genser aus Wien (A) stellten am 7. März 2000 zum Faschingsdienstag 1.000 Liter Feuerzangenbowle her.

Der TUS **Hilterer e.V.** (D) organsierte vom 15. bis zum 17. Oktober 1999 ein Badminton-Event, bei dem mehr als 400 Spieler insgesamt 217 Stunden Badminton spielten.

Ulrich **Hintzler** aus Wolfsburg (D) vollendete am 27. November 1999 ein stationäres Lokomobil von 28,4 mm Länge, 15,6 mm Breite und 32,7 mm Höhe.

Hans-Joachim **Hinze** aus Neustadt (D) absolvierte in 35 Jahren 666 Firmensport-Fußballspiele. Er schoss in dieser Zeit 312 Tore, war bis 1983 in 20 Jahren 10-mal Torschützenkönig und hatte bis 1984 in 25 Jahren 20-mal die meisten Einsätze pro Jahr.

Der **Hockey-Club Delmenhorst e.V.** (D) organisierte vom 24. bis zum 31. August 1999 ein Tennis-Event, bei dem 221 Spieler in 304 Einsätzen insgesamt 152 Stunden Tennis-Doppel spielten.

Franz A. **Höfler** aus Freigericht (D), die Grill'n Cook GmbH und die Fleischerinnung Gelnhausen präsentierten am 2. Mai 1999 einen 1.000 kg schweren Spießbraten von 99,72 m Länge.

Augenoptikermeister Josef **Högl** aus Puchheim (D) vollendete 1999 eine 7,5 mm breite und 3 mm hohe vergoldete Brille mit einklappbaren Bügeln und Gläsern mit Sehstärke.

H–K

⊙ MEISTE LINDENSTRASSEN-VIDEOS

André Weber aus Essen (D) hat bis zum März 2000 747 Episoden der TV-Serie Lindenstraße auf Video aufgezeichnet.

Bernd **Höhle** aus Stadthagen (D) hat bis zum 5. April 1999 genau 500 verschiedene Lehr- und Studienvideos von über 130 Kampfsport-Stilarten gesammelt.

Achim **Hoffmann** aus Spelle (D) mähte am 15. Juni 1999 in einer Stunde 15,2 Hektar Grünland und mit Stefan Gropengießer in 24 Stunden 315 Hektar Grünland.

Christin **Hoffmann** aus Berlin (D) faltete im Dezember 1999 einen Fröbelstern von weniger als 5 mm Größe.

Horst **Hoffmann** aus Lindenfels (D) fuhr am 24. Juli 1999 in 30 Sekunden jeweils 15 enge Kreise auf dem Hinterrad eines Trialmotorrads und eines Mokicks.

Karl **Hoffmann** aus Allendorf (D) baute im Mai 1999 einen 3,85 m langen und 1,61 m breiten Dreschflegel.

Konditormeister Uwe **Hoffmann** aus St. Georgen (D) baute am 14. Februar 2000 eine 2,60 m lange, 2,20 m hohe und 1,45 m breite Schwarzwaldmühle aus 200 kg handgegossener Schokolade.

Radio RTC mit Ralf **Hohn** aus der Region Köln (D) sendete vom 5. bis 14. Januar 2000 eine Hitparade mit 2.300 Titeln.

Henner **Hoier** aus Hamburg (D) sammelte bis zum 10. Oktober 1999 130 verschiedene Zahnpastatuben.

Werner **Holz** aus Schacht-Audorf (D) organisierte am 25. und 26. Juni 1999 in Rendsburg ein Baumstamm-Mikado mit 8 m langen Baumstämmen, die in Proportion und Farbgebung einem Mikadospiel entsprachen.

Herrmann **Holzhäuser** aus Fürth (D) baute bis 1999 einen 115 mm langen Drehflügler, einen 25-Decker aus Taubenfedern und ein Flugobjekt mit 1 m Spannweite. Alle Flugobjekte wiegen nur wenige Gramm und sind mit einem Gummimotor ausgestattet.

Sibylle **Hontsch** aus Klosterneuburg (A) sammelte bis zum 1. Oktober 1999 genau 791 Erinnerungs-Schnapsgläser.

Studierende der **Hotelfachschule** Fulda (D) organisierten am 13. Juni 1999 eine 1,7 km lange Tafelrunde quer durch die Stadt Fulda.

Die Pfaffinger Bulldogfreunde (D) mit Johannes **Huber** fuhren vom 12. bis 16. Juli 1989 mit sechs Oldtimer Bulldog-Traktoren über die Großglockner Hochalpenstraße.

Norbert **Huber** aus Mühlwald (I) gewann von 1980 bis 1999 im Rodeln auf Kunstbahnen genau 147 Medaillen bei Olympischen Spielen, Welt- und Europameisterschaften, Weltcup- und Italienmeisterschaften. 62-mal erreichte er den ersten Platz.

Die **Hülpert GmbH & Co** aus Dortmund (D) fuhr am 25. und 26. September 1999 in 24 Stunden mit einem VW Lupo Diesel 1.708 km weit und verbrauchte dabei 2,35 Liter auf 100 km.

Volker G. **Hufnagel** aus Lichtenau (D) sammelte bis zum 30. Januar 2000 303 verschiedene Ofen- und Kaminplatten.

Gerhard **Humpert** aus Durbach (D) und 136 Patchworker(innen) aus Südbaden und dem Elsass nähten am 24. und 25. April 1999 in zwei Tagen einen 40,32 m^2 großen Quilt aus 32.256 Einzelstücken.

Manfred **Imberger** und Gerlinde Tröster fuhren am 13. September 1999 mit ihrem PKW in 24 Stunden mit einer Gesamtstrecke von 1.410 km über 21 Alpen-Pässe.

Yves D. **Imoberdorf** aus Zollikon (CH) verschickte am 4. November 1997 einen 1 cm hohen und 1, 5 cm breiten Brief mit der schweizer Post.

Die **Innsbrucker** Stadtmarketing GmbH (A) versammelte am 19. Juni 1999 in der Innsbrucker Innenstadt 2.308 Clowns.

Vom **Internet** Treffpunkt Pietsch & Rock GmbH aus Gera (D) organisiert, spielten am 14. und 15. Februar 2000 zwölf Spieler über 24 Stunden Netzwerkspiele im Internet.
Der **Irish Pub** in Merzig (D) stellte am 17. März 2000 ein 9 x 9 m großes Kleeblatt aus 4.685 Bierdeckeln her.

Wilhelm **Isbruch**, Ernst Weiss, Andreas Leuschner, Wolfgang Hindermann, Felix, Justus und Bernhard Uhlemann fuhren am 7. August 1999 mit unterschiedlichen Eisenbahn-Antriebsarten auf einer Märklin Spur 1-Modellbahn 800 m weit.

Matthias Reichle, Jan Krähe und Stefan Reichle vom Bahnengolf Sportverein **Inzlingen** (D) spielten am 21. und 22. Mai 1999 über 24 Stunden Minigolf. Mit 5.795 Schlägen schafften sie 4.320 Bahnen.

Rudolf **Jäger** aus Gilching (D) züchtete bis zum 6. September 1999 eine 5,30 m hohe Sonnenblume, ebenso wie Hans Scherler aus Neuruppin.

Dieter **Jägers** aus Mönchengladbach (D) koordinierte am 26. September 1999 auf einer Funkfrequenz 1.009 An- und Abflüge von Hubschraubern.

Sepp **Jahn** und Edith Hirsch aus Wien (A) malten bis zum März 2000 ein 100 m langes Fastentuch in 40 Bildern.

Die Konditorei Leo **Jindrak** präsentierte am 11. September 1999 eine Linzer Torte mit 4 m Durchmesser und 650 kg Gewicht.

Erika **Johner** aus Uettligen (CH) hat bis zum 12. März 2000 insgesamt 1.247 Schwäne verschiedener Art, Größe und Materialien gesammelt.

Die Firma **JOSKS** Crystal aus Bodenmais (D) produzierte im März 1999 ein mundgeblasenes Weißbierglas von 1,20 m Höhe.

⊙ GRÖSSTE WASSERWAND

Die Jugendfeuerwehr Landkreis Rastatt stellte am 3. Juli 1999 eine Wasserwand aus 371 C-Mehrzweckstrahlrohren auf.

← GRÖSSTER KÜNSTLICHER EISBERG
Josef Strobl aus Tobalch (I) legte neben der Pension Rosengarten im Februar 2000 einen 25 m hohen künstlichen Eisberg an.

Martin und Beat **Jucker** aus Seegraben (CH) stellten am 4. September 1999 eine 20 x 20 m große, 12 m hohe und 70 t schwere Kürbispyramide auf.

Erich **Jung** aus Butzbach (D) unternahm bis zum Juli 1999 genau 2.070 Wanderungen auf den Hausberg.

Hans-Peter **Jung** aus Ehlscheid (D) baute bis zum 24. Juni 1999 einen 29,92 m langen Holzbrunnen von 6,9 t Gewicht mit 2.600 l Fassungsvermögen.

Die Arbeitsgemeinschaft deutscher **Junggärtner** präsentierte auf der Bundesgartenschau in Magdeburg (D) am 4. September 1999 eine 1.158 m lange Kette aus Naturmaterialien.

Gerd **Junghans** aus Zeulenroda (D) präsentierte am 22. März 2000 einen 7,31 m hohen Holzstuhl, auf dem 30 Personen Platz fanden, ein 5,30 m langes Holzauto, eine 4,20 m lange Mausefalle, einen 7 m langen Holzrechen und ein 9,03 m langes Streichholz.

Der **Käferclub Gaal** (A) organisierte am 14. August 1999 eine Parade mit 272 Käfern und artverwandten Fahrzeugen.

Die Firma **Kärcher GmbH & Co** aus Winnenden (D) reinigte bis Januar 1999 die 25.420 m² große Fassade der Kolonnaden auf dem Petersplatz in Rom (I).

Marie Martha und Dr. Erich **Kästner** aus Hannover (D) waren am 11. März 2000 genau 99 und 100 Jahre alt und seit 72 Jahren verheiratet.

Hanns-Ullrich **Kahlmeyer** aus Rheine (D) schreibt seit 1963 eine handgeschriebene Fußball-Bundesligatabelle.

Günter **Kalthuber** und Kerstin Peissl aus Graz (A) mixten am 12. Juni 1999 in 10 Stunden 14 Minuten 4.000 Cocktails.

Markus **Kammermann** aus Rubingen (CH) gelangen am 17. und 18. März 2000 im 24 Stunden-Einzel-Bowlingspielen 312 komplette Spiele mit 5.600 geworfenen Kugeln.

Sven **Kammerzell** aus Halle (D) hat bis zum September 1999 genau 30.000 Kaugummi-Hüllen gesammelt.

Der **Kanu-Club Sömmerda e.V.** aus Sömmerda (D) organisierte am 4. September 1999 ein Raftingrennen mit 401 Mannschaften in fünf Kategorien. 12.000 Zuschauer sahen zu.

Josef **Kardinal** aus Nürnberg (D) sammelte bis zum Oktober 1999 genau 4.820 Schneekugeln.

Gunther **Karsten** aus München (D) memorierte am 20. November 1999 eine unbekannte 60-stellige Zahl in 60 Sekunden.

Gerhardt **Kaschke** aus Gütersloh (D) züchtete eine Kartoffelpflanze von 3 m Höhe.

In der Hauptkirche **St. Katharinen** in Hamburg (D) versammelten sich am 25. März 2000 343 Frauen mit dem Namen Katharina.

Neun Mitglieder der **Katholischen Landjugendbewegung** aus Alhausen (D) schafften am 19. und 20. Juni 1998 auf einer 42 m langen Wasserrutsche in 24 Stunden insgesamt 142 km. Auf der Rutsche war immer nur eine Person unterwegs.

Der **Kegelclub „Die Rinnenklöpper“** und „Die Bränner“ aus Fretter (D) führten am 12. Juni 1999 in 8 Stunden ein Fußballturnier mit 59 Hobby-Fußballmannschaften durch.

Rolf **Keller** aus Auslikon (CH) präsentierte am 15. Januar 2000 ein Eile mit Weile-Spiel vom Format 6 x 6 m, an dem 500 Teilnehmer 12 Stunden spielten.

Während des 1. Eidgenössischen Wurstfestes mit Dr. Regula **Kennel** am 3. Juni 1999 in Bern (CH) wurden 395 verschiedene Wurstsorten präsentiert.

→ GRÖSSTES GEIGENMODELL
Hans Christian Tschiritsch aus Wien präsentierte am 21. Januar 1999 ein geigenähnliches, begehbares Instrument.

K–L

Das **Kuvertiersystem** Kern 3000 E der Firma Kern GmbH aus Dreieich (D) schafft 26.000 Kuvertierungen pro Stunde.

Adolf Franz **Kessler** und Lenz Rauch aus Inzell (D) fuhren von April bis Oktober 1999 mit einer Pferdekutsche durch alle 16 Bundesländer.

Dölf **Kessler** aus Court (CH) spielte am 19. März 1998 in Basel einen Boogie-Woogie mit 740 Einzelanschlägen der linken Hand und am 29. März 2000 in Court einen beidhändigen Boogie im Tempo 186 Bpm mit 1.468 Einzelanschlägen in einer Minute.

Rainer **Kießling** aus Brandenburg (D) sammelte bis zum März 2000 2.028 Schraubdeckel für Konservengläser.

63 Kinder bauten am 6. und 7. April 1999 in Leonding (A) in 116 Stunden aus 34.078 **K'nex**-Bausteinen eine 11,5 m lange Brücke.

Das **Kinder- und Jugendparlament** Ulm (D) versammelte im Sommer 1999 Handabdrücke von 3.478 Kindern auf einem Bild.

Reto **Kirchhofer** aus Büron (CH) warf am 15. August 1999 eine Klobrille mit Deckel 32,85 m weit.

Die Interessengemeinschaft **Kirmesmodelle** aus Volkmarsen (D) vollendete bis zum 30. Januar in ca. 20.000 Arbeitsstunden eine 7,4 m x 1, 5 m große funktionsfähige Kirmesmodellanlage mit Beleuchtung.

Folkert **Klaassen** aus Dortmund (D) präsentierte am 4. November 1999 eine 92 cm breite und 55 cm hohe Visitenkarte mit VIPs auf der Rückseite.

Hans **Klenk** aus Vellberg (D), geboren am 28. Oktober 1919, begann am 3. März 1931 im Alter von 11 Jahren seine Segelflugausbildung. Im März 2000 war er immer noch aktiver Flieger.

Günther **Kley** aus Paderborn (D) schnarcht ziemlich laut: Im März 1999 wurden 93 db gemessen.

Hans **Kloss** aus Lorch (D) zeichnete bis 1999 auf Leinwand eine 100 m^2 große Bleistiftzeichnung mit historischem Hintergrund.

Bernhard **Kappe** aus Wien (A) interviewte am 20. März 2000 als Tandem-Fallschirmspringer im freien Fall bei 200 km/h seinen Tandempiloten.

Kinder der Städtischen Kindergärten **Knittelfeld** (A) bauten am 20. Oktober 1999 aus Kartons und Schachteln einen 335 m langen Eisenbahnzug aus 879 Waggons.

Die Firma **Knopf & Knopf** Erlebniswelt baute für das Knopf & Knopf Museum in Warthausen (D) bis zum 7. Mai 1999 einen 9 t schweren Knopf aus Beton mit einem Durchmesser von 5 m und eine 4,7 m lange und 3,65 m hohe Nähmaschine aus Holz.

⊙ SCHNELLSTER FRISUREN-HOCHSTECKER

Michael Rosinski aus Berlin (D) steckte am 15. August 1999 in 1 Minute 23 Sekunden 33 Hochsteckfrisuren.

⊙ GRÖSSTE AQUA-FITNESS-GRUPPE

Am 18. Juli 1999 betrieben im Stadionbad der Bremer Bäder GmbH in Bremen (D) 1.376 Personen über 45 Minuten unter Anleitung Aqua Fitness.

Urs **Kobel** aus Münsingen (CH) und Stephan Schär aus Ostermundingen (CH) schafften am 17. und 18. März 2000 beim Bowlingspielen in 24 Stunden 380 Spiele mit 6.460 Würfen und 58.260 Pins.

Sarah **Kohl** aus Meiningen (A), geboren am 9. Mai 1986, gewann am 19. November 1999 zusammen mit ihrer Partnerin bei der WM in Funchal in Portugal die Weltmeisterschaft im 2er-Kunstradfahren (allgemeine Klasse, Elite, Damen) mit 304,57 Punkten.

Wilfried **Kohler** aus Dornbirn (A) zerriss am 1. April 2000 in Dornbirn 340 jeweils 3 cm starke Telefonbücher.

Herbert **Köfer** aus Zeuthen (D) nahm am 9. Oktober 1999 im Alter von 78 Jahren an einem offiziellen Trabrennen teil.

Katrin **Kokocinski** aus Erlangen (D) memorierte am 28. März 2000 in durchschnittlich 42,9 Sekunden zwölf Wörter und in 77,9 Sekunden 20 Wörter nach den Regeln der Gesellschaft für Gehirntraining.

André **Köhler** aus Hamburg (D) hatte im Juli 1999 mit 13 Jahren Schuhgröße 50.

Die Arbeitsgemeinschaft „Chaos und Fraktale" der **Kooperativen Gesamtschule Leeste** in Weyhe (D) fügte bis zum 25. März 1999 in circa 1.500 Mannstunden aus 1.024 Basisstrukturen ein Sierpinski-Tetraeder mit einer Kantenlänge von 3,20 m x 3,20 m zusammen.

Kristian **Körting** aus Saalfeld (D) entzündete mit der Hilfe von 15 Feuerwehrleuten der FFW-Remschütz am 31. Dezember 1999 200 Baumöfen von ca. 30 cm Höhe in einer 250 m langen Reihe.

Uwe **Koos**, Peter Appenzeller, Elke Winkler und Peter Müller aus Stühlingen (D) brachten bis zum September 1999 einen Farbkreis von 56 m Durchmesser mit 2.463 m^2 auf eine Fassade auf.

Regina **Kotke** aus Salzgitter (D) schoss 1999 beim Eishockeyspiel der Schülermannschaft EHC Wolfsburg gegen den EC Timmendorf nach 4 Sekunden mit dem Eröffnungsbully das erste Tor und 17 Sekunden später das zweite Tor.

Die Firma **Kraft Jacobs Suchard** produzierte am 25. Juni 1999 in Bremen mit einem mobilen Café 3.300 Tassen Kaffee pro Stunde.

Die Bezirkskammer für Land- und Forstwirtschaft **Knitterfeld** (A) mit dem Projektleiter Matthias Kranz baute bis zum 24. Mai 1999 einen Holz-Doppelturm von 42 m Höhe.

Steffen **Kranz** aus Völkershausen (D) schnitzte bis zum 20. Dezember 1999 eine Weihnachtskrippe aus einem Stück Buchholz, bei der die größte Figur 1,4 mm hoch ist.

Anton **Krausz** aus Linz (A) baute bis zum 3. März 2000 einen 22,7 cm hohen Destillierapparat aus Kupfer mit einem Kühler mit 50 mm Durchmesser.

Rainer **Krempel** aus Remscheid (D) präsentierte am 16. März 2000 eine postversandfähige Flasche mit 25 mm Durchmesser und 95 mm Höhe.

Paul **Krenz** aus Niederkassel-Rheidt (D) beendete im Jahr 2000 das Intarsienbild „Dornenkrone mit Blumenstrauß" aus 6.500 Furnierteilchen.

Das Gymnasium **Kronwerk** aus Rendsburg (D) veranstaltete am 6. und 7. September 1999 einen Staffellauf. Über 25 Stunden liefen 500 Personen jeweils 1.000 m, insgesamt betrug die Laufstrecke 524 km.

Martha **Krickl** aus Eislingen (D) war an ihrem Geburstag, dem 27. Mai 2000, mit 85 Jahren noch als Einzelhandelskauffrau tätig.

Denise **Krüger** aus Bad Oldesloe (D) schwamm im Alter von 6 Jahren am 23. Juni 1999 2 Stunden lang ohne Hilfsmittel.

Detlef **Krüger** aus Neblin (D) schmückte am 18. Dezember 1999 eine 6 m hohe Rotfichte als Weihnachtsbaum mit 50.000 Papierblüten als Weihnachtsbaumkugeln und mit 14 m bzw. 12 m langen Girlanden.

Katharina **Kudikove** aus Saarlouis (D), geboren am 30. September 1986, errang bis zum 13. März 2000 80 Turniererfolge als Judo-Kämpferin.

Gerhard **Kühler** aus Herdorf (D) sammelte bis zum 15. Januar 2000 700 Pins mit Frauen als Pin-up-Motiv.

Der Montagsclub **Kürbitz** (D) organisierte am 22. August 1999 eine Rallye mit SR2-Mopeds, an der 58 Fahrer teilnahmen.

Joel **Kuhn** aus Wermatswil (CH) faltete bis zum 6. August 1999 in zehn Monaten 1.000 Papierflugzeuge von 4–5 cm Länge und 2–3 cm Spannweite.

Frithjof **Kurhmann** aus Bergen (D) züchte aus einem 5 cm großen Ableger eine Myrte von 1,75 m Höhe und einem Umfang von ca. 5 m.

Der TC Rot-Weiss **Kulmbach** (D) organisierte am 17. Juli 1999 ein Tennismatch, bei dem 53 Spieler gleichzeitig auf einem Platz nach den Originalregeln Tennis spielten.

Thomas **Kundel** aus Bergfelde (D) baute bis zum 29. März 2000 einen 1,5 cm langen und 1 cm breiten Rasenmäher mit einer Höhe von 1,1 cm und 3,87 g Gewicht.

293 jugendliche Teilnehmer des **Landesjugendtreffens 1999** in Erkner (D) machten am 4. September 1999 in 18:53 Minuten 11.277 Purzelbäume.

← GRÖSSTE ZIGARETTEN-SCHACHTEL-PLASTIK
Ulrich Völkl aus München präsentierte im Juni 1999 die plastische Darstellung eines menschlichen Körpers von 1,50 x 1,00 x 1,20 m Größe aus 12.000 Zigarettenschachteln.

Schüler der Stadtgemeinde **Langenlois** (A) zeichneten am 15. Juni 1999 eine 30 m x 15 m große Kinderzeichnung mit 450 m^2.

Ralf **Laue** aus Leipzig (D) stapelte am 2. Juli 1999 exakt 555 Dominosteine auf einen einzeln und vertikal stehenden Dominostein.

Lothar **Lauterbach** aus Lutherstadt Eisleben (D) schnitzte 1999 eine Waldlandschaft aus Weidenholz, die in einen Kirschkern innerhalb eines Pfirsichkerns eingesetzt ist.

Dieter **Leichsenring** aus Hamburg (D) hat bis zum 10. März 2000 eine 85,62 m lange Kette aus 10.000 Bernsteinen zusammengestellt.

Der **Leipzig** Tourist Service e.V. (D) ließ vom 4. Januar bis zum 3. April 2000 an einem 277 m langen Stahlseil ein 54 x 54 m großes Netz mit einem 79 m hohes Bild Johann Sebastian Bachs aus 3.000 Rasterpunkten freihängend schweben.

Die **Leipziger** Verkehrsbetriebe (D) präsentierten am 5. Dezember 1999 eine 22,5 m hohe Nikolaus-Mütze mit 64 m Umfang.

Christoph **Lenk** aus Pausa (D) spannte am 25. Juli 1999 28 Reitponys in Zweierformation vor eine Kutsche.

Der **Leo Klub Eupen** (B) fertigte am 1. Mai 1999 einen Reiskuchen mit einem Durchmesser von 7,5 m aus 1.200 Reisfladen.

Friedrich und Lilli **Leven** aus Gelsenkirchen (D) haben bis zum 3. Oktober 1999 415 verschiedene Fingerhüte gesammelt.

Mathias **Lillge** aus Bad Freienwalde (D) fuhr bis zum 7. Juni 1999 in 89 Stunden 13 Minuten 47 Sekunden Fahrzeit 1.000 km auf Inline-Skates.

Stefan **Limberger** aus Gundelfingen (D) übersprang auf Inline-Skates am 17. Oktober 1999 mit Hilfe einer Rampe eine Höhe von 3,40 m.

21.599 Streichholzschachteln und 15.145 Streichholzbriefchen aus 154 verschiedenen Ländern sammelte Friedrich **Lindner** aus Hersbruck (D).

Die **LIV Metall Berlin-Brandenburg** (D) fertigte im Februar 2000 einen 3,63 m langen und 78 kg schweren Schlüssel mit einem Durchmesser von 22 cm.

L–M

Zwölf Schwimmer des SV Hieflau (A) mit Werner **Lödl** rutschten am 17. und 18. Juli 1999 auf einer 33,5 m langen Wasserrutsche im Freibad Hieflau in 24 Stunden 442,5 km weit. Bei den 13.209 Runden war jeweils nur ein Rutscher auf der Bahn.

Im Fitness-Center **Logo** in Gundelsheim (D) traten am 25. und 26. März 2000 14 Männer und Frauen 24 Stunden lang auf 14 Rädern beim Spinning in die Pedalen.

Das Schulzentrum **Lohfeld** und die Computerecke Carstensen aus Bad Salzuflen (D) vernetzten vom 23. bis 25. April 1999 118 private Rechner zu einem Netzwerk mit 1 MBit Internetanbindung.

Florian **Lorenz** und Sven Wüstenberg aus Elze (D) schossen am 17. Oktober 1998 mit dem Luftgewehr freihändig in 13,5 Stunden 1.000 Schuss.

Der **Luisenthaler Kirmesverein 1996 e.V.** präsentierte am 3. Dezember 1999 eine funktiontüchtige Kirmesklatsche von 5,43 m Länge.

Ray **Lynch** aus Steinenbronn (D) versammelte am 24. Mai 1998 in Stuttgart 6.951 Step-Tänzer für einen zweiminütigen Step-Tanz zur Musik von „Klicke-Di-Klack".

Der kürzeste Name eines Kontoinhabers ist der von „**m.**" aus Marburg (D), der seit dem 24. Februar 1999 bei der Dresdner Bank ein Konto hat.

Der Karnevalsverein **Maak Möt 1969 e. V.** aus Brempt (D) führte am 26. Februar 2000 von 11:11 Uhr bis 1:11 Uhr nachts über 14 Stunden ein Karnevalsbiwak mit Bühnenprogramm durch.

Gerhard **Macher** aus Haltern-Sythen (D) fuhr am 19. September 1999 mit seinem Handbike in 7 Stunden 18 Minuten 130,5 km weit.

Stephan **Mäder** und Christian Steiner aus Winterthur (CH) spielten am 6. Januar 2000 vierhändig ein Boogie-Duo mit 3.997 Anschlägen in einer Minute, am 26. Juni 1999 schafften sie mit ihren beiden linken Händen 2.291 Anschläge in einer Minute.

Josef **Maier** aus Bad Bayersoien (D) legte von 1992 bis 1995 eigenhändig einen 70 m langen Verbindungskanal zwischen zwei Seen frei.

Die Integrierte Gesamtschule **Mainspitze** aus Ginsheim (D) veranstaltete am 28. Juni 1999 ein Sackhüpfen mit Choreographie mit 410 beteiligten Hüpfern.

Stefanie **Maleczek** und Barbara Kuller aus Neuss (D) füllten am 7. August 1999 eine 5,80 m lange Schultüte mit einem Durchmesser von 1,38 m.

⊙ GRÖSSTES MODELLMIKROSKOP
Rainer Dunstheimer aus Zürich (CH) präsentierte am 14. Dezember 1998 ein Zündholz von 5 m Länge sowie ein 4,1 m hohes Modell eine Mikroskops.

Dana **Mallmann** aus Trebus (D) sammelte bis zum März 2000 insgesamt 300 verschiedene Kondome.

Fabio **Malomo** aus Krefeld (D) schaffte am 4. September 1999 im Fitnesspoint in Krefeld beim Seilspringen in 60 Minuten 8.045 Sprünge.

Benedikt M. **Mandl** aus Neumarkt (A) zeichnete in mehr als 100 Stunden bis zum Dezember 1999 einen 18,82 m langen und 8,5 cm hohen Comicstrip.

→ GRÖSSTE KRAWATTE
Das Westfalenparkbüro der Stadt Dortmund (D) hängte am 17. und 18. September 1999 eine 58 m lange und 11 m breite Krawatte mit einem Gewicht von 500 kg an den Florianturm in Dortmund.

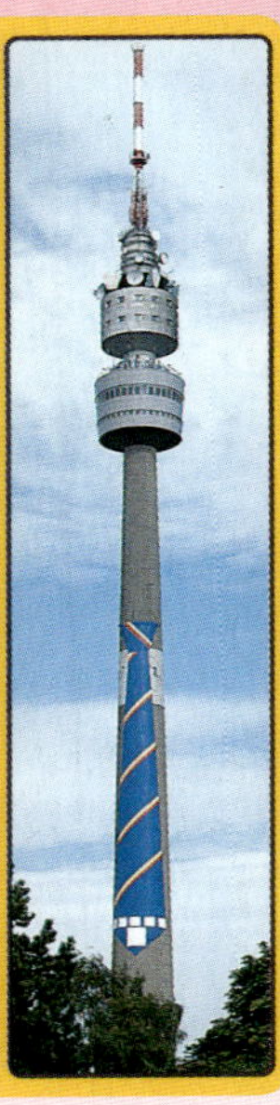

Die **Manor AG** aus Basel (CH) ließ von April bis September 1999 schweizer Kinder eine 401,77 m lange Kinderzeichnung zeichnen.

Gerd **Manz** aus Ober-Flörshain (D) schnitt am 10. Oktober 1999 aus einer Kartoffel eine 4,09 m lange Pommes frites.

Der Gewerbeverein **Marsberg** (D) verhüllte am 28. November 1999 einen 25 m hohen Turm als Kerze mit einer Flamme aus 200 Glühbirnen.

Torsten **Martens** aus Seesen (D) hat bis zum März 2000 655 verschiedene Kuh-Gegenstände gesammelt.

Ingrid **Martin** aus Rudolstadt (D) hat ihr Sparbuch vom 19. November 1943 bis zum 30. September 1996, also 52 Jahre 10 Monate 11 Tage lang, nicht angetastet und keine Kontobewegung vorgenommen.

Klaus **Martin** aus Dresden (D) goss am 31. Dezember 1999 eine Bleifigur aus 108,5 kg.

Michael **Martin** aus Darmstadt (D) sammelte bis zum März 2000 14.190 Steuermarken einer Zigarettenmarke.

Die Firma **Martin Sonneberg** (D) präsentierte am 10. März 2000 einen 6,83 m hohen Teddybär.

Mit einem 5,4 m langen Snowboard fuhren acht Personen mit Walter **Martin** am 25. Oktober 1999 im Skigebiet von Samnaun 1.200 m weit.

Grit **Marx** aus Flieden (D) und Tiziana DiMari aus Eichenzell (D) befuhren vom 26. September 1999 4:42 Uhr GMT bis zum 13. Oktober 1999 15:53 Uhr GMT die Panamericana von Alaska nach Feuerland.

Thomas **Marx** aus Münster (D) sammelte bis zum Februar 2000 348 verschiedene Tabaktüten aus vielen Ländern.

3 Mio. Witze in Büchern, Heften, auf Schallplatten und Kassetten sammelte Anton **Maschek** aus Wittlich (D) in mehr als 50 Jahren.

Olaf **Matias** aus Ahlden (D) stellte am 3. März 2000 ein „Teufelsknoten"-Holzsteckspiel aus sechs Teilen mit den Maßen 1,2 x 1,2 x 5,5 mm her.

Maria Inés **Mato** aus Argentinien schwamm am 28. Juli 1999 in 11 Stunden 4 Minuten 36 Sekunden von Rödby in Dänemark nach Fehmarn in Deutschland.

Ulrich **Mattersberger** aus Linz (A) fuhr am 22. Dezember 1999 auf einem Fahrradergometer 100 km in 88 Minuten 13 Sekunden. Danach fuhren sieben weitere Sportler abwechselnd weiter und schafften in 185 Minuten 39 Sekunden insgesamt 200 km.

Die Berufsschule **Mattersburg** (A) entwarf und produzierte bis zum 16. Juni 1999 einen 5 m hohen, pneumatisch beweglichen Stahlritter.

Matthias **Maurer** und Tobias Hassel aus Birkenau (D) gelangen am 11. Dezember 1999 bei einem Tischtennisspiel 500 Ballkontakte ohne Ballverlust.

Gerhard **Mayr** aus Konstanz (D) durchquerte bis zum 29. Februar 2000 den afrikanischen Kontinent von Kapstadt nach Alexandria allein mit einem Motorrad in 58 Tagen.

Claus **Mees** aus Schuby (D) baute im August 1999 ein Motorrad mit einem 3.000 cm^3 Einzylinder-Motor.

⊙ MEISTE SCHORNSTEINFEGER IN SESSELBAHNEN

Die Savognin Bergbahnen AG aus Savognin (CH) versammelte am 6. Februar 2000 375 Schornsteinfeger in Berufskleidung auf Sechser-Sesselbahnen.

Reinhard **Meidl** aus Steyr (A) hat bis zum 9. März 2000 einen Kalender für die 715 Jahre von 1.286 bis 2.000 von Hand geschrieben.

Die Firma **Meier** Verpackungen und die Bäckerei Orthaber aus Gleisdorf (A) präsentierten am 14. April 1999 einen 1.780 m langen Apfelstrudel, der aus einzelnen Stücken zusammengesetzt war.

Daniel **Melegi** aus Ingolstadt (D) organisierte am 17. April 1999 in Ingolstadt den Aufbau einer 360 m lange Bierkastenmauer aus 6.500 Bierkästen in 10 Minuten 32 Sekunden.

Die Firma Getränke **Menne** GmbH aus Olpe (D) präsentierte im Juli 1999 einen 3,22 m langen Fiat 500 Kombi, der mit einer kompletten Ausschank-Einrichtung ausgestattet ist.

Hans **Menze** aus Hagen (D) fertigte am 13. Februar 2000 eine 6 Zylinder-Kurbelwelle aus einem 90 mm langen Stück Rohstahl mit 6 mm Durchmesser.

Das Organisationskomitee „Hallo Frauenfeld 2000" mit Esther und Reto **Menzi** aus Frauenfeld (CH) ließ bis zum 31. Dezember 1999 von mehr als 5.000 Festbesuchern eine 60 cm hohe Neujahrs-Glückwunschkarte von 2.000 m Länge zeichnen.

Manuela **Meschgoy** aus St. Stefan (A) und Harald Winkler aus Kapfenberg (A) seilten sich am 18. Juli 1998 als Hundeführer mit ihren Hunden von der 96 m hohen Eisenbahnbrücke Jauntal in Kärnten (A) ab.

Matthias **Meyer** aus Wuppertal (D) hat bis zum März 2000 279 Quartettspiele gesammelt.

Katja und Andreas **Mild** aus Lohr (D) sammelten bis zum März 2000 genau 16.290 Getränkedosen aus 103 Ländern und 2.270 Coca-Cola-Dosen aus 63 Ländern.

Die Firma **Milkon Südtirol GmbH** aus Bozen (I) produzierte am 16. Juli 1999 aus 2.200 l Milch einen 213 kg schweren und 24 cm hohen Bergkäse mit einem Durchmesser von 1,2 m.

32 Kinder vom **Mini-Flitzer e.V.** in Kellinghusen (D) im Alter von 6 bis 14 Jahren bildeten am 4. März 2000 auf zehn Minimotorrädern die jüngste Polizeimotorradstaffel ehrenhalber.

62 Skatspieler aus Niedersachsen spielten am 28. November 1999, organisiert vom Skatverein **Mini-Zocker '90** aus Hermannsburg (D), über 24 Stunden Skat.

↓ MEISTE MENSCHEN IN EINEM BEETLE

Die Porsche Inter Auto KG aus Steyr (A) veranstaltete am 10. Juli 1999 einen Beetle Car Stuffing Contest, bei dem 32 Personen in einen VW Beetle passten und 10 m weit fuhren.

M–P

David **Miro** aus Berlin (D) zeichnete am 23. Januar 2000 das Portrait einer ihm vorher unbekannten Person in 4,9 Sekunden.

Johannes **Mistlbacher** und Thomas Teufner aus Melk (A) präsentierten am 24. September 1999 einen 247,05 m langen, aus Einzelteilen zusammengestellten Marillen-kuchen.

Alexandra **Mockenhaupt** aus Schöneberg (D) besitzt seit Juli 1997 im Alter von 21 Jahren den Führerschein Klasse 2 und den Personenbeförderungsschein.

Hans-Joachim **Möller** aus Berlin (D) legte am 31. Oktober 1999 im Alter von 59 Jahren die Prüfung zum 5. DAN in der Anti-Terrorkampf-Selbstverteidigung ab.

Helmut **Möller** aus Ohrdruf (D) sammelte bis zum April 1999 über 20.500 Sprichwörter und Lebensweisheiten.

Rolf **Mörke** aus Oldenburg (D) präsentierte im Juni 1999 ein 30 m langes, zu einer Spirale gedrehtes Neonsystem mit Rotentladung im Schreibneoneffekt.

Die Sportgemeinschaft **Monheim** 1894/1968 e.V. aus Monheim (D) ließ am 15. März 2000 zwanzig Mädchen und Jungen in zwei Turnhallen-Kästen aus je sechs Elementen steigen.

Fanni **Muller** aus Howald (L) hat bis zum 30. März 2000 4.117 Tintenpatronen gesammelt.

Gregor **Mühltaler** aus Pforzheim (D) kegelt im Alter von 90 Jahren zweimal in der Woche in zwei verschiedenen Vereinen.

Die Familie **Müller** aus St. Gallen (CH) bildete am 19. September 1999 ein Familienorchester mit 100 Instrumentalisten und 51 Sängern.

Die Naturschutzjugend des **NABU** Grafenberg e.V. (D) stellte am 18. Dezember 1999 einen ca. 350 kg schweren Meisenknödel auf.

Die Fasnachtsfreunde **Narrawagabau** aus Dietenheim (D) fuhren in der Fasnets-Saison 2000 mit einem 4,92 m hohen und 5,30 m langen Riesenrad für zwölf Personen.

⊙ HÖCHSTER TRIALBIKE-SIDE-HOP

Andreas Navrade aus Salzgitter (D) sprang am 28. August 1999 mit einem 20'' Trialbike einen 1.200 mm hohen Side Hop und einen 1.808 mm hohen Sprung über die senkrechte Stufe.

Hans **Necker** aus Bad Laasphe (D) hat in seinem Radio-Museum bis zum März 2000 genau 3.299 Röhrenradios gesammelt.

Die **Neckertal-Outdoor AG** aus St. Peterzell (CH) organisierte am 22. Februar 2000 eine 149 m lange Kette von 133 Personen auf Schneeschuhen, die 2,5 Stunden lang wanderten.

⊙ GRÖSSTER BESEN

Hans Leuenberger aus Solothurn (CH) präsentierte im Juni 1999 einen 10,40 m hohen Besen, in dem 220 Einzelbesen verarbeitet wurden.

Gabriele **Nemes** aus Bad Dürrenberg (D) sammelte bis zum 15. März 2000 genau 310 verschiedene Mokkatassen.

Torsten **Neske** aus Berlin (D) sprühte 1997 eine 1,79 x 6, 46 m große Getränkekarte mit Airbrush auf eine Kneipenwand.

Acht Taucher vom Sportstudio **Nettingen** (D) tauchten am 12. Dezember 1999 über insgesamt 43 Minuten 24 Sekunden ohne Atemgerät in einem Tauchturm.

Dr. Hans-Joachim **Neubert** aus Hamburg (D) erreichte am 14. September 1999 mit einem DAF 66 auf einer Strecke von 1 km rückwärts eine Höchstgeschwindigkeit von 85 km/h.

Die **Neue Fleisch AG** aus Schaffhausen (CH) briet und kochte am 2. Mai 1999 eine 339,6 m lange Roulade aus einem Stück.

Richard **Neugebauer** aus Ingolstadt (D) spielte am 17. und 18. September 1999 über 24 Stunden gegen 24 Spieler in ständigem Ballwechsel Tennis.

Siegfried **Neumann** aus Haselbach (D) hüpfte am 9. Mai 1999 mit einem Mountainbike mit stehenden Rädern in 30 Sekunden 31,1 m weit.

Michael **Niebuhr** aus Holzhausen (D) bestieg am 8. August 1999 einen Turm aus 46 von ihm aufgestapelten Bierkisten.

Günther **Niediek** aus Salzgitter (D) hat vom 1998 bis zum 6. März 2000 genau 2.730 Granulat-, Tabletten-, Dragee-, und Kapselmuster gesammelt.

Anja **Nierling** aus Kassel (D) machte am 29. August 1999 bei der Discofox-Meisterschaft 2.000 Damen-Unterarmdrehungen.

Heinz **Noack** aus Cottbus (D) fuhr am 27. August 1999 auf der Radrennbahn in Cottbus mit einem Straßenrennrad in 16 Stunden 39 Minuten 13,6 Sekunden 500 km, 1.000 km in 35 Stunden 46 Minuten 7,12 Sekunden weit.

Sascha **Nordhausen** aus Eystrup (D) hat bis zum Februar 2000 1.726 Autokennzeichen fotografiert, deren Buchstabenfolge einen Sinn ergeben.

Das **Nordthüringer** Sportcenter aus Schlotheim (D) veranstaltete am 20. März 1999 ein Mountainbikerennen in 710 m Tiefe unter Tage.

1.600 Kinder aus Weimar malten am 1. Oktober 1999 in knapp drei Stunden ein 1.999 m langes Bild. Initiator war Jürgen **Noster** aus Weimar (D).

Waldemar **Noß** aus Wuppertal (D) sammelte bis zum 10. Dezember 1999 1.150 Vasen aus den 50er Jahren.

20.000 Menschen saßen am 25. September 1999 während der **Nürnberger Friedenstafel** (D) an einer 7,8 km langen Tischreihe aus 3.000 Biertischen.

Erich **Oberlechner** aus Lappach (I) vollendete im Februar 2000 eine gedrechselte Aperitivschüssel aus Zirbelholz mit 157,5 cm^3 Inhalt.

Tobias **Oberzeller** aus Mögling (A) gelang am 10. Juli 1999 in der letzten Spielsekunde der Sieges-Touchdown im Endspiel der österreichischen American Football Liga.

Die **Odenwälder Heimatzeitung** führte bis zum 1. November 1999 ein Gewinnspiel mit Rätselfragen über 175 Tage durch.

Der Musikverein Jugendmusikkapelle **Oggau** (A) zeichnete am 14. August 1999 aus 200 Tuben Zahnpasta ein 2 x 2,8 m großes Zahnpastabild.

250 Besucher und Mitarbeiter produzierten beim Tag der offenen Tür im Landratsamt in **Offenburg** (D) am 27. Juni 1999 300 DIN-A5-große Einzelblätter handgeschöpftes Papier, das zu einer 54,66 m langen Rolle zusammengesetzt wurde.

Der Rollstuhl-Sport-Club **Oldenburg** (D) spielte vom 19. bis zum 20. November 1999 über 24 Stunden Rollstuhlbasketball mit zehn Spielern.

Die Adam **Opel** AG aus Rüsselsheim (D) setzte ab dem 28. Juli 1999 einen 284 m langen, voll vernetzten Ausstellungszug ein, der durch Europa fuhr.

Die **Ortsgemeinde Kausen** feierte am 5. September 1999 eine Tupperwaren-Party mit 562 Teilnehmern.

Volker **Osieka** aus Schönau (D) fuhr vom 28. bis zu 31. Juli 1999 in 71 Stunden 38 Minuten 39 Sekunden mit dem Rennrad von Genua (I) bis zur 1.480 km entfernten Stadt Norden (D).

→ GRÖSSTES FUSSBALLTRIKOT

Die Firma Arminius Marketing verhüllte am 16. Juli 1999 das Hermannsdenkmal im Teutoburger Wald bei Detmold (D) mit einem 130 m² großen Fußballtrikot des DSC Arminia Bielefeld.

680 Schülerinnen und Schüler der Integrierten Gesamtschule **Osterholz** (D) bildeten am 12. November 1999 eine 617 m lange Schlange lesender Menschen durch Osterholz.

Die Kreismusikschule **Osterholz e.V.** (D) organisierte am 12. Juni 1999 ein Konzert mit 681 Blockflöten, die von Ortsansässigen gespielt wurden.

Hans-Peter **Oswald** aus Köln (D) versammelt auf der Homepage www.angelfire.com/de/secura den Zugang zu circa 20 Mio. Kleinanzeigen im Internet.

Metzgermeister Bernhard **Oßner** aus Landshut (D) stellte am 27. Juni 1999 eine 5.888 m lange Bratwurst her.

René und Sandra **Oßwald** aus Velbert (D) knüpften am 24. April 1999 eine 77 m lange Kette aus Löwenzahn-Blumen.

Renate **Otte** aus Berlin (D) sammelte bis zum 19. Dezember 1999 100 Backformen aus Keramik.

Jochen **Pahl** aus Norderney (D) hat bis zum Dezember 1999 4.520 verschiedene Ansichtskarten Norderneys von 1880 bis 1960 gesammelt.

Enzo **Paolo** aus Neudenau (D) stapelte am 15. Januar 2000 durch bloßes Schütteln 22 Spielwürfel in einem Becher aufeinander.

Zwölf Mitglieder der **Paragon Golf Akademie Dortmund** schlugen am 8. Mai 1999 über 17 Minuten 15 Sekunden 73.152 Golfbälle auf der Drivingrange.

Die **Parkeisenbahn Chemnitz GmbH** (D) befuhr am 20. Juni 1999 eine 620 m lange HO-Schienenstrecke unterschiedlicher Bauart unter freiem Himmel mit Modelleisenbahnen.

Andreas **Paul** aus Erlangen (D) gelangen am 5. September 1999 181 Sprünge auf dem Vorderrad eines Mountainbikes.

Thomas **Paulat** aus Bremen (D) tapezierte am 21. Mai 1999 in 25,37 Minuten 15,1 m² Raufaser.

Hansi **Peinemann** aus Bremen sang am 26. Dezember 1999 in 24 Stunden 374 Karaoke-Lieder.

Die Gemeinde **Peißen** (D) versammelte zum 30-jährigen Bestehen der Schule Peißen alle 432 ehemaligen und jetzigen Lehrer und Schüler zu einem Klassenfoto.

Niyazi **Pekcan** aus Gevelsberg (D) hat 3.668 10-Pfennig-Münzen aus dem Jahre 1949 mit dem Aufdruck Bank Deutscher Länder (BDL) gesammelt.

⊙ KLEINSTER PUDEL

Die Pudelhündin „Julchen" von Ilowa Glöß aus Lichtenwalde (D) hat eine Schulterhöhe von 17 cm.

Prof. Dr.-Ing. Carl-Otto **Pels Leusden** aus Schwaig (D) fertigte bis zum 13. Januar 1999 einen schneckenförmigen Ziegel von 6,2 m Länge.

Die Stadt **Perleberg** (D) stellte am 5. Juni 1999 eine 240 m lange Spargeltafel auf, an der bis zu 600 Personen gleichzeitig essen konnten.

Die Klasse 7/8c der Mühlhausen-**Petrischule** aus Mühlhausen (D) erreichte im Jahr 1999 wegen diverser Aktivitäten, Wettbewerbe etc. 39 Erwähnungen in der Presse.

Die **Pfadi Uri** aus Uri (CH) nähten am 12. Februar 2000 160 Pfadikrawatten in 5 Stunden zu einer Riesenkrawatte zusammen.

Die **Pfälzer Landjugend** aus Landau (D) bildete am 15. August 1999 aus landwirtschaftlichen Produkten ihr Logo in einer Größe von 20 x 30 m nach.

Heinrich **Pflanz** aus Landsberg (D) hat bis zum 31. März 2000 genau 503 Schuhlöffel gesammelt. Die meisten sind handgefertigte Unikate.

Die Gemeinde **Pfronten** (D) veranstaltete am 28. Dezember 1998 eine Scheeballschlacht mit ca. 3.000 Menschen. In einer Stunde wurden ca. 30 LKW-Ladungen Schnee verbraucht.

P-S

Cornelia **Pilsner** und Bernd Gaupp aus Friedrichshafen (D) stellten am 5. Juni 1999 einen 1.027,10 m langen Erdbeerkuchen aus einzelnen Teilen her.

Die Eishockey-Schülermannschaft des ESV **Pinguine Königsbrunn e.V.** (D) besiegte am 4. Dezember 1999 den 1. EC Senden mit 65:00 Punkten.

Acht Schwimmer des TV **Plochingen** (D) und der DLRG-Ortsgruppen Reichenbach und Eislingen tauchten am 17. April 1999 als 25-m-Staffel in einer Zeit von 11 Minuten 25,33 Sekunden 1.000 m weit.

Hermann **Popp** aus Schweinfurt (D) präsentierte am 10. März 2000 ein Fahrrad, dessen seitwärts gebauter Rahmen nicht überstiegen werden muss.

650 Bläserinnen und Bläser aus 50 Chören von den evangelischen **Posaunenchören Pforzheim-Stadt und Land** (D) spielten vom 26. bis zum 27. Februar 2000 in 24 Stunden 1.669 Strophen aus dem Posaunenchoralbuch zum Gesangbuch.

Rosa **Pracher** aus Preding (A) putzte beim Ölkürbiskern-Wettputzen in Preding am 18. September 1999 16,29 kg in 1 Stunde.

Angela **Prestifilippo** aus Ulm (D) sammelte bis zum 26. März 2000 8.888 Sektkorken.

Bei den Aktionstagen **Promenaden Hauptbahnhof** in Leipzig läuteten vom 22. April bis zum 2. Mai 1999 Hochzeitsglocken. Am 1. Mai wurden 10.587 Schläge erreicht.

Mike **Puhlmann** aus Wadgassen (D) bediente am 16. August 1999 eine Discovery-Kirmesbahn so, dass sie in ca. 10 Minuten 423 Überschläge machte.

Die **Quelle AG** aus Leipzig (D) vollendete im Januar 1999 aus 1,5 t Kieselsteinen, einem Freilandteppich und PVC-Platten das 273,5 m lange und 91,15 m breite Firmenlogo mit einer Gesamtfläche von 24.929,53 m^2. Der Buchstabe Q hatte eine Höhe von 55 m.

Acht Bowler der **Radeberger Pilsner Bowler** aus Dresden (D) schafften am 28. August 1999 in 5 Stunden auf vier Bahnen 20.392 Pins.

Radio BB aus Sindelfingen (D) gab am 6. und 7. August in 24 Stunden 10.144 Grüße seiner Hörer durch.

3.000 Jugendfeuerwehrleute von 352 Freiwilligen Feuerwehren des Regierungsbezirks Oberpfalz legten in Zusammenarbeit mit **Radio Charivari** aus Regensburg am 12. Juni 1999 einen wasserführenden Feuerwehrschlauch von 45,8 km Länge aus.

Die **Radio/Tele FFH GmbH** aus Frankfurt (D) stellte am 30. Dezember 1999 eine 45 m hohe Ziffer 2 und drei ca. 40 m hohe Riesenräder am Mainufer in Frankfurt zu der Zahl „2000" auf.

⊙ GRÖSSTER ZEITUNGSBALLON

Die Schülergruppe des Internatsgymnasiums Pädagogium Bad Sachsa (D) ließ am 13. März 2000 einen 8 m hohen Heißluftballon aus Zeitungspapier mit einem Durchmesser von ca. 5 m fliegen.

Die **Radio/Tele FFH GmbH** aus Frankfurt (D) ließ im September 1999 von fünf Personen einen 4 x 2 x 2,64 m großen Eisblock mit 19,008 t Gewicht aufbauen.

Die Firma **Rado Uhren AG** aus Lengnau (CH) produzierte 1997 eine Armbanduhr mit einer unverwüstlichen High-Tech-Diamant-Vollummantelung.

⊙ MEISTE ORIGAMI-GIRAFFEN

Kinder und Jugendliche der Gruppe Duisburg der Deutschen Waldjugend (D) falteten in 3 Monaten bis zum 29. Dezember 1999 in 80.000 Faltvorgängen 2.000 Giraffen nach japanischer Origami-Art.

Eine 50 x 100-m-Kraul-Staffel des DLRG Radsburg e.V. (D) schwammen am 22. Dezember 1999 vier Männer in 1 Stunde 2 Minuten 39 Sekunden, fünf Frauen in 1 Stunde 7 Minuten 54 Sekunden.

Die Werbegemeinschaft inside Dornbirn mit Stefan **Raggl** organisierte am 18. September 1999 eine Kürbisausstellung mit 46.353 Kürbissen.

Martina Kiss aus Wien (A) und Georg **Ragyoczy** aus Gablitz (A) führten am 29. Juli 1999 ein interaktives Internet-Live-Konzert mit Chat-Room mit 141 Teilnehmern durch.

Im **Ratskeller** München (D) wurde am 5. Oktober 1999 ein 77,4 m langer Leberkäse aus ca. 210 kg Leberkäsebrat zubereitet.

Horst **Rauch** aus Otzberg (D) hat bis zum Januar 2000 2.560 von Autoren signierte Bücher gesammelt.

Anita **Reimers** aus Wentorf (D) hat bis zum 22. Februar 2000 1.241 herzförmige Gegenstände gesammelt.

Seniorinnen der Stadt **Reinbek** (D) häkelten bis zum 10. Oktober 1999 eine 38,5 km lange Häkelschnur, die um die Stadtgrenzen von Reinbek gespannt wurde.

Alfred **Reindl** aus Oberhausen (D) machte am 28. August 1999 141 Kopfbälle in 30 Sekunden.

Andreas **Renz** und Matthias Göttenhauer von Neuland Add Venture befuhren vom 24. September bis zum 9. Oktober 1999 die Transamericana in 15 Tagen 14 Stunden 6 Minuten.

Jutta **Renz** aus Sindelfingen (D) schrieb vom 30. November bis zum 1. Dezember 1998 ein (noch nicht veröffentlichtes) Musical mit 23 Liedern.

Neun Marinesoldaten, darunter Udo Eilers aus Wilhelmshaven (D), knüpften am 22. Januar 2000 im **Rettungszentrum** in Tetovo in Mazedonien in 6 Stunden aus 102 m Festmacherleine einen 3,40 langen Anker.

Alex **Reuter** aus Mommenheim (D) sammelte bis zum 2. Dezember 1999 4.404 Fußballsammelkarten.

Die **Rhein-Zeitung** aus Koblenz (D) sammelte bis zum 31. Dezember 1999 12.493 Unterschriften für einen guten Zweck.

Jürgen **Riedel** aus Wohltorf (D) zog am 15. Juli 1999 ein 1.500 m^2 großes Flug-Werbebanner der Firma Tutima hinter seinem Flugzeug her.

Elf Schülerinnen und Schüler, darunter Andreas **Rienössl** aus Neuaigen (A), sammelten bis zum 1. Juni 1999 160.000 leere Zigarettenschachteln.

Norbert **Riemer** aus Uettingen (D) schnitzte bis zum 11. Oktober 1999 Pfeifen von 16,5 mm Länge.

Heinz **Rodinger** aus Gramasteten (A) hat von 1956 bis zum 30. November 1999 mit dem Kajak 201.542 km zurückgelegt.

252 selbst gebaute Raumfahrt-Holzmodelle im Maßstab 1:144 sowie eine Sammlung von etwa 72.000 Gegenständen rund um die Raumfahrt sammelte Tasillo **Römisch** aus Mittweida (D) bis zum März 2000.

Rolf-Ulrich **Roesler** aus Kandel (D) hat bis zum 31. Januar 2000 35.290 Farb-Diapositive gesammelt.

Antje und René **Rößner** aus Eisenach (D) haben bis zum 23. März 2000 1.714 Nilpferde aus verschiedenen Materialien gesammelt.

Das **Rogner-Dorint Hotel Biedermeier** in Wien (A) stellte am 23. September 1999 eine 165 m lange Weißwurstkette auf.

Friedrich **Rhode** aus Weiterstadt (D) züchtete eine Cocktail-Tomatenpflanze, die bis zum 5. Oktober 1999 eine Höhe von 5,08 m erreichte.

Mark **Rohde** aus Hemstedt (D) und Jens Najewitz bauten bis zum 17. März 2000 ein Figurendiorama mit 42.325 Figuren auf einer 60 m^2 großen Geländeplatte.

Simon **Rohmer** aus Ostrach (D) schrieb am 2. April 2000 in 10 Stunden 50 Minuten 23.429 Nullen nieder.

Im Erlebnisbad **Ronolulu** in Rotenburg (D) rutschen am 31. Juli und 1. August 1999 in 24 Stunden 1.326 Besucher insgesamt 13.162-mal über eine Gesamtstrecke von 1.105,608 km die 84 m lange Wasserrutsche herunter.

Rene **Rosentraeger** aus Berlin (D) saß am 29. Januar 2000 2 Stunden lang mit dem Rücken an eine Wand gelehnt, während seine Oberschenkel parallel zum Erdboden standen.

Am 15 Juni 1999 sangen 12.300 Kinder unter Leitung von Volker **Rosin** aus Düsseldorf (D) während des CHIO-Reitturniers in Aachen im Chor.

Die **Rote Kreuz-Rettungsabteilung Hohenems** (A) installierte am 22. Juli 1999 ein 7,8 m x 7,8 m großes rotes Kreuz an der senkrechten Felswand des Schlossberges im Vorarlberg.

→ ERFOLGREICHSTER PETUNIENZÜCHTER

Günter Melle aus Gankerkesee (D) züchtete bis zum Oktober 1999 eine 3,4 m lange Surfinia-Petunie und eine 2,05 m lange Bacopa-Schneeflockenblume.

Ulrich **Rückert** aus Paderborn (D) stellte im Heinz Nixdorf Institut in Paderborn am 11. Dezember 1999 einen kooperativen Cluster von ca. 400 Würfeln auf einer Fläche von 14 m^2 mit 64 mobilen autonomen Mini-Robotern des Typs Kherpa her.

Utta **Ruhland** aus Langenbogen (D) sammelte 2.700 Puppenstubenpüppchen.

Die **Ryffel Running** Kurse GmbH aus Gümlingen (CH) führte am 14. August 1999 eine Deep Water Running-Seedurchquerung des Greifensees durch.

21 Schwimmer des **Saalfelder Schwimmvereins e.V.** (D) absolvierten am 12. Juni 1999 ein 200 x 50-m-Freistilschwimmen in 1 Stunde 39 Minuten 39,53 Sekunden.

Salvatore **Sabatino** aus Hamburg (D) modellierte am 11. September 1999 in einer Stunde 328 Figuren aus selbst aufgeblasenen Ballons.

Atila **Samulski** aus Iserlohn (D) modellierte am 2. Juli 1999 in 14 Minuten 4 Sekunden 100 selbst aufgeblasene Ballons zu Hundefiguren.

Eine Mannschaft aus vier Männern um Mirko **Sauerbach** schob am 17. Juli 1999 in Halberstadt (D) einen Bahnwaggon mit einem Gewicht von 39,42 t in 41,16 Sekunden über 50 m weit.

Savognin Tourismus aus Savognin (CH) organisierte am 1. Januar 2000 die Abfahrt von 1.321 Fackelträgern auf Skiern und Snowboards über 7 km.

Die Firma **Scanclimber** aus Limburg (D) setzte am 12. Mai 1999 eine 43 m lange Hubarbeitsbühne ein.

Karl-Heinz **Schäfer** aus Settmarshausen (D) war im Oktober 1999 seit 40 Jahren ohne Fehltag in der gleichen Bäckerei beschäftigt.

57 Schützinnen und Schützen der **Schaichtalschützen Dettenhausen e.V.** (D) erzielten an 23. und 24. Juli 1999 in 24 Stunden im Luftgewehr- oder Luftpistolen-Wettkampf eine Ringzahl von insgesamt 14.624 Ringen. Dabei nahm jeder nur an einem Wettbewerb teil.

Christian **Schaudeck** aus Füssen (D) hat bis zum März 2000 aus Streichhölzern 18 Modelle von Bauwerken und 13 Bilder erstellt.

Der **Schaustellerverband Weser-Ems e.V.** in Osnabrück (D) präsentierte am 22. November 1999 eine 6 m hohe Spieldose mit bis zu 2 m hohen einzelnen Figuren.

Roman **Schedler** aus Hörbranz (A) ließ am 9. September 1999 einen Hula-Hoop-Reifen mit 10 m Umfang 15 Minuten 21 Sekunden um die Hüften rotieren.

S–S

⊙ SCHNELLSTER HEISSLUFTBALLON-POLÜBERFLUG

Ivan André Trifonov aus Wien (A) flog am 8. Januar 2000 mit einem Heißluftballon in einer maximalen Höhe von 5.000 m über den Südpol. Sein 27. Antarktis-Flug überwand die 1.200 km lange Landstrecke von der Küste zum Pol in 5 Tagen, zurück in nur 3 Tagen. Ebenfalls flog Trifonov am 27. April 1999 35 km weit mit einem Heißluftballon über den Nordpol und tauchte anschließend 20 Minuten lang 13 m tief unter dem Eis.

Tom **Scheidegger** aus Olten (CH) servierte am 15. Dezember 1999 ein Lachsbrötchen mit einem Umfang von 16 m^2 aus 48 kg Lachs und 10 kg Butter.

Jos **Schelling** aus Bregenz (A) moderierte vom 6. Dezember 1999 bis zum 1. Januar 2000 täglich über 14 Stunden eine Radiosendung.

Karl **Schemitsch** aus Villach (A) erntete bis zum März 2000 von einem Apfelbaum 109 verschiedene Apfelsorten.

Hans **Scherler** aus Neuruppin (D) züchtete bis zum 11. September 1999 eine 5,30 m hohe Sonnenblume, ebenso wie Rudolf Jäger aus Gilching.

Die FSV Einheit Eisenberg e.V. (D) mit Robert **Schieferdecker** führte vom 9. bis zum 11. Juli 1999 einen Staffellauf von 1.920 Personen über jeweils 400 m durch.

Siegfried **Schielke** aus Fredersdorf (D) führt mit 22 zugelassenen Trabis Trabisafaris durch.

Veit **Schiemann** aus Leipzig (D) hat bis zum 27. März 2000 unter anderem Bücher, Broschüren, Briefmarken, Kalender, Wimpel, Geschirr etc. über Motorroller gesammelt.

Helga **Schildendorf** aus Mariazell (A) hat insgesamt 2.174 Zündholzschachteln gesammelt.

Wolfgang **Schlegel** aus Döschnitz (D) malt Miniaturbilder im Format 1,6 x 2,3 cm und 2,8 x 2,3 cm.

Stefan **Schmaltz** aus Husum (D) unterrichtet trotz seiner Behinderung durch Ataxie und Spastik den Kampfsport WingTsun in seiner eigenen Kampfsport-Schule.

Frank **Schmidt** aus Walzig (D) baute zum 28. November 1999 eine 4,03 m hohe Weihnachtspyramide auf Rädern mit elektrischer Spieluhr.

Harald **Schmidt** aus Göttingen (D) führte am 11. September 1999 12 Stunden lang eine amerikanische Versteigerung durch.

Marcel **Schmidt** aus Oer-Erkenschwick (D) hat bis zum Januar 2.000 Federn von 795 verschiedenen Vögeln gesammelt.

Norbert **Schmitz** aus Levitzow (D) baute im Mai 1999 einen 3,3 m langen und 1,45 breiten Tennisschläger.

Der Familienkegelclub **Die Schmitze** kegelte im Juli 1999 seit 25 Jahren mit allen Gründungsmitgliedern regelmäßig bei der gleichen Wirtin.

Michael **Schmüser** aus Lenggries (D) hat bis zum 13. Februar 1999 im Alter von 27 Jahren auf allen sieben Kontinenten einen Marathonlauf absolviert.

Zenta **Schnatterer** aus Pöcking (D) turnt mit 79 Jahren auch in Wettkämpfen noch Rhönrad.

Im Race Kart Center Dinslaken fand am 3. Juni 1999 ein von der Wizard Media GmbH und Frank **Schneider** aus Dorsten (D) durchgeführtes Kartrennen statt, an dem sich über 12 Stunden 586 Personen beteiligten.

Martin **Schneider** aus Bad Marienberg (D) backte am 16. Januar 2000 ein essbares Foto-Gebäck mit dem Format 1,2 x 1,6 m und einem Gewicht von 20 kg.

Peter **Schneider** aus Georgenthal (D) baute bis zum 3. Juli 1999 einen 4 m hohen Kaminzuggrill.

Petra und Uwe **Schneider** aus Wipfeld (D) backten am 28. März 2000 einen 1,7 m großen Osterhasen aus Rührteig in einem Holzbackofen.

Ursula **Schneider** aus Kloten (CH) hat bis zum März 2000 mehr als 2.000 Gegenstände rund um Schildkröten gesammelt.

Heino **Schnetzer** aus Höchst (A) sammelte bis zum März 2000 758 Artikel der Marke Fossil.

Markus Stefan **Schöffler** aus Offenbach (D) führte beim Pokalschreiben des Deutschen Stenografenbundes am 6. November 1999 in 10 Minuten 268 Autorenkorrekturen in der Disziplin Computer-Textbearbeitung durch.

Detlef **Schöneberg** aus A. Mueang in Thailand schrieb bis zum April 1995 ein gereimtes Gedicht mit 33.600 Zeilen.

Die Gemeinde Großsolt mit Franz Otto **Schöwing** verband am 5. Juni 1999 zwei 800 Jahre alte Kirchen über 3,9 km durch 800 Bänder und 1.087 Einwohner.

Lornez **Schop** aus Bedburg (D) besitzt eine Autogrammsammlung aus 500.176 handsignierten Autogrammen.

34 Paare von der **Schorndorfer ADTV Tanzschule Beier** aus Schorndorf (D) tanzten am 2. und 3. November 1999 über 24 Stunden Gesellschaftstänze.

Christoph **Schröder** sowie Gerd und Guido Becking aus Selbach (D) bauten am 12. Juni 1999 eine 15 m lange Seifenkiste.

Barbara **Schubert** aus Celle (D) eröffnete am 9. März 2000 eine ca. 2 m^2 große Galerie.

Wolfgang **Schubert** aus Suhl (D) erstellte bis zum 31. August 1999 6.972 verschieden Rätsel wie Kreuzwort-, Zahlen-, Schwedenrätsel ohne Hilfe eines Computers.

Die Alliance for Nature mit Christian **Schuhböck** aus Wien (A) bildete am 15. Mai 1999 ein UNESCO Welterbe-Emblem mit einem Umfang von 20 m aus ca. 800 Fackeln.

Josef **Schuller** aus Schnaittenbach (D) hat bis zum März 2000 37.881 Fotos selbst fotografiert und archiviert.

170 Schüler des Gymasiums Haus Overbach und Karl-Heinz **Schumacher** gestalteten am 6. August 1999 einen 20 m hohen Turm mit einem 370 m^2 großen Plakat zu einer Litfass-Säule.

Die Firma **Schumann Reisen** aus Triptis (D) organisierte eine geführte Gruppenreise von 1.439 Personen vom 3. bis 5. März 2000.

Manuel **Schütz** aus Grünenmatt (CH) warf am 1. Mai 1999 einen zurückkehrenden Bumerang 238 m weit.

Der **Schützenverein Neutauperlitz** 1899 e.V. erreichte in Tauperlitz (D) am 10. Januar 1999 mit einem Team 242.708 Ringe im 24-Stunden-Luftgewehrschießen.

Andreas **Schwarz** aus Langenmosen (D) gewann als Amateur im Jahr 1999 229 Trabrennen.

Erich **Schwarz** aus Schnepfenthal (D) gelangen im Alter von 74 Jahren 40 Fußtritte in 58 Sekunden an ein Brett in 2,15 m Höhe.

Der BVSV **Schweinfurt** e.V. aus Grettstadt (D) führte am 10. und 11. Juli 1999 ein 24 Stunden-Rollstuhlbasketball-Turnier durch, bei dem acht Mannschaften insgesamt 1.539 Punkte erzielten.

Heinz **Schwendimann** aus Meggen (CH) organisierte am 22. August 1999 auf dem 6. Berliner Kinderfestival ein Rope Skipping mit 944 Teilnehmern.

← ERSTER FERNSEHTURM-RADLER

Jochen Schweizer aus München radelte am 25. Oktober 1997 als erster Mensch den 130 m hohen Fernsehturm in Hamburg mit einem Vertibike senkrecht nach oben.

Christoph **Schwers** aus Köln (D) hat seit dem 1. April 1991 5.000 Menschen, 23 Hunde und vier Fahrräder mit seiner Abonnementkarte gratis mitgenommen.

Die **Schweizerische Volkspartei** des Kantons Bern (CH) präsentierte am 28. August 1999 eine 3.140 m^2 große Fahne.

281 Schülerinnen und Schüler der Schule **Seidenberg** aus Gümlingen (CH) stellten bis zum 9. September 1999 eine knapp 3 km lange Girlande aus mehr als 9.999 selbst gestalteten Wimpeln aus Altplastik her.

Günter **Seidenspinner** aus Augsburg (D) organisierte im September und Oktober 1999 im E Center in Augsburg eine Kürbis-Verkaufsfläche von ca. 3.500 m^2.

25 Kinder passten am 8. Oktober 1999 im Autohaus **Seidl** in Micheldorf (A) in einen Opel Zafira.

Dieter **Senft** aus Kolpin (D) präsentierte am 12. Januar 1999 einen mit Muskelkraft angetriebenen und lenkbaren „Schiefen Turm von Pisa" mit einer Höhe von 9,23 m, einem Durchmesser von 1,8 m und einem Gesamtgewicht von 218 kg.

Dieter **Senft** aus Kolpin (D) baute bis zum 23. März 2000 ein mit Muskelkraft angetriebenes lenkbares Dreirad mit einer Gesamthöhe von 8,35 m, einer Breite von 3,62 m und einer Länge von 10,29 m.

Chavadar **Serbesow** aus Dresden (D) war bis zum 2. Februar 2000 Mitglied in 56 Frequentflyer-Programmen und besitzt ebenso viele Plastikkarten mit seinem Namen.

Die **Sonthofer Fasnachtszunft** (D) und verschiedene Firmen aus Sonthofen organisierten am 16. Mai 1999 eine Inline-Kette aus knapp 1.000 Skatern.

Bernd **Siebers** aus Essen (D) stellte am 1. September 1999 eine 5,9 m lange Armbanduhr mit einem Zifferblatt von 1,3 m Durchmesser aus Kuchenteig her.

Christian **Siebert** aus Stralsund (D) ließ im Alter von 70 Jahren am 3. März 2000 acht Reifen gegenläufig um Arme und Beine rotieren, während er freischwebend an seinen Zähnen hing.

Die Jugend-Fußballer und -Fußballerinnen der **Siegtaler Sportsfreunde** aus Fürthen (D) stellten am 13. November 1999 4.444 Teelichter als Abgrenzung ihres Sportplatzes auf.

Heinrich **Sommer** aus Karlsruhe (D) sammelte bis zum April 1999 1.238 Bügeleisen aus der ganzen Welt und aus verschiedenen Epochen.

Die FFW **Sommerfeld** (D) bildete am 18. September eine 360,6 m lange Kolonne von Einsatzfahrzeugen der Feuerwehr bei einem Fahrzeugabstand von 1 m.

Geschäftsleute und Händler aus **Sömmerda** (D) organisierten am 11. September 1999 eine 168 m lange Bastelstraße.

Die Firma **Soritz** aus Graz (A) präsentierte am 14. April 1999 einen 116 kg schweren Käferbohnensalat aus 29.000 Bohnen.

S–T

Beim 5. 24-Stunden-Benefizlauf der **Sparda-Bank** am 25. und 26. September 1999 in Uhingen (D) lief das zehn Personen-Team der Polizei des Landes Baden-Württemberg 425 km und 210 m weit.

Die **Spectro A.I. GmbH & Co. KG** veranstaltete am 28. September 1998 ein wissenschaftliches Seminar 460 m unter der Erde.

Die häufigste Freizeitparkbesucherin ist Dorothea **Spohler-Claußen** (* 1957) aus Hannover (D). Seit 1976 hat sie 125 verschiedene Parks in zehn Ländern besucht, insgesamt waren es 838 Freizeitparkvisiten.

Die **Staatliche Kurverwaltung Bad Brückenau** (D) ließ am 11. Juli 1999 alle 4.200 Goethe-Gedichte an Luftballons in die Lüfte steigen.

Alfred **Stable** aus Geisenheim-Stephanshausen (D) sammelte bis zum 20. März 2000 genau 63.377 Wein-Etiketten.

Josef **Stadelmann** aus Schwarzbach (A) baute bis zum 20. Juni 1999 eine 220 kg schwere Kaffeetasse aus Holz mit einer Untertasse von 5 m Durchmesser.

Auf dem **Stadtlohner Töpfermarkt** (D) am 18. September 1999 wurde auf einer 212,4 m langen Tischfläche getöpfert.

Die **Stadt Selb** (D) baute am 8. August 1999 eine 555 m lange Kaffeetafel für 2.400 Personen auf.

Heinrich **Staffler** aus Goldrain (I) baute mit Helfern bis zum 22. März 2000 einen angetriebenen Globus aus Metall mit einer Gesamthöhe von 5,08 m, einem Gesamtgewicht von 1,2 t und einem Durchmesser von 2,86 m.

Die **Startgemeinschaft Schwaben** führte am 9. Oktober 1999 in Leipheim (D) eine 100 x 400-m-Freistil-Schwimmstaffel in 7 Stunden 51 Minuten 3,22 Sekunden durch.

Die Firma **steidle HAUS GmbH** aus Sigmaringen (D) präsentierte am 25. Juni 1999 einen 499 m² großen Sandkasten mit 600 m³ Sandfüllung.

Helga Andreas **Stein** aus Wien (A) veröffentlichte bis zum 19. September 1999 eine astrologische Enzyklopädie mit 36.000 astrologisch erklärten Begriffen.

In **Steinen** (CH) schnupften am 18. Dezember 1999 493 Personen simultan in 30 Sekunden eine Prise Schnupftabak.

Franz **Stellmaszyk** aus Köln (D) baute 1998 zwei funktionsfähige Bremsanlagen für eine Modellbahn im Maßstab 1:22,5.

Franz **Stellmaszyk** aus Köln (D) baute 1999 für eine Modellbahn ein funktionsfähiges Steigeisen für Telefonmasten im Maßstab 1:22,5 mit einem Durchmesser von 8 mm.

Erwin **Stephan** aus Nierenberg (D) hielt am 17. März 2000 das „Hohe C" als Brustton tadellos kraftvoll über 13,12 Sekunden.

⊙ SCHNELLSTER EISENBIEGER

Rudolf Sterkl aus Wolfpassing (A) stemmte am 1. Juli 1999 in 45,09 Sekunden eine 53,8 kg schwere Frau 45-mal bis über Kopfhöhe und verbog am 19. September 1999 elf Eisenstangen mit 12 mm Durchmesser sowie vier mit 14 mm Durchmesser in 36,4 Sekunden.

Wolfgang **Sternelle** aus Lüdinghausen (D) präsentierte am 17. Mai 1999 ein 3 m hohes und 40 cm tiefes Acryl-Fotogehäuse.

Alfredo **Stielau** aus Hannover (D) sammelte bis zum 26. September 1999 1.001 mechanische Wecker aus der Zeit von 1900–1980.

⊙ MEISTE POLIZEIUNIFORMEN

Die deutsche Sektion der International Police Association versammelte am 12. Juni 1999 in Aschersleben (D) 61 Polizeibeamte oder deren Ehefrauen aus verschiedenen Ländern, die alle unterschiedliche Polizeiuniformen, Handschellen und Trillerpfeifen trugen.

Schülerinnen und Schüler des Christoph Probst Gymnasiums (D) mit Jörg **Stierstorfer** organisierten am 1. Juli 1999 einen Synchron-Purzelbaum sowie eine Sitzkette auf den Oberschenkeln des Hintermannes mit 1.097 Personen.

17 Bewohnerinnen des „Haus Zuflucht" in **Solta** (D) stellten bis zum 1. Juli 1999 aus 29 Bahnen à 5 m einen ca. 30 m² großen Topflappen her.

Die Firma Neue **Stölzle** Kristall aus Alt-Nagelberg (A) präsentierte am 4. Dezember eine 1,8 m hohe Sektflöte mit 90 l Fassungsvermögen.

Konrad **Stöckel** aus Hamburg (D) steckte sich am 5. Juni 1999 90 Wäscheklammern ins Gesicht.

Werner **Stoll** aus Herten (D) bietet im „Alten Wirtshaus Christ" auf seiner Speisekarte 155 verschiedene Schnitzelvariationen an.

Heidi **Stomberg** aus Upgant-Schott (D) initiierte und organisierte am 4. Juli 1999 in Marienhafe eine 620 m lange Teetafel aus 301 Tischen, an denen 3.010 Personen auf ostfriesische Art Tee tranken.

André **Strack** aus Gladbeck (D) besitzt 2.587 verschiedene und 130 doppelte Gegenstände rund um Schildkröten.

Markus **Strauch** aus Oberhausen (D) und David Posch aus Dinslaken (D) sammelten bis zum 16. März 2000 4.797 Eukalyptus-Menthol-Bonbonpapiere.

Auf Initiative von Ernst-Walter **Ströher** aus Schauren (D) wurden während der Kirmes in Schauren im August 1999 1.528 gefüllte Klöße hergestellt und in 15 Minuten verkauft.

Der **Südwestfunk** aus Stuttgart (D) hängte am 6. Juli 1999 eine 20 x 30 m große handgemalte Geburtstagskarte am Funkhaus Stuttgart auf.

August **Stüer** aus Dülmen (D) schmückte am 28. April 1999 einen Riesen-Hampelmann mit einer 2,40 breiten Stoff-Fliege.

Waltraud **Stuhlmacher** aus Itzehoe (D) sammelte bis zum März 2000 9.225 verschiedene Eulen aus ca. 70 verschiedenen Ländern und unterschiedlichen Materialien.

Die **Stutz Foto Color Technik AG** aus Bremgarten (CH) präsentierte ein 390 m langes und 5 m hohes Panoramabild mit einem Querschnitt der Schweiz.

Roland **Suttner** aus München (D) hat bis zum 16. Februar 2000 203 Paar verschiedene Boxhandschuhe und 101 verschiedene Kopfschützer aus 46 Ländern und von über 100 Herstellern gesammelt.

Andrea **Suwa** aus Köln (D) küsste am 17. Oktober 1999 in Bad Oeynhausen in 5 Stunden 10.002 Personen.

Der **Sportverein SVDJK Tinnen e.V.** ließ am 20. Juli 1999 269 Personen auf einem 33,5 m langen Tretroller 500 m weit fahren.

Robert **Szecówka-Robs** aus Hamburg (D) beendete im November 1999 einen pangrammatischen Roman aus 20.260 polnischen Wörtern, die alle mit dem Buchstaben P beginnen.

Der Feuerwehrverein **Tachbach e.V.** (D) baute am 26. Juni 1999 einen 2 m und einen 8,03 m hohen Hau-den-Lukas mit einer Schlaghöhe von 1,78 m bzw. 7,09 m Höhe auf.

Hermann Karl **Tampier** aus Gronau (D) spielt seit 1937 an jedem Wochenende beim Gottesdienst in Gronau die Orgel.

689 Mitwirkende sangen am 25. Juli 1999 hintereinander den Song „Knocking On Heavens Door". Der **Ten Sing Sachsen CVJM Landesverband Sachsen e.V.** aus Dresden (D) organisierte diese 2.563 Minuten lange Gesangseinlage.

Michael **Tetzner** aus Hochdonn (D) nahm am 13. und 14. November 1999 mit einem 49 m langen Schlittenhundegespann aus 30 Hunden an einem internationalen Rennen teil.

Klaus **Teubner** aus Wuppertal (D) hat bis zum März 2000 genau 5.500 verschiedene Golfbälle gesammelt.

Thomas und Karl-Heinz **Teuschler** aus Mehltheuer (D) präsentieren in einem 6,9 m^2 großen Laden 116 Musikinstrumente und 90 Zubehörartikel sowie in einem 32 m^2 großen Museum 121 verschiedene Instrumente.

Die **T.H.E.O Medien GmbH** aus Berlin organisierte am 9. September 1999 eine 5.603,7 m lange Wimpelkette aus Stoffwimpeln, auf die circa 30.000 Kinder ihre Hände gemalt und dann in Berlin aufgespannt hatten.

Kerstin **Thimian** aus Wuppertal (D) hat bis zum Januar 2000 707 verschiedene Fingerhüte und ca. 500 Gegenstände rund um Fingerhüte sowie bis zum 22. Februar 1.369 verschiedene Gegenstände zum Jahr 2000 gesammelt.

Markus **Thimmel** aus Untermeitingen (D) faltete von Januar bis März 2000 1.000 Papierschiffchen.

Die Stadt **Thun** (CH) organisierte am 28. August 1999 ein Parade aus 681 Smarts.

Der **Thüringer EC-Verband** aus Gotha (D) bildete am 30. Januar 2000 eine 3, 6 km lange Menschenstraße, auf der Andrea Geigengack über am Boden liegende Personen wanderte.

Tip Top Till aus Augsburg (D) blies am 29. September 1999 in 6 Stunden 1.616 Ballons auf und modellierte daraus Hunde und Mäuse.

Die Innung der Konditoren **Tirol** aus Innsbruck (A) präsentierte am 19. September 1999 eine aus einzelnen Teilen auf 51,93 m Länge zusammengesetzte Kardinalschnitte.

Beim Brandenburgischen Strohfest des Tourismus **Storkow** (D) wurden am 15. August 1999 58 große Strohfiguren aufgestellt.

Beim 6. Internationalen **Trabant-Fahrer-Treffen** in Zwickau (D) nahmen am 19. Juni 1999 rund 6.500 Trabis teil, 331 Fahrzeuge bildeten den Schriftzug „Zwickau 2000".

Nhat Phong **Tran** aus Berlin (D) besitzt mit 12 Jahren schon Kreditkarten.

Deutschlands langandauernsten Musiker- und Entertainmentvertag besitzt Adolf **Trebel**, genannt „Jason", aus Fulda (D), der seit 1983 Jahr für Jahr auf der gleichen Bühne im Hessen-Hotelpark Hohenroda steht.

→ ERFOLGREICHSTE CD-SERIE

Bravo Hits ist die erfolgreichste CD-Serie aller Zeiten in Deutschland, Österreich und der Schweiz. Seit 1992 wurden 35 Ausgaben veröffentlicht und weit über 40 Mio. CDs verkauft. Würde man diese CDs nebeneinander stellen, gäbe dies eine Kette von 4.000 km Länge. Dies entspricht der Strecke von München bis Istanbul und zurück. Die _Bravo Hits_ erscheint 4 x im Jahr und präsentiert immer die aktuellsten Chart Hits. Zum Ende des Jahres erscheint dann _Bravo – The Hits Of The Year_ mit den größten Hits des Jahres. Zusammen mit der englischen _Now-Serie_ ist _Bravo Hits_ auch die bestverkaufte CD-Serie der Welt. Als einer der beliebtesten und erfolgreichsten deutschen Stars ist Sasha mit seinen Songs auf diversen Ausgaben von _Bravo Hits_ vertreten.

T-Z

Während der **Treptower Festtage** 1999 in Treptow (D) erreichten in 1 Stunde 74 Freizeitvolleyballer und eine Bundesligamannschaft 221 Punkte sowie 20 Streetball-Mannschaften aus 80 Spielern auf fünf Courts 531 Körbe.

Arno **Trommer** aus Auerbach (D) baute im Dezember 1998 einen funktionsfähigen Holznussknacker aus teilweise gedrechselten Teilen, der mit Fuß 10 mm hoch ist.

Ulrike **Tschoepe** aus Stuttgart (D) hat bis zum 20. März 2000 1.300 Spardosen in Katzenform oder mit Katzenmotiven gesammelt.

Der **TUS 1899 Freiberg e.V.** (D) führte am 17. Juli 1999 einen Leichtathletik-Staffellauf über 1.000 x 100 m mit 1.000 verschiedenen Läufern in 4 Stunden 8 Minuten 29,6 Sekunden durch.

Brigitte **Twieling** und Siegrun Hirsch aus Selm (D) organisierten von Juni bis Oktober 1999 ein Kinderolympiade mit 900 Kindern.

Wilfried **Uhlig** aus Chemnitz (D) hat 850 Tischfahnen und Wimpel von Fluggesellschaften aus der ganzen Welt gesammelt.

Die Neue Philharmonie Westfalen aus **Unna** (D) spielte am 20. September 1999 mit einem kompletten Orchester ein Sinfoniekonzert 1.000 m unter Tage.

Dip. Ing. Josef **Unterberger** aus St. Koloman (A) und sein Team stellten bei der Firma Alutech am 2. September 1999 ein hydromechanisch tiefgezogenes Aluminiumteil mit einer Grundfläche von 640 x 700 mm und einer Tiefe von 345 mm in einem Zug her.

Die Spielothek **Utopia** und die Bäckerei Jürgen Kießig aus Burgstädt (D) stellten am 3. Oktober 1999 eine 250 kg schwere Torte in Form eines Billardtisches her.

65 Volleyballer von den **Vallstedter** Volleyballfreunden (D) spielten am 13. und 14 Mai je drei gegen drei Personen über 30 Minuten über 24 Stunden Beach-Volleyball.

Der Regionalbetrieb West der Firma **VIAG Interkom** hat in zwei Jahren 1.390 Mobilfunkstandorte aufgebaut.

Die **Volleyball Hobbyliga Emsland und Grafschaft Bentheim** (D) stritten am 11. September 1999 um einen 2,35 m hohen und 176 kg schweren Pokal.

Andreas **Wahren** aus Langendorf (D) präsentierte am 20. August 1999 einen 3,80 m hohen Stuhl aus Stahl-Kastenprofilen mit einer Edelstahl-Sitzfläche.

A.P. **Wapperom** aus Beek (NL) stellte vom 10. bis zum 12. März 2000 während der Ausstellung Faszination Modellbau 2.000 Schiffsmodelle im Maßstab 1:1000 aus.

Jens **Wasner** aus Reichbach (D) und Thomas Bauer aus Crimmitschau (D) installierten bis zum März 2000 1.220 Leuchten auf einem Bahnsteig des Ulmer Hauptbahnhofes.

⊙ GRÖSSTE HOLZMIETE

Ernst Schönherr aus Beszenrade (D) vollendete bis zum 5. August 1999 eine Holzmiete in der Form eines mehrere Meter hohen Schiffes.

⊙ GRÖSSTES „MENSCH ÄRGERE DICH NICHT"

Der Deutsche Teckelklub 1888 e.V. aus Delbrück-Boke (D) spielte am 15. August 1999 auf einem 509. 63 m² großen Spielfeld mit Menschen als Spielfiguren „Mensch ärgere Dich nicht".

Armin und Oliver **Wassmer** aus Engelswies (D) fertigten bis zum 30. Dezember 1999 eine 8,3 m hohe Holzsäule aus Eichenholz mit 62 cm Durchmesser und 1,5 t Gewicht.

Karl **Watschinger** aus Kaprun (A) fuhr am 18. September 1999 mit dem Einrad die gesamte Großglockner Hochalpenstraße und überwand 4.499 Höhnemeter, anschließend bestieg er den Großglockner.

Die Firma **WBC Mittelland GmbH** aus Schönenwerd)CH) stellte im Juli 1998 3 Wasserbetten in der Hörnlihütte auf 3.260 m.ü.Meer auf.

Artur Eugen **Weber** aus Eching (D) machte am 25. Juni 1999 im Alter vom 85 Jahren 125 Kniebeugen.

Gerhard **Wegerich** aus Bönebüttel (D) vollendete 1999 eine 7 t schwere Lokomotive von 7,2 m Länge, 2,5 m Breite und 3,4 m Höhe, die er in 7.000 Stunden aus Einzelteilen zusammengesetzt hatte.

Henry **Wehder** aus Eynatten (B) lief vom 1. bis zum 8. August 1999 in 7 Tagen 8 Stunden 45 Minuten 835 km weit von Eupen (B) nach Ebersbach (D).

Die Jona Beherbergungsgesellschaft mbH mit Joachim **Wehrmann** aus Hannover (D) stellte zur Expo ein mobiles Hotel mit 1.600 Betten auf.

Der FC Thüringen **Weida** e.V. (D) organisierte vom 1. bis zum 5. Juni 1999 ein Fußballspiel mit 649 Spielern, die im Spiel drei gegen drei auf einem 8 x 12 m großen Spielfeld in 100 Stunden 4467:4692 Tore schossen.

Roland **Weise** aus Berlin (D) eröffnete am 5. September 1997 das erste Internationale Artistenmuseum. Das private Museum umfasst mehr als 60.000 Fotos, 13.000 Plakate und 9.000 Fachbücher und ist täglich geöffnet.

Eine 74 m lange Eisbar baute die **Weissensee Information** (A) zum 1. Januar 2000 in Techendorf auf dem Weissensee auf.

Der DLRG aus **Wermelskirchen** (D) organisierte am 7. und 8. Mai 1999 ein Eierschwimmen, bei dem 672 Schwimmer in 24 Stunden mit einem Ei auf einem Löffel schwimmend 70,45 km zurücklegten.

Die Firma **Werner Gerüstbau** aus Oberhausen (D) stapelte am 9. April 1999 in Oberhauen eine Wand aus 13.000 Ölfässern auf.

Die Arbeitsgemeinschaft **Westeroder** Unternehmen (D) präsentierte am 5. Juni 1999 eine 2,03 x 14,86 m große Nussecke aus einem Stück.

Die Dorfbäckerei Theo **Westurp** bekam von 1993 bis 1999 jedes Jahr des „Stollen-Oskar" für Aktivitäten rund um Weihnachts-Stollen überreicht.

Die **Wick Liegenschaftentreuhand AG** (CH) baute am 6. Dezember 1999 in Walenstadt (CH) einen 48 m hohen Christbaum auf, der mit einer 600 m-Lichterkette geschmückt wurde.

568 Tänzerinnen und Tänzer aus **Wiener Tanzschulen** tanzten am 11. November 1999 in Wien (A) eine 202,5 m lange Fledermaus -Quadrille in Doppelkolonne.

Michael **Wiesmüller** aus Röhrnbach (D) bestand am 14. März 1999 mit 13 Jahren die Prüfung zum Fußball-Schiedsrichter.

Die Modeabteilung der Gewerblichen Schule Metzingen (D) unter der Organisation von Walter **Wilhelm** veranstaltete am 8. Mai 1999 eine Modeschau mit 1.594 Teilnehmern, auf einem 970 m langen Laufsteg.

Bettina **Winkler** aus Lehesten (D) ritt am 21. Mai 1999 die ungarische Post auf zwei Pferden stehend mit elf Pferden.

Ludwig **Wiora** aus Kirchhain (D) züchtete 1999 eine 1,51 m hohe Grünkohl-Pflanze und eine 1,33 m hohe Rosenkohl-Pflanze.

Jutta und Bernd **Wlodarz** aus Leverkusen (D) haben bis zum 20. März 2000 335 verschieden Proben von Sand aus aller Welt gesammelt.

Johanness **Wölki** aus Neuhausen (D) präsentierte am 26. März 2000 eine 27,68 m lange, 40 cm breite und 300 kg schwere Donauwelle aus einzelnen Teilen.

15 Pfadis von der Pfadfinderabteilung **Wohlten** (CH) machten am 25. März 2000 von 4 Uhr bis 19 Uhr 1.303 Personen eine Freude.

Andrea **Wohlfart** aus Ochsenhausen (D) jonglierte am 11. September 1999 auf einem Schwebebalken in einer Minute 155-mal mit einem Fußball.

Haral **Wohlgemuth** aus Edewecht (D) hat bis 1999 100 verschiedene Fischarten aus Fichte und Abachi geschnitzt.

Martin **Wudtke** aus Greifswald (D) gelangen am 9. April 2000 in 120 Sekunden 80 Wiederholungen im Bankdrücken mit 100 kg.

Der Tanzkreis **Wunstorf** (D) veranstaltete am 29. August 1998 einen Volkstanz mit 1.028 Personen aus elf europäischen Nationen.

Emil **Wußler** aus Gengenbach (D), geboren am 6. Januar 1919, ist heute noch als Es-Tubist aktiv.

Frank **Zander** aus Berlin (D) hat bis zum März 2000 2.713 verschiedene personifizierte Fassungen der CD „Herzlichen Glückwunsch" aufgenommen.

Bewohner von **Zillingtal** (A) vollendeten am 2. August 1999 eine 23 x 23 x 14,6 m große Cheopspyramide aus Strohballen.

Erika und Karl **Zimmermann** aus Unkel (D) betreiben eine Gaststätte mit einem 10,35 m^2 großen Schankraum.

Der Landfrauen-Verein Brettheim (D) mit Briggitte **Zink** fertigte am 22. Juni 1999 die lokale Backspezialität „Schneeballen" circa 20-mal größer als üblich an.

Thomas **Zinn** aus Wartenberg (D) hat bis zum November 1999 18.509 Visitenkarten gesammelt.

Helmut **Zipner** aus Altenholz (D) schälte am 4. Juni 1999 1.000 kg Spargel in 11 Stunden 34 Minuten.

Peter **Zondervan** aus Düsseldorf (D) führte von April bis Juli 1990 eine Protestfahrt auf einem Fahrrad mit Anhänger und nebenher laufendem Hund gegen Tierversuche durch.

→ HÖCHSTE TV-QUOTE EINER SERIE

Am Tag des Finales der TV-Serie BIG BROTHER auf RTL 2 wollten 39,7 % der deutschen Fernsehzuschauer wissen, welcher der fünf Frauen und fünf Männer nach 100 Tagen ohne Kontakt zur Außenwelt die 250.000 Mark Siegesprämie erringen würde. Die Big Brother-Homepage gehörte mit bis zu 5,2 Mio. Pageimpressions pro Tag zu den erfolgreichsten Homepages der Welt. Zlatko, einer der populärsten Teilnehmer, schied frühzeitig aus. Seitdem arbeitet er erfolgreich an seiner musikalischen Karriere und landete zwei Nr.-1-Hits innerhalb von sechs Wochen.

Register

Benutzte Abkürzungen

A (Österreich)
ANG (Angola)
AUS (Australien)
AZ (Aserbaidschan)
B (Belgien)
BD (Bangladesch)
BDS (Barbados)
BG (Bulgarien)
BR (Brasilien)
BRU (Brunei)
BY (Belorussland/ Weißrussland)
C (Kuba)
CDN (Kanada)
CH (Schweiz)
CHN (China)
CR (Costa Rica)
CSSR (Tschechoslowakei, ehem.)
CY (Zypern)
CZ (Tschechische Republik)
D (Deutschland)
DDR (Deutsche Demokratische Republik, ehem.)
DK (Dänemark)
DOM (Dominikanische Republik)
E (Spanien)
EAK (Kenia)
EAU (Uganda)
EC (Ecuador)
ET (Ägypten)
F (Frankreich)
FIN (Finnland)
FJI (Fidschi)
FL (Fürstentum Liechtenstein)
GB (Großbritannien)
GE (Georgien)
GR (Griechenland)
H (Ungarn)
I (Italien)
IL (Israel)
IND (Indien)
IR (Iran)
JA (Jamaika)
KSA (Saudi Arabien)
LAR (Libyen)
MAL (Malaysia)
MC (Monaco)
MEX (Mexiko)
NAM (Namibia)
NEP (Nepal)
NIC (Nicaragua)
NL (Niederlande)
NOR (Norwegen)
NZ (Neuseeland)
P (Portugal)
PK (Pakistan)
PL (Polen)
PRK (Nordkorea)
PY (Paraguay)
Q (Katar)
RA (Argentinien)
RC (Taiwan)
RI (Indonesien)
RO (Rumänien)
ROK (Südkorea)
ROU (Uruguay)
RP (Philippinen)
RUS (Russland)
S (Schweden)
SK (Slowakei)
SLO (Slowenien)
SYR (Syrien)
THA (Thailand)
TR (Türkei)
UA (Ukraine)
UAE (Vereinigte Arabische Emirate)
UdSSR (Union der Sozialistischen Sowjetrepubliken, ehem.)
USA (Vereinigte Staaten von Amerika)
WAN (Nigeria)
YV (Venezuela)
ZA (Südafrika)
ZW (Simbabwe)

Register

Merkblatt für Rekorde

REKORDBEDINGUNGEN

Ein Rekord für das GUINNESS BUCH DER REKORDE ist eine Anstrengung, die erstmals vollbracht wird oder eine vorhandene Leistung verbessert und interessant genug ist, um öffentliches Interesse zu wecken und damit Gegenstand eines weitverbreiteten, möglichst internationalen Wettbewerbs zu werden. Eine Rekordleistung sollte besondere Fähigkeiten erfordern, messbar und vergleichbar sein und ungewöhnliche Dimensionen (Menge, Größe, Geschwindigkeit etc.) erreichen. Wir raten dringend von Rekordversuchen ab, die in irgendeiner Art und Weise die Gesundheit des Rekordlers oder anderer Beteiligter gefährden könnten. Extreme Rekorde sind nur deshalb im Buch, weil Sie von professionellen Stuntmen unter sorgfältigsten Sicherheitsbedingungen vollbracht wurden. Der Guinness Verlag übernimmt keine Verantwortung für Unfälle oder Krankheiten, die im Zusammenhang mit einem Rekordversuch entstehen können. Wir schlagen vor, dass in allen Fällen eine medizinische Versorgung gewährleistet ist. Neben diesen allgemeinen Rekordbedingungen gibt es viele spezielle Richtlinien, die die Vergleichbarkeit der Rekordleistung sicherstellen sollen. Rekordanwärter sollten die Rahmenbedingungen der existierenden Rekorde beachten oder die Richtlinien bei der Redaktion erfragen.

STÄNDIG NEUE REKORDE, GEWINNSPIELE UND SPASS UNTER: www.guinness-verlag.de

NEUE RICHTLINIEN

Nach Absprache mit den weltweiten Redaktionen des GUINNESS BUCH DER REKORDE haben wir für eine bessere Vergleichbarkeit einige Rekordrichtlinien überarbeitet:

- Ausdauerleistungen dürfen nur maximal 24 Stunden dauern. Marathon-Leistungen, die länger als 24 Stunden dauern, lehnen wir ab. Die Zeit nur den Rahmen für die eigentliche Leistung, die messbar und vergleichbar sein muss. Beispiel: 24 Stunden Aerobic werden erst durch die Rekordmenge der beteiligten Sportler zum Rekord.
- Back- Koch- oder Tafel/Thekenrekorde, die eine möglichst große Länge erzielen wollen, werden nur noch akzeptiert, wenn die erreichte Strecke „aus einem Stück" besteht, also der längste Kuchen nicht aus Einzelstücken zusammengesetzt ist oder die Tische der längsten Grilltafel ohne eine Lücke aneinanderstehen.
- Rekordleistungen in einer sehr speziellen Unterkategorie werden mit den Rekorden der übergeordneten Kategorie verglichen. Beispiel: Der längste Buttermandelstreuselkuchen konkurriert mit dem längsten Streuselkuchen.
- Stapelrekorde müßen ohne Bauhilfen/Fixierungen entstanden sein.

ANMELDUNG

- Eine Ankündigung vor dem tatsächlichen Versuch ist nicht erforderlich. Melden Sie Ihren Rekord immer erst nach dem Rekordversuch an.
- Dokumentieren Sie Ihren Rekordversuch z.B. mit Fotos, Videos, Presseberichten oder Protokollen. Nicht alle diese Dokumente sind unbedingt erforderlich, versetzen Sie uns einfach in die Lage, Ihre Rekordleistung prüfen zu können. Die Redaktion des GUINNESS BUCH DER REKORDE kann keine offiziellen Beobachter vor Ort schicken.
- Das Anmeldeformular erhalten Sie – außer im Buch – auch im Internet (www.guinness-verlag.de) oder gegen einen frankierten Rückumschlag von der Redaktion. Benutzen Sie zur Anmeldung nur das Anmeldeformular, und schicken Sie es uns rechtzeitig vor dem Einsendeschluss zu. Telefonische oder gefaxte Anmeldungen werden nicht akzepiert, das Anmeldeformular können wir Ihnen auch nicht zufaxen.
- Anmeldeschluss für Rekordversuche ist jeweils der 1. April des Jahres. Erst danach beginnen wir damit, die eingegangenen Rekorde zu prüfen. Wegen der vielen Rekordanmeldungen dauert es ca. 6 Monate, bis Sie wieder von uns hören. Im schlimmsten Fall können also 18 Monate vergehen, bis Sie z.B. nach Ihrer Anmeldung am 2. April 2001 im November 2002 von uns hören. Wir schicken Ihnen aber auf jeden Fall ohne zusätzliche Aufforderung entweder eine Ablehnung oder eine Rekordurkunde zu. Leider können wir in der Zwischenzeit keine Auskunft darüber geben, welche Chancen Ihre Rekordversuch hat. Wir verschicken auch keine Bestätigung über den Eingang Ihrer Rekordanmeldung.
- Jeder Rekordversuch muss von drei unabhängigen, volljährigen Zeugen, die sich untereinander ablösen können, protokolliert und bestätigt werden (Beginn, Ende, Pausen, Spiele, Ergebnisse etc.). Die Anschriften der Zeugen müssen Sie uns mitteilen. Sportrekorde müssen immer unter der Aufsicht von mindestens einem Mitglied eines offiziellen Sportverbandes/Vereines der jeweiligen Sportart aufgestellt werden. Ohne Anschriften und Unterschriften von drei Zeugen wird die Rekordanmeldung nicht bearbeitet.
- Rekordversuche müssen in der Öffentlichkeit stattfinden, der Zutritt muß für jedermann möglich sein. Unterstützt werden die Zeugenaussagen durch Bestätigungen von Verbänden, Dienststellen, informativen Presseveröffentlichungen, notariellen Beurkundungen oder Rundfunk-/Fernsehberichten.

Ein Rekord für das GUINNESS BUCH DER REKORDE kostet nichts und wird auch nicht vergütet. Der Rekordhalter stellt seine Informationen dem Verlag kostenfrei zur Verfügung. Dazu gehören auch Fotos, Videos etc., die der Verlag frei verwenden darf. Bitte stellen Sie sicher, dass Sie die Rechte an den von Ihnen zugesandten Materialien (z.B. Fotos von Berufsfotografen) innehaben. Der Verlag wird gegebenenfalls Ihre Materialien verwenden, ohne das Copyright nochmals geprüft zu haben. Der Verlag behält sich vor, Ihre Informationen und Materialen für alle Verwendungszwecke im Zusammenhang mit dem GUINNESS BUCH DER REKORDE, also auch für Presseberichterstattung, Verwendung im Internet, auf einer CD-ROM, einem Kalender, zu Werbe- und Promotionzwecken etc. einzusetzen.

BUCHEINTRAG

Auch wenn die Bedingungen für eine Aufnahme in das GUINNESS BUCH DER REKORDE erfüllt sind, behält sich der Verlag in jedem Fall die Entscheidung vor, einen Rekord in die nächste Ausgabe des jährlich erscheinenden Buches aufzunehmen oder nicht. Die Gründe dafür sind immer redaktioneller Art.

Auch wenn Sie alle Vorschläge auf dieser Seite beachten, kann es sein, daß Ihre Leistung nicht als Rekord im Sinne des GUINNESS BUCH DER REKORDE anerkannt wird. Wir wünschen uns, dass Ihnen Ihr Rekordversuch trotzdem Spaß gemacht hat. Denn der Spaß an der Sache ist die eigentliche Grundidee des GUINNESS BUCH DER REKORDE.

Gutes Gelingen wünscht Ihnen Ihre Redaktion

GUINNESS BUCH DER REKORDE Redaktion,
Postfach 130444, 20139 Hamburg
E-Mail: info@guinness-verlag.de

Anmeldeformular

DER NEUE REKORDHALTER: (unter welchem Namen soll der Rekord aufgeführt werden?)

ANSPRECHPARTNER

Name, Vorname:

Geburtsdatum:

Beruf :

Telefon/Fax:

Straße, Hausnummer:

E-Mail:

Land, PLZ, Ort:

Ort, Datum, Unterschrift

DER NEUE REKORD: Welcher Rekord wurde aufgestellt? (Bitte Beschreibung in einem Satz mit allen Fakten, Maßen etc.)

ANGABEN ZUM REKORD:

Wo wurde der Rekord aufgestellt?

Wann wurde er aufgestellt?

◯ Der Rekord ist neu.

◯ Der Rekord übertrifft den auf Seite ______ im GUINNESS BUCH DER REKORDE Ausgabe ______ aufgeführten (falls nicht bekannt, einfach freilassen).

◯ Fotos, Dokumente, Zeitungsausschnitte o.ä. liegen als Beleg bei.

1. ZEUGE Vorname, Name

Straße, Hausnummer

PLZ, Ort

Unterschrift

2. ZEUGE Vorname, Name

Straße, Hausnummer

PLZ, Ort

Unterschrift

3. ZEUGE Vorname, Name

Straße, Hausnummer

PLZ, Ort

Unterschrift

Impressum

ISBN: 3-89681-004-9

Redaktionsanschrift
GUINNESS WORLD RECORDS
GUINNESS BUCH DER REKORDE
Postfach 130444
20139 Hamburg
Tel. 040-44188488
www.guinness-verlag.de
E-Mail: info@guinness-verlag.de

Redaktionsstand
1. April 2000

Redaktionsschluss
für die nächste Ausgabe:1. April 2001

Managing Editor
Tim Footman

Publishing Manager
für die deutschsprachige Ausgabe
Dr. Ralf Birkelbach

Managing Editor
Olaf Kuchenbecker

Schlussredaktion
Peter Dwertmann

Design
Robert Hackett

Gestaltung der deutschsprachigen Ausgabe
servicemedia, Ralf Schneider

Research Manager
Shelley Flacks

Research Services Manager
Martin Downham

Keeper of the Records
Stewart Newport

Picture Editor
Beverley Hadfield

Managing Director
Christopher Irwin
für die deutschsprachige Ausgabe
Dr. Ralf Birkelbach

Herstellung
Roland Kraft

Reproduktionen
Alphabeta Druckformdienst GmbH, Hamburg

Druck und Verarbeitung
Mohn Media, Mohndruck GmbH, Gütersloh

Verlagsanschrift
Guinness Verlag GmbH
Harvestehuder Verlag 42
20149 Hamburg

Printed in Germany 2000

Bildnachweis

8 Express Newspapers, Rex; 9 Amy, Sancetta/AP, Rex; 10 Action Photo/Flora London Marathon, Jack MacKenzie; 11 Corbis; 12 Jeff Carnes, F F Photography, 13 Andre Pedersen, Consolidated Coffee Ltd, 14 Paddy Doyle, Walter Arfeuille, 15 Mike Jones/Fox, 16 Jeremy Barrell, M&P/Vileda; 17 AP Photo, Corbis; 18 Rex, Yariv Katz; 19 Lori Lynn Lomeli, 20 Heather Sauer, Ryan McFadden, 21 Studio 5, 22 D Partleton/Absolution Body Piercing Studio, Fakhruddin Takulla, 23 Super Push Corporation; 24 Arulanantham Suresh Joachim, Rex; 25 Popperfoto/Reuters, Les Stewart; 26 Realizan Eventos Especias, West Ham United, 27 Comic Relief, Corps of Military Police, Bangalore; 28 Brock Corydon School, USA, Universidad De Guadalahara; 29 Yolanda Chui; 30 AP Photo, Ivan Andre Trifondy; 31 Nicholas Bourne, 32 AP Photo, Steve Fisher; 33 Tony Gheng/AP Photo, South Pole 2000 Ltd; 34 Rex, Rex; 35 Rex, Popperfoto/Reuters, 36 Wessex News, 37 Corbis, Ting Chih-Kuan/AP Photo; 38 Rex, Rex, Popperfoto/Reuters; 39 Terry Renna/AP; 40 Itsuo Inouye/AP; 41 Corbis, Corbis; 42 Corbis, David Rose/Rex; 43 Corbis; 44 Rex, PA Photo/EPA; 45 PA Photo/EPA, Rex; 46 Popperfoto/Reuters, PA Photo; 48 Rex, Richard Young/Rex; 49 Paul Bergen/Redferns; Rex; 50 Rex, Alpha; 51 Stuart Ramson/AP Photo; 52 Global Scenes/Indian TB, AP Photo; 53 Robert Levite/Wendy's; 54 Rex, Rex; 55 Rex, Rex; 56 Christie's Images, Christie's Images; 57 Rex, Antiquorum Auctioneers; 58 Rex, The Ronald Grant Archive; 59 Sotheby's Picture Library, 60 Popperfoto/Reuters, David Welch, Andrew Varley/Colorsport; 61 Christie's Images, John Mikol/Melanie Faldo PR; 62 Corbis, Popperfoto/Reuters; 63 Nike, Rex; 64 Helmut Newton/Benedikt Taschen /Sumo/Table designed by Philippe Starck; 65 Caran d'Ache of Switzerland, British Motor Industry Heritage Trust; 66 Lender's Bagel, Marks & Spencer, 67 Rex; 68 Playa Dorada Hotel, Sakchai Lalit/AP; 69 Hendriksen/Valk-Den Haag, David Morgan; 70 Diego Gomez/Jose Garcia, AFP Photo; 71 Corbis, AFP Photo; 72 Popperfoto/Reuters, Michael Farman; 73 Rex; 74 Nottingham Post, 75 Carol McFadden, Mr & Mrs Berg; 76 Dean Chalkley, MTV; 77 Sam Williamson, PA Photo/EPA; 78 Danish TB, Ben Matsumoto; 79 Popperfoto/Reuters; 80 Nippon Menard Cosmetic Co, Rex; 81 Patty Segovia/Silver Photo Agency, Victoria Secrets; 82 Artisan Entertainment, Rex; 83 Rex; 84 Rex, Rex; 85 Rex, The Ronald Grant Archive; 86 Julian Rojas, AP Photo; 87 Rex; 88 TV Land,Kristin Callahan/Earache Records; 89 Corbis, Palm Pictures; 90 PA News, Jeff Spicer; 91 Rex; 92 Redferns, Redferns; 93 Pictorial Press, Michael Linssen/Redferns; 94 Redferns, PA News; 95 PA Photos, Ministry of Sound; 96 Rex, John Pomfet/AP Photo, 97 Eric Pendzich/Rex, Jeffrey Mayer/Pictorial Press; 98 Chiaki Tsukumo/AP Photo, Chris Bierlein/Redferns; 99 Raffella Cavalieri/Redferns; 100 Richard Drew/AP Photo, Catherine Ashmore/Disney; 101 Rex, Rex; 102 Beverley Hadfield, BBC Worldwide; 103 Bloomsbury Publishing plc; 104 Pictorial Press, Buena Vista; 105 Alpha, AP Photo;106 Max Nash/AP Photo, Rex;107 Derek Shuff/Rex, Alan Coombs; 109 Rex; 110 Computer Weekly, IBM; 111 Rex; 112 Sony, Sony, 113 Carol Kaliff/The News-Times, Cake; 114 AP Photo/Gulfstream, Popperfoto/Reuters; 115 eCompanies/america.com; 130 Mahir Cagri; 131 Jack Nicklaus/Comfort Inn;116 Rex; 117 Ananova Ltd; 118 Dyson Ltd, Cynthia's Cyberbar; 119 Popperfoto/NASA, Sony; 120 Samsung Electronics, Beverley Hadfield; 121 Polaroid Corporation, Samsung Electronics; 122 Friendly Robotics, 130 Tanita; 123 Casio, Rex; 124 Dempsey's World Record, Gary Duval; 125 Microjoule, Andy Willsheer; 126 Kurt Osburn, Super Tandem Club Ceparana; 127 Steve Gordon, Tom Wiberg; 128 Rex, 129 Rick Thompkinson /Goss Interactive, Rex; 130 AFP Photo, Mark Wagner/Aviation Images; 131 Rex; 132 Genesis, Genesis; 133 Genesis; 134 Science Photo; Dr. T J McMaster/Wellcome Trust; 135 Corbis, AP Photos; 136 Rex, Stone; 137 Corbis, Corbi, Corbis; 138 Tony Stone; 140 Stoke Sentinel newspaper, Amy Rachlin/Fox; 141 Rex; 142 Corbis; 144 Oxford Scientific Films, Tony Stone, 145 Telegraph Colour Library; 146 Oxford Scientific Films, Popperfoto/Reuters, Rex, 148 Chuck Davis/Tony Stone, Corbis; 149 Harry Smith Collection; 150 The Ronald Grant Archive, Popperfoto/Reuters; 151 Science Photo Library; 152 Nasa/Science, Photo Library, Genesis; 153 Rex, Stone; 154 Spectrum, Kim Westerskov/Stone; 155 Alan R Moller/Stone, Helen Hughes/Panos Pictures; 156 Science Photo Library, PA Photos; 157 Karl Mating, PA News; 158 Colorsport, Reporters/Empics; 159 Allsport, Allsport; 160 Actionimages, Jed Jacobsohn/Allsport; 161 Gerardo Horovitz/AP Photo, Allsport; 162 Corbis, AP Photo; 163 NBA; 164 Paul, Sutton/Colorsport, Rex; 165 Bryan Vablonsky/Colosport; 166 AP Photo; 167 Dave Caulkin/AP, Christof Stache/AP; 168 Mett York/AP, Corbis; 169 Al Behrman/AP; 170 Adam Pretty/Allsport, Scott Barber/Allsport; 171 Allsport, 172 Bob Martin/Allsport, Stephen J Line; 173 Vivien Jones, Michael Steele/Empics; 174 Lionel Cironneau/AP, Clive Manson/AP; 175 Corbis; 176 Empics, Lionel Cironneau/AP; 177 Cesar Rangel/AP; 178 Popperfoto/Reuters, Jed Jacobsohn/Allsport; 179 Gary Prior/Allsport; 180 DPPI, Corbis; 181 Corbis; 182 Morty Mint, AP Photo, 183 Uwe Speck/Empics, 184 Corbis, Christine Nesbitt/AP; 185 Koji Sasahara/AP, 186 Mike Hewitt/Allsport, Corbis, 187 Corbis, 188 Jed Jacobson/Allsport, Corbis; 189 Corbis; 190 Diether Endlicher/AP, Bob Willingham; 191 Erik Draper/AP; 192 Adam Turner/AP, Jamie Squire/Allsport; 193 WIG; 194 Wong Yui Hoi, Sandboard Magazine; 195 Mark Sickerling; 196 NHRA, Corbis; 197 Martin Holmes, Allsport; 198 Gary Newkirk/Allsport, Patrick Koyarik/PA Photo, 199 Corbis; 200 Allsport, AP Photo; 201 Kit Houghton Photography; 202 Corbis; 203 European Photographic, Centre/Bacall Ass.; 204 Bilderberg Archiv Der Fotografen, J Sainsbury's plc; 205 Rex, Rex; 6–7 und 206–211 Guinness – Die Show der Rekorde. Alle anderen Fotos und Bilder: Guinness World Records, Guinness Verlag GmbH